CIVILIZATION HARMONY AND INNOVATION

文明和谐与创新

庞学铨 陈村富 主编

ZHEJIANG UNIVERSITY PRESS
浙江大学出版社

序

张　曦*

在过去的五千年中，人类文明步履蹒跚，曲折前进。在这漫长的进程中，不同的文明之间有冲突，也有对话和交融。正是不同文明之间的相互接触和彼此碰撞，产生了新的思想火花，孕育出了人类文明的累累硕果。近现代的西方文明，就是在博采各种文明元素的基础上形成的。在这里，我们不仅可以看到古希腊罗马文化、阿拉伯伊斯兰文化，还可以看到东方文化的元素。

中国是一个文明古国，源远流长，绵延发展，这在世界文明史中是极为独特的。勤劳智慧的中国人民，用自己的双手创造出了光辉灿烂的文化，并为世界文明的发展作出了巨大贡献。同时，中国文明也在积极吸收其他文化的基础上不断发展自身。汉唐时期佛教的大规模传入，明清之际欧洲科学技术的介绍，近代以来西方文化的引进，极大地丰富了中国文明的内容，有力地促进了中国科学、技术与文化的发展。有些原本是外来的文化因素，传入到中国后，经过中国人民的改造加工，又作为中国文化的象征而传播到世界各地。

浙江大学的前身求是书院创立于 1897 年，是近代中国最早按照西方高等教育体制建立起来的大学之一。从某种意义上说，浙江大学的建立和发展，也是中西方文化交融的结晶。建校一百多年来，浙江大学紧紧跟踪世界文化的发

* 作者单位：浙江大学。

展潮流，努力把握世界文化的最新动态，虚心学习世界文化的优秀成果，积极促进与世界各国大学的交往。浙江大学在对外交流中获得活力，在对外交流中走向世界。

一直以来，浙江大学非常重视人类文明史和跨文化领域的研究。著名教育家、浙江大学老校长竺可桢先生学贯中西，兼通文理。在浙江大学的历史上，还出现了许多研究人类文化交流和文明对话的著名学者，如钱穆、张荫麟、向达、方豪、贺昌群等。今天，浙江大学秉承传统，重视研究不同文明之间的对话、交流与和谐。浙江大学基督教与跨文化研究中心是浙江大学的重点研究机构之一，也是教育部的哲学社会科学创新基地，以此为依托，它汇聚了浙江大学的相关研究力量，形成了鲜明的研究特色。

当今，世界正处于全球化的时代，全世界各个国家、各个民族面临着越来越多的共同问题。冲突和战争不能解决人类所面临的困难。我们只有通过平等对话、相互学习，才能找到正确而有效的解决途径；我们也只有通过彼此交流，求同存异，才能构建起一个和谐而美好的世界。古代中国圣贤曾经提倡“和而不同”，这是一种崇高的境界。不同的文明，应当相互包容、相互学习、和谐共处，造福整个人类。作为人类知识殿堂的大学，应当而且能够在和谐世界的构建中发挥重要的作用。

我真诚地期待并相信，本书的出版将对推进不同文明的对话交流与跨文化研究，促进国内外学者在该领域的联系与合作，产生积极而有益的影响。

2008 年 4 月 15 日

目　录

编者前言

庞学铨　陈村富

2007年4月,“文明和谐与创新”国际论坛在杭州举行,论坛由浙江大学主办、浙江大学人文社科处①和浙江大学基督教与跨文化研究中心联合承办。参加本次国际论坛的40余位跨文化研究专家,来自16个国家和地区的高校与研究机构,代表范围涉及当今世界的主要文明区和文化系。会议收到论文近40篇,在会上有35人作了主题报告。这是一次高层次、高水平的学术论坛。与会学者围绕世界多元文化的和谐、合作与发展,世界文明间的历史关系与未来展望,中华文明的现代价值与自主创新等问题,进行了广泛的交流与深入的研讨,取得了若干重要成果。

一、广泛交流了关于世界文明和谐与创新的理论观点

与会专家的论文与报告,涉及内容广泛,探讨角度多样。

根据研讨内容,它们基本上可以分为五类:一是从理论上系统探讨文明的冲突与共存的辩证关系,讨论文明和谐与发展的前景;二是研究西方文明的合理因素和普世价值,寻找中国传统文化的现代价值与创新之路;三是思考中国文化的内在矛盾和特点及其对世界文明的可能贡献,反思中国知识分子的思维

① 现为浙江大学社会科学研究院。

方式，促进中西方文化的对话和交流；四是讨论宗教面对多元文化、全球化时代带来的挑战，提出如何加强宗教对话走向共存和谐的设想；五是从文化与人权、语言学、社会语言学、法学、诠释学、公民教育、现代性问题、正义理论、社区文化等不同角度，探讨文化差异、文化交流与文化共存问题。

在文章和报告涉及的地域上，包括欧美文明区、东亚文明区、印度文明区和中东文明区。

在研讨方法上，有专案性的实证研究，也有普遍性的理论探讨；有从本国本区域文化的特点出发，也有从不同文化异同的比较出发展开。

会议所交流的研究成果，所发表的观点看法，都紧密地围绕会议所确定的主题，在全球化的大背景下，从未来社会文化可能的发展大趋势中，认识文明间对话交流的必要性，探讨有效对话的可能模式，强调跨文化交往对世界文明共同进步的重要作用，肯定文明和谐创新的必要性和可能性。

各位专家根据自己的研究，从不同角度提出了关于当今世界文明现状与发展的观点。可以说，这次论坛本身就实践和体现了不同文化求同存异、和而不同、平等对话、相互理解，追求文明和谐的理念和宗旨。

二、21世纪推进文明和谐与创新的必要性和可能性

围绕这个问题，与会专家发表的意见主要有：

第一，文明和谐与创新是人类追求的理想和社会发展的趋势。文明共存是人类和谐发展的价值追求，也是人类社会发展的前提。和谐就是要倡导文明的个性独立，共享普世价值，形成人类相对统一的价值取向。在全球化中文明的创新与传统是悖论关系，但这种关系却会使创新本身永远充满动力与生机。

第二，当今世界文明关系的现状。这主要有三种观点：一是对话、交流与和谐已成为当今世界文明的主流；二是冲突与对话是全球化时代文明间关系的现实，也是世界文明未来发展的趋势；三是文明冲突的可能性严重地存在着，承认这一点，并不意味着鼓吹文明冲突，我们不能用抽象的“普遍和谐”观念来教化天下。

世界文明冲突和共存发展的关系是辩证的，没有冲突就不会有共存，没有共存，冲突也会因缺乏张力而失去意义。因此，要承认文明冲突的历史与现实，真正理解冲突与共存的深刻内涵，才能真正推进文明的和谐与创新发展。

第三，按照亨廷顿的说法，每一种文化都把自己视为世界的中心，并把自己

的历史当作人类历史上主要的戏剧性场面来描写，这就是世界文化冲突的根源。因此，从观念上说，实现文明共存和谐的前提是承认不同文明的平等地位和共存可能，这需要彼此理解。

只有以敞开的态度对待其他文明，呼唤多元、宽容和跨文化、跨宗教的开放，相互包容，互相学习，彼此理解，反对各种形式的文化霸权主义、文化保守主义思维方式和行为，才有可能实现世界文明的共存发展，传教式的对话只能增加彼此间的成见。

三、关于中国文化的特点与创新

关于中国传统文化的特点及其在全球化时代的创新，也是本次论坛关注的重要内容，有多篇文章讨论中国文化的自身特点与内在矛盾，探寻它对世界文明的可能贡献及其在当代复兴和创新的出路。

第一，中华文明涵盖广阔，是世界上的主体文明之一，它有自己丰富的历史资源和现实基础，也从各方面受到世界文明的深刻影响，是在不断自我反省、吸纳其他文明的优点，在与世界其他文明对话的过程中发展起来的。中国文化，特别是其中的儒学，主张伦理孝道、天人和谐，它为今天构建和谐社会、追求文明和谐提供了许多思想资源。和谐是创新的至高律法，也是个人和社会生活的最高理想。因此，中华文明的不断创新不仅是自身发展的要求，对世界文明的发展也具有重要意义。

第二，中国文化在当今时代复兴的可能与出路。中西方文明之间的关系是既有差异冲突，又能共存发展。一些文章具体探讨了中西方文化的差异，特别是儒家和基督教在基本信念上的差异。全球化给中国文化的自我反思与复兴带来了挑战和机会。但中国文化包含着许多内在矛盾，要求我们既要有文化上的主体意识，发掘其中所具有的普遍意义和特有价值；又要在贯彻普世价值与重视中国社会的特殊性之间，在发展科学技术与弘扬人道主义精神之间，建立必要的张力；更要善于吸收西化文化和其他各民族的优秀文化，不断给它新的诠释，在当前人类面对的最大课题即人与自然、人与人的关系上，为世界文明作出应有的贡献。

第三，西方学者正从多方面来思考当前其面临的文化危机，以适应全球文化多元共存的局面，寻求文化的未来发展。中华文明的创新发展，也需要我们有这样的文化自觉，必须冷静思考自身特点、反思自身弱点；在此同时，还要重新认识并真正理解西方文明的核心因素和普世价值，研究这些因素对中国社会究竟造成了什么样的影响和作用，它们如何影响和改变着中国社会，由此来重新检查我们对待西方文明的态度，检查我们对待自己文明的态度，通过创造性的活动，使中华文明走向真正意义上的复兴。

四、宗教在全球化时代应从对抗走向对话

宗教比较、宗教价值和宗教对话，同样是当代世界文明对话和跨文化研究的重要课题。论坛涉及这方面内容的论文也有多篇。全球化和多元文化也对宗教的生存和发展提出了挑战，宗教文化具有的普世性直接关系到世界文明的发展，也为不同宗教在面对当代全球性问题时采取统一立场、实现彼此对话、迈向全球宗教伦理提供了可能。今天，基督教、天主教与希伯来宗教的官方对话已在全球化背景中展开。传统宗教特别是基督教需要继续反思并调整自身的传统教义，从其他宗教文化或世俗文化中汲取营养，在真正意义上和其他宗教文化展开深度对话，以便走出一条符合新时代发展的道路。

许多专家还从不同专业的角度和方面提出了不少关于文明的对话与交流、和谐与创新的有重要价值的观点，限于篇幅，在此不再一一述及。

来自不同国家和地区的与会学者相信，通过本次论坛的研讨及以后大家的进一步交流合作，一定能更好地推进 21 世纪世界文明间的对话、交流。只要各国各地区的大学和文化研究机构，以开放的态度携手合作，就有可能更好地推进中国和世界其他文化的和谐共存、创新发展。

为使论坛取得的成果能和关注跨文化对话与研究、关心文明和谐与创新的广大读者朋友们分享，特编辑出版本论文集。我们在编辑时，原则上尊重作者表达的不同观点和见解。

2008 年 4 月 10 日

当代中国文化的内在冲突与出路

俞吾金*

从1978年改革开放以来，中国社会的文化生活是异常丰富的。古老的京剧、昆曲、越剧等传统剧目，与当代的流行音乐和现代舞蹈同台演出；中国传统思想家的著作与当代西方思想家、甚至后现代主义思想家的著作陈列在同一个书柜中；各种文化思潮和“文化热”不断地变换着。从20世纪80年代初以来，文化思考的主题不断地更新着，如“人道主义与异化”、“萨特与存在主义”、“港台新儒学”、“周易热”、“福山的历史终结论”、“新保守主义”、“后现代主义”、“萨伊德和东方主义理论”、“亨廷顿和文明冲突论”、“人文主义精神热”、“自由主义”、“宪政主义”，等等。实际上，各种文化思潮的纷然杂陈和“文化热”的迅速变换并不意味着文化研究的繁荣，而是处处暴露出当代中国文化的内在矛盾。在全球化的大背景下，当代中国文化究竟如何发展，这是当代中国人必须加以解答的问题。

一、当代中国文化概况

要了解当代中国文化的概况，首先要搞清楚下面三个概念。第一，“中国”概念。这个词可以在两个不同的意义上加以使用：一是地理学意义上的中国，

* 作者单位：复旦大学哲学学院。

二是文化学意义上的中国。显然，我们在这里讨论的中国指的是地理学意义上的中国，而在地理学意义上的中国的范围内，涉及的主要是中国内地。第二，“当代”概念，主要指1949年以来的中国社会。它可以进一步划分为两个阶段：一是从1949年到1977年；二是从1978年到当前。我们上面提到的“文化热”主要是在后一个阶段出现的。第三，“文化”概念。据说，文化这个词有三百多种定义。我们当然没有必要纠缠在这些定义中，我们不妨区分出两个不同的文化概念：一是广义的文化概念，凡是人类在其生存活动中创造出来的一切都可以称作为文化，它主要包括器具、制度、观念（包括作为其核心的价值观念）三个不同的层面；二是狭义的文化概念，它主要指观念形态上的文化。我们这里涉及的是狭义的文化概念，所以我们主要是在观念的层面上来讨论文化问题。

从观念文化的角度来考察，当代中国文化在结构上是由三大部分组成的。

第一部分是中国本位文化。这部分文化主要是由以儒家、道家思想为主导的传统观念和从汉代以来进入中国的佛教观念融合而成的，其至今在民间，特别是农村仍然拥有广泛的影响。

第二部分是通过苏联、日本等渠道传播进来的马克思主义观念，人们通常称之为“苏联模式的马克思主义”，在哲学上则称之为“辩证唯物主义”和“历史唯物主义”。我们不妨把这种以物质本体论为基础的观念称之为“马克思主义Ⅰ”。直到改革开放时代以来，中国理论界通过与西方理论界的直接对话，对以卢卡奇、葛兰西等人为代表的西方马克思主义思潮和新发现的马克思手稿的深入研究，才认识到不仅马克思的思想与恩格斯、列宁、斯大林之间存在着差异，而且马克思本人的学说，如青年马克思与成熟时期的马克思之间也存在着差异。在一部分思想比较解放的理论家那里，马克思主义的理论形象被更新了，我们不妨把这种以实践本体论为基础的观念称之为“马克思主义Ⅱ”。

第三部分是西方的非马克思主义思潮，特别是自由主义和宪政主义思潮。从西方古典自由主义的发展脉络来看，洛克的《政府论》及其分权理论和卢梭的《社会契约论》及其“公意”理论代表了不同的路向。第二次世界大战后，西方出现了以哈耶克、伯林、波普尔、罗尔斯、诺齐克、泰勒、桑德尔等人为代表的新自由主义思潮。在我看来，泰勒、桑德尔与罗尔斯、诺齐克的争论，不过是“家族内部的争论”。比较起来，罗尔斯更多地从属于康德的传统，即主张自由是超验的东西；而泰勒则更多地从属于黑格尔的传统，即主张自由只能放在历史地演化着的共同体内部来进行讨论。这部分西方思潮对中国知识分子，特别是青年知识分子拥有一定的影响。所以，目前法哲学、宪法学和比较宪法研究成为学术界的一个热点。当代中国文化的结构并不是以偶然的方式形成起来的，而是近现代中国在其世界性的历史遭遇中逐步形成起来的，其中既有客观形势的逼迫，也有知识分子的自觉选择。在所有的历史遭遇中，西方资本主义的入侵、普世文化价值的传入和五四运动后中国知识分子对苏联模式的马克思主义的接受，对近现代中国社会的发展，特别是文化发展产生了决定性影响。①

上面这三部分文化之间的互动构成了当代中国文化演化的轨迹。如果人们仅仅着眼于大众媒体的话，就会发现，苏联模式的马克思主义在当代中国文化结构中始终是支配性的力量。但深入的考察表明，实际情形并不如此。如果说，在1949—1977年这个历史阶段中，苏联模式的马克思主义占据着绝对支配地位的话，那么，从1978年迄今，尤其是1989年迄今，苏联模式的马克思主义的影响已经大大地弱化了。人们对马克思主义的认识发展到了一个新阶段。在民间，特别是在农村，传统文化观念和宗教观念起着十分重要的作用；而在知识分子，特别是沿海城市的知识分子中，西方文化所蕴含的普世价值，尤其是自由主义和宪政主义理想、基督教观念②的影响也是不能低估的。总之，把握当代中国文化的基本结构及各部分文化观念之间的互动关系，是我们理解当代中国社会中发生的各种文化现象的一把钥匙。③

---

① 在探讨近现代中国社会发展的问题上，我们既不赞成黑格尔式的“西方文化中心主义”，也不赞成柯亨式的所谓“中国中心论”。虽然我们不能简单地用“刺激—回应”的方式描述近现代中国社会的演化，但西方资本主义的入侵，无论如何是影响近现代中国社会发展的基本因素之一。

② 近年来，基督教在当代中国社会中的影响已经大大地增加了。在学术界，关于基督教的研究机构不断地增加；在市民中，信奉基督教的人也有一定幅度的增加，圣诞节似乎已经成为市民的一个重要的节日了。我在美国和加拿大访问时，曾经参观过一些华人教堂，听过一些华人牧师的布道。我发现，特别是在中国留学海外的科学技术知识分子中，信奉基督教的人很多。在信奉者的动机中，既有融入西方社会的愿望，又有排遣精神孤独的无奈。而少数人的动机则是肤浅的、极端功利主义的。据说，有人在祈祷时说：“感谢上帝，我女儿终于得到签证了。”这样的祷告与其说是祷告者的有神论倾向的证明，不如说是对他的无神论倾向的一种确证，因为在他的祷告中蕴含着完全相反的意思：上帝呀，如果我的女儿得不到签证，我就绝不会信奉你！

③ 从当代中国文化的结构可以看出，早已不存在所谓“纯粹的中国文化”，当然也不存在所谓“纯粹的西方文化”、“纯粹的东方文化”或“纯粹的日本文化”等。在全球化发展的态势下，单纯的民族国家文化或单纯的区域文化都已无法继续存在下去。文化之间的互渗，特别是强势文化对弱势文化的入侵已经成为不争的事实。在这样的情况下，东西文化比较这样的研究领域在意义上就显得含混起来。

二、当代中国文化的内在冲突

有些西方学者通过大众传媒、短暂的访问或经历，就对当代中国文化遽下断语，这常常会导致对它的误解。深入地考察当代中国文化，不但要了解它的基本结构，而且要把握隐藏在它深处的内在矛盾或冲突。按照我的看法，在当代中国文化中，至少包含着以下五对矛盾。

(一)普世主义与种族中心主义的冲突

当代中国人在理智上清醒地认识到，中国社会要富强起来，要实现现代化，就要认真学习西方的科学技术、管理知识和人文精神。在西方文化中，包含着一些普世主义的价值，如宪政、人权、自由、民主、平等、社会公正、尊重事实、追求真理、市场经济、世界贸易、市民社会、权力制衡，等等。这些普世主义的价值构成现代化追求的精神内涵，事实上也是任何发展中国家在追求现代化的过程中所无法回避的。对于这一点，当代中国的知识分子认识得非常清楚。但是，作为西方文化载体的西方国家，在近现代中国的发展史上却充当过入侵者的角色，这在中国人的感情上和记忆中都留下了深深的伤痕；而即使在20世纪70年代以来，中国与西方国家恢复了外交关系，但台湾问题也常常使原先存在的伤痕隐隐作痛。于是，当代中国文化总是徘徊在两个极端之间：或者强调建立普世价值的重要性，强调向西方文化学习的重要性，甚至把普世主义与西方化简单地等同起来，走向“全盘西化”的极端；或者强调中国的特殊性，强调民族主义的至上性，以致不惜否定普世的价值，甚至走向“盲目排外”的排外主义的极端。

(二)总体本位与个体本位的冲突

传统中国社会作为东方专制主义社会，在其漫长的历史发展中既未经历过欧洲意义上的奴隶主义阶段，也未经历过欧洲意义上的封建主义阶段①，它实际上是一种以自然的血缘关系为基础的家族本位制的国家。这一制度是以总体为本位的。这里的总体主要有两种含义：一是指家族，二是指国家。在中国

① 毛泽东把近现代中国社会称之为“半殖民地、半封建社会”，表明他也许没有深思过这样的问题，即把“封建社会”这样的概念移到近现代中国社会中来是否合适。但毛泽东的这一论断有着广泛的影响，直到20世纪80年代开始重新讨论马克思关于“亚细亚生产方式”的理论时，这一论断才受到严峻的挑战，但迄今为止还有不少学者信奉这一论断。

传统社会中,“家”和“国”是不可分离地联在一起的,汉语中的“国家”一词就暗含着这种密切的关系。儒家主张在治理社会时“以孝为本”,就是基于这样的一种思维方式,即只要每个家族都稳定了,国家也就稳定了。在传统社会的“家”与“国”中,真正独立的个人是不存在的,存在着的只是血缘和身份意义上的个人。在家族中,个人只是父亲、儿子、兄弟,但绝对不具有独立的人格;在国家中,个人只是臣民,而不是一个自由的个体。黑格尔认为,在中国传统社会中,只有一个人,即皇帝是自由的。其实,连皇帝也不是自由的,因为他的自由也是有条件的,即他必须维护整个皇族的利益。一旦他违背这种利益,他的自由,甚至连他的存在本身也会被取消。然而,在当代中国社会中,在市场经济机制的驱动下,个体本位变成一种越来越基本的发展趋势,因为市场经济的契约机制正是以这种从家族身份制度中游离出来的、自由的、平等的个体的存在为基础的。在某种意义上,没有这样的独立个体,也就不会有真正意义上的市场经济。这就使总体本位与个体本位之间的矛盾渐渐地变得尖锐起来。①

当代中国社会是从传统的中国社会演化过来的,它所经历过的计划经济也是高度集权的,即使在当前的市场经济运作模式中,同西方相比也是高度集权的。换言之,仍然是以总体为本位的,但现在的总体主要是指单位(如国有企业)和国家。在这样的制度平台上,总体与个体的矛盾通过一系列方式表现出来。第一,改革观念上的矛盾。改革开放要求把中央的权力下放给地方、基层单位和个人;但政府有时候通过对宏观调控的重要性的强调,把放下去的权力再收上来。这样就出现了“一放就乱,一管就死”的现象。第二,政治观念上的矛盾。总体本位强调的是政治思想上的高度的统一性,这就必然使意识形态的话语权力化,成为判断一切是非的标准;而个体本位强调的则是现实生活中政治思想的多元性,借用西方流行的话来说:“虽然我不同意你的观点,但我坚决维护你说话的权利。”第三,与总体本位对应的伦理观念是全能主义,而与个体本位对应的伦理观念则是个人主义。在意识形态的话语中,个人主义总是被简

---

① 改革开放以来,农村里大量的农民工流向城市,有些学者把这种“农民工潮”称之为“盲流”。实际上,“农民工潮”并不是“盲流”,用经济学的术语来说,是从经济要素低的地方流向高的地方,这是服从价值规律的。从哲学的角度来看,这是一种有重大历史意义的社会现象,即个人从家族中被分离出来,被抛向社会,而这正是他成为真正独立的、自由的个体的第一步。从15、16世纪开始,欧洲也有大量的农民涌向城市,欧洲的学者和文学家常常把他们称作“流浪汉”。其实,他们也是从农村的家族中分离出来的,从而也在完成一个向现代社会转化的伟大的历史过程。

单地等同于自私自利而遭到批判。但在现实生活中，个人的权利亟须得到维护，个人的职责和责任亟须得到明确的界定。反之，集体主义的伦理观念却面临种种挑战。如果作为集体主义载体的某个集体在市场竞争中破产了，我们是不是还要用一种超经济的力量去维护这个集体的存在呢？特别是当集体犯罪的现象（如集体造假、集体走私、集体腐败、地方保护主义等）经常出现时，我们还能抽象地强调集体主义的伦理原则吗？

显然，在当代中国文化的发展中，总体本位与个体本位之间的矛盾还会通过各种不同的形式表现出来。就其发展趋势而言，个体本位必将占据越来越重要的地位。当然，这将是一个漫长的历史过程，而在这一历史过程中，道德实践主体的建设和法权人格的建设将成为核心的问题。

(三)商品经济发展的不平衡与共同富裕的冲突

中国传统社会是以农业为基础的，所以占主导地位的观念始终是“重本抑末”。历代统治阶级都强调“民以食为天”，把农业放在国民经济基础的位置上；即使是知识分子，也以“耕读传家”为荣；在传统的“士、农、工、商”的社会结构中，“农”仅仅因为等级关系而在地位上屈居于“士”之后，而“商”则被列在最后。一言以蔽之，在传统社会中，“商”完全被边缘化了。历代统治阶级都把最能获利的商业活动控制在政府或豪门大族的手中，并用种种手段对小商品生产者、手工业者和商人进行政治上的压迫和经济上的盘剥。而儒家强调“君子喻于义，小人喻于利”、“有国有家者，不患寡而患不均”等，始终把一种平均的、共同的富裕状态作为自己追求的理想。在这种平均主义的理想中，明显地包含着对商品经济和商品意识的压制；而社会上广泛流行的所谓“无商不奸，无奸不商”这样严酷的伦理评价，也使中国的商业活动始终不能得到大规模的发展，从而强大的商人阶层和中产阶级也始终发展不起来。长期以来，中国社会一直在这对矛盾中痛苦地挣扎着。在当代中国社会中，特别是 20 世纪 90 年代以来，随着计划经济向市场经济的转轨，整个社会滑向了另一个极端，出现了“全民经商”的现象。个人心中长期以来被压抑的欲望和利益被唤醒了，于是，追求个人和家庭发财致富成了不少人心中普遍化的、最重要的愿望。① 一些人甚至为了自己致富，制造伪劣商品、坑蒙拐骗，简直无所不用其极。众所周知，市场经济

---

① 每年正月初五是财神节，从农村到城市，家家户户都为迎财神而放爆竹，以致马路成了“红地毯”，许多草坪被烧毁了。这充分反映出人们追求财富的浮躁心理。

奉行的是优胜劣汰的机制，它只能使一部分人先富起来；而究竟应当让哪一部分人先富起来，先富起来的人是否一定会带动其他人走共同富裕的道路，这些都有待于实践中去不断探索。

（四）发展科学技术与遏制科学主义蔓延的冲突

在考察这对矛盾前，我们必须先澄清一些基本概念。一是“科学技术”。显然，这里的科学主要是指自然科学，自然科学的目的是发现经验现象的规律；而技术则把这些规律转换为可操作的器物，用以改造自然。一般说来，科学技术是一种中性的东西，但当代西方的一些学者，如海德格尔不同意这种观点，认为现代技术是一种消极的东西，它不但控制自然，而且也控制人，使人处在高度异化的状态中。二是“科学精神”。尊重理性、尊重事实、追求真理、强调协作等都是科学精神的具体表现。一般认为，科学精神是一种积极的东西。三是“科学主义”。它实际上是一种科学万能的观念，认为人们可以用科学解决所有的问题，认为自然科学的概念和方法可以无条件地推广到现实生活和人文科学中去。正如有的学者所指出的，科学主义“认为宇宙万物的所有方面都可以通过科学方法来认识”①。一般认为，科学主义是消极的东西，必须加以遏制。四是“人文精神”。用什么东西来遏制科学主义的蔓延呢？人们提出了各种答案，但这些答案的实质是人文精神。人文精神是对人的尊严、价值、权利、责任和终极关怀的强调。一般认为，与科学主义相对的人文主义是一种积极的东西。

在当代中国文化的独特语境中，发展科学技术与遏制科学主义之间形成了尖锐的矛盾。一方面，中国是一个发展中国家，在科学技术上非常落后。要赶上西方的先进水平，就要普及科学知识，发展科学技术。另一方面，科学主义的蔓延也很严重。不少人认为，科学技术可以解决一切问题，从而忽视了对人文社会科学，尤其是宗教和神秘主义思想的研究，忽视了对人文精神和人文关怀的倡导。于是，在当代中国文化的发展中，出现了这样一种奇观：一方面，官方的理论家总是不断地举行科学技术方面的会议，强调发展科学技术的重要性和普及科学知识的必要性。另一方面，民间的学者总是强调人文精神的失落及重新振兴它的必要性。显然，这样的矛盾还会在当代中国文化的发展中长期存在下去。

---

① 郭颖颐：《中国现代思想中的唯科学主义》，江苏人民出版社 1995 年版，第 1 页。

(五)激进主义与保守主义文化心态的冲突

中国是一个有悠久历史和传统文化的国家。长期以来,文化保守主义一直占主导地位,形成了闭关锁国的惰性的文化心理。从1840年以来,在西方列强的进攻下,中国被迫打开了国门,当时先进的知识分子对中国文明和西方文明的优劣进行了比较,深感中国的落后,特别是中国在科学知识和政治制度方面的落后。巨大的文化落差助长了激进主义思潮的蔓延,这一思潮的特点就是对中国的传统文化采取全盘否定的态度。正如林毓生先生所说的:"20世纪中国思想史的最显著的特征之一,是对中国传统文化遗产坚决地全盘否定的态度的出现与持续。"①这种激进主义思潮在五四运动中已见端倪,当时有的学者主张把文化古籍扔到厕所里去,甚至主张把汉字拉丁化或者干脆把汉字废掉。后来,在20世纪50年代的"大跃进"中,也出现了一系列激进主义的口号,如"不是做不到,而是想不到"、"人有多大胆,地有多大产"等,甚至有人认为,中国已经进入共产主义社会,可以实行按需分配的制度了。在"文化大革命"中,许多激进主义的口号,如"横扫一切牛鬼蛇神"、"大公无私"、"解放全人类"等都被提出来了。

1978年以来,随着改革开放的不断扩大和市场经济的发展,知识分子的自我意识不断地增强,对贫富落差的感受和对金钱财富的追求为激进主义的发展提供了新的动力。但在1989年,激进主义严重受挫。20世纪90年代以来,保守主义又渐渐地在文化界抬头了。法国革命与英国革命的优劣重新得到了评价,过去史学界受激进主义思潮的影响,总是褒扬法国革命而贬低英国革命;现在英国的"光荣革命"成了革命的最佳形式,伯克的《对法国大革命的反思》一书成了新保守主义者的圣经。毋庸讳言,在当代中国文化的发展中,激进主义与保守主义的矛盾还将长期存在下去。这是由中国既具有悠久的历史,又是落后的发展中国家这一双重身份决定的。

综上所述,当代中国文化处在一系列矛盾和冲突之中。只有全面地认识这些矛盾,才能全面地理解当代中国文化。

三、当代中国文化的出路

当代中国文化向何处去?在讨论这个问题之前,我们先要纠正关于文化问

---

① 林毓生:《中国意识的危机》,贵州人民出版社1986年版,第2页。

题的一些错误看法。

第一种看法我称之为“自然主义的文化多元主义”。按照这种看法，在当代中国社会中，文化的多元性已经成为知识分子的共识。如果故意倡导某一种文化观念，这种观念就有可能成为话语霸权，从而导致文化专制主义的复现。所以，对当代中国文化的发展应当采取听之任之的态度，让其自然而然地发展。这种看法显然是错误的，因为它完全排斥文化发展中的批评机制。事实上，历史和实践一再告诉我们，没有真正的批评，也就不可能有真正的文化发展。在我看来，应当追求的是“批评的文化多元主义”，当然，批评要确立严格的原则和规范，使它不至于蜕化为话语霸权。

第二种看法我称之为“文化观念决定论”。按照这种理论，在任何社会的发展中，观念都起着决定性的作用。只要少数知识分子抛弃了某种旧观念，旧世界就崩溃了；同样地，只要他们接受了某种新观念，新世界也就诞生了。这种把文化观念理解为一切力量中最根本的力量的看法，是很天真的。事实上，当某种文化观念还没有被人们普遍认同的时候，它什么也不是。即使被普遍认同了，要转化为现实的力量，也要通过实践。单纯的观念并不拥有任何力量。在当代中国文化中，由于“文化观念决定论”在知识分子中有广泛的影响，所以他们都倾向于接受并模仿韦伯在《新教伦理和资本主义精神》一书中提出的思维方式，认为当代中国文化发展的要旨是建立一种新的伦理观，由此来推进中国现代化的发展，就像西方的新教伦理推动西方资本主义的发展一样。而这一思维模式又与传统儒家和当代新儒家倡导的“内圣外王”的思维方式是一致的。直到近年来东南亚国家受到金融危机的重创，人们才认识到，所谓“儒家伦理”在东南亚国家中也不过是一种边缘化的、无足轻重的力量。归根到底，决定一个国家发展的是经济、政治、技术、军事等方面的现实的力量。文化观念就像纸币一样，它是否有价值取决于银行里是否有相应的黄金储备。

第三种看法我称之为“追求完美论”。国内的不少学者提出：要把中国文化中有价值的东西与西方文化中有价值的东西结合起来，建设一种完美无缺的新文化。这也是一种十分天真的观点，因为任何文化都不可能是绝对完美的，否则它就失去了自己的生命力和继续向前发展的动力。事实上，人们永远只能追求比较好的文化，但无法达到绝对好的文化。正如黑格尔所说的：“纯粹的光明就是纯粹的黑暗。”①他也说过：“好的最大的敌人是最好。”②这就启示我们，我们永远只能去追求比较好的东西，但却不应该去追求绝对完美的东西。总之，在这方面，需要有一种抵御“完美乌托邦”诱惑的能力。

如何建设当代中国文化？如果从广义的文化概念，即器物文化、制度文化和观念文化这三个层面来看，制度文化的重要性正在凸显出来。就制度文化建设的角度来看，政治体制的改革和民主化是制度文化建设的核心。如果从狭义的文化概念，即观念文化的角度来看，应该认识到，当代中国文化变动的实质是从原始伦理精神向法的精神和道德精神转化。所谓“原始伦理精神”是以自然的血缘关系为基础的传统社会的主导性精神。其基本特征是：以家族为本位，以孝悌为核心，重视等级制度，重视身份关系，强调人情关系，等等。所谓“法的精神和道德精神”是以现代文明社会的社会关系为基础的主导性精神。其基本特征是：以个人为本位，以个人的良知为核心，以契约和法律为准绳，追求独立和自由，强调公正和民主，等等。不管我们是否赞成，从原始伦理精神向法的精神和道德精神的转化将是一个不可避免的历史过程。③ 也就是说，我们关于当代中国文化建设方面的思考应当自觉地适应这一历史过程，而不是把自己的愿望与这一过程对立起来。④ 当然，仅仅认识到这一点还是不够的。为了促使当代中国文化健康地向前发展，我们应该从文化生态学的立场出发，协调好如下关系：

其一，既要接受外来文化中蕴含的普世性价值，用以推进中国的现代化事业；又要继承中国传统文化中富有智慧和价值的因素，从而对现代化的理念作出必要的修正。总之，要以开放的心态，自觉地把全球化蕴含的普遍性与中国

① 黑格尔：《小逻辑》，商务印书馆 1980 年版，第 108 页。

② 黑格尔：《法哲学原理》，商务印书馆 1979 年版，第 226 页。

③ 只要我们考察一下近代欧洲文化思想演化的历史，我们就会发现，法的精神和自觉的道德精神的确立乃是现代文化产生的最重要的成果。孟德斯鸠的《论法的精神》(1748)和康德的《实践理性批判》(1788)乃是近代文化精神的重要标志。

④ 某些意识形态专家对所谓个人主义的批判就犯了这样的历史性错误。他们竭力把个人主义与自私自利等同起来。其实，个人主义是肯定个人应有的权利与义务，与自私自利完全是两回事。当然，在当代西方社会中，个人主义的发展过了头，形成了一种极端的、反社会的个人主义。这种极端的、反社会的个人主义是任何社会都会加以批判的，但个人主义却是合理的。另有一些学者，以形式主义的态度对待西方学者的观点。如有的西方学者在高度工业化的、异化的西方社会中感到孤独，因而提出了“返回家园”的口号。一些中国学者跟在后面亦步亦趋，也高喊“返回家园”。殊不知，在当代中国的历史情景中，不是孤独太多，而是太少；不是“返回家园”，而是要“走出家园”。因为普遍的、独立的个体还没有从宗法家族中分离出来。

文化包含的特殊性有机地统一起来。

其二，既要坚持以经济建设为中心，又要强调政治体制改革的必要性和同步性。因为政治和经济不可能长期处于分离状态。政治不过是经济的集中表现。只有把经济建设与政治体制的改革协调起来，当代中国文化的发展才不会步入歧途。

其三，既要重视法制建设、倡导法的精神、培养法权人格，又要强调道德建设、提倡道德意识、培养道德实践主体。老子说："法令滋彰，盗贼多有。"(《道德经》第五十七章)秦王朝只认苛法，十几年就垮台了。必须在造就法权人格的同时造就道德实践主体，才能保持文化精神在生态上的平衡。

其四，既要重视发展科学技术、普及科学知识、发扬科学精神，又要重视人文学科的建设、提倡人文关怀、倡导人文精神。绝不能使当代中国文化分裂为科学主义和人文主义两极。事实上，真正的精神自由存在于精神各要素的和谐之中。只有从文化生态学的视角出发，自觉地协调各文化要素之间的辩证关系，才能促使当代中国文化沿着健康的轨道向前发展。

参考文献

[1] 柳诒徵.中国文化史(上、下卷).北京:东方出版中心,1988.
[2] 贺麟.文化与人生.北京:商务印书馆,1988.
[3] 林语堂.中国人.上海:学林出版社,1994.
[4] 梁漱溟.中国文化要义.上海:学林出版社,1987.
[5] 梁漱溟.东方学术概观.成都:巴蜀书社,1986.
[6] 钱穆.中国文化史导论.北京:商务印书馆,1994.
[7] 冯友兰.中国现代哲学史.广州:广东人民出版社,1999.
[8] 罗志希.科学与玄学.北京:商务印书馆,1999.
[9] 金耀基.从传统到现代.北京:中国人民大学出版社,1999.
[10] 余英时.士与中国文化.上海:上海人民出版社,1987.
[11] 余英时.钱穆与中国文化.上海:上海远东出版社,1994.
[12] 余英时.中国思想传统的现代诠释.南京:江苏人民出版社,1995.
[13] 余英时.现代儒学论.上海:上海人民出版社,1998.
[14] 林毓生.中国意识的危机.贵阳:贵州人民出版社,1988.
[15] 林毓生.中国传统的创造性转论.北京:生活·读书·新知三联书

店,1988.
[16] 杜维明.儒家思想新论.南京:江苏人民出版社,1995.
[17] 杜维明.新加坡的挑战:新儒家伦理与企业精神.北京:生活·读书·新知三联书店,1989.
[18] 郭颖颐.中国现代思想中的唯科学主义.南京:江苏人民出版社,1995.
[19] 张灏.梁启超与中国思想的过渡.南京:江苏人民出版社,1993.
[20] 许倬云.中国文化与世界文化.贵阳:贵州人民出版社,1991.
[21] 墨子刻.摆脱困境:新儒学与中国政治文化的演进.南京:江苏人民出版社,1995.
[22] 艾恺.最后的儒家:梁漱溟与中国现代化的两难.南京:江苏人民出版社,1993.
[23] 艾恺.世界范围内的反现代化思潮.贵阳:贵州人民出版社,1991.
[24] 韦伯.儒教与道教.南京:江苏人民出版社,1995.
[25] 柏克.法国革命论.北京:商务印书馆,1998.
[26] 弗兰西斯·福山.历史的终结.呼和浩特:远方出版社,1998.
[27] 保罗·埃文斯.费正清看中国.上海:上海人民出版社,1995.
[28] 牟宗三.中西哲学之会通十四讲.上海:上海古籍出版社,1997.
[29] 李泽厚.中国现代思想史论.北京:东方出版社,1987.
[30] 俞吾金.寻找新的价值坐标:世纪之交的哲学文化反思.上海:复旦大学出版社,1995.
[31] 俞吾金.文化密码破译.上海:上海远东出版社,1995.
[32] 俞吾金.俞吾金集(Ⅰ).哈尔滨:黑龙江教育出版社,1995.
[33] 俞吾金.俞吾金集(Ⅱ).上海:上海学林出版社,1998.
[34] Fairbank, John King. *China: A New History*. Cambridge, Mass.: Harvard University Press, 1994.
[35] Goldman, Merle. *Sowing the Seeds of Democracy in China*. Cambridge, Mass.: Harvard University Press, 1994.
[36] Chow Tse-Tsung. *The May 4th Movement*. Cambridge, Mass.: Harvard University Press, 1960.
[37] Ku Hungming. *The Spirit Of the Chinese People*. Beijing: Foreign Language Teaching and Research Press, 1998.

[38] Hall ,David L. and Roger T. Ames. *Thinking Through Confucius*. New York: State University of New York Press,1987.

[39] Ya Liensheng. *Sudies in Chinese Institutional History*. Cambridge, Mass. : Harvard University Press ,1961.

[40] Schwartz,Benjamin. *In Search of Wealth And Power*: *Yen Fu And the West*. Cambridge, Mass. : Harvard University Press, 1964.

[41] Bary ,Theodre de. *East Asian Civilization*: *A Dialogue in Stages*. Cambridge, Mass. : Harvard University Press,1988.

中国文化的一些特点及其对世界可能的贡献

乐黛云*

一、我们面临的复杂局面

人类生活正经历着前所未有的巨大转折。这和过去从狩猎转向农耕，从农耕转向机械生产，从机械生产转向初期信息时代，都是完全不可比拟的。首先是软件和计算机革命、全球互联网、移动通信革新（海选，群发集会，博客，一般大众可以向任何人发言，在某种意义上成了自己意愿的主人）。在这样的情况下，人与人之间的关系大大超越了过去所受的时空束缚；特别是新一代人的成长脱离了继往开来的代际传承，他们在网络的交互影响中长大，自我成长。我们不懂得我们的下一代，也就会对我们的未来深感迷茫。

另一方面，由于生物工程技术的开发和应用，人甚至对他自己的血肉之躯的存在前景也迷惘困顿。生命本是宇宙大化千百万年的亘古造化，但是，现在可以通过转基因、干细胞、克隆、体外受精等人为的手段复制、改变、优选。人存在的意义、人性的自我定义都受到了根本的挑战，也就是说所有关于意义的领域都将面临冲击。

还有纳米技术，最终使人类能够按照自己的意愿操纵单个原子和分子，开

---

* 作者单位：北京大学跨文化研究中心。

辟了人类认识世界的新层次。

这些新发现和革命性的新技术贯穿到人类生活的每一细枝末节，迫使我们的时间意识和空间意识都发生了根本变化。在这样的物质基础上发展起来的帝国霸权主义与恐怖主义的战争给人类和地球的生存带来了严重威胁。更重要的是，新的一代和他们的下一代正在成长，他们对世界的感知和自我观念都将与我们迥然不同。任何想用过去的陈规来阻遏他们前进的企图都是徒劳的！

以上这一切大变动，加上20世纪的苦难历程（两次世界大战，绝灭人性的法西斯集中营，“古拉格群岛”，“文化大革命”等），使得人类精神不得不发生空前的大变革！这一人类历史上空前的大变动要求我们重新定义人类状况，反思我们需要塑造怎样一个世界，需要建立怎样的世界观和人生观来应对这一崭新的、影响全球的复杂局面。

二、西方对当前文化危机的认识

近世以来，西方文化始终处于强势的地位，西方今天的文化自觉首先表现在审视自己文化发展中的弱点和危机。早在20世纪初，奥斯瓦尔德·斯宾格勒在《西方的没落——世界历史的透视》一书中已相当全面地开始了对西方文化的反思和批判，到了21世纪，这种反思和批判达到了更加深刻的程度。例如，著名思想家、法国高等社会科学院研究员埃德加·莫兰（Edgar Morin）指出，西方文明的福祉正好包藏了它的祸根：它的个人主义包含了自我中心的闭锁与孤独；它的盲目的经济发展给人类带来了道德和心理的迟钝，造成各领域的隔绝，限制了人们的智慧能力，使人们在复杂问题面前束手无策，对根本的和全局的问题视而不见；科学技术促进了社会进步，同时也带来了对环境、文化的破坏，造成了新的不平等，以新式奴役取代了老式奴役，特别是城市的污染和科学的盲目，给人们带来了紧张与危害，将人们引向核灭亡与生态死亡。① 波兰社会学家齐格蒙特·鲍曼在《现代性与大屠杀》一书中更是强调在西方，高度文明与高度野蛮其实是相通的和难以区分的……现代性是现代文明的结果，而现代文明的高度发展超越了人所能调控的范围，导向高度的野蛮！

总之，许多先进的西方知识分子提出人类需要的不是一个单极统治的帝国世界，而是一个多极均势的“社会世界”，一个文明开化、多元发展的联盟。要达

① 乐黛云编：《迎接新的文化转型时期》，上海文化出版社2005年版，第202页。

到这个目的，人类精神需要发生一次“人类心灵内在性的巨大提升”，它表达的是对另一个全球化的期待，这就是全球的多极均衡、多元共存，也就是一个“基于生活质量而非个人无限财富积累的可持续性的文明”。

为了突破危机，追求“人类心灵内在性的巨大提升”，西方的思考者大致从三方面来突破现状，以寻求文化的未来发展。首先是返回自身文化的源头，审视历史，重新认识自己，寻找新的出发点。要达到这个目的，就必须有一个新的参照系，即新的“他者”，以便作为参照，重新反观自己的文化，找到新的诠释。法国学者法朗索瓦·于连（Francois Jullien）写了一篇专论《为什么我们西方人研究哲学不能绕过中国？》的著名文章。① 他认为，要全面认识自己，必须离开封闭的自我，从外在的不同角度来考察。在他看来，“穿越中国也是为了更好地阅读希腊”。他认为，“我们对希腊思想已有某种与生俱来的熟悉，为了了解它，也为了发现它，我们不得不暂时割断这种熟悉，构成一种外在的观点”，而中国正是构成这种“外在观点”的最好参照系，因为“中国的语言外在于庞大的印欧语言体系，这种语言开拓的是书写的另一种可能性；中国文明是在与欧洲没有实际的借鉴或影响关系之下独自发展的、时间最长的文明……中国是从外部正视我们的思想——由此使之脱离传统成见——的理想形象”。② 他强调指出：“我选择从一个如此遥远的视点出发，并不是为异国情调所驱使，也不是为所谓比较之乐所诱惑，而只是想寻回一点儿理论迂回的余地，借一个新的起点，把自己从种种因为身在其中而无从辨析的理论纷争之中解放出来”。③

第二，不仅是作为参照，还要从非西方文化中吸收新的内容。2004 年理查德·罗蒂访问复旦大学哲学系时说：“我隔了 20 年再次来到上海，中国的变化简直可以用奇迹来形容。这个奇迹不是改变了我的思考，而是进一步印证和强化了我已有的看法，那就是中国是未来世界的希望。”④在北京大学比较文学与比较文化研究所举办的“多元之美”国际学术讨论会上，法国比较文学大师巴柔（Daniel-Henri Pageaux）教授特别提出：“法朗索瓦·于连对于希腊文化与中国文化的研究是一个很好的例子，它正好印证了我已经讲过的经由他者的‘迂回’所体现出来的好处。”他还强调说：“从这次研讨会的提纲中，我看到‘和谐’（‘和

① 乐黛云编：《迎接新的文化转型时期》，上海文艺出版社 2005 年版，第 566 页。

② 弗朗索瓦·于连：《迂回与进入》，生活·读书·新知三联书店年 1998 版，前言第 3 页。

③ 弗朗索瓦·于连：《道德奠基：孟子与启蒙哲人的对话》，北京大学出版社 2002 年版。

④ 《文汇周报》，2004 年 7 月 27 日。

实生物,同则不继')概念的重要性……中国的'和而不同'原则定将成为重要的伦理资源,使我们能在第三个千年实现差别共存与相互尊重。"①一些美国汉学家的著作也体现了这种认识论的改变,如安乐哲(Roger Ames)和郝大维(David Hall)合作的《通过孔子而思》(*Thinking Through Confucius*)、斯蒂芬·显克曼编撰的《早期中国与古代希腊——通过比较而思》等。

另外,改变殖民心态,自省过去的西方中心论,理顺自己对非西方文化排斥、轻视的心理,这一点也很重要。意大利罗马大学的尼兹教授认为克服西方中心论的过程是一种困难的"苦修"过程。他把比较文学这一学科称为"非殖民化学科"。在《作为非殖民化学科的比较文学》一文中,他说:"如果对于摆脱了西方殖民的国家来说,比较文学学科代表一种理解、研究和实现非殖民化的方式;那么,对于我们所有欧洲学者来说,它却代表着一种思考、一种自我批评及学习的形式,或者说是从我们自身的殖民意识中解脱的方式。……它关系到一种自我批评以及对自己和他人的教育、改造。这是一种苦修(askesis)!"②没有这种自省的"苦修",总是以殖民心态傲视他人,多元文化的共存也是不可能的。

西方的这种文化自觉与自省使全球文化的多元共存成为可能。

三、中国需要真诚的文化自觉

中国人长久以来,强盛时以"大国心态"傲视他族文化;贫弱时,或自卑投降或演变成阿Q的"精神胜利法"。因此,费孝通先生认为中国的文化自觉首先是要对自己的文化有自知之明,因为文化自觉的根本目的是为了"加强文化转型的自主能力,取得适应新环境、新时代文化选择的自主地位"。费孝通先生指出,最重要的是要充分认识自己的历史和传统,认识一种文化得以延续的根和种子。例如中国人重视世代之间的联系,崇敬祖先,重视养育出色的孩子;中国人相信"和能生物,同则不继",相信不同的东西可以凝合在一起,形成"多元一体";中国人推崇"设身处地,推己及人"的行为准则;反对以力压人,倡导以德服人等等。这些并不是虚拟的东西,而是切切实实发生在中国老百姓日常生活里的真情实事,是从中国悠久的文化中培养出来的精髓。

---

① 巴柔(Daniel-Henri Pageaux):《文化还是文化间性:从形象学到媒介》,2001年4月"多元之美"大会论文

② 阿尔蒙多·尼兹:《作为非殖民化学科的比较文学》,载《中国比较文学通讯》1996年第1期,第5页。

但是，一种文化只有种子还不行，它还需要发展，需要开花结果。传统失去了创造，是要死亡的，只有不断创造，才能赋予传统以生命。所谓“创造”就是不断“以发展的观点，结合过去同现在的条件和要求，向未来的文化展开一个新的起点”①；文化自觉应包含过去、现在和未来的方向，也就是说从传统和创造的结合中去看待未来。这样的文化自觉就不是回到过去，而必须面对现实，展望未来。此外，今天的文化自觉还要求特别关注当前的外在环境，这是过去任何时代都不曾面对的。全球化的现实需要有一些共同遵守的行为秩序和文化准则，只有同情地理解多种文化，才有可能在这个正在形成的多元文化的世界里确立自己的位置，并在此语境下反观自己；找到民族文化的自我，知道在这一新的语境中，中华文化存在的意义；了解中华文化在世界文化中处于何种地位，能为世界的未来发展作出什么样的贡献。90高龄的费孝通先生总结自己的一生说，文化自觉是一个知识分子应该履行的时代赋予的责任，而自己要过的“最后一重山”，“就是要把这一代知识分子带进‘文化自觉’这个大题目里去”。②

四、中国传统文化对化解文化冲突可能作出的贡献

文化自觉，当前来说，最重要的就是改变过去一味封闭地崇尚“国粹”，而致力于从当前世界文化发展的需要出发，来审视我国丰富的文化资源，特别是研究在当前的文化冲突中，中国文化究竟能作出何种贡献，同时，也在与“他者”的对话中对自己重新再认识。这当然是一个漫长的过程，而且会有很多不同的看法。我认为以下几点是中国文化所固有，而又可以作为当前世界文化重构之参照的重要方面：

(一)不确定性与“在混沌中生成”的宇宙观

中国道家哲学强调一切事物的意义并非一成不变，也不一定有预定的答案。答案和意义形成于千变万化的互动关系和不确定的无穷可能性之中。由于某种机缘，多种可能性中的一种变成了现实。这就是老子说的“有物混成”(郭店竹简作“有状混成”)。一切事物都是从这个无形无象的“混沌”之中产生的，这就是“有生于无”。“有”的最后结局又是“复归于无物”。“无物”是“无状

① 费孝通:《文化的传统与创造》，载《费孝通论文化与文化自觉》，群众出版社2005年版，第310页。

② 方李莉编著:《费孝通晚年思想录:文化的传统与创造》，岳麓书社2005年版，第9—10页。

之状,无物之象”,这“无物”、“无状”并不是真的无物、无状,因为“道之为物,惟恍惟惚。惚兮恍兮,其中有象;恍兮惚兮,其中有物”。这“象”和“物”都存在于“无”中,都还不是“实有”,它只是一种在酝酿中的无形无象的、不确定的、尚未成形的某种可能性,它尚不存在而又确实有,是一种“不存在而有”。这就是“天下万物生于有,有生于无”的道理。

从中国的宇宙观出发,最重要的就是不拘泥于人们以为是“已定的”、其实仍在不断变化的“确定性”,而是去研究当下的、即时的、能有效解决问题的、从现实当中涌现出来的各种可能性。这也许正是“摸着石头过河”的哲理之所在。只有“摸着石头”,向“未知”进发,才能创造新路,一切都已固定的,只能是老路。既然一切事物的意义并非一成不变,也不一定有预定的答案,而是形成于千变万化的互动关系和不确定的无穷可能性之中,那么,基于不变的立场和观点的世代复仇就不一定有一成不变的合理性和合法性。因此,中国“和为贵”的哲学反对“冤冤相报,无有已时”,提倡“仇必和而解”、“一笑泯恩仇”。从鲁迅的小说《铸剑》中可以看到对“世代复仇”的反讽,在金庸的一些小说中也能看到复仇与和解的双重变奏。

其实,随着主体视角和参照系的改变,客观世界也呈现着不同的面貌。甚至主体对本身的新的认识也要依靠从“他者”的重新认识和互动来把握。20世纪70年代末期以来,中国推翻了由“两个凡是”锁定的僵死的“规律性”和“普适性”,坚持“实践是检验真理的唯一标准”,就是纠正了过分强调固定的规律性和普适性的西方思维模式,而运用了中国传统智慧对人的主观能动性的强调。正如朱熹所说:“天即人,人即天。人之始生,得之于天;既生此人,则天又在人矣。”“天”要由“人”来彰显。只有通过自由创造、具有充分随机应变的自主性而又与“天”相通的“人”,“天”的活泼泼的气象才能得以体现。

上述《道德经》中论述的“惚恍”和“不存在而有”的宇宙观与当今的混沌科学思想有许多相通之处。《混沌七鉴——来自易学的永恒智慧》一书的作者指出:“《易经》对我们特别有启示。混沌的科学思想源于研究人员对气象学、电路、湍流等复杂物理系统的研究。很明显,《易经》的作者和注疏者曾长期深入思考过自然界和人类活动中的秩序和无序间的关系,他们最终将这种关系称为‘太极’。”又说:“欧洲、美国、中国的社会正处在一个巨变的时代,正如过去《易经》的作者和注疏者那样,此时此刻人们正试图洞察个体与集体的关系,寻求永恒变易中的稳定。我们的时代是一个来自方方面面的思想和感知产生出巨大能量的时代。当代世界的社会状况类似于物理系统中的非平衡态。新的相对稳定和意外结构有时会突然产生。或许,当未来社会朝我们未曾指望的方向发展时,混沌科学会帮助我们理解所发生的一切。"①持有这种观点,就可以找到化解文化冲突的思想基础。

(二)与西方不同的多种思维方式

1.执两用中,一分为三

西方文化长期以来习惯于"主客二分"的思维方式,如罗素所说,笛卡尔体系提出精神界和物质界两个平行而彼此独立的世界,研究其中之一能够不牵涉另一个。他们重视以主体为一方的对客体的切割、分类而加以认识。人们总是相信自己从客体抽象出来的"规律",并将之崇奉为放之四海而皆准的普适性,他们崇尚抽象的规律性远远超过关心事物的特殊性和具体性。由此出发,现存集中的权力系统只能通过普适化、均一化、互相隔离的分类方法来管理世界,这就损坏了事物广泛联系的复杂性,也就损坏了真正有创意的自由发展。不可改变的规律性、普适性发展到极端,就是文化霸权的理论基础。

中国的思维方式却与此全然不同。首先是"一分为三"的原理和由此而产生的中庸之道。中国传统文化一开始就提出了"一分为三"的原则。作为中国文化支柱之一的八卦,每一卦都是由三画组成的,由三而演化,至于无穷,所以说"太极元气,函三而一"。②《史记·律书》提出:"数始于一,终于十,成于三"。为什么说"成于三"?当两种原不相干的事物相遇,而构成"场域",就产生了新的、不同于原来二者的第三个东西,这就是老子说的:"道生一,一生二,二生三,三生万物。"《易经·系辞传》明确提出:"易之为书,广大悉备,有天道焉,有地道焉,有人道焉。"所以《礼记·中庸》强调:"可以赞天地之化育,则可以与天地参矣。"只有天、地是不够的,必须有第三因素"人"来"赞天地之化育",才能成其为世界,这就是:天、地、人。《中庸》的真精神也就是要从"过"和"不及"的两端,找到一个中道,即所谓"执两用中"。这个"中"并不是两项旧物的"折中",而是从"两端"构成的场域中产生出来的那个新的"三"。《汉书·何武传》中说:"(何武)疾朋党。问文吏必于儒者,问儒者必于文吏,以相参验。"这就是执文吏和儒者两端,而得

---

① 约翰·布里格斯、戴维·皮特著:《混沌七鉴——来自易学的永恒智慧》,陈忠等译,上海科技教育出版社2001年版。

② 刘歆:《三统历谱》,见《汉书·律历志上》;并参阅庞朴:《一分为三:中国传统思想考释》,海天出版社1995年版。

到一个既非“文吏”，亦非“儒者”的第三个新的意见。因此，人们在认识事物时，首先要“执其两端”，然后“求其中道”。这就是儒家的最高理想：“极高明而道中庸”。这一智慧的结晶也许能救助日益趋向暴力、恐怖、极端的世界。

2. 五行相生相克

五行思想是中国认识论和方法论的另一个系统，最早见于《尚书·洪范》，后来在《左传》、《国语》等中多有论述。意谓世界万物皆由五种元素及其所构成的关系所组成。这五种元素是木、火、土、金、水，它既代表颜色——青、赤、黄、白、黑，又代表人体——肝、心、脾、肺、肾，也代表方向——东、南、中、西、北，时令——春、夏、长夏、秋、冬，等等。五种元素既相生（水生木、火生土、金生水、木生火、土生金），又相克（水克火、火克金、金克木、木克土、土克水），循环往复，无有已时。

从多种元素相生相克、广泛联系出发，就必然重视事物的多样性，重视差别和相互关系，其结果必然是崇尚多元，尊重自然。

3.“反者道之动”

数百年来无论是西方还是在西方影响下的东方，不管是人文科学还是社会科学，进化论的影响都十分深远。人们竭尽全力往前飞奔，对自然资源榨干了还要再榨，人的生活享受了还要再享受，人类趋向未来的速度快了还要再快……这已经成为许多人的思维方式和生活模式。至于未来是什么，“新”是不是一定比“旧”好？万众所趋的目的地何在？人们究竟奔向何方？除了作为个体的人必然趋向的坟墓而外，没有任何真正具有确定性的回答可以被提供出来！中国古训所强调的与此截然不同，从老子的《道德经》开始，就强调“反者道之动”，道的萌动，总是从回归开始，万物的运动都有一种复归的倾向，都要回到运动的原点，在新的认识和新的经验的基础上，重新再出发，从而上升到更高的境界，也就是战国竹简所说的“反辅”：“太乙生水，水反辅太乙，是以成地，天地复相辅也，是以成神明……”可见“回归”、“反辅”是事物发展的根本条件。中国哲学不重视以时间为主体的线性发展，而更重视向原点的复归，这就是“反本开新”。既然万物都在不断“回归”、“反辅”和再出发，而不是向某个方向盲目“飞奔”，也就没有匆忙的必要。中国文化强调“听其自然”，强调“万物静观皆自得”，强调“无为”，强调协同发展，但同时它又反对停滞不变，作为中国文化古远根源的《易》的核心就是发展变易。这对于“可持续发展”，对于制止当今社会的盲目狂奔正是很好的参照和缓冲。其实，每当历史转折关头，人们总习惯于回归自己的文化源头，去寻找新的途径。西方文化的发展也往往要回顾和重新参照古希腊和希伯来。目前在西方，回到原点重新再出发，也已成为一种趋势。如果人们改变了“直线狂奔”，盲目奋进争夺的思维定式，习惯于回头看看，文化冲突也可能得到很大缓解。

4.“负”的思维方式

如老子讲的“三十辐共一毂，当其无有，车之用。埏埴以为器，当其无有，器之用。凿户牖以为室，当其无有，室之用”，车轮、器皿、房间，有用之处，都不是其实体，而是非实体的空间。又如中国画，画月亮，不是画月亮本身，而是画周围的云彩，中间那个空白的、没有画的地方才是月亮。这些都是强调要给人以空间，“有容乃大”，强调包容、宽厚。

五、人与社会的关系

西方对个人权利、自由意志的强调已发展到极端，但人只能镶嵌在与他人的关系中才能生存。一个人的权利只有在其他人能负责保证这些权利得以实现的条件下才能实现。因此在他索取自身权利的同时必须负起保证他人权利得以实现的责任。如戴震所谓：“欲遂其生，亦遂人之生，仁也。”儒家思想既不像自由主义模式那样将社会作为实现个人目标的一种手段，也不像集体主义那样将个人作为实现某种社会理想的手段。儒家认为作为人类社群的“民”是天下国家的根本。“民为邦本，本固邦宁”，“天视自我民视，天听自我民听”，孔子既是精简政府职能的倡导者又是建立自治的人类社群的积极支持者。他说：“为政以德，譬如北辰，居其所而众星拱之。”又说：“听讼，吾犹人也。必也使无讼乎。”孔子理想的社会是一个政府少折腾，百姓无官司的社会。儒家的这些主张也许可以修正西方民主的弊端，有助于创造一种新型的、兼顾身心的、更合理的民主，也可以化解以一种意识形态一统天下，强加于人而爆发的文化冲突。

总之，在全球化的今天，如果我们追求的是一个均衡发展的多元文化的世界，我们就应该有更深刻的文化自觉，同时对世界各地的文化更加了解，对于他种文化对中国文化的描述，也要更加了解。这对于在全球化时代欣赏其他文化，与之共存并交互作用，十分重要。只有充分把握自己文化的特点，对之加以现代思想的创造性诠释，并增强对他种文化的理解和宽容，才能促成各民族文化的多元共存，互相对话沟通，形成全球性的文化多元格局。

关于儒学复兴的思考

汤一介*

中华民族的复兴和儒学的复兴是分不开的，这是由历史原因形成的。儒学自孔子起就自觉地继承着夏、商、周三代的文化，从历史上看它曾是中华民族文化发育、成长的根，我们没有可能把这个根子斩断。如果我们人为地把中华民族曾经赖以生存和发展的根子斩断，那么中华民族的复兴就没有可能了。因此，我们只能适时地在传承这个文化命脉的基础上，使之更新。就目前人类社会现实情况看，我估计在21世纪儒学作为一种精神文化在中国、甚至在世界（特别是在东亚地区）会有新的大发展。为什么儒学会有一个新的发展？原因当然是多方面的，有政治的、有经济的原因，但与“西学”（主要指作为精神文化的哲学等）对中国传统文化（特别是儒学）所进行的全方位的冲击有着密切的关系。正是由于“西学”对中国文化的冲击，使得我们得到一个对自身文化传统进行自我反省的机会，在我国经过长达一个多世纪的“中西古今”之争，从而为儒学能从传统走向现代提供了机会。

由于在新世纪，我们国家提出建设“和谐社会”的要求，而在我国传统儒家思想中包含着“和谐社会”的理想以及可以为建设“和谐社会”提供的大量思想资源。《礼记·礼运》的“大同”思想可说是为中华民族勾画出的最为重要的“和

---

* 作者单位：北京大学哲学系。

谐社会”的理想。《易经》中的“太和”思想经过历代儒学思想家的发挥，已具有普遍和谐的意义，所以王夫之说“太和”是“和之至”。《论语》中的“礼之用，和为贵”、“和而不同”，《中庸》的“中和”以及朱熹对“中和”的解释等，为中国哲学提供了一种世界观和思维方式。所有这些都是我们今天建设“和谐社会”有意义的资源。又由于世界思想界出现对“新轴心时代”的呼唤，这就要求我们更加重视对古代思想智慧的温习与发掘，回顾我们文化发展的源头，以响应世界文化发展的新局面。雅斯贝尔斯说：“人类一直靠轴心时代所产生的思考和创造的一切而生存，每一次新的飞跃都回顾这一时期，并被它重新燃起火焰。自此以后，情况就是这样。轴心期潜力的苏醒和对轴心期潜力的回忆，或曰复兴，总是提供了精神力量。对这一开端的复归是中国、印度和西方不断发生的事情。”例如，我们知道，欧洲的文艺复兴就是把目光投向其文化的源头古希腊，而使欧洲文明重新燃起新的光辉，对世界产生重大影响。中国的宋明理学(新儒学)在印度佛教文化的冲击后，充分吸收和消化了佛教文化，“出入佛老，而反求之六经”，再次回归先秦孔孟而把中国儒学提高到一个新的水平，并对朝鲜半岛、日本、越南的文化发生过重大影响。在当今全球化的形势下，作为“轴心文明”重要一支的儒家文化，在长达百多年西方文化的冲击下，我们可以预见它将得以“苏醒”，得以“复兴”，以贡献于人类社会。

由于儒学是历史的产物，在我国历史上对它就有种种不同的看法，特别是在“西学”进入后，对它的看法更是五花八门，有褒有贬，直到最近对儒学的看法也是众说纷纭的。有的学者提出重建中国儒教的构想。他们认为，“必须全方位地复兴儒教，以应对西方文明全方位的挑战。”因此，主张把儒教立为国教，在我国恢复所谓自古以来的“政教合一”。而对这样观点有来自两个方面的批评：一是来自“自由主义派”，他们认为“儒教救国论”是对当代民主政治的反动，是对“平等”观念的践踏。把“儒教”立为“国教”，将会使“儒教意识形态化，为专制主义服务。”另一是来自马克思主义学者的批判，他们认为：“儒教救世的想象实质是道德作用的自我夸大”，也是“以天道性命的形上学来追求王道政治，这样只能重踏封建专制的陷阱”，“真正的救世主只能是马克思主义”。还有一批学者，他们从维护和发扬儒家思想出发，对儒学作充分的肯定，以实现儒学的现代化，例如现代新儒家认为“内圣之学”可以开出适合现代民主政治的“外王之道”，儒家的“心性之学”可以发展出认识论的系统。有学者还提出“文化中国”的观点。这些看法，也受到众多学者的质疑。当然，还有一些学者认为，孔子的儒家学说是维护专制统治的工具,在五四运动时期已被否定,今天再把它推崇到至高地位,无疑是历史倒退。有位学者认为,北京大学是五四运动的发源地,要在北京大学建立"孔子学院"或儒学院,有悖于"五四精神"。如此等等,对"儒学"的看法真是仁者见仁、智者见智了。现在有上述种种看法,并且可以公开讨论,说明我们的社会在进步,因为学术文化问题只能自由讨论,在贯彻"百家争鸣"的方针中、在不断理性地对话中前进。

由于儒学是历史的产物,又有两千多年的历史,因此对它有种种不同的看法应该说是很自然的。在今天全球化、现代化的时代,我们应该或可能怎样看儒学,我认为也许可以从三个不同的角度来考察儒学:一是正统的儒学,二是道统的儒学,三是学统的儒学。儒学曾长期与中国历代政治结合,它无疑对专制统治起过重要作用。儒家特别重视道德教化,因而对中国社会在一定程度上起着稳定的作用。但是,把道德教化的作用夸大,使中国重"人治"而轻"法治",而且很容易使政治道德化,而美化政治统治;又使道德政治化,使道德成为政治服务的工具。总的说来,政治的儒学在历史上存在着较多的问题。任何一个成系统有历史传承的学术派别,必有其传统,西方是如此,中国也是如此。从中国历史上看有儒、道、释三家,都有其传统。儒家以传承夏、商、周三代文化为己任,并且对其他学术有着较多的包容性,他们主张"万物并育而不相害,道并行而不相悖。"但即成学派难免也会有排他性。因此,对"道统"的过分强调就可能形成对其他学术文化的排斥,而形成对异端思想的压制;而在历史上某些异端思想的出现,恰恰是对主流思想的冲击,甚至颠覆,这将为新的思想发展开辟道路。"学统的儒学"是指其学术思想的传统,包括思维方法和对真、善、美境界的追求等,儒学在这些方面可提供有意义的资源较为丰厚,应为我们特别重视。基于此,当前甚至以后,对儒学不应政治意识形态化,学术最好归学术。

既然我们对儒学要特别重视的是其"学统",那么我们应该如何从"学统"的角度来看儒学(当然,对其他学术文化的传统也应如此看),我有以下四点看法:一是要有文化上的主体意识。任何一个民族的生存与发展必须植根自身文化土壤之中,只有对自身文化有充分地理解与认识,保护和发扬,它才能适应自身社会合理、健康发展的要求,它才有吸收和消化其他民族文化的能力。一个没有能力坚持自身文化自主性的民族,也就没有能力吸收和融化其他民族的文化以丰富和发展其自身文化,它将或被消灭,或被同化。二是任何文化要在历史长河中不断发展,必须不断地吸收其他民族文化,在相互交流与对话中才能得到适时的发展和更新。罗素说得对:“不同文明之间的交流过去已经多次证明是人类文明发展的里程碑。”在历史上,中华文化有着吸收和融化外来印度佛教文化的宝贵经验,应该受到重视。在今天的全球化时代,面对西方的强势文化,我们应更加善于吸收和融化西方文化和其他各民族的优秀文化,以使中华文化更具有世界意义。三是社会在不断发展,思想文化在不断更新,但古代思想家提出和思考的文化(哲学)问题,他们思想的智慧之光,并不因此就会过时,有些他们思考的问题和路子以及理念可能是万古常发的。四是任何历史上的思想体系,甚至现实存在的思想体系,没有完全正确的,没有放之四海而皆准的绝对真理,它必然有其局限性,其体系往往包含着某些内在矛盾,即使其中具有普遍意义(价值)的精粹部分也往往要给以合理的现代诠释。恩格斯在《反杜林论草稿片断》中说:“在黑格尔以后,体系说不可能再有了。十分明显,世界构成一个统一的体系,即有联系的整体。但是对这个系统的认识是以对整个自然界和历史的认识为前提,而这一点是人们永远达不到的。因而谁要想建立体系,谁就得用自己的虚构来填补无数空白,即是说,进行不合理的幻想,而成为观念论者。”罗素在其《西方哲学史》中说:“不能自圆其说的哲学绝不会完全正确,但是自圆其说的哲学满可以全盘错误。最富有结果的各派哲学向来包含着显眼的自相矛盾,但是正为了这个缘故才部分正确。”我认为这两段话对我们研究思想文化都很有意义。因为任何思想文化都是在一定历史条件下产生的,它不可能完全解决人类社会今天和明天的全部问题,就儒学也是一样的。正因为儒学是在历史中的一种学说,才有历代各种不同诠释和批评,而今后仍然会不断出现新的诠释、新的发展方向、新的批评,还会有儒家学者对其自身存在的内在矛盾的揭示。在人类社会进入全球化时代,不断反思儒学存在的问题(内在矛盾),不断给儒学新的诠释,不断发掘儒学的真精神中所具有的普遍性意义和特有的理论价值,遵循我们老祖宗的古训“日日新,又日新”,自觉地适时发展和更新其自身,才是儒学得以复兴的生命线。

复兴儒学要有“问题意识”。当前我国社会遇到了什么问题,全世界又遇到了什么问题,是复兴儒学必须考虑的问题。对“问题”有自觉性的思考,对“问题”有提出解决的思路,由此而形成的理论才能是有真价值的理论。当前,我国以及全世界究竟遇到些什么重大问题?近一两百年来,由于对自然界的无量开发、残酷掠夺,造成生态环境的严重破坏。由于人们片面物质利益的追求和权力欲望的无限膨胀,造成了人与人之间以及国家与国家之间的矛盾与冲突,以至于残酷的战争。由于过分注重金钱和感官享受，致使身心失调、人格分裂，造成自我身心的扭曲，已成为一种社会病。因此，当前人类社会需要解决，甚至今后还要长期不断解决的“人与自然”、“人与人”（“人与社会”、“国与国”、“民族与民族”）、“人自我身心”之间的种种矛盾问题，无疑是人类要面对的最大课题。其中“人”的问题是关键。

儒学可有的贡献。儒家的“天人合一”（合天人）的观念将会为解决“人与自然”之间的矛盾提供某些有意义的思想资源。“天人合一”是说在“天”和“人”之间存在着相即不离的内在关系。《周易》是中国思想最古老的书，它是中国哲学的源头。《郭店楚简·语丛一》：“易，所以会天道人道也。”《周易》是一部会通天道、人道所以然的道理的书。故朱熹说：“天即人，人即天，人之始生，得之于天；即生此人，则天又在人矣。”“天”离不开“人”，“人”也离不开“天”。人初产生时，虽然得之于天，但是一旦有人，“天”的道理就要由“人”来彰显，即“人”对“天”就有了责任。如果“人”能对“天”有所敬畏尽其保护之责，则“人”与“天”自然和谐了。“人我合一”（同人我）的观念将会为解决“人与人（社会）”之间的矛盾提供某些有意义的思想资源。“人我合一”是说在“自我”和“他人”之间存在着一种相即不离的关系呢。为什么“自我”和“他人”之间存在着相即不离的关系呢？《郭店楚简·性自命出》中说：“道始于情。”人世间的道理（人道）是由感情开始的，这正是孔子“仁学”的出发点。孔子的弟子樊迟问“仁”，孔子回答说：“爱人。”这种爱人的品质由何而来呢？《中庸》引孔子的话说：“仁者，人也，亲亲为大。”“仁爱”的品德是人本身所具有的，爱自己的亲人是最根本的。但孔子的儒家认为“仁爱”不能停留在只是爱自己的亲人，而应该由“亲亲”扩大到“仁民”。所以《郭店楚简》中说：“亲而笃之，爱也；爱父继之爱人，仁也。”如果把爱自己的亲人扩大到爱他人，那么社会不就可以和谐了吗？如果一个国家、一个民族把爱自己国家、自己民族的“爱”扩大到对别的国家、别的民族的爱，那么世界不就可以和平了吗？“身心合一”（一内外）将会为调节自我身心内外的矛盾提供某些有意义的思想资源。“身心合一”是说肉体生命与精神生命之间存在着一种相即不离的和谐关系。儒家认为达到“身心合一”要靠“修身”。《郭店楚简·性自命出》中说：“闻道反己，修身者也。”意思是说，知道了做人的道理，就应该反求诸己，这就是“修身”。所以《大学》认为，“修身”、“齐家”、“治国”、“平天下”，“自天子以至庶人，壹是皆以修身为本，其本乱而末治者否矣。”《中庸》里面也说：“为政在人，取人以身，修身以道，修道以仁。”社会靠人来治理，让什么人来治理要看他自身的道德修养，修养是以符不符合“道”为标准，这里的道是指“天下之达道”，即“和”（和谐），做到使社会和谐就要有“仁爱”之心。这里，把个人的道德修养（修身）与“仁”联系起来，正说明儒家思想的一贯性。如果一个社会有了良好的制度，再加之以有道德修养的人来管理这个社会，那么这个社会就可以成为一个“和谐的社会”。在儒家看来，解决上述种种矛盾的关键是“人”。因为，“人是天地的心”，只有人才可以“为天地立心，为生民立命，为往圣继绝学，为万世开太平。”我们是不是可以说，当今人类社会遇到的问题，儒学可以为其提供某些有意义的思想资源？善于利用儒学资源是不是可以说为儒学的复兴提供了机会？当然，我们必须注意到，孔子的儒家思想并不能全盘解决当今人类社会存在的诸多复杂问题，它只能给我们提供思考的路子和有价值的理念（如世界观、人生观、价值观等的理念），启发我们用儒学的思维方式和人生智慧，在给这些思想资源以适应现代社会和人类社会发展前途新诠释的基础上，为建设和谐的人类社会作出它可能作出的贡献。司马迁说的“居今之世，志古之道，所以自镜者，来必尽同”是很有道理的名言。

儒家和谐论：兼论全球和平的六层次

成中英*

对于儒家哲学中的和谐概念，虽然有不同学者在许多文章中作过多种解释，但我们必须看到，“和”作为一个动态词构成了多重意义。首先，“和”既是一种状态，也是一个过程。甚至当它作为一种状态时，它依然有创造生命和创造新事物的积极力量。早在公元前7世纪，周朝史学家史伯就说过“和实生物，同则不继”①，暗示出和具有多极性或多极因素，与生产和创造有关。毫无疑问，他的这种看法源于《周易》的传统，即人对自然界中阴阳运行的经验。史伯的话值得注意，因为他还指出了“和”是如何产生物的，因为这涉及了“以他平他”的统一。因此，从这个意义上说，它与“同”不一样，因为“同”不允许有差异和区别。

后来，齐国的晏婴详述了和与同在烹饪和制乐方面的差异。在认识“和”的性质方面，孔子说“君子和而不同，小人同而不和”②，区分了“和”与“同”，并把它们看作鉴别人生态度和划分不同人群的两个明确的品质。

---

* 作者单位：美国夏威夷大学。本文由河北师范大学赵长江译成中文。

① 见《国语·郑语》。

② 见《论语·子路》。

一、太　和

在孔子弟子编纂的《易传》中，人们同样可以看到孔子对世界起源的洞察。在此我们注意到《彖传》中“太和”的概念在《易传》中对乾的解说①：

“大哉乾元，万物资始，乃统天②。云行雨施，品物流形。大明终始，六位时成，时乘六龙，以御天。乾道变化，各正性命。保合大和，乃利贞。（‘大’读为‘太’。）首出庶物，万国咸宁。”

乾作为一个创造原则是世间万事万物的源泉，同时它还是一种原始动力，不断地运动，不断地激起行动。因此，它被称作乾元，乾即元。在激发创造性活动和产生万事万物的过程中，乾元起着很大作用；同时，我们不应忘记，作为一个接受原则和一个共性原则，坤或坤元在为世界划限和支撑世界方面所起的作用。因此作为原初起源的坤便成了人们熟知的坤元。在《彖传》对坤卦的解说，里面有这样的话：“至哉坤元，万物资生，乃顺承天。坤厚载物，德合无疆。含弘光大，品物咸亨。”③来自太和的乾的兴起伴随着坤的兴起：它们密不可分，因为它们在产生万物和改变万物方面相互支持。这种对乾坤的看法反映了《易经》哲人对阴阳变化和自然界两极的观察与经验。当阴阳成为现象概念时，乾坤就上升到了本体宇宙论的高度，这种观念来自对宇宙和人类的通盘考虑。因为太和产生了相互依赖和相互交叉的乾与坤，它也就被看成了《易经・系辞》中的太极。

把《易经》看成是世间万事万物的本体宇宙论，大家必须看到和深深植根于人生和创造力的本体宇宙论之中。这种洞察的重要之处是：没有创造力，就没有能力在各种相宜的关系中创造事物，因此也就不能在各种事物中为相互依赖和相互交叉创造条件，“和”便不可能存在。“和”必须是一种能使万物和谐的力量，“和”就是让生命和生机繁荣壮大，并为未来的发展积蓄力量。

---

① 《易传》究竟何时成书还有争论，但从出土的资料看，《易传》显然反映了孔子后期的观点，通过他对《易经》的研究得出了世界与生命的起源。《易经》的成书可追溯到公元前1200多年的周朝。

② 它还把天德作为万物之始，并给它们以秩序。

③ 像《彖传》对乾卦的解说一样，《彖传》对坤卦的解说形成了对世界起源的本体洞察。它还指出了乾坤像阴阳一样自然地、内在地植根于太和之中，并产生了万事万物的和谐。

二、义　和

随太和而来的,是作为“和”的一个组成部分“义”的出现,我们称之为“义和”。这种义的出现意味着,本体宇宙观的和谐化过程必须有益于人的生存和人的行为,这就是最初的善。人的出现是伟大的,因为正是人的存在才让我们发现了思维、认知和行动的能力,它不仅与人类本身有关,还与他人、与环境、与万事万物的生与灭有关。在经验与反思的基础上,所有这些概念开始在人的意识和人的大脑中形成。但这种历练世界和反映人自身的能力需要高水平的创造力,而这种创造力来自于支撑和谐化创造过程的原始动力。

首先,善一定是能导致大和的“和”,或支持“和”产生世间万物。它是能把真实的东西变为真的创造基础。因此,从这个意义上讲,真也必须是善,因为真必须植根于乾元的原始创造力之中,并成为不断创造的基础。因此《系辞》说“继之者善也。成之者性也。”在这种情况中,善可被理解为成性的基础,而性则区分了事物的存在并赋予其个性。当然,这样说还不能把存在于原始宇宙论创造力中的善看作义善,但这是赋予义善以重大意义的一个不可或缺的步骤,因为只有人才有能力创造本体论上的善,给万事万物带来和谐,并创造了能证实和支撑和的事物。

当我们读到《文言传·乾文言》时,我们发现了道义出现在本体实在之中,准确地说存在于元、亨、利、贞之中,这与人类思维的出现和人类的行为有关。在这个出现过程中,依据元、亨、利、贞,创造的内在力量变成了最初善的道德品质的基础和源泉,善在仁、礼、义和信中表现出来,并成为儒家伦理的四德。《文言传》对此进行了解释:

> 元者,善之长也;亨者,嘉之会也;利者,义之和也;贞者,事之干也。君子体仁,足以长人;嘉会,足以合礼;利物,足以和义;贞固,足以干事。君子行此四德者,故曰:“乾:元亨利贞。”①

大家可以看到,即使四德与本体宇宙论的四种创造状态相一致,也不能认

① 《文言传》被认为是《彖传》本体论的道德反映。

为它们具有关联性。许多汉学家把关联思维(见 A. C. Graham①)说成是对引人义德的解释,但是他们未能解释这种与内容的关联如何被证明是合理的,以及实际所指是什么。事实的真相是:道德品质源于原始创造力水平上的原始品质,此时的原始创造力导致了人的创造力——人的意识的出现带来了四种道德品质的需求和实现,四种品质是人的本体的创造特色,与上面提到的基本义德密切相连。朱熹从四德中看到了春夏秋冬四季的在场,可以把此看作阐释本体论与道德之间深刻内在联系的另一种方法。

带着这种观点,我们可以清楚地看到品德的横向与纵向关系:所有品德都植根于创造力的本体宇宙论活动之中,它们相互协调、相互关联,把创造力推向一个新高度,即人类文化的自由。从这个角度看,当说到"利物足以和义"时,显然这种利物必须从创造本体意义上去理解,也就是说,就各种个体的义而言,它们能够揭示世间万物,利的差异或许甚至是利的冲突都可得到解决和协调。正是大家都想到了义,一个社区、一个社会、甚至一个州和一个国家才可建立起来。确切地说,任何政府都是建在义的基础上,这种义从个人守信和大家守信中表现出来。

三、中　和

《中庸》中有"中和"的思想,可以把中和理解为"中与和"或"来自中的和"。中和是一种状态,可应用于天人合一的太和之中,也可应用于体现人性的人心中的义和。就《中庸》而言,人的内在本性源于或继承自生命创造力的原始源泉,即天。因此,和谐情感与和谐行为的基础是最初的和谐,这种和谐被看作中心,即中。中的目的就是要识到深埋在人性中的那些东西,因为它们能产生情感和思想。因此,来自于人性深处以情感和思想形式出现的东西就是我前面提到的道德意识,因为它的目的最终是与现实相合,与人生情境相一致,使人性获得良好状态,并得以实现,这就是中,或最初的善。从这个意义上说,《中和》言:"喜、怒、哀、乐之未发,谓之中。发而皆中节,谓之和。"②

可是,何谓"中节"?它是获得和或者是导致获得和的一种状态,可以把它理解成实现善与价值的一种关系。换言之,它来自人在寻求"宜"的道德意识中

---

① 见 A. C. Graham:《道的争论者:古代中国哲学论争》,印第安纳波利斯:Open Court,1989。

② 见《中庸》第一部分。

的一种关系。因此,中节也可被理解为中和,不过此处的"中"应是动词。既然中与和属于天与人,《中庸》的结论是:"中也者,天下之大本也。和也者,天下之达道也。"①这是符合逻辑的。这样理解的话,我们可以清楚地看到,《中庸》中的中和如何为《文言传》中的义和观念提供自然的本体论基础。

四、人　和

上面对两个层次的和进行了定义:一个是《彖传》中的太和,一个是《文言传》中的义和。我们还可看到人性同时具有潜藏的内在和谐,可以在人的情感和人生境遇的外在事件中转换为现实的和谐,这可被称作来自内心深处的和谐。我们现在看一看第四个层次所表现的第四种和谐,即孟子心中的"人和"。孟子言:"天时不如地利,地利不如人和。"②这并不是说天时不重要,在考虑制定策略时,利用天时是很重要的。然而,如果采取行动时没有地利,天时再好也不起作用。从另一方面讲,天时地利都具备,但缺少人和,也就是说大家在义的方面不能保持一致,对未来的前景缺乏希望和信心,那么预期的成就和成功就不能实现。

这一点涉及人类行为的成功与失败,从这个角度讲,极易理解为什么人和最重要。如果只是涉及时间的事,其发生仅仅是因为时间,由于时间的力量自然而然发生的事可被称为命。自然时间过程中的生与死就是命,孔子与孟子也这样理解。人要实现其价值,仅有时间是不够的,只有地利也不行。有地利做事会不一样,因为像天时一样,地利形成了一个事物发生的上下环境或大的框架,有些是由于天时,有些是由于地利,有些是由于人的行为本身。在靠人的行为才能成功的那些事上,毫无疑问,人和是首要因素。没有人和,天时和地利都不能做成任何事情。人和是人的创造力发挥作用取得成果的一个条件。有了人和,才能考虑天时和地利。大家可以看到,天时和地利对于人的创造力来讲是如何发挥决定性作用的。孟子的观察如下:

> 域民不以封疆之界,固国不以山溪之险。威天下不以兵革之利。得道者多助,失道者寡助。寡助之至,亲戚畔之;多助之至,天下顺之。以天下

① 见《中庸》第二部分。

② 见《孟子》2—B。

之所顺，攻亲戚之所畔；故君子有不战，战必胜矣。①

作战需考虑天时和地利，在考虑了天时和地利之后，至关重要的因素是人。当其他因素都一样时，孟子看到人是决定性因素。事实上，无论是战争年代还是和平年代，人民的支持都是统治政权发展生产、保持稳定的绝对条件。但这种支持必须建立在人和的基础之上。分析人和就是分析人如何在生活和交往中实现和谐。孟子的整个政治哲学就是想说明人与人之间的和谐（人和）必须来自统治者的仁政：仁政就是统治者要关心人民，让人民成为政府考虑决策的中心。要让人民与你同乐，解决生活中的困难和人民的生计问题。

现代人也有其他需求，但仍限于人自身的需求。重要的是要让人民生活富裕，精神上和心灵上感到愉快。因此要满足人们的教育需求和智力开发的需求，为这样的开发创造一个文化环境是同样重要的。同等重要的还有，要创造一个高度和谐的环境，让和谐具有创造性和可持续性。对孟子而言，获得人和或社会和谐就是让统治者有德性，能为和谐的生活和和谐的行为做出榜样，能够领导人民，关心人民，让社会和谐，让人民和谐。

当然，对孟子来说，能在社会关系中为人做出榜样的人是柳下惠。柳下惠被描绘为一个不介意做小官的人，这样的人会毫不犹豫地任用人才。得不到重用时，他不抱怨；生活困顿时也不自哀自怜。他热爱普通人，愿与他们为伍。他不愿占别人的便宜。即使有一位裸女躺在他身旁，他也能神情自若，方寸不乱。因此，柳下惠被看作是和谐或和谐化的一位圣人。孟子要表达的思想是：和谐是一种让他人感到舒适的精神态度，一种不屈从私利能创造社会关系的精神自律。实际上也是一种关心他人的无私行为。从这个意义上讲，柳下惠是一位宽厚待人的仁人，其品质吸引了他人，并成为他人学习的榜样。

考虑到孟子把孔子颂扬为合时宜的圣人，大家可以看出，真正的更深意义上的和谐来自于在适宜地方、时宜的时间做正确的事情。其意义是如何把社会和谐与时间和谐和地点和谐协调起来。准确地说，这就是孔子在他的仁和礼的哲学中所强调的。在《论语》中，由于礼有和谐化的功能，遂成了人在社会交往中创造出来并保持下去的一个条件②，对我们来说也是非常重要的。进一步

① 见《孟子》2B—1。

② 见《论语·学而篇》，有子曰："礼之用，和为贵。"

讲,在孟子描绘的经济蓝图中,老人与儿童得到保护就是这种和谐的一个光辉范例。确切地说,在其设计的井田制度中,老人有肉吃有衣穿。那时,和谐的意义被当作一个因素融入农业和保护计划政策中去。

五、协　和

我们可以在《尚书》①中见到"协和"二字。在《尚书·虞夏书》中,贤王尧是一位有至德的人,做事理性,待人谦恭。这样一来,他与手下各部落的关系和谐而亲密,使得自己的管理既有秩序又能负起责任。在此基础上,他通过协和使得各地和谐相处。在协和的影响下,尧能够给人民带来和谐与和平。我说的协和到底是什么意思这个问题便提了出来。显而易见,当一个国家管理得好时,其政府在让其他国家进入正规方面便有了谈判的力量,和谐与和平便能持续下去。可是,一国如何给他国带来和谐与和平呢?要回答这个问题,你要信任人民,人民也信任你。只有统治者有至德无私欲才能做到这一点。从这个层次上看,来自前面几个层次的和谐便成了国内和国际和平的基石,这种和平就是没有战争,没有暴乱。

虽然没有谈到现代意义上通过谈判获得和谐,大家依然可以考虑通过谈判形成国与国之间良好的秩序,谈判也是通过协调或道与德的方式获得和谐化的一个组成部分。我们可以看到,协和通过榜样和劝说创造了国内的社会和谐。

六、共和:全球和平与大同

最后,我们谈一下天下大同,这是现代意义上的全球和谐。在《大学》中,全球和谐的理想就是平天下。它依然以个人的努力为基础,认为有了德天下就能太平。确切地说,个人的努力必须符合互惠原则:

> 所恶于上,毋以使下,所恶于下,毋以事上。所恶于前,毋以先后,所恶于后,毋以从前。所恶于右,毋以交于左,所恶于左,毋以交于右。(见《大学》第十章)

---

① 《尚书》中包括古代的一些文献,记载了远古时代的一些事件和传说,可以追溯到尧舜时代。虽然《尧典》是后来成书的,它肯定受了孔子构想的理想世界的启发,在这个理想世界中,各国和谐相处,由一位圣贤之君领导。领导的根本原则是所谓"絜矩之道"。

为了全球和平，要遵守这样的原则，因为在这个世界上，国家不分上下、左右、前后。这些原则可以应用于不同时期、不同发展模式和不同生存方式的国家。

大家不得不思考和认识，在这个由众多国家组成的世界上应该如何确定自己的位置，又如何依据作为仁德的克制与自律原则去行事，因为只有把其他国家看成是独立平等的国家才值得我们尊敬。这种克制原则可延伸成上面提到的互惠原则，不要占任何国家的便宜。大家可以看到，克制原则与互惠原则的形成是极其理性与自然的事，其目的是让大家知道什么样的事不该做。但是，需要做什么事则是另外一个问题。《论语》中就有“己欲立而立人，己欲达而达人”的原则。

运用这两个原则的困难是：我们需要知道我们想获得的东西或许恰好正是他人不想获得的，还需要知道他人的需要和欲望以适应他人。如果每个国家都这样考虑他国，全球和谐便容易实现。但问题经常是人们不知道他人的需要，而他国的需要也许正是我自己的国的需要。各个国家为了自己的发展展开竞争，成了竞争对手。因此，如何实现和谐不仅要克制，还要理性地公开地进行谈判，为了双方的利益达成谅解。从这个角度讲就是和而不同。暗隐的困难是：差异是否能造成不同，是否对未来构成威胁。就此而言，理性地思索与讨论，并进行合理的交流毫无疑问是非常重要的，只注重个体的道德也是行不通的。

在《礼记·礼运》①中，实现天下太平的理想国有被描绘为“大道之行也，天下为公。”这个理想国家的重要特点是：选出圣人与智者来服务众生，倡导诚信、和谐与友谊，在这样一个理想的世界中，人人能得到关心，就像在家一样人人又关心他人。不仅善待老人，儿童和弱者也会得到很好的照料。鳏寡孤独有所养；不分男女，居有其所，行有所止。其他理想性质还包含：财物不必只为己用，做不做事无人嫉妒。在此完美社会，夜不闭户，路不拾遗，无盗无抢。

这个国家被称为大同。我们确实可称其为同和或共和，可以借用汉语中“共和”这个词来说明这个理想国家：天下为公，人尽其才，和谐相处。这也是《中庸》里描绘的国家：“万物并育而不相害。道并行而不相悖。小德川流，大德

---

① 汉初戴圣编的《礼记》体现了孔子前两代门徒所写的许多文章中的思想。它体现了大同与终极和谐的世界和人类社会。这篇《礼运》与书中其他著名文章产生共鸣，即《大学》和《中庸》，这两篇形成了宋明新儒家《四书》中的两本书。

敦化。此天地之所以为大也。”①问题是，这样的国家是不是只是一个乌托邦，而不能存在于现实中。从理论上讲，没有一个国家能达到这种程度，它涉及相互间的信任，对政策的信任，以及对统治权力的信任。它还涉及对目前的生产和分配的经济模式的修正。它不完全是由公正分配占主导地位的社会主义国家，因为它是由人的道德转化而来，其依据是他们的道德品质和信任互助的能力。要说明的是，仅仅通过理性我们无法建立这样一个国家。只有通过每个人的道德修养，这样的国家才能出现。确切地说，这就是儒家的观点：把普遍的道德修养看作国内和国际利益和社会利益和谐化的基础。

七、全球和平六层次

依据太和、义和、中和、人和、协和、共和或大同，我们把儒家和谐概念划分成六个层次，每个概念都代表了自然物之内及自然物之间的活动、人的活动、群体的活动，以及国家和世界的活动。因此，和谐有多维性和多关系性，故要求深深的理解和各方的参与、关心，担负责任，使和谐变为可能，得以实现。从太和观点看，和谐是自然事物内在的自然属性，但需要人的道德意识去揭示，并把它转化为人的秩序。这并不是说要放弃对自然和谐的洞察，而是要通过人的道德品质来保护它。这样一来，环境和谐才可维持下去，环境道德才有意义。

以太和本体道德观为基础，我们可以看到人性作为内在的和谐是如何构成的：它承自太和，其和谐化的能力是和谐生活与和谐社会的根基。正是由于这个原因，《中庸》才有“天命之谓性”，而更好的表达来自《系辞》的“继之者善也，成之者性也”。人类的出现被认为是自然和谐的终极产物，即乾与坤的太和。这使得自然人变成了真正意义的人，人性或人的生存原则被明确定性为善。无疑这为人与社会道德的发展提供了基础和动力，把义和及人和的意义延伸并提高到人的关系和人的福利的高度来进行考虑。人的生活可从人的需要和满意度上去理解，保持和谐水平以求改进与发展。无论经济方面还是政治方面，人和作为人际间、国内和国际的和谐都是通过公开影响和合理协商得到的结果。这是因为理性或合理性必须源于有效的约定，以及来自人性和道德意识的良好关系，并以它们为基础。事实上，涉及人类事物时，理性或合理性是人类情感的一般性和普遍性，区别于源自物体纯形式的抽象逻辑。因此，合理协商必须求助于人性和人善

① 见《中庸》第三十部分。

的经验。正是从这个意义上，协和才可实现，作为世界和谐的和平才可实现。

还需指出与此相关的一点，那就是：在太和与义和基础上实现的和谐必须有公正参与其间，因为没有公正就没有义和，公正的原则可理解为独立、平等和正直。在义和状态，大家可以看到四德是如何来实现平等和正直的，这种平等和正直不是数学上的平等，而是平等的独立自足和平等的生活满足感的具体实现。

最后，整个世界实现了协和，大同世界实际上也就实现了。我们对这种理想国家的描绘只是想说明：国内和国际的一致与和平必须在社会和群体的水平上产生和谐与和平的人际关系和人的生活安置。大同的目标不只是政治目标，更是社会和道德目标，是世界一体化，每个人享有太和与义和，更不用说人和与协和了。

总结地说，我们依据自然和道德法则来构建和谐的六个层次：

(1)太和(Primordial Harmony)：从本质上讲，宇宙就是寻求生命创造的和谐，而这种生命创造的和谐能产生自然与人的和谐，因此是内在的善；

(2)义和(Harmony by Righteousness)：从本质上讲，宇宙产生了天生具有道德意识的人类(孟子的观点是：无道德意识的人无异于禽兽)；

(3)中和(Harmony by Centrality)：作为中和的人性产生了精神与心灵，以寻求与世间万物的和谐相应；

(4)人和(Harmony in Human Relations)：道德的目的就是通过人的修养来获得人和；

(5)协和(Harmony among States and Nations)：通过人性和理性，人类组成了社区、州和国家，在同样的道德法则指导下，又形成更大范围的世界一体化和全球社会一体化；

(6)大同(共和)(Universal Harmony)：制定具体措施解决涉及人类生存和生活的和谐问题，人类社会的终极理想——和谐与和平世界才可实现。

认识这六个和谐的层次，我们可以很容易地看到，西方大哲学家康德在18世纪末提出的《世界永恒和平方案》是如何在儒家的和谐理论中更好的表现出来，以及如何在和谐辩证法中得到可能的实现，关于这一点，我在另一篇文章早已进行了论述。①

---

① 见拙文《构建和谐辩证法》，载《中国哲学杂志》1977年第4卷第3期，第209—246页。

中国的世界责任：以“天下人”的立场观“天下”

童世骏*

一、为什么要重提“天下”？

这几年，在西方许多学者眼里，以民族国家为单位讨论国际问题似乎有些过时，连“国际”一词本身，也因为其含义实际上是“民族国家之间”，而显得不大合乎时宜。于是乎，现实主义者们热衷于谈论“全球”，理想主义者们热衷于谈论“世界”，分不清现实与理想界限的人们，则热衷于谈论“帝国”。

在这种情况下，一位叫赵汀阳的中国哲学家建议：在这个所谓“后民族”时代，现实的理想主义的核心，应该是中国人的“天下”观念。在赵汀阳看来，西方人的那些概念，尤其是“帝国”的概念，甚至还包括康德的世界主义传统中的“世界”概念，多多少少仍然以民族国家为出发点：即使不是自我中心的“帝国主义”，也是以民族国家为单元的“国际主义”，而没有真正超越民族国家的范式，没有真正从“世界”的眼光来看“世界”。也就是说，不像中国传统的“天下”观念那样，主张“以天下观天下”。在他看来，“思考世界”与“从世界去思考”，是完全不同的思想境界。

作为一个政治哲学概念，“天下”观念的最有名的表达是顾炎武关于“亡国”

---

* 作者单位：上海社会科学院，华东师范大学哲学系。

和“亡天下”的区分。用美国哲学家约翰·罗尔斯的术语来说，顾炎武的意思是我们对“天下”负有一种自然义务，对“国”或国家则只负有一种“建制职责”。自然义务是人之所以为人都要履行的，建制职责则是因为加入某个建制(在这里就是国家)而产生的，因而建制职责的正当性依据之一，是这个建制的规则本身是否正当。

在近代，由“天下”所辩护的这个“国家”，受到了许多既不属于这个国家，也不承认这个国家是“天下”原则之体现的其他国家的挑战。许多人，如梁启超和梁漱溟，尽管不一定愿意放弃这种天下原则的道德优越性，但认为，如果我们真要作为中国人而生存下去的话，也应该有我们自己的民族认同感和民族尊严感。而界定后者的，则不是、至少不仅仅是传统的“天下”观念，而是这个由民族国家体系所构成的现代世界的游戏规则。

现在赵汀阳重提“天下”观念，不是为了检讨中国传统的弱点，而是为了强调民族遗产的重要价值——不仅对我们自己重要，而且对全世界也重要，确切些说同时对中国和世界具有重要价值。

改革开放 30 年的结果之一是，“中国的崛起”成为一个公认的趋势。国外不少人说这意味着中国将成为一个威胁，对这个观点，无论从利益的角度还是从价值的角度，中国人都有必要加以反驳。赵汀阳提醒我们注意，中国传统的“天下”观念，如果做恰当解释的话，可以成为我们把基于利益的反驳和基于价值的反驳统一起来的一个出发点。

“天下”观念既是一种“世界观”，也是一种“中国观”，是通过中国一世界关系来界定中国特性的一种新的方式。重要的是，对于这种意义上的“中国”来说，“来自中国的威胁”实际上也是一种“针对中国的威胁”，因而是一种自相矛盾、一种逻辑错误。

二、如何解释“天下”?

在赵汀阳对“天下”观念的诠释中，包含着许多内容，比如地理上指向“普天之下”，价值上象征“民心”，伦理一政治意义上蕴涵着一种“世界制度”，等等。但最值得重视的，是他所谓“无外”的原则和“无立场的眼界”。

如果说传统版本的“天下”观念可以用罗尔斯的“自然义务”观念来解释的话，那么，现代版本的“天下”观念则可以用德国哲学家尤根·哈贝马斯从美国哲学家赫伯特·米德那里借用来的一个术语来解释，那就是“理想的角色承当”(the ideal role-taking)。

“无外”的意思是“无所不包”;“天下”之为一个“制度”、“建制”或规则体系,要求对所有的人们一视同仁,不分内外。这话听起来很不错,从古人所说的“天下为公”到近人所说的“天下大同”,都包含着这样一个美好理想。但在现实世界上,“人以群分”是一个常理,而不同的群体常常有着不同的利益、不同的价值和不同的认同。《共产党宣言》最后一句话“全世界无产者联合起来”,更确切的译法是“所有国家的无产者联合起来”。也就是说,马克思、恩格斯在号召无产者们联合起来的时候,是以承认无产者还属于不同国家作为前提的。甚至可以说,马克思、恩格斯之所以要号召无产者联合起来,很大程度上就是因为他们是属于不同国家的。

在这种情况下,重要的并不是抽象地谈论“天下无外”,而是要承认天地之广,无所不有,然后去认真思考,能否或如何在不同利益之间达成妥协或互补,在不同价值之间达成宽容或理解,在不同主体之间形成团结或友爱。

对我们思考天下人之间的这些不同关系——妥协、互利、宽容、理解、团结、友爱——来说,赵汀阳的“无立场的眼界”(他认为此即老子所谓“以天下观天下”)的说法,要比“无外”的说法更有意思,因为它要我们不满足于抽象地承认“天下无外”、“天下一家”,而要回到现实世界,要有一个立场,尽管这是一个无立场的立场。

但毕竟,“无立场的立场”或“无立场的眼界”的说法,有些过于玄乎。幸好,在这句中文谶语旁,赵汀阳还加了一个稍微让人明白一些的英文说明:the view from everywhere,意思是“由每处观之”,区别于 the view from somewhere,意思是“特定角度的眼界”或“由某处观之”。

那么,什么是这个区别于“由某处观之”的“由每处观之”呢?

三、“由每处观之”:“从天下每人的立场观之”

在我看来,“由每处观之”的意思,就是“从每个人的视角出发考察问题”,而不是只从某个特定的角度出发,不是只从自己的角度或自己民族的角度出发。哈贝马斯把这种考察方式叫做“理想的角色承当”。

“理想的角色承当”是相对于“实际的角色承当”和“虚拟的角色承当”来说的。比方说,我的角色是老师,但我不能只从老师的角度出发考虑问题,而也要从学生的角度出发考虑问题。在这里,我的“老师”角色是实际的,我“设身处地”所承担的“学生”角色是虚拟的。但仅仅这样的角色承当还不够,仅仅对特定对方采取“己所不欲、勿施于人”或“设身处地、将心比心”的态度还不够，因为在涉及普遍规则如国家法律、国际行为准则甚至跨越世代界限的行为方式的论证的时候，我们要有足够的诚意和能力对所有有关的人们的立场进行“设身处地”、“将心比心”，尽可能了解他们的想法，并在论证规则的时候把他们的要求和顾虑考虑在内。这就需要作一种涉及数量无限的人们的“理想化”努力。

但这意思并不是要假定自己处于一个理想的地位，如庄子所说的“以道观之”，因而有能力像上帝那样洞察所有人的需要并加以满足，比方说让天下所有人都能享受吃鱼头或吃鱼身的快乐；也不是简单地为对方着想，心想既然自己是爱吃鱼头而不爱吃鱼身的，那么对方一定也爱吃鱼头而不爱吃鱼身；甚至也不是先人后己地为对方着想，虽然自己更爱吃鱼头，但还是把鱼头让给对方，自己吃鱼身；而是与对方心平气和、开诚布公地平等对话，从而有可能知道对方爱吃的或许是鱼身而不是鱼头，甚至还有可能知道，对方实际上根本就只爱吃肉，不爱吃鱼！

四、中国的世界责任："天下"的兴亡

如果用这样的“天下”观念来界定“中国”观念的话，那么，中国的崛起就确实将是一个完全新型的世界性大国的崛起。这个大国不是唯利是图的霸权，但也不是自我封闭的隐士。这个大国乐于承担自己的世界责任，但它非但不把自己的利益作为坐标来确定自己的世界责任，而且也不把自己的价值作为依据来理解自己的世界责任。对这个大国来说，最重要的世界责任是积极参与每个人（或每个民族的人、每一个立场的人）都能表达和捍卫自己合理主张的全球对话，是与世界人民一起努力，致力于构建和捍卫这种全球范围的合理对话赖以有效展开的世界秩序。

这样理解的话，顾炎武的名言“天下兴亡，匹夫有责”，就可以做如下诠释：“全球合理对话基础上的世界秩序即‘天下’体系的兴衰存亡，每一代中国人肩上的责任都义不容辞。”

中国传统的“天下”观念表明，上述意义上的世界责任，中国人非但用不着罗伯特·佐利克来教，反而可以给他和他的同事们上一课；而对“天下”观念的上述诠释则表明，关于这种意义上的世界责任，在中国的赵汀阳们、德国的哈贝马斯们和美国的罗尔斯们之间，其实是很有一些共识的。

《文明的冲突?》再反思

——一种客观预测还是一种主观倡导?

赵　林*

一、《文明的冲突?》及其反响

十多年以前,1993 年的夏天,美国哈佛大学国际政治学教授亨廷顿曾在美国的一个重要杂志《外交事务》上发表了一篇轰动全球的长文——《文明的冲突?》。在文中,亨廷顿教授基于两大政治阵营对垒的消解和"冷战"时代的结束这样一种新的国际形势,提出了关于文明冲突的一种预见。他断定在"冷战"时代结束以后,人类冲突的根源和主要形式将发生重大变化,文化将会取代政治意识形态和经济等因素而成为引起冲突的主要根源,各大传统文明之间的冲突将会取代影响世界达半个世纪之久的两大政治阵营的冲突而成为 21 世纪人类冲突的主要形式。他在这篇文章中明确地表示:"我认为新世界的冲突根源,将不再侧重于意识形态或经济,而文化将是截然分隔人类和引起冲突的主要根源。在世界事务中,民族国家仍会举足轻重,但全球政治的主要冲突将发生在不同文化的族群之间。文明的冲突将左右全球政治,文明之间的断层线将成为未来的战斗线。"他提出了大量证据来说明文明的差异是比民族国家的矛盾和意识形态的对立更为深刻和持久的冲突根源,并预示在未来的世纪中,将会出

* 作者单位:武汉大学哲学学院。

现非西方文明(特别是儒家文明—伊斯兰教文明联合体)与西方文明相对峙的局面。因此,“如果真有下一次世界大战,它将是文明之战。”基于这种文明冲突理论,亨氏忧心忡忡地为西方各国提供了短期利益和长期调适两个方面的政策,这些政策的基本格调无非是要促进西方文明内部的合作与团结,加强西方文明与它的边缘地区(俄罗斯和东欧、拉丁美洲以及日本)的联系,共同遏制儒家文明和伊斯兰教文明势力的发展,并且力求在相互沟通和了解的基础上实现各文明的和谐共存。

该文的中译文不久以后(1993 年 10 月)就在香港的《二十一世纪》杂志上刊载出来,立即在海内外华人世界中引起了强烈的反响。无论是许倬云等海外学者,还是汤一介等国内著名教授,均不约而同地对亨氏的所谓“文明冲突论”进行了猛烈的抨击,指责亨廷顿的观点是“西方中心论”的翻版或余孽,大有唯恐天下不乱的险恶用心。这些华裔学者尽管具体的观点不尽相同,但是却都倾向于一种共识性的立场,那就是由于世界经济一体化的发展趋势,21 世纪将不会出现文明的冲突,而是代之以不同文明之间的和谐相处与相互融合。金观涛先生认为:“用世纪作为时间单位,看到的绝不是不同文化在互相影响中自我认同的强化,而是文化认同危机以及文化在互动中融合变迁。”①汤一介先生对 21 世纪的前景展望道:“科学技术的长足发展,人们创造出征服太空的奇迹,特别是近年来人们逐渐意识到必须以‘对话’代替‘对抗’,以‘和平竞赛’代替‘军备竞赛’,21 世纪将或是一个人类充满希望的世纪。”并认为儒家的“普遍和谐”观念将成为未来世界和平的精神前提。② 美籍华人学者许倬云先生则指责亨廷顿的文章“俨然战国策士的议论,找不到为生民悲悯的胸怀”,认为“从稍为远处的前景看,全球的整合是必然的结果,不能由一时的对立,断定长久的分裂与对抗”③。

由这种“为生民悲悯的胸怀”和乐观主义的展望,不禁使人想起了 19 世纪末叶西方人对未来世纪的乐观态度。汤因比在其遗著《人类与大地母亲》的序言中描述了 1897 年维多利亚女王执政 60 周年时西方人踌躇满志的历史终结感:

---

① 金观涛:《西方中心论的破灭——评全球文化冲突论》,载《二十一世纪》(香港)1993 年 10 月号,第 23 页。

② 汤一介:《评亨廷顿的〈文明的冲突?〉》,载《哲学研究》1994 年第 3 期,第 17 页。

③ 许倬云:《走向整合的世界》,载《二十一世纪》(香港)1993 年 12 月号,第 4—5 页。

> 西方的优势地位的建立尽管只是晚近之事,却似乎将永世长存。到1897年,西方瓜分世界的形势似乎已成定局。西方文明的过去,汹涌激荡,充满着惊恐彷徨,徘徊无措,而今这一切都已被愉快地抛在了身后。如果像很多人在1897年所想象的那样,"历史"就意味着所有这一切,那么,随着意大利和德国于1871年获得政治上的统一,历史显然已经进入尾声。因此,1897年似乎已成为这样一个时刻,即一个观察者可以"从容而全面"地回顾历史,在此时此刻观察家自己则再也不必在历史的激流中挣扎了。①

19世纪末期的西方人对未来世纪充满了信心,这种信心是有根据的。因为在那时,全世界都已经成为西方的殖民地或半殖民地,西方的经济模式、政治制度和文化观念已经在整个世界范围内有效地得以推广。既然西方现代文明已经无可争议地在世界范围内确立了主导地位,那么以往曾经存在过的文明冲突——例如基督教文明与伊斯兰教文明之间旷日持久的冲突——当然就会随着西方文明优势地位的建立而一去不复返。在西方与非西方之间,现在只剩下征服与被征服、同化与被同化、引导与被引导的关系了。而在西方内部,既然大家都是受过理性教养的文明人,那么任何事情都可以放在谈判桌前以一种绅士的方式来加以解决,为了一点蝇头小利而大动干戈的野蛮行径再也不会在文明的西方人中间出现了。因此,19世纪末叶的西方人坚信,下一个世纪必将是全人类在先进的西方文明的引导下共同进步的时代,并且对历史必将终结于全球的西方化这一点确信无疑。

然而曾几何时,这种世界大同的理想就伴随着殖民体系的瓦解而陨落了。人类刚刚进入20世纪不久,文明的西方国家之间就为了争夺海外殖民地而发生了大规模的战争(第一次世界大战)。这场持续了四年的世界大战终于以协约国的胜利而结束,挑起战争的德国受到了英、法等欧洲传统列强的惩处,巴黎和会与凡尔赛条约再一次为未来的世界和平确定了基调。到了1925年《洛迦诺公约》签订以后,西方人再一次陷入了长久和平的梦幻之中。英国首相张伯伦宣称,《洛迦诺公约》标志着"和平年代和战争年代之间的真正分界线"。西欧

① 阿诺德·汤因比:《人类与大地母亲》,上海人民出版社1992年版,序言第1—2页。

人普遍相信,"洛迦诺精神"将至少会给欧洲带来几十年的和平与繁荣。然而仅仅十多年后,在全世界范围内就爆发了更加酷烈的第二次世界大战,先后有60多个国家和地区卷入了这场战争,波及人口达20亿(占当时世界人口的80%),高达5500万人(一说7000万人)死于战争和由于战争而造成的灾害、饥馑、缺医少药、传染病蔓延、征兵、征募劳工、集中营和屠杀等。第二次世界大战可以称得上是人类空前的一场浩劫,它对人类文明所造成的灾难性后果,远远超过了有史以来所有战争的总和。虽然法西斯最终被消灭了,但是这场战争却给人类的未来抹上了一层浓重的阴影,而且也对人类自诩的理性本身提出了深深的质疑。

20世纪尽管曾经展现出令人陶醉的曙光,但是它的整个基调却是阴沉和苦难的:两次世界大战对人类肉体和精神的摧残都达到了空前惨烈的程度;广岛、长崎爆炸的两颗原子弹不仅给日本人、而且给全人类的心灵留下了永难愈合的创伤(这种创伤也是导致西方人对科学理性产生怀疑的重要原因);冷战时期所造成的精神梦魇至今尚未完全驱散,核竞争所造成的恶劣后果仍然像达摩克利斯之剑一样高悬在人类的头顶;各种反人道的种族迫害和政治迫害屡禁不绝;国际争端和暴力冲突并没有因为"对话"秩序的建立而消失,在某些局部地区甚至有愈演愈烈之势。19世纪末叶西方人所预示的文化融合和长久和平并没有出现,相反20世纪呈现在人们面前的是一个充满动荡的国际格局。

如果说在苏联解体、东欧剧变、两大政治阵营对垒结束之前,人类冲突的主要根源和形式是与意识形态密切相关的话,那么到了20世纪末叶,随着美苏"两极"对垒格局的消解和全球性"文化保守主义"潮流的兴起,全球分裂已经成为一个不容置疑的事实。美国著名历史学家斯塔夫里亚诺斯在其新作《全球分裂——第三世界的历史进程》一书中指出,随着超级大国的"强权政治"的衰落,到20世纪末期以后,"非集中化"和"群众参与"将成为全球性重新组合的两大原则。从目前的既不公平也不平等的高度一体化世界变化为一个地域自治的世界,是"大有可能而又合乎需要"的。① 自从亨廷顿的那篇文章发表以来,到今天已经有十几年的时间过去了。在这十几年间,世界范围内到底发生了一些什么样的变化?这些变化究竟是证实了、还是证伪了亨廷顿关于文明冲突的预

① 参见斯塔夫里亚诺斯:《全球分裂——第三世界的历史进程》,商务印书馆1993年版,第894页。

言？对于这些问题，人们一时之间也许还是难以形成一致的意见。然而，无论是与20世纪上半叶的全球殖民化时代相比，还是与20世纪下半叶的“冷战”时代相比，今天的世界无疑是更加多元化了，而且各大文明区域在传统文化根基之上形成的文化认同感也确实是极大地加强了。与20世纪的全球性西方化倾向相比①，今天的世界无疑出现了一股明显的传统文化复兴趋势。无论我们在价值判断上对所谓的“文化保守主义”持何种态度，我们都不得不在事实层面上承认，无论是在东方的伊斯兰教文明、印度教文明或中国儒家文明中，还是在西方的基督教文明中，“文化保守主义”在20世纪末叶和21世纪开端都已经成为一个毋庸置疑的事实。

在21世纪已经出现或者正在酝酿的国际争端中，是不是可以看到某种文明冲突的迹象呢？换言之，在这些冲突的背后，除了经济、政治等方面的原因之外，是否确实存在着亨廷顿所说的宗教、文化方面的原因呢？与“冷战”时代相比，这些宗教、文化因素在当今国际争端中所占的比重到底是加大了，还是减小了？对于这些问题的回答，将直接影响到我们对亨廷顿的“文明冲突论”的态度。在这里需要说明一点，那就是预言21世纪将会出现文明冲突的可能性，并不意味着鼓吹文明的冲突。说一件事情将会是怎样的，与倡导这件事情是完全不同的两回事。所以当我们的哲学家们在批判亨廷顿的所谓“文明冲突论”时，最好首先弄清楚亨廷顿只是客观地预料了文明冲突的可能性，还是在主观上大力提倡文明的冲突。关于这一点，我想从这篇文章的标题《文明的冲突？》中就可以看出，我们的批评家们往往忽略了在这个标题后面有一个问号，而这个问号恰恰表明亨廷顿只是提出了一种可能性。亨廷顿教授本人也在1996年出版的《文明的冲突与世界秩序的重建》一书中对此作出了最好的说明，他明确地表示，他之所以在几年前发表《文明的冲突？》这篇文章，只是为了提醒世人注意文明冲突的可能性，从而把这种冲突限制在最小的范围内。就此而言，亨廷顿的态度比起那些一味高唱“太平盛世”的和平赞歌、完全无视文明冲突的可能性的人们，要更加负责任得多！当亨廷顿等西方学者已经敏锐地看到了“冷战”时代

---

① 需要说明的是，20世纪的全球性西方化倾向不仅包括非西方世界的资本主义化，而且也包括非西方世界的社会主义化。因为无论是资本主义还是社会主义，最初都是源于西方，都是在西方文化的全球化扩展过程中传播到非西方世界中去的。我曾在好几篇文章里指出，“冷战”时代两大政治阵营的对垒，资本主义与共产主义意识形态之间的冲突，其实不过是西方文化内部矛盾的一种地域扩大化表现，是强势的西方文化借助于整个世界舞台来展开自己内在固有的矛盾而已。

结束以后可能出现的另一种冲突根源，并且积极地为即将出现的新形式的国际争端寻找对策时，我们的哲学家们却在做着用儒家的“普遍和谐”观念来教化天下和“柔弱的人有福了，因为他们将承受世界”的黄粱美梦，对文明冲突的可能性置若罔闻。这种宋襄公式的仁义之心和东郭先生式的“悲悯胸怀”，如果不是一种痴迷的自欺，就一定是一种懦弱的自慰。

二、文明体系的分野

在探讨是否存在着“文明冲突”的现实可能性之前，首先应该对“文明”这个概念加以限定。关于“文明”的定义，说法颇多，亨廷顿的界定是：“文明是人类文化最高层次的组合，也是人类文化认同的最广领域：再要推广就是人类与禽兽的分别了。它一方面由语言、历史、宗教、风俗、制度等共同客观因素决定，另一方面也有个人主观认同的因素。”①简言之，文明是由共同的宗教—伦理价值系统、语言、历史、习俗等因素联系在一起的最高层次的文化组合和最广范围的文化认同。一种文明可以包括不同的亚文化群，也可以包括众多的民族国家，但是这些不同的亚文化群和民族国家都奉守同一种宗教—伦理价值系统，都有着共同的语言渊源和文化传统。把经过“轴心时代”的文化精神变革之后逐渐形成的各种宗教—伦理价值系统当作文明的最基本的特征，这种看法在学术界可以说是一种基本的共识。

迄今为止，关于文明类型划分的最权威的说法当推汤因比的文明形态理论，他关于人类历史上先后存在过21种文明的观点，在国际学术界产生了较大的影响。② 在汤因比的文明形态论中，那些至今仍然存在着的文明社会（第三代文明）都是以某种根深蒂固的宗教一伦理价值系统作为根基的，例如以基督教信仰为根基的西方社会和东正教社会，以伊斯兰教信仰为根基的伊朗社会和阿拉伯社会、以印度教信仰为根基的印度社会，以及以儒家伦理为根基的远东社会。与汤因比一样，亨廷顿也认为在当今世界上存在着一些主要的文明体系和一些边缘性地区，这些主要的文明体系包括：欧洲和北美的基督教文明，西亚和中亚的伊斯兰教文明，南亚的印度教文明以及东亚的儒家文明，而拉丁美洲、非洲、澳大利亚、俄罗斯、日本等地区和国家则构成了一些边缘性地区，它们与

---

① 亨廷顿：《文明的冲突？》，载《二十一世纪》（香港）1993年10月号，第6页。

② 关于这21种文明的具体情况，可参见汤因比：《历史研究》（上册），上海人民出版社1966年版，第43页。

基督教文明、伊斯兰文明或者其他文明体系有着极其微妙的内在联系。

文明是一种历史演进的结果,人类最初是从一种蛮荒状态中逐渐建立起文明社会的,这个过程是非常漫长和复杂的,曾经经历了农耕世界与游牧世界之间旷日持久的冲突与融合。① 但是自从基督教、伊斯兰教、佛教—印度教、儒家伦理分别在欧洲、西亚与中亚、南亚、东亚等地确立了独尊性和排他性的统治地位以后,各大文明体系就逐渐进入了成熟状态,文明之间的壁垒也日益变得分明起来了。这些稳定的宗教—伦理价值系统,构成了各大文明体系的精神砥柱。它们一旦确立并且被各大文明体系中的民众们自觉奉行,任何外来力量都难以从根本上改变它了。就此而言,自从公元7世纪伊斯兰教文明产生之后,旧大陆各大文明体系之间的分野已经成为一个不争的事实。这种文明的分野既表现为旧大陆西部基督教文明与伊斯兰教文明之间漫长而惨烈的暴力冲突,也表现为旧大陆中部的伊斯兰文明对积弱不振的佛教—印度教文明的征服与长期统治(但是这种征服与长期统治并没有改变佛教—印度教文明的基本性状),而且还表现为旧大陆东部儒家文明与佛教—印度教文明之间的和平交往。然而,无论是暴力冲突、政治统治还是和平交流,都没有、也不可能改变各大文明体系彼此分野的基本状况。各大文明体系的文化性状(尤其是精神文化性状)所具有的这种稳定性,不仅在古代彼此隔绝的状态中、而且在近代以来的全球化过程中,也没有被外来的暴力征服或者经济渗透所改变。

16世纪以后,随着西方基督教文明的内部变革和外部扩张,它率先进入了工业化时代,并且迅速打破了各大文明体系相互封闭的传统状态,把自己的文化影响扩展到整个世界范围内。如果说在16世纪以前人类各大文明体系基本上是在一种相互隔绝的状态中独立发展的,彼此间的冲突只是一些无损于历史主题的小插曲,那么在16世纪以后的世界整合或一体化过程中,西方基督教文明与非西方世界的各个传统文明之间的冲突则构成了历史的主旋律,这种冲突更加直观地表现为西方列强对非西方国家的征服与殖民化。在这个历史过程中,不同宗教、文化之间的抵牾被国家经济、政治利益之间的冲突所掩盖。到了第二次世界大战之后,文明之间的深层分野又进一步被政治意识形态对垒所遮蔽,整个世界根据西方内部的一种历史矛盾而被划分为资本主义阵营和共产主

① 关于这两大世界之间三次大冲突与大融合的具体情况,请参阅拙文《农耕世界与游牧世界的冲突融合及其历史效应》,载《武汉大学学报》2002年第6期。

义阵营。一直到20世纪末叶“冷战”时代结束之后，由于全球殖民体系的瓦解、政治意识形态冲突的淡化，以及文化保守主义的高涨，不同文明之间被掩盖了数百年之久的文化分野以及冲突的可能性才再度凸显出来，越来越多地引起了人们的关注。

在近几百年来的西方文化全球化的扩展过程中，不同的非西方民族和国家在面对着强势的西方文明的挑战时，采取了不同的应战姿态。一些缺乏深厚的文明传统、尚未建立起稳定的宗教—伦理价值系统的蛮荒地区和国家（如拉丁美洲、北美洲、澳大利亚等），很快就被西方文化所同化，成为西方基督教文明的重要组成部分或边缘地带；另一些有着根深蒂固的文明传统、已经确立了稳定的宗教—伦理价值系统的文明地区（如亚洲的伊斯兰教文明、佛教—印度教文明和儒家文明地区），则对西方文化进行了长期而艰难的抵制，在抵制遭到失败之后又开始主动地顺应和接受西方文化。但是，无论是一直与西方文明处于较紧张关系之中的伊斯兰教社会，还是曾一度被大力推行西方化改造的佛教—印度教社会，以及始终与西方文明保持着一种若即若离关系的中国儒家社会，都并没有像前一类例子那样被完全融入西方文明体系之中。

从文明的长程演化趋势来看，自从文明体系所赖以确立的宗教—伦理价值系统形成以后，“合二为一”意义上的融合就不再在文明之间发生了。不同的文明之间虽然也常有彼此借鉴和吸取的情况，但是文明之间的根本差异却并未因此而被抹杀，它日益成为一种潜在的、稳固的和无法真正超越的文化鸿沟，并且通过政治、经济层面上的矛盾和抵牾表现出来。这种差异可能发展为暴力的冲突，但是却并非必然导致暴力冲突。承认文明之间的这种差异性，并且在相互尊重的基础上进行平等的对话协商，这是超越文明之间的差异性的唯一理性之途。相反，如果像殖民主义时代那样忽略不同文明之间的历史差异性，以一种霸权主义的方式来强行实现同一性，或者像我们的一些哲学家那样，在文明分野有可能导致文明冲突的情况下仍然一厢情愿地高唱“文明融合”和“普世和谐”的赞歌，这两种做法都是无助于限制和防止文明冲突的可能性的。

三、文化保守主义潮流与文明冲突的可能性

就在亨廷顿这篇文章发表八年以后的2001年，美国发生了“9·11”事件。这个事件虽然是少数恐怖主义分子所干的违背人道主义的残暴行为，但是它同时也在整个世界的范围内，在各大文明体系的民众心中，引起了一种“文明冲

突”的联想。

在这种情况下,亨廷顿关于“文明冲突”的预言就不再是空穴来风,它已经获得了一些无可否认的证据,其可能性变得越来越明显。无论学者们是否承认巴以冲突、科索沃危机、美伊战争等国际争端具有文明冲突的含义,但是许多亲身参与其中的当事者们却能够明显地感受到宗教、文化因素所发挥的巨大作用。站在道义的立场上来指责亨廷顿的观点是一种危言耸听的臆断,这是一件非常容易的事,困难的却在于从亨廷顿的文章中去发掘一些富有启发性的东西。近十多年来国际局势的发展变化已经越来越多地印证了亨廷顿的观点,在当今世界,文明冲突的可能性严重地存在着。因此在1996年,亨廷顿又出版了《文明的冲突与世界秩序的重建》一书,进一步分析了文明冲突的可能性。两年后他在该书的中文版序言中写道:“我所期望的是,我唤起人们对文明冲突的危险性的注意,将有助于促进整个世界上‘文明的对话’。”①由此可见,亨廷顿在1993年之所以提出“文明的冲突”,正是为了使人们注意到这种可能性,从而限制或防止文明的冲突。这是一种负责任的、理性的态度。

亨廷顿在1996年出版的这本书里,列举了大量的事实和数据资料,说明了这个世界在20世纪下半叶以来所发生的显著变化,表明了各大文明体系向着传统文化和传统宗教回归的趋势。例如,他列举了世界上信仰各大宗教的人口在世界总人口中所占比例的变化,从1900年到2000年的100年间,基督教徒(包括天主教徒、新教徒,不包括东正教徒)从占人口总数的26.9%,发展到占人口总数的29.9%,增长了3个百分点;伊斯兰教徒从12.4%增长到19.2%,大约增长了7个百分点,这个增幅要比基督教徒的增长大得多;而印度教徒也有所增长,从1900年的12.5%增长为2000年的13.7%。而东正教徒却在衰减,从1900年的7.5%下降到2000年的2.4%,这主要是由于1917年苏维埃政权建立之后,苏联政府对东正教的压制所致。此外他还列举了非信徒的数字,从1900年的0.2%发展为2000年的17.1%;但是同期中国民间宗教的信仰者却

① 亨廷顿:《文明的冲突与世界秩序的重建》,新华出版社1998年版,第3页。

从 23.5%急剧下降到 2.5%。①

除了各大宗教的信徒比例之外，亨廷顿在这本书中还列举了另外一些非常重要的数据，比如各种语言的使用人数，各大文明体系所控制的领土情况、人口份额、经济指数等。所有这些数据，几乎都表明了同一种现象，那就是西方基督教文明的影响力从 1900 年到 2000 年在逐渐减弱，而非西方世界的那些传统文明的份额却在增长。例如各大文明政治控制下的人口份额，西方文明在 1900 年占 44.3%，到 1995 年只占 13.1%；伊斯兰教文明在 1900 年占 4.2%，到 1995 年猛增到 15.9%。再如各大文明在世界经济总产值中所占的份额，1950 年西方文明为 64.1%，1992 年下降到 48.9%；同期儒家文明则从 3.3%上升到 10%，伊斯兰教文明则从 2.9%上升到 11%。在 1992 年统计的语言使用情况中，讲英语的人占世界总人口的 7.6%，讲印第语的人占 6.4%，而讲汉语普通话的人则占了世界总人口的 15.2%。②

从以上的各种统计资料中，我们可以看到，随着殖民主义时代的结束，西方文明的影响力正在减弱，而非西方各大传统文明的文化向心力和国际影响力都在增加。近些年来愈演愈烈的文化保守主义潮流也从另一个侧面证实了这种变化。从 20 世纪下半叶开始，在包括西方在内的各大文明体系中，都不约而同地出现了一个向传统价值观念回归的文化保守主义潮流。

在 20 世纪 90 年代，在经历了“全盘西化”的中国人、尤其是中国知识分子中间，也出现了一个传统文化复兴的热潮。首先是从海外吹来的一股现代新儒学思潮，杜维明等美籍华人学者大力宣扬儒家理想在中国的第三期复兴，主张在儒家伦理的基础上实现中国的现代化转型。不久以后又出现了一股“文化寻

---

① 在这里有两点需要说明：第一点是亨廷顿的这本书写于 1996 年，那时还没到 2000 年，但是根据 1900 年到 20 世纪末叶的发展趋势，可以大体上推算出 2000 年的情况。因此 2000 年的数据虽然是一个估计数字，但是基本上还是准确的。第二点就是关于所谓“非信徒”的问题，我们需要把这组数据与中国民间宗教信徒的变化对照起来看。因为在 1900 年的时候，中国还是清朝统治时期，那时候的中国人基本上都是儒家思想的信奉者。显然亨廷顿和这个统计资料的提供者（戴维·巴雷特主编：《世界基督教百科：公元 1900—2000 年现代世界各教会和各宗教比较研究》，牛津大学出版社 1982 年版），都把中国的儒家思想当作了一种宗教，即中国民间宗教。但是到 1949 年新中国建立以后，儒家思想开始受到越来越猛烈的批判，大家都信奉马克思主义了，接受了无神论，所以成为亨廷顿所说的“非信徒”。因此，从中国民间宗教信徒的骤减和非信徒人数的剧增这两组相反趋势的数据中，恰恰可以看出中国近百年来的文化变化。

② 以上统计资料详见亨廷顿：《文明的冲突与世界秩序的重建》，新华出版社 1998 年版，第 55，80，83，48 页。

根热”，诗人和艺术家们纷纷跑到黄土高原上去寻找中华文明的根，一时间，信天游唱得漫天响，西北风席卷了整个神州大地。西北风很快又引起了一股复古热，孔庙的香火又兴旺起来了，民间和官方都开始关心起孔庙和儒学了。从20世纪90年代一直到今天，“弘扬传统文化，振兴民族精神”成为最激动人心的口号，曾经一度由于政治意识形态分歧而剑拔弩张的大陆和台湾，其紧张关系也在“炎黄子孙”、“龙的传人”等文化认同口号的感召下极大地得到了缓解。这些迹象都表明，20世纪末叶以来的中国也出现了一股强劲的文化保守主义潮流。

在印度，同样出现了一个向传统的印度教信仰回归的趋势。今天的印度人无论在服饰、饮食等习俗方面，还是在宗教、语言、文化等方面，都出现了一种与19世纪以来的西方化潮流相反的本土化回归趋势。印度前总理瓦杰帕伊在发布他的施政纲领的时候，明确地表示要用印度教的精神来建设一个现代化的印度。这种观点与中国改革开放的总设计师邓小平提出的建设有中国特色社会主义的主张，可谓是不谋而合，二者都强调了要从本民族文化的传统中去寻找建设现代化的精神根基这样一种价值取向。

不仅在非西方世界，而且是在西方世界中，也同样可以看到20世纪末叶以来时代精神的一些显著变化。第二次世界大战结束以后，西方世界尤其是美国社会变得越来越开放。“垮掉的一代”、新左派运动、妇女解放运动等各种自由主义和激进主义潮流不断涌现，嬉皮士、性解放、吸毒等现象层出不穷。这些现象都表明，美国年轻一代已经放弃了他们父辈世代相袭的清教价值观，变得像罗马人一样放纵、堕落了。但是到了20世纪80年代以后，美国人似乎又变得保守起来了，美国社会中也出现了一股与80年代以前的自由开放潮流正好相反的新潮流，那就是保守主义潮流。今天的美国人，无论是对于宗教、性、毒品还是政治的态度，似乎都趋向于保守，清教精神又有所复兴，人们的家庭观念也变得更加强烈了。在美国这个科学技术高度发达的国家，大多数人口仍然信仰上帝，其中包括许多优秀的科学家。在“9·11”事件发生时，美国民众在心理上和情感上的第一反应不是“原子弹保佑美利坚”，而是“上帝保佑美利坚”。可见在美国这个看起来非常开放的国家，传统的基督教信仰不仅一直被大多数美国人当作安身立命之本，而且自20世纪80年代以来表现出明显的增长势头。

通过以上分析，我们可以看到，在20世纪80年代以后，世界各大文明体系都不约而同地出现了一股文化保守主义潮流。无论我们怎样评价这种潮流，我们都不能不承认它是一个基本事实，我们必须面对这个事实。文化保守主义潮流使得同一种文明内部的宗教、文化认同感极大地加强了，同时也使得不同文明之间的文化差异和心理壁垒更加突出。从这种意义上来说，文化保守主义确实加大了文明冲突的可能性。在全球性的西方化潮流逐渐落潮以后，未来世界将会越来越明显地以文化认同作为相互联系的精神纽带，传统文化的影响力将会在一定程度上复兴，非西方世界的各大文明体系将会越来越自觉地从自己的传统文化资源中去寻找建设现代化的精神根基，政治意识形态的对立将会被文明的分野所取代。当然，文明的分野并不必然导致文明的冲突，但是它却会极大地加强文明内部的身份认同。

人是一个奇怪的动物，他不仅仅是一个经济动物，而且也是一个文化动物；除了追逐物质利益之外，他还有一个文化归宿的问题。在“冷战”时代，文明之间的分野被两大政治阵营之间的对垒所取代，人们彼此之间的文化认同也被政治身份认同所取代。随着政治意识形态对立的消解和文化保守主义潮流的兴起，不同文明体系中的人们又开始以各自传统的宗教一伦理价值系统为依据来进行文化认同了。在这种情况下，不同文明体系之间的差异性肯定会比以前更加明显地凸显出来。这种差异性当然有可能导致文明之间的冲突，但是比起以往那种用强势的主流文化来抹杀一切文化差异性的西方中心主义和文化霸权主义来，这种可能导致文明冲突的文化保守主义和文化多元主义似乎更加人道一些。文化的多元性是一个无法否定的历史事实，真正的“普世和谐”是不可能在“全球融合”的基础上实现的，因为所谓的“全球融合”本身就是一种不切实际的幻想。只有在“全球分裂”的多元文化基础上进行平等的对话，才有可能实现“普世和谐”的理想。

“文明冲突”还是“文化盟约”?

何光沪*

一、引　言

要谈“文明冲突”这类大问题，我想，把古代贤哲的这类教导，如“博学之，审问之，慎思之，明辨之，笃行之”牢记于心，是大有助益的。

但是，多年前塞缪尔·亨廷顿的“文明冲突论”一出①，我们的主流学术界立即群起攻之，而立论的根据，多半是说东方文明与西方文明如何如何大相径庭。殊不料读者如果对照阅读，并且稍作思考，便会发问说：强调文明之间的差异，不正是在为“文明冲突论”提供论据吗？

“9·11事件”发生后，我们的许多媒体又不假思索地照搬了亨廷顿的观点，竞相评论说，这是伊斯兰教文明与西方文明(或基督教文明)冲突的爆发。

如果这些学者或评论者能牢记上述的古训，“博学之”，则应该能了解，从摩洛哥到土耳其，从巴基斯坦到马来西亚，广大的伊斯兰国家和普通的穆斯林，多

---

* 作者单位：中国人民大学哲学学院。

① Samuel P. Huntington. *The Clash of Civilizations and the Remaking of the World Order* New York: Simon and Shuster, 1996. 中译本于1999年1月由新华出版社出版。但在亨廷顿出版此书之前，他在1993年夏天发表于《外交》季刊上的文章即已经在中国引起了连篇累牍的讨论，仅在中国社会科学院美国研究所所长王缉思所编的《文明与国际政治》中就有28篇文章。

半是反对这种恐怖主义犯罪行为的；“审问之”，则应该能明白，为什么伊斯兰国家及其民众的态度，彼此并不相同，是因为它们的历史文化背景和发展程度相去甚远，因为它们同美国和西方国家关系的远近亲疏也差异甚大，许多国家（如埃及、沙特、海湾酋长国、土耳其、约旦、巴基斯坦、印度尼西亚，更不用说科威特等）还受到美国大量援助，甚至是美国的长期盟友；“慎思之”，则应该能想到，这类文明冲突不可避免的论调如果流行泛滥，完全可能在实际生活中产生灾难效应，使广大人民陷于性命难保的恐惧之中，成为“自我实现”（self-fulfilling）的“恶的预言”；“明辨之”，则应该能分清伊斯兰国家的民众与精英、什叶派与逊尼派、阿拉伯与非阿拉伯等的微妙区别，更应该能分清其宗教与其政治、战略、经济、文化和民族生活等的重大区别，能认识宗教与不同文明或文化的关系，也就不会人云亦云地夸大宗教在这类事件中的实际作用。

在这个问题上，一个很好的例证就是，由联合国大会通过的“文明对话年”（2001年）活动，其建议者正是伊斯兰气氛最浓的伊朗的总统！

这项活动的核心即联合国文明对话小组，在天主教文化圈内的维也纳和都柏林以及伊斯兰文化圈内的卡塔尔开会之后，又应小组成员、中国工程院院长兼政协副主席宋健之邀，在属于儒教文化圈的北京开会。正在会议期间，“9·11”事件就发生了。

从这次事件，我们应该得出什么结论呢？它证明了和平与合作的失败，于是应该放弃“对话”努力，转向“冲突”必然论吗？假如得出的是这个结论，那就不是在支持亨廷顿的理论，而几乎等于是在支持恐怖分子了——因为这会给他们的行动以一种宏大而深刻的理由，一种超出了当下政治意图的理由，一种历史的、哲学的、文化学的、文明史的理由，一种莫测高深的、不可抗拒的理由，总而言之，会为他们提供一种超出他们自己设想的理由。

尽管从更广阔更深刻的角度来分析恐怖主义的根源，会有助于从根本上消除恐怖主义，但是，这种分析是一回事，赞同“冲突论”①又是另一回事。我们应当致力于前者，而不应当盲从于后者。

尽管如此，面对全球化进程已成事实，文化多元局面必将长存，世界上同时存在大量族际和国际冲突的形势，我们又绝不可能也绝不应该盲目乐观。一方面，全球化意味着经济上的效率和自由化原则的推行范围正扩大到全世界，并由此而在政治、文化、伦理等方面产生一系列的重大后果；另一方面，全球化又同时意味着，“高强度风险”（例如核战争）和“突发事件风险”（例如金融危机或恐怖事件的危害）也随之全球化②，使吉登斯所谓“风险社会”变成了全世界各族各国“唇亡齿寒”的风险地球。一方面，文化多元是自古已然并使得人类生活丰富多彩的大好局面；另一方面，多元并立自古以来又至少是族际、国际的悲剧冲突甚至流血战争的原因之一。现在，加速扩展的全球化与文化多元状态，必然会而且已经在发生密切而复杂的关联，而这种关联不论是好是坏，都势必影响全世界每一个人的生活的每一个方面。

因此，面对“全球化”、“文明冲突”和“文化论争”等全人类生死攸关的重大问题，中国人文社会科学工作者作为一种博大精深的文化之传人，绝不应当停留于批判、对抗之类消极的思维或主张，而应当运用中国传统的优秀遗产，结合当代世界的实际状况，进行正面的思考，提出积极的建议。

在此，我想用三个问题，来表达自己的思考和建议。

二、“分合”还是“和合”？

今人所说的“全球”，即古人所说的“天下”。尽管中国古人因识见所限，常常

---

① 这里是指认定冲突不可避免而且主张对抗的思维方式，而不是指亨廷顿本人的理论。因为亨廷顿认为文明冲突不是不可避免的，而且他还明确说过：“我所期望的是，我唤起人们对文明冲突的危险性的注意，将有助于促进整个世界上‘文明的对话’”。（《文明的冲突与世界秩序的重建》中文版序言，新华出版社 1999 年版）要澄清十分流行的对亨廷顿理论的误解，读一读他的书的最后一段是很必要的：“50 年代，莱斯特·皮尔逊曾警告说：人类正在进入‘一个不同文明必须学会在和平交往中共同生活的时代，相互学习，研究彼此的历史、理想、艺术和文化，丰富彼此的生活。否则，在这个拥挤不堪的窄小世界里，便会出现误解、紧张、冲突和灾难。’和平与文明的未来都取决于世界各大文明的政治、精神和知识领袖之间的理解和合作。在文明的冲突中，欧洲和美国将彼此携手或彼此分离。在文明和野蛮之间的更大冲突，即全球性的‘真正的冲突’中，已经在宗教、艺术、文学、哲学、科学、技术、道德和情感上取得了丰硕成果的世界各伟大文明也将彼此携手或彼此分离。在正在来临的时代，文明的冲突是对世界和平的最大威胁，而建立在多文明基础上的国际秩序是防止世界大战的最可靠保障。”

② 参见吉登斯（Anthony Giddens）：《现代性的后果》，译林出版社 2000 年版。

误以“域中”为“天下”，①但是他们有一种观察，却反映了几千年文明史的真实，那就是《三国演义》家喻户晓的开篇首句：“话说天下大势，分久必合，合久必分”。

尽管这句话往下，只列举了“周末七国纷争，并入于秦。及秦灭之后，楚汉纷争，又并入于汉……传至献帝，遂分为三国”，然而谁都知道，不论是三国以前一千多年，还是以后一千多年，一部中国史，的确也是一部“分久必合，合久必分”的循环史。伴随所有这些分分合合过程的，无一例外都是白骨成山血流成河的人间悲剧。如果我们再把眼界从中国扩大到世界，就会发现这句话也完全适用于既往的全部文明史：从尼罗河畔的上埃及和下埃及的长合短分，到两河之间的古巴比伦和新巴比伦的长分短合；从横跨三大洲的亚力山大帝国的一分为三，到称雄几百年的奥古斯都帝国的一分为二；从查理曼帝国的“三家分晋”，到拜占庭帝国的“偏安一隅”；从哈里发帝国的边分边合，到蒙古大帝国的边合边分；从后期奥斯曼帝国的对外抗“合”对内抗“分”，到晚期中华帝国的对外大“分”对内大“合”；从号称“日不落”的大不列颠帝国的逐步撤出，到自称“大家庭”的苏联的顷刻瓦解……所有这些分合史，无不印证着中国古人的这些诗词：“泽国江山入战图，生民何计乐樵苏。凭君莫话封侯事，一将功成万骨枯。”“英雄五霸闹春秋，顷刻兴亡过手。青史几行名姓，北邙无数荒丘；前人田地后人收，说甚龙争虎斗？”

回头再看所谓“全球化”，在一般人看来，似乎又是要“合”，而且这次也许是一种“大合”，再无夷夏之别，且无内外之分。这种“大合”，是《三国演义》收篇之时顺序颠倒的那句话②暗指的结局——“为一统之基”呢，还是只不过是分合循环史在更大范围——即全球范围内的开端？是康有为所说的“大同之世”呢，还是但丁所说的“世界帝国”？对人类来说它到底是好是坏？究竟是祸是福？国内国外的众多学者，对此是众说纷纭，莫衷一是。

关于全球化的好坏祸福问题，不论是从市场全球化导致资源配置合理和效率提高的全球化来论证其好处，证明其为福；还是从其导致资源消耗和贫富分化的全球化来论证其坏处，证明其为祸，都是从经济角度看问题。而我们可以看到，最初题名为《人类公理》的康有为《大同书》，既主张“天下为公，无有阶级，一切平等”，倡言“去九界”以达人类“大同”，就已提出了全球化理应包含的社会

---

① 传颂千古的骆宾王《代李敬业传檄天下文》（又称《讨武氏檄》）中有一名句：“请看今日之域中，竟是谁家之天下。”

② 这句话同开篇首句顺序相反：“此所谓天下大势，合久必分，分久必合者也。”

层面问题。而其所据儒家公羊学派“三世说”中的“太平世”，是从“升平世”的“内诸多夏而外夷狄”进步到“夷狄进至于爵，天下远近大小若一”①，则更进一步提出了民族和文化层面的问题。至于但丁的《论世界帝国》，原题为 *De Monarchia*，主张建立“一统的世界政府”，才能实现世界的和平，这就提出了全球化的政治层面问题。但他要实现世界和平的主张，又是为了“实现人类发展智力”，从而在一切学科和艺术方面有所作为有所创新。这是“一切文明的同一目的。”②这也鲜明地提出了文化和文明层面的问题。

尽管迄今为止，特别是近十年来，全球化最有力的动因和最明显的进展，都是在经济领域。但是，这种经济趋势确实有助于促成一种“大合”，即一个包含经济、政治和文化在内的全球社会。

事实上，早在对全球化的经济主义解释盛行之前，在广义的文化领域，例如在宗教学和宗教社会学领域，全球化概念就已得到了研究。③ 在政治领域，也有不少学者指出，经济全球化已经开始并将继续导致民族国家的边界逐渐丧失意义，各国政府对自身社会的控制作用逐渐减弱，由此而突出了跨国治理或超越民族国家的必要性。④

说到底，人类生活的各个领域是密切相关的，在全球化问题上更是如此。全球化不但拉近了各族、各国、各文明的距离，而且拉近了人类生活如经济、政治、文化等等各个领域之间的距离，使之犬牙交错、水乳交融、牵一发而动全身。也许，正因为问题是如此巨大而又复杂，所以，虽然全球化是一个早已开始的历史进程，但它同时又是一个尚未定型的理论概念。一方面，围绕着这个理论概念，有无数的探讨和争论；另一方面，这些探讨和争论又会反过来影响或指引这个历史进程。

正因为如此，要在全球范围内避免分分合合的血泪悲剧，要在全球发展中打破“分合”、“合分”的恶性循环，我们就应该积极参与这场讨论，对全球化概念提出我们的诠释，以有助于对全球化进程发生某种正面的或良性的作用。在这项工作中，我们可以运用并予以现代发挥的中国文化遗产，主要应是“和合”这

---

① 《春秋公羊传解诂》卷一，《十三经注疏》第二册，中华书局 1980 年版。

② 《论世界帝国》卷一，商务印书馆 1985 年版。

③ 参见罗伯特逊(Roland Robertson)：《全球化与“传统宗教”的前途》，载《维真学刊》2001 年第 3 期。

④ 参见贝克、哈贝马斯等著：《全球化与政治》，中央编译出版社 2000 年版。

一重要的思想传统。①

“和合”思想的核心，是不同事物之间的和谐共处与互补融合。中国古籍中“和合”两字连用较少而“和”字单用很多，但几乎所有关于“和”的论述都包含着“和合”思想。② 所以张立文先生说：“史伯、晏婴、管子、老子、孔子、墨子等都主张‘和’或‘和合’，作为回应和化解天与人、国与国、家与家、人与人、人自身心灵，以及东西南北中不同文化、文明之间冲突的最佳方式，”③又说它“不是某家某派的文化精神，而是涵摄儒、道、墨、法、阴阳、释各家各派的普遍的文化精神。”④在提出“和合”的依据与基础，乃是“仁爱”、“兼爱”等各家各派用不同语言表述的“爱”的思想之后，张先生又指出：“这种‘泛爱众’的精神，是一种人类普遍精神的升华，是一种文明之所以经久不衰的根源。无论是儒教文明，还是基督教文明、伊斯兰文明、佛教文明，都具有这种精神，并以此为一切观念、行为的基点和核心，推广辐射出去，而成为东西方文明的普遍理念、黄金规则。”⑤

用“和合” 思想来诠释，所谓“全球化”，就不是走向一个铁板一块的世界，而是走向一个多元和谐的世界；就不是单一化、同质化、全球同一化，而是多样化、

① 参见张立文：《中国和合文化导论》，中共中央党校出版社 2001 年版；《和合与东亚意识》，华东师范大学出版社 2001 年版；《和合学概论》，首都师范大学出版社 1996 年版。

② “商契能和合五教，以保于百姓者也”（《国语·郑语》）中的“和合”，即是让五种伦理规则互补融合。史伯说“以他平他谓之和”（《国语·郑语》，说明“和”是相异者之互相配合，与没有相异者的“以同裨同”的结果完全相反：“和实生物，同则不继”（同上）。晏子说“和如羹焉”也是同样的意思。表现道家思想的《淮南子》说：“阴阳相接，乃能成和”，又说“天地之气，莫大于和”（《淮南子·氾论训》）。

③ 张立文：《中国和合文化导论》，第 10 页。

④ 张立文：《中国和合文化导论》，第 18 页。

⑤ 张立文：《中国和合文化导论》，第 11 页。此书对“和合”思想的现代发挥，表现出对中国传统思想博大精深的理解，但对犹太教、基督教等的思想理解则相对不够全面深入。不过，这里以“爱”的精神来把握各大文明的共同核心，笔者认为确实十分精当。

异质化、全球区域化;[①]就不是字面上的“大同世界”,而是原义上的“大和世界”。[②] 因为在这里有一个极其简明的哲学上的道理:任何绝对统一的即单一的、同质的、同一的事物,由于自成一个单元而不包含任何不同的单元或成分,其内部也就不可能存在什么“多元和谐”,不可能存在什么“互补融合”,那样的世界不过是处于无差别无对立状态的一个死寂世界,其实在现实中是不可能存在的。

这样诠释的全球化的趋势,既然是一个多样化的、异质化的、促进民族性或地方性文化的多元和谐的“和合世界”,当然也就不应该再遭到在西雅图和热那亚表面化或戏剧化了的那种风起云涌的反对,而是应该受到有识之士们衷心的欢迎。因为它实际上正是包括中国人在内的全人类几千年的崇高理想。我们应当为实现这个理想而努力。

三、对抗还是合作?

尽管历史有可能是另外一个样子,然而,历史上已经发生的事件,前人之“有为”或“不为”已经造成的结果,就成了铁的事实,就成了后人不得不生活在其中的条件。这个道理对于古人与今人的关系,对于今人与后人的关系,都是一样的。

前节所谓分合循环的历史,其实也是一部对抗史,其中的白骨荒丘,血泪苦难,都来自于这种历史中的对抗。众所周知,不但在同一种文化或文明的内部,而且在不同的文化或文明之间,历史上都确曾发生过无数激烈的对抗,而这些对抗又引发了造成巨大破坏的冲突。

---

① 事实上,现有的全球化已经包含着这些趋势,只不过被许多论者忽略了。例如,广遭批评的“麦当劳化”不单意味着美国麦当劳的全球化,也意味着意大利比萨饼、日本大碗面、中国绿茶等等的全球化;又例如,民族主义、“传统创新”(由历史学家 E. Hobsbaum 和人类学家 T. Ranger 所编《传统之创制》一书而传开的术语,意指很多民族传统都是在现代化之后才得到加强、估价甚至创造的。日本神道教即其一例)甚至本土宗教都随着现代化而兴起,更随着全球化而得到促进和传播。由于多样化和异质化与全球化并存,所以现在才出现了一个看似悖论的新词,即把 globalization 与 localizatio 拼接起来的 glocalization(“全球区域化”或“全球地方化”或“全球本土化”)。正如罗伯特逊所说:“我们应该从这一视角考虑全球化。这使人想到全球化是包括适应本土环境的世界性过程在内的。这意味着全球化是我所谓的一个自我限制的过程;只要全球化包含区域性,就需要限制自身。换个角度说,就是全球化和区域化无可避免是要同步进行的。它们不像人们常说的那样是相反的”。(《维真学刊》2001 年第 3 期)

② 郑玄注《礼记·礼运》的“大同”之“同”犹和也(《十三经注疏》下册,中华书局 1980 年版,第 1414 页)。

如果从某种社会达尔文主义的观点来看问题，就会认为文明或民族的内部对抗和外部对抗，都是某种自然竞争，各阶级阶层或各民族文化不过是按这种竞争的规律而优胜劣败、适者生存而已，从而把人本身当成某种“历史理性”的工具，冷漠地看待对抗造成的血泪苦难。对这种观点，即使是为王朝和国君能“传递万世”而立论的古代作家杜牧，也提出了中肯的告诫：“灭六国者六国也，非秦也。族秦者秦也，非天下也。嗟夫！使六国各爱其人，则足以拒秦。使秦复爱六国之人，则递三世可至万世而为君，谁得而族灭也？秦人不暇自哀，而后人哀之；后人哀之而不鉴之，亦使后人而复哀后人也。”（《阿房宫赋》）这里两个“使”字，便提出了历史的另一种可能。汤因比曾指出，任何文明衰亡的根源都在于内部的腐化，看来最大的腐化就在于不爱“其人”，不爱“六国之人”或天下之人，就在于把人当成了工具而不是目的。

以人或人民的幸福作为目的，在文化或文明之间关系的问题上，我们就会记住同样众所周知的另一方面的事实，从中学习有益的经验，而放弃为对抗所作的辩护，实现历史的另一种可能性。这另一方面的事实就是：不同的文化或文明之间，从古至今也一直确曾存在着无数和平的交流与合作，产生了有益于各族人民物质生活和精神生活的美好结果。

当然，正如激烈的对抗并非历史的必然，而是当事人选择（“有为”或“不为”都是一种选择）的结果，和平的交流也同样并非历史的必然，同样也是当事人选择的结果。不过，在当今的形势下，我们已经比以往任何时期都更需要慎重的选择，在决定有为和不为之前都更需要运用理性（不仅是工具理性，而更是价值理性）。因为，科技爆炸和社会巨变已经为我们的生存强加了种种不同于以往任何时代的环境和条件，从而使得我们的错误选择会带来比以往可怕得多的惨剧。

这些“环境和条件”之一，就是我们所说的全球化。全球化意味着世界已经大大缩小，①因而多元文化也就日益靠拢。这种靠拢在很多情况下甚至可以说不只是互相贴近，而且是到了互相渗透的地步，以至于我们到处都可以看到不

---

① “全球化可以直截了当地定义为世界的压缩。压缩这一概念，是指社会文化的密度增加…密度不同于一体化，从另一个角度来说，它是指日益增加的极大的相互依存性。”Roland Robertson, “Globalization and the Future of ‘Traditional Religion’”, in M. L. Setackhouse and P. J. Paris(eds.), *God and Globalization*, Vol. I, Trinity Press International, 2000—2001)。转引自《维真学刊》2001年第3期，译文略有改动。

同民族和不同文化之间“你中有我，我中有你”的现象。一方面，在中国西北的天山脚下，可以看到卡拉OK，听到日本民谣，另一方面，在美国南部的大平原上，可以看到中国佛寺，听到暮鼓晨钟；一方面，东方的大城市里到处耸立着麦当劳的标志，另一方面，西方的大城市里随处可见到清真寺的塔尖；一方面，我们看见大批的东方人具有深厚的西方文化涵养，另一方面，我们也知道大量的西方人沉醉于东方文化的神韵……

在这种情况下，任何对抗或冲突所伤害的，就不仅仅是一方，而是双方或多方的利益，因而会变成极其愚蠢的选择。即使是从来被作为战争理由的“利益”，也再不能成为战争的理由了，原因很简单：战争的结果，是双方或多方的利益都蒙受巨大损失（正如制止了美苏核战争的逻辑，以及导致了巴以相互报复的历史所证明的），而和平则是各方共同的，也是最大的利益所在。

总而言之，在当代这种形势下，在不同文化之间的关系中，我们更必须吸取历史的教训和经验，摒弃对抗姿态，采取合作态度，克服狭隘的民族情绪，①致力于人类的共同利益，求同存异，争取“双赢”甚至“同赢”。

说到底，对于更靠近精神领域的文化的本质而言，“零和”规则是不能成立的。因为不同的文化都可以互相学习而使自身丰富壮大，而其所孕育所服务的个体的人，则可以从不同的文化得到更多的滋养。文化的表现形态或象征体系千差万别，而其为人服务的内在精神则相贯相通。现在，即使在市场经济尚不成熟因而需要倡导竞争的中国，也有人说“比‘竞争’更时新的词是‘竞合’”，②在比

① 长期在世界上弘扬中国传统文化卓有成效的杜维明教授最近在谈到“中华民族的再生”时说：“一个非常难超越，但又必须超越的（障碍）就是狭隘的民族主义。很多西方学者认为，中华民族的再生，很明显有两个动机：一个是报复，一个是夺权。……（这种）看法是对中华民族的侮辱。难道有悠久历史的中华民族能够再生，中国的知识精英就只有报复、夺权这两种情绪？和平文化的出现一定要通过对话，也就是要了解异己文化。所以中华民族要兴起，有深刻的文化信心，就必须对于我们民族内部边缘化的、没有很好发展的地区，如新疆、西藏等不同的族群文化之间进行对话。……要求每个人都跳出狭隘的民族主义是不可能的，但知识精英不能跳出是非常危险的。”（《全球化和文明对话》，载《开放时代》2002年第1期。）

② 也许意即英特尔公司总裁安迪·格洛夫所谓“合作式竞争”，参见《中国图书商报·书评周刊》2002年3月14日“编辑告白”。该文还说：“《说文解字》中，从字形上看（‘竞’之繁体字）如二人赛跑，‘争’则是二手在夺东西……但中国古人似乎又不崇尚竞争，不主张龃龉纷争和兵戎相见。……‘和而不同，违而不犯’，才是大同世界的常理和常态。”其实，不但“竞合”与“和合”不谋而合，而且“竞”字在古代汉语中的“按规则合作竞赛”这一内涵，也与西文“竞争’的意义不谋而合——compete的拉丁源词competere，意为“见面”（to meet）、“相聚”（to come together）、同意（to agree）、“一起努力”（to strive together）、“共同奋斗”（to drive forward together）。

商务领域更能够互利互补的文化领域，难道不应该用“合作”取代“对抗”吗？

四、“文明冲突”还是“文化盟约”？

在高科技时代，各个文明相互之间的冲突，意味着所有文明整体的毁灭。所以，亨廷顿在《文明的冲突？》中也说：“在文化间的战争中，受到损失的是文化。”“在正在来临的时代，文明的冲突是对世界和平的最大威胁”，而“和平与文明的未来都取决于世界各大文明的政治、精神和知识领袖之间的理解和合作。”

在这节的标题所呈现的选择问题中，正如在前两个选择问题一样，我们当然不会选择前者或文明冲突。但是，举目四望，我们能够找到什么力量来预防或防止文明冲突呢？

经济的全球化似乎是一个强大的力量，因为它可以使不同文明的人群、民族和国家具有共同的、至少是相互依存的经济利益，使得想用发动战争来获得的利益实际上大大小于维持和平所得到的利益。但是，姑不论经济领域本身的利益冲突，以及对利益大小的计算失误会造成的巨大风险，实际上，历史上许多重大冲突的起因，都不是在经济上而是在意识形态（例如相互对立的民族主义或甚至同一主义中的不同派别）上，即在文化方面。

各国社会政治体制的趋同似乎也可以算是一个力量，因为人们可以看到，同社会政治制度不同的国家之间相比较而言，社会政治体制相同或相类似的国家之间较少发生战争。但是，第一，这种趋同过程十分缓慢而且很难预测；第二，社会政治体制相类似的国家之间，依然有发生冲突的极大可能，而这已得到很多历史事实的证实；第三，归根到底，社会政治制度也有相当多的文化因素在其中发挥作用。

于是可以同经济和政治制度这两大因素并列的，只剩下了文化因素。但是我们明明看到，文化因素在这个问题上犹如一把双刃剑：一方面，不同文化的本质或精神之相通，可以使之成为不同人群之间沟通最通畅的渠道和最佳的环境；另一方面，不同文化的不同形式或象征之歧异，又可以使之成为阻碍不同人群沟通的最宽阔的鸿沟和最大的屏障。正因为如此，它可以使一个地方成为鸟语花香的丝绸之路，也可以使之成为春风不度的恐怖战场。这里的原因也很明白：最接近精神的领域，也最多地受到自由选择而不是客观法则的支配，于是，人的选择就成了关键。是执著于文化的象征和形式，还是忠实于文化的本质和精神，就成了生死攸关的事情。

近年来由一批宗教界和学术界人士发起的“全球伦理运动”①以及与之相关的许多事态发展,在这个问题上给了我们三个重要的启发:

第一,文化之间的合作和交流,对于防止或抑制文明冲突会发挥重大的、而且越来越大的作用。②

第二,文化的本质和精神之相通性,是可以通过艰苦的努力而发现、从而得到认可的。③

第三,各种不同文化的代表性人物和生活在不同传统中的普通民众,是可以坐在一起平等讨论,就关乎共同利益的重大原则达成一致的。④

正如早已存在的商业竞争关系需要“规则”,将要存在的文化合作关系也需要“盟约”。

怀着对上述第一条启发的认同或信念,对第二条启发的认识或体会,对第三条启发的希望或期待,在此,我想把自己对此的思考总结为四条建议。换言之,关于不同文化之间关系的盟约,至少应包含如下四条原则:

(1)和平的相处与共存;
(2)自由的选择与发展;
(3)平等的对话与交流;
(4)诚实的宽容与互补。

第一条原则是共同生存的前提:属于或忠于不同文化的个人之间应该和平

① 参见孔汉思(Hans Kung):《世界伦理新探》,道风书社 2001 年版;斯威德勒(Leonard Swidler):《走向全球伦理普世宣言》,载《东方》杂志 1996 年第 4 期;孔汉思与库舍尔编:《全球伦理》,四川人民出版社 1997 年版;等等。

② 全球伦理运动的全部过程,实际上就是以不同宗教为核心的不同文化之间对话和交流的过程(参何光沪:《宗教之间的对话问题》,载王作安、卓新平编:《宗教:关切世界和平》,宗教文化出版社 2000 年版)。这一过程至少已对西方人(尤其是欧洲人)对犹太教、伊斯兰教、印度教和佛教以及相关人群和对冲突的认识和态度产生了广泛的正面影响。

③ 世界宗教会议的《走向全球伦理宣言》,经过漫长的起草、修改和讨论过程,最后摒弃所有宗教的语言、概念和象征体系,发现并确认了四条符合宗教精神的基本原则——不可杀人、不可偷盗、不可说谎和不可奸淫,并结合现代世界的状况作了新的表述。

④ 上述宣言 1993 年 9 月在芝加哥由来自世界许许多多宗教和教派的 6000 多名代表举行的大会上得到了讨论和通过以后在维也纳、罗马、那不勒斯、都柏林、卡塔尔、北京等地又举行过多次不同宗教代表或不同文化代表的对话会议,都在不少原则上达成了一致意见,形成过不同的宣言、纲领或纪要。

相处；而各种不同的文化之间应该和平共存。反之，争战则或致两败俱伤，或致强者消灭弱者；被消灭者固已死亡，消灭者也因同一而僵化、而死亡。

第二条原则是保障选择权和发展权的需要：在任何文化环境中的个人，应能自由地或不受强制地选择文化旨趣和文化归属；而任何文化本身则应能自由地或不受强制地发展。反之，强制或造成屈从，或造成扭曲，两者都会压制文化生长，导致文化停滞。

第三条原则是促进相互理解和互利的需要：不同文化影响下的个人与个人之间、团体与团体之间，在对话时应该一律平等；不同文化本身在任何交流活动之中，也应该一律平等。反之，不平等或导致压制性，或导致单向性，从而使对话和交流无法继续，维持甚至加深文化之间的隔阂与对立。

第四条原则是基础与目标的结合：任何一种文化中的个人和团体，都应该诚恳地宽容其他文化的存在和发展，最后也才可以真实地得到其他文化的补益。反之，不诚实或虚假使宽容名存实亡，使异质文化远离自身，于是既无从对之施加影响，也无从由之获得补益。

我们似乎可以补充说，只有采纳或包含了这些原则的文化，才可以立身于未来的文明世界。

五、结　语

在西方，不少思想家鉴于经济全球化的负面效应，已经建议订立某些超出经济范畴的、伦理性或政治性的契约，来推进全球正义。① 所有这些建议都有一个共同的特点，即超越了纯经济的角度，而从道德的、正义的、甚至是灵性的角度来诠释和引导全球化。

在我上述的建议中，表面上看来，第一和第四条的“和”、“诚”等概念属于中国文化的范畴，而第二和第三条的“自由”、“平等”等概念属于西方文化的范畴，

---

① 除了孔汉思等人的“全球伦理”建议之外，例如哈贝马斯建议，在一个经过改革的世界组织框架内，缔结一个松散的跨民族政治网络，发展一种“没有世界政府的世界内政”，它“以寻求和谐而不是以强迫为指导方针。它的长远目标是逐步克服世界社会中的社会分裂和分层，同时又不妨碍各自的文化特性。”(哈贝马斯 2001 年 4 月 26 日在上海复旦大学的报告，转引自张庆熊：《全球化时代的选民和弃民》，载《维真学刊》2001 年第 2 期)。吉登斯建议设立“全球统理结构”以抑制经济不平等和控制生态风险(参见其《第三条道路》一书)。里斯本小组则建议订立四种全球性契约：基本需求契约，旨在消除不平等；民主契约，旨在实行全球调控；文化契约，旨在实行宽容和文化对话；地球契约，旨在保障可持续发展(参见包利民：《全球化的伦理观照》，载《维真学刊》2001 年第 2 期)。

但在实际上，这些概念深层蕴含的精神，绝不属于个别民族或文化所独有。①它们在这里所发挥的作用，不是代表某一文化，而是为不同文化之间的关系制定规则或建立盟约。

盟约的建立，的确需要一种精神作为共同的基础。这种精神，其实正是不同文化传统中最根本的共性。如果用中国和西方两大文化的核心即儒家和基督教的语言来表达，那就是《礼记・礼运》所说的“选贤与能，讲信修睦，故人不独亲其亲，不独子其子”的博爱精神，就是《圣经・诗篇》所说的“看哪，弟兄和睦同居是何等的善，何等的美”（第 133 篇第 1 节）的和平精神，这也是我们所说的“和合”精神的本源。而且这种精神将可以为偏重物质层面的全球化进程，提供一种矫正性的指引。

为了这件崇高而宏大的共同事业，各种不同的文化不但不应该彼此冲突，而且应该齐心合力，共赴艰难。

因此，面对不可阻挡的全球化，我们应当做的，不是因为飞速行驶的列车未朝向我们认为正确的方向而朝它吐唾沫，而是变旁观又悲观的乘客为积极又理性的乘务员，一起来矫正它的方向。因为这列车的车上，并没有一个单独负责的司机，而这列车的前方，也没有一条不可变更的铁路！

---

① 正如现代化不等于西化，因为现代化的“理性”法则和“便利”宗旨，在人性中有普遍的根基。如同理性一样，自由、法治、人权等等，也并非西方人才能享有的专利，仅就中国古代思想家而言，就有老庄大谈自由、韩商力行法制、孟子提倡个人尊严和民众价值，他们与现代表述的不同，并非是与西方思想家完全对立或毫无普遍意义的。

跨文化交往和世界文明共同进步

姚介厚*

当今世界日益密切的全球性交往，又呈现文化与发展的多样性。跨文化研究和世界文明研究都已成为备受国际学术界关注的新兴跨学科研究领域。跨文化研究的重要对象是跨文化的理解与交往，它贯穿在现实的经济、政治、文化等各领域，渗透于当今世界文明的各层面。而世界文明的多样性与同一性是一个焦点课题，对它的探讨应通过对跨文化交往的理论研究来深化。本文仅就跨文化交往和世界文明进程的关系，谈三点见解。

一、跨文化交往是世界文明(包括哲学传统)的重要动因

历史本质上是人类文明的历史。文明是人在实践中实现自身的本质力量，是在历史发展中经济结构、政治结构和基本文化精神互相渗透、交互作用而形成的有机综合体。广义的文化(包括物质文化、制度文化与精神文化)是文明的具体内涵，狭义的精神文化包括哲学作为文明的精神形态，体现时代精神。

世界各国人民在漫长的历史进程中，创造了各自独特的文化、传统、信仰和价值观，生长绵延了丰富多彩的文明。多样性是世界文明与文化的基本特征，多样性意味着差异，差异需要交往，交往促进发展。综观历史，一种文明不能自

* 作者单位：中国社会科学院哲学研究所。

身封闭、孤立生成与发展，不同文明总是在和谐的跨文化交往中，互相融汇与学习，从而不断丰富与发展，这是人类文明进步史的主流。跨文化交往历来是多样世界文明进展的重要动因。

从西方历史看，长达千余年的希腊罗马文明是西欧乃至全部西方文明之源，它奠立了西方文明中科学理性与人文精神的传统。然而，它并非自我封闭、绝缘地演进。它和当时的东方（近东与北非）文明虽颇有差异，却正是在同早先已获丰富成果的后者的跨文化交往中，吸取东方文明的成果，从而激发了希腊、罗马民族的灵感，也融汇了东西方诸多地区民族的智慧，创造出辉煌的希腊罗马文化。希腊古典哲学的形成与发展得益于西亚和埃及的科学与宗教思想，特别是埃及、巴比伦的天文学与数学方面的突出成就和神话，对希腊哲学与宗教的起源有重要的引生作用。东西方大规模的跨文化交流，更是希腊化文明和罗马文明的重要特色；晚期希腊与罗马哲学更多、更直接地深受东方的科学知识、诸多宗教与宗教哲学的影响，一些主要哲学流派的学说都有东西方文化交融的特色。特别是东方希伯来文化的犹太教和早期基督教，以其特有的一神教形态，和希腊哲学逐步融合，促成晚期希腊与罗马哲学在和宗教结为一体中达到终结。这种融合所造就的基督教神学与哲学，对西方文明更有深远历史影响。

悠久灿烂的中华文明在不同的历史阶段，也是通过多种形式的跨文化交往，以存异致和的博大胸怀，吸纳了外部的多种优秀文明成果，不断充实、发展自身。早在公元1世纪左右，中国、印度、中亚和欧洲的诸多国家就开辟了海上和陆地的丝绸之路，持续开展的各种跨文化交往包括经济与精神文化交往，有效地促进了中华文明和亚欧多种文明的共同进步。汉唐以来在中国和印度的跨文化交往中，印度佛教与佛学在中国知识界和民众中大为传播，并形成多个具有中国特色的佛教与佛学流派（如天台宗、法相宗、华严宗、禅宗等），它们和中国传统的儒学、道家又互有渗透、吸取，深刻地影响了中国哲学与文化传统的演进。这在历史上是一个颇为成功的跨文化交往范例。唐朝（公元7世纪起）以来，中华文明和伊斯兰文明也有和谐、成功的跨文化交往，至今在西安古城的清真寺有唐代皇帝的题词，从中可见伊斯兰宗教文化和中国传统文化的沟通与融会。16世纪末至18世纪通过西方传教士来华进行中西跨文化交往，中国学者们开始了解西方特别是希腊的科学与哲学思想，并和意大利传教士利玛窦等首次从事了儒学与西学的比较研究；而中华文明在18世纪法国启蒙运动中特别对重农学派也起有积极的作用。19世纪末以后，严复与其他中国哲人所传扬的西方哲学与文化中的科学理性与人文精神特别是科学与民主思想，对近现代中国起着思想启蒙的积极作用。

由上历史之镜，可察知一个结论：世界不同文明的冲突总是暂时的、破坏性的，不是文化发展的动因；世界不同文明的和平的跨文化交往与和谐的融会，才是人类文明进步史的主流与文化发展的重要动力。人类历史发展是不同文明间不断交流、融会从而创新的过程。人类历史上各种文明都以各自的独特方式为人类进步作出了贡献。当今世界应避免、消除文明冲突的危险。意识形态、社会制度、发展模式的差异不应成为人类文明交流的障碍，更不能成为相互对抗的理由。和平与发展才是人类最根本的共同利益、共同价值所在。倡导合理的跨文化交往，来实现文化与文明多样性中的和谐一致性，以求世界文明的共同进步，那是特别重要的。

二、跨文化理解、跨文化性和世界文明多样性中的同一性

联合国教科文组织国际专家小组的报告《多种文化的星球》指出："人类的共同的未来不能多样化而没有协调，也不能统一而没有多样性，要建成这样一个世界是对当代人类的挑战，首先是对产生人们世界观和影响的价值观念的文化的挑战。"在当今世界全球化进程中，既不应造成文明单一化与文化同质化，要维护文明与文化的多样性；又应开展不同文明的对话，增进相互理解，消弭隔阂，化解对抗，共同进步，反对"文明冲突"，实现一种基于文明多样性与同一性的人性化的全球化。合理的跨文化交往正是达到这一崇高目的的重要渠道。

中国古代思想家孔子有名言曰"和而不同"。这可解释为尊重文明与文化的差异性、多样性，通过跨文化交往，互相沟通，达到和谐共处，实现人类的共同利益、共同价值。文明与文化既有多样性，也有同一性，这同一性是寓于多样性中的动态的同一性，既指特定文明中有民族文化的同一性，也指在不同文明与文化传统的合理交往中实现互补性和共同进步。

合理的跨文化交往应是双向的，以跨文化的"文本"间的相互理解为基础，就是说，"本文化"和"异文化"作为"自我"和"他者"，在跨文化交往中相互意识到对方是陌异的"他者"，并且超越"自我"、进入"他者"，在陌异性中反观自身的文化，在"自我"和"他者"的对照中互为映现自身，在"本文化"和"异文化"的相互理解中，它们各自也会升华出新的"自我"解释。在这种辩证的跨文化理解中，就会生成某种"交迭共识"，那是一种内涵差异的共识，是异中之同，是寓于

差异性的动态的同一性。“本文化”和“异文化”在相互理解中都会超越自身，获得新知甚至创新的知识，相互促成文化的创新与文明的共同进步。

任何文化不能脱离特定的、进化中的文化传统，跨文化理解也是“本文化”和“异文化”两种动态的文化传统的相互理解。伽达默尔的哲学解释学主张，作为历史所保存的成见总汇的传统，是人的理解活动的前提，人又以创造性的理解和解释参与传统的进化，使其获得新的意义。我们可以引申、发挥这一观点，用来解释“本文化”和“异文化”两种传统在相互理解中达成视野的融合，在跨文化交往中促成各自文化传统的进化。

跨文化性是跨文化理解的本质属性与文化间交互作用的功能，也是跨文化交往的结果。指“本文化”和“异文化”互动、互渗中发生“中介”两种文化在“合作性的自我解释”和“相互构建过程”中形成“交迭共识”，实现文化多样性中的同一性。跨文化性是复杂、多样的。跨文化交往交织着“本文化”和“异文化”的复杂的“同”、“异”关系，表现为“互补”、“对称”或“不协调”、“不对称”等形式。而总体说，它有两类：“本文化”和“异文化”缺乏沟通、很不协调与对称，那是消极的跨文化性，就易导致冲突。积极的跨文化性则指“本文化”和“异文化”互动、互渗中发生“中介”功能，类似儒家的“中庸”黄金法则，也指两种文化在“合作性的自我解释”和“相互构建过程”中形成“交迭共识”，实现文化多样性中的同一性。“求同存异”、和而不同，就是合理、积极的跨文化性的合理表现，是跨文化交往的真正目的，就是实现多样文明中的同一性，促进不同文明和谐相处、共同进步。

这里，我们可以比较研究孔子和苏格拉底的学说为例，说明中、西哲学与文化传统有同一性，也有差异性，它们深刻影响的中、西文明传统可以相互理解、互补会通，在跨文化交往中实现积极的跨文化性。

中国和希腊都有悠久、璀璨的文化传统，两个伟大民族各自对世界文明作出了重要贡献。生活于大致同时代的孔子（公元前551—479年）和苏格拉底（公元前469—339年）都创建了以伦理为核心内容的新哲学，一种人的哲学。孔子的学说开启了至今不衰的儒家文明，苏格拉底的哲学为西方文明奠立了科学理性与人文精神的根底。两位大师的伦理学说都体现了一种启迪人性、改良社会的时代精神，有体现两者同一性的许多相似点。主要有以下三点：

（一）人道主义的哲学原则

“仁”是贯穿孔子哲学与伦理学说的中心范畴，它指一种人的本性。“仁”即

“爱人”、“泛爱众”(《论语》12.22,1.6),其意义实指善良、仁慈、博爱应是真实人性;另一方面,“仁”又指恪守自己的善性并同他人互惠的忠恕之道,“己所不欲,勿施于人”,“己欲立而立人,己欲达而达人”(《论语》4.15,15.24,6.30)。中庸之道是致“仁”的方法论。中庸即“中和”,是调整万物使之合度有序的恒常至理,是取中、适度调谐以求平衡与和谐的正确方法(《中庸》第一章)。这就是要把握相反方面或矛盾的对立面,审时衡势、运用中介方法,实现适度、平衡与和谐,以求造福民众、修养个人合理的道德情操。他主张实施“礼”中“和(合度)为贵”。然而,他又主张“君子和而不同”(《论语》13.23),合度的和谐并不是某种绝对的同一性,而是多样性事物互补的统一,就像各种调料构成一盘佳肴。①

“善”(agathon)是苏格拉底的最高哲学范畴,也是同孔子的“仁”颇为相似的人道主义伦理原则。人所固有的善的本性体现为友爱、友谊、仁慈、互惠,它们使社会生活结成和谐整体。行善才能使人获得真正的幸福与自由。“善”同修养人的本性紧密相关,苏格拉底阐释特尔斐神庙中的著名铭文“认识你自己”,就是要“自制”(sophrosyne)。② 自制的本质在于自我知识,它不仅指谦和、仁慈、节制贪欲,本质上更指一种认识人自身本性的智慧,一种人们审察自我的明智。总之,苏格拉底同孔子一样,最早将人自身置于哲学研究的中心地位。

(二)理性主义的知识论和道德论

两位贤哲都主张理性是灵魂或心灵的本质,人们必须通过学习中运用智慧即理性思维,认知德性的普遍本质,并在实践德性中提升人的道德修养。他们的教义闪耀着融会理性与道德的光辉。

(三)伦理政治和实现人性化的普遍和谐社会的理想

两位贤哲都倡导道德是政治之本,贤人、君子根据伦理原则以德治政,教化民众,建立造福人民、和谐安康、共同繁荣的社会。

由于历史与文化背景不同,孔子和苏格拉底的学说自然也有差异,两者的同一性寓于差异性中,这也是致使儒家文明传统和西方文明传统有差异的因素。第一,孔子的学说注重宗法秩序和家庭血缘关系,国家被视为一种扩展的

---

① 欧文·拉兹洛(Ervin Laszlo)编:《多种文化的星球》,社会科学文献出版社 1993 年版,第 232 页。

② 欧文·拉兹洛(Ervin Laszlo)编:《多种文化的星球》,社会科学文献出版社 1993 年版,第 232 页。

家族，所以深受儒家影响的中国传统伦理有整体主义和群体价值本位的特色。苏格拉底则注重城邦的公共伦理和德性培植，无家族本位特色。第二，孔子建构哲学与伦理学说的方法，是运用理智的洞察力或直觉，结合《易经》中已蕴涵的辩证理性和实践理性，来解释范畴和一些古典文本的意义，这也许可被称为古代中国的一种古典解释学方法。后来，这也成为中国传统思维方式的一个特征。苏格拉底运用其"辩证法"探讨德性的定义和其他课题含有浓重的逻辑分析思想。亚里士多德在《形而上学》中强调："有两件事可以公正地归功于苏格拉底，即归纳论证和普遍性定义，这二者都是科学的出发点"(1078b25－30)；他大为发展先哲们特别是苏格拉底所积累的逻辑思想，建树系统的逻辑学说，这是奠立西方分析理性传统的关键环节。

孔子和苏格拉底的哲学与伦理学说作为中西两大文明传统之源，有同有异，表明各民族的哲学与文化传统既有创造的多样性，也有同一性与互补性，可以在合理的跨文化交往中互相理解，互补互益，以求共同的文化繁荣和社会进步，这有益于世界和平与共同发展。所以，断言在冷战后的世界不同文明包括儒家文明和西方文明的冲突不可避免，并将主宰未来全球政治，这种论调是站不住脚的。这里，一个关键环节在于对跨文化交往所采取的态度。

三、持合理的跨文化态度，积极促进跨文化交往和世界文明共同进步

跨文化态度是人在跨文化交往的实践活动中，处理本、异文化之间关系的态度。合理的跨文化态度应遵循跨文化交往的伦理原则，使跨文化交往顺畅而有成效。在全球化与多元文化挑战的背景中，采取合理的跨文化态度特别重要，而这种跨文化交往的国际伦理还需深入研究。但有三条基本的交往伦理原则是应确认的。

一是互相尊重。我们当今生活在全球化的交往社会和彼此密切关联的交往语境中，同时也处于多样化的文化与发展态势中，生活于不同的文化传统之中。互相尊重民族文化传统应是合理的跨文化交往的首要前提。多样性的文化是平等的，跨文化交往也应是双向、平等的，无论大国或小国，都应互相尊重各自的文化传统，确认它们在维护各自民族文化同一性中的重要作用。互相尊重才能有跨文化的互相理解，才能使世界不同文明和平共存而非冲突、对话而非对抗、和谐交往而非隔绝排斥，真正实现"和而不同"这种跨文化性。

二是互相宽容。本着尊重异文化的心态，合理的跨文化交往还需要对异文化持宽容态度。宽容是跨文化性的原初要求和组成部分，也是一种交往的美德，体现积极的跨文化性。它指相互承认、容纳差异性，宽容“他者”，便是宽容“自我”。同时也指不强加“他者”所不能接受的成分。这就是孔子所说的“己所不欲，忽施于人”这条黄金规则。互相宽容而非互相排绝，才有互相理解与交往的根据，才有不同文化与文明健康、平等的对话，而非对抗与冲突。

三是互相合作。这种合作，不仅指交往行为互相协调、配合，更指本文化和异文化能动、和谐的互动互渗，两种视野的融汇，互相学习、互相借鉴，各自吸取对方的有益思想成分，来充实、发展自身的文化，促成不同文明的共同进步。当然，这种吸纳异文化不是机械的移植与嫁接，否则会造成本文化的僵化与断裂。它应是各自将对方文化中合理、有益的因素纳入自身的语境，予以调适、升华，使之有助于各自文化的共同发展与创新，真正实现积极的跨文化性和多样世界文明的同一性。

跨文化的交往伦理实质上是一种体现上述交往伦理基本原则的对话伦理。它要求“本文化”和“异文化”在平等基础上开展对话，互相增进理解，并通过理性的论证，互相吸收对方的合理文明成果。这种对话方式的辩证交往，旨在既确认世界文化的多样性，又达成某种交迭共识，以至“本文化”和“异文化”在融会中各自都实现文化创新。这就是实现积极的跨文化性。这种跨文化交往的对话伦理，也是一种推进和平文化的国际和平伦理。它强调世界不同文明应通过跨文化对话进行和平的交往，增进互相理解与合作，并通过对话式的理性论证与协商而非所谓文明冲突，来解决某些分歧、摩擦与矛盾，获求交迭共识，达到互利共赢。这种对话伦理的根本宗旨，就是世界的和平与发展，所以它是实现世界不同文明共同和谐进步的重要途径。

在全球化的语境中，当今世界面对多元文化与多样文明的挑战。我们应本着合理的跨文化态度，秉持上述跨文化交往的基本伦理原则，倡导多样文明的相互理解与交往，努力实现积极的跨文化性，来化解某些局部的文明冲突，促进世界不同文明的共同进步。面对当今纷繁复杂的世界，我们应该更加重视和谐、强调和谐、促进和谐。建设和谐社会，建设一个持久和平、共同繁荣的和谐世界，这是世界各国人民的共同愿望，也是人类社会发展的必然要求。建立和谐世界，必须致力于在合理的跨文化交往中实现不同文明和谐进步。应该维护世界多样性和发展模式多样化，承认各国文化传统、社会制度、价值观念和发展道路的差异，坚持平等对话和交流，倡导开放和兼容并蓄的文明观，使不同文明互相借鉴、取长补短，在求同存异中共同发展，共同推进人类和平与发展的崇高事业。

我们研究人文社会科学的机构与学者，承担着传承、发展世界文明的重要责任，而从理论层面积极研究世界文明与相关的跨文化交往，就是完成这一历史使命的有效途径。跨文化交往不仅是狭义的纯文化传统交往，它也渗透在和文化密切交融的经济、政治和生活世界的各方面，有着开阔的内涵，实质上体现了世界不同文明的交往。所以，跨文化交往是世界文明理论研究的重要课题，也意味着跨文化研究是这种理论研究的重要方法。深入开展对跨文化交往的理论研究，有助于树立合理的“文明交往观”，从而增进世界不同文明的合理交往与对话，促进世界文明和谐地共同发展。

救世理念与历史唯物主义

——本雅明的政治哲学

黄凤祝　刘丽荣*

克利有一张画，叫做"新天使"，画着一个观看着的天使。他像是，要从他的凝视中转开。他展开了翅膀，眼睛瞪着，嘴巴张着。历史的天使必须是这个样子。他背向未来，面对过去。他看到一场灾难，残骸碎片就抛在他面前。天使想停下，唤醒已经死去的人，并把砸碎的世界重新拼贴在一起。但狂风从伊甸园(Paradies)处吹来，把他的翅膀吹开，以致天使再也无法把翅膀合拢。狂风把他刮向未来，而他面前的废墟越堆越高。这狂风，我们称之为进步。

——本雅明《历史的理念》

一、记忆与巴黎拱廊

1871年俾斯麦公布德意志帝国宪法后，瓦尔特·本雅明的父亲和母亲的家庭都搬到柏林居住，希特勒上台之前两人都已去世。在母亲去世后一年，本雅明于1931年10月与《文学世界》(Literalische Welt)杂志社签订了一份合约，为这个杂志撰写有关柏林城市的讽刺性杂文。世界范围的经济危机在德国引发了严重的失业，德国政局混乱，纳粹主义趁机兴起，他们仇视犹太人，反对共产

---

* 作者简介：黄凤祝，同济大学人文学院教授；刘丽荣，复旦大学国际问题研究院副研究员。

主义。1933年本雅明被迫流亡，开始长期漂泊不定的生活。在漂泊中，除了记忆外，什么都没有。正是在这一境遇中，本雅明用记忆书写了《柏林纪事》和《柏林的童年》等一系列文章。温暖的生活只能在回忆中捕抓，本雅明试图从写作的记忆中"寻找失落的时间"。

本雅明的写作远远超出计划。一开始他就撰写了一个长篇大论的前言。他的文章不仅是其神秘记忆的创作，并在已存在的事物上，插入自己的行文(Interpolationen im Gewesenen)，这反转了主体的位置，在它的身上，找到代表我的主体。①

关于记忆和记忆的表达，本雅明指出：记忆不是勘察过去的工具，而是过去的舞台。记忆是尚能见到的媒介，就像土地是媒介一样，无生命的城市就会倒塌在土地上或被掩埋。谁想接近自己被掩埋的过去，就必须像一个男人一样，时刻准备深层次地向下挖掘。② 感性的记忆作为研究城市的历史媒介，作为写作手段，是法国作家普鲁斯特(Marcel Proust，1871—1922)提出的理念和方法。本雅明把马克思的辩证历史唯物主义和普鲁斯特的深层记忆挖掘理论融合在一起，作为自己研究和批判历史的方法。

普鲁斯特在《追忆逝水年华》中，取消了时空的概念和物我的界限。小说中我与非我的界限是可以逾越的。没有绝对的自我，也没有绝对的无我。这与龙树的观点非常接近，龙树说："法若无自性，云何有他性？自性于他性，亦名为他性。"③在空间中，普鲁斯特将今昔的时空定位揉在一起，形成了特殊的回忆方式。流逝的时间，在回忆中被重现出来。今昔在同一个空间中相遇，并与生活结合在一起。没有记忆，就没有过去，也就没有生活。在《追忆逝水年华》中只有记忆，没有情节。④ 将记忆当成法，就成为龙树的观点。记忆是法，常住世间，在法中，今昔是常住的。如法只有今天，而无过去，则世界就不存在。龙树说："先有而今无，是则为断灭。"⑤

---

① Berliner Chronik(Benjamin，1991，VI，S. 476).

② Berliner Chronik(Benjamin，1991，VI，S. 486).

③ 龙树：《中论观有无品》，载霍韬晦编著：《佛学》，香港中文大学出版社1985年版，第87页。

④ 罗大冈：《试论"追忆逝水年华"》，见普鲁斯特：《追忆似水年华》，译林出版社1994年版，第4—5页。

⑤ 龙树：《中论观有无品》，载霍韬晦编著：《佛学》，香港中文大学出版社1985年版，第89页。

普鲁斯特写作《追忆逝水年华》[1]这部小说的方法，所因循的就是“向深层记忆挖掘的理论”。从1906年开始写作《追忆逝水年华》，直到1913年小说轮廓趋于完备。这部小说共分为七个部分。第一部《万斯之家》(Du cote de chez swann)由作者本人在1913年自费印行，最后三部在作者去世后发行。这部小说的布局与传统小说不同，它是在回忆中纵向深掘。为了开拓被遗忘的世界，普鲁斯特采用了三个步骤：感性的回忆、分析和表达。

普鲁斯特认为只有感性的回忆，才能赋予已经消逝了的东西一种新的生命力。第一个环节是感悟的阶段。第二个环节是用理性对回忆进行考验和提炼。第三个环节是把反复思考所得的印象用文字记录下来。换一种说法：人通过感性的回忆使过去复活，然后用诗意加以理性的改造，使消逝的世界又回到眼前。普鲁斯特厌恶为了作品的需要而虚构情节，他的作品所要表达的是人的内心世界和生活的真实，[2]而这种真实，在商品世界的拜物主义中早已消失。

本雅明写作《巴黎拱廊》可以分为三个时期：1927年他与作家黑塞(Franz Hessel)一起工作，共同翻译普鲁斯特的著作《在少女花影下》(Im Schatten der junge Maedchen)，受到黑塞的影响。这个时期超现实主义对本雅明的影响很大。第二个时期是1934年，他流亡巴黎时继续研究关于历史唯物主义的理论，同时收集和整理了有关巴黎的大量资料。第三个时期是1937—1940年，他集中精力研究法国象征主义作家波德莱尔(Charles Baudelaire, 1821—1867)的著作。[3] 本雅明研究巴黎城市发展的历史，重心放在研究“拱廊”这一新的建筑形式上。“拱廊”代表城市生活的转型，城市开始进入一个新的消费阶段：奢侈商品市场的兴起。拱廊在当时成为商品资本的寺宇(Tempel des Warenkapitals)，[4]在这里资本主义变成宗教(Kapitalismus als Religion)。[5]在《巴黎拱廊》中，本雅明分析了商品形态如何蔓延以及对人身和社会关系的侵袭。[6]

---

① 法文书名为 A la recherche du temps perdu，德文翻译为 Suche nach der verloren Zeit，意思为寻找失落的时间。

② 袁树人：《普鲁斯特》，载冯至主编：《中国大百科全书——外国文学 II》，中国大百科全书出版社 1982 年版，第 816－817 页。

③ 参看 Krammer，2004，S. 105.

④ Benjamin，1991，GS V－1，S. 86.

⑤ Benjamin，1991，GS VI，S. 100.

⑥ Kramer，2004，S. 107.

自1820年以来，欧洲的各大城市开始兴建拱廊。① 巴黎的拱廊则大部分是在1822年以后出现的。本雅明指出，拱廊的出现有两个条件：纺织品贸易的繁荣和钢铁在建筑中的应用。时装店，是最早储存大量货品的商店，它是百货商店的前身。拱廊主要为奢侈商品贸易服务，在这里艺术也被用来服务于商品。②

关于巴黎拱廊的形式，本雅明在《巴黎拱廊》第一部分"简述：巴黎，19世纪的首都"中引用了1852年一本巴黎旅游指南中的文字：拱廊的出现代表着一种新消费文化的兴起和城市建筑的转变。拱廊建筑完全是围绕着刺激消费和商品销售而设计的。拱廊的顶盖使用钢铁支架，支撑着盖在上面透光的玻璃。地板用大理石铺砌，从一个入口到另一个入口。拱廊的两边是商店，陈设各种名贵的商品。阳光可以从屋顶透过玻璃，照射在这些昂贵的消费品上，显得格外明媚，拱廊显得更加华丽。拱廊是奢侈工业的发明。城市中每一个拱廊都是一个小世界。③

本雅明曾经描写过莫斯科、柏林、巴黎和欧洲许多其他城市。其写作方式有别于一般传统的方法。城市中的许多事物、角度或方位，是无法用统计学或城市规划来概括的。由于这个原因，本雅明的城市研究方法，无法纳入其他的城市研究方法之中。其独特的方法，受到犹太教神秘主义、马克思唯物主义、普鲁斯特的记忆和描述理论、波德莱尔的象征主义以及洛采（Rudolf Hermann Lotze, 1817—1881）④的移情主义的影响。洛采是德国哲学家，移情美学理论的代表。他认为，人的身体是有限的，但却生活在一个无限的精神世界中。他认为，人不仅能进入其他生命的感情领域，而且能够在没有生命的物质中，植入可以解析的情感，事物内在的力量也可以传达到人身上。⑤

本雅明关注的是人与环境的感性关系。他试图把环境中有可能看得到，但不为人留意的事物，释放出来并去认识它。他把可感知到的空间和事物切成碎片，然后再把它们剪贴在一起，让读者震惊。从震惊中唤起记忆，把过去的记忆植入现实的世界中，作为那还未来到世界的警惕，以免重复那些无必要的错误。本雅明研究城市的方法，感知上是使用微观的生活感知的方法，在分析上则运

① Bernhard Schaefers, 2006, S. 141.

② Benjamin, 1991, GS V—1, S. 45.

③ 笔者译自 Benjamin, 1991, GS V—1, S. 83.

④ 参看 Ueber den Begriff der Geschichte(Benjamin, 1991, GS I—2, S. 693).

⑤ 冯契主编：《哲学大辞典》，上海辞书出版社1991年版，第1251页。

用了宏观的社会分析。①

二、救世理念与历史唯物主义

1921年在柏林的一个画展上，本雅明看到克利(Paul Klee, 1879—1948)的一幅水彩画《新天使》(Angelus Novus)。这幅画深深打动了本雅明的心，六个月后他在慕尼黑买下了它。本雅明小时候父母曾为他起了一个拉丁文名字——阿格西劳斯·桑坦德(Agesilaus Santander)，这个非犹太人名本雅明一直没有透露过。根据肖勒姆的解释，这两个字源自"撒旦天使"(Der Angelus Satanas)，含义是把天使和撒旦的力量集于一身。它出自希伯来经文，在《新约·哥林多后书》中也可找到。本雅明对这个名字怀有无限神秘的情结，它是本雅明的命运之神。②

直到1940年，克利的这幅画作一直跟着本雅明到处流浪，无论走到哪里总是把它挂在自己的房中。本雅明认为人必须执著于自己的信仰，但是过于执著，以致不能容纳别人的信仰，并强烈地要求别人归顺或皈依自己的宗教，这是值得西方文化去反思的。③ 本雅明指出，只靠传教意识，是不会有任何结果的。④

西方文化虽然极为强调信仰自由，但宗教的容忍性却是零。犹太教徒、伊斯兰教徒和基督教徒都自认为自己的宗教是唯一的真理。两千年来的残酷争斗，并没有解决问题。直到今天，这种争斗仍在继续，有时以捍卫人权和自由的政治形式出现。中国文化中宗教的容忍性远远超出西方。汉朝以来董仲舒强调独尊儒家。但这个"独"字，只是政治理念上的表面形式，而社会上的实践，却是多元化的信仰。现代西方政治信奉资本主义民主，不能容忍其他的政治制度，把人塑造成为"单向度的人"，是一种单行道的作风。

本雅明说："上帝是全人类的供养者，国家是养育者的副手。"⑤在这里本雅明表达了他的根本理念。人不但需要上帝，也离不开国家。相信上帝和国家的

---

① 参看 Frank EcKardt，2004，S. 17－29。

② 参看刘北成：《本雅明思想肖像》，上海人民出版社1998年版，第74—76页；苏珊·桑塔格为《单行道》英文本所撰导言导言；本雅明：《作品与画像》，孙冰译，文汇出版社1999年版，第246页。

③ Mexikanishe Botschaft (Benjamin ,1991, IV－1, S. 101).

④ "Ueberzeugen ist unfruchtbar" Fuer Maenner (Benjamin ,1991, IV－1, S. 87).

⑤ Der Ernaehrer aller Menschen ist Gott und der Staat ihr Unterernaehrer. Kurzwaren (Benjamin, 1991, IV－1, S. 138).

必要性，也相信其存在的合理性。更重要的是，这句话传达了一个信息，本雅明是一个唯物主义方法的信仰者，同时是弥赛亚的捍卫者。在这里他是一个奥古斯丁主义者。

1919年初，本雅明结识了布洛赫(Ernst Bloch，1885—1977)，并答应为布洛赫的著作《乌托邦的精神》撰写书评。在这本书中，布洛赫阐述了其有关美学和社会哲学的思想，鼓吹救世主义。他认为乌托邦就是积极地促成社会的完美。乌托邦不是一种"末世论"(Eschatologie)。它的存在，在于我们能否彻底地改造这个世界。布洛赫认为，弥赛亚的来临，就在人类彻底改造世界的过程中到来。① 布洛赫的这种马克思主义的救世理论，是对本雅明思想的一种冲击。② 但是本雅明不相信，弥赛亚的到来，是历史实践的一种结果。弥赛亚会在"末日审判"的那天到来。弥赛亚不是在历史发展到终结时出现，弥赛亚的出现是为了斩断历史的发展。技术进步无法切断历史的发展，因为历史的决裂，早已被无限完满性的理论预先判决了。③

本雅明在《论历史的理念》一文中指出：历史唯物主义如果能够与神学结合，那么在实践中将所向披靡。④ 历史是讲述过去的事。历史追求的是救赎。救赎是手段不是目的。弥赛亚是未来。只有弥赛亚能够给予人类幸福。本雅明认为人对幸福的理念，是由人存在的历史过程所决定的。在想象有关幸福的理念时，救赎的理念自然而然地被概括在内。⑤ 救赎是为了幸福，所以救赎的历史不可能成为历史的目的。历史没有目的，所以历史也不可能有终结。只有弥赛亚才是人类社会的目的和完成。在这里，本雅明将幸福的理念与弥赛亚的信念合为一体。人类救赎的行动，本身将会成为历史的内涵，成为最后审判时的供词。⑥ 对本雅明来说，如果这个世界上，不存在一个弥赛亚的时代，那么所有的救赎都会变成虚无。一切的生活实践，一切的历史事件都会变得没有意义。其实生命的意义是人给予的。生活就是存在，也就是永恒。

本雅明指出，马克思历史唯物主义的理念存在两个环节：关于无阶级社会

---

① 参看刘北成：《本雅明思想肖像》，上海人民出版社1998年版，第58页。

② Theologisch-politische Fragment (Benjamin ,1991, II—2, S. 203—204).

③ 参看Benjamin ,1991, GS I—3, S. 1243。

④ Ueber den Begriff der Geschichte I (Benjamin, 1991, GS I—3, S. 693).

⑤ Ueber den Begriff der Geschichte II (Benjamin, 1991, GS I—3, S. 693—694).

⑥ Ueber den Begriff der Geschichte III (Benjamin ,1991, GS I—3, S. 694).

的理念和弥赛亚时代的理念。但是在马克思强调无阶级社会时，将弥赛亚时代(die messianische Zeit)的理念边缘化了。马克思认为无产阶级在解放自己后，将解放全世界。本雅明认为，马克思的这种理念，把无产阶级作为拯救这个世界的主体，本来就是一种犹太教的救世理念。他用无产阶级这个主体，代替了救世主弥赛亚(Messias)的理念。

本雅明认为无阶级的社会并不是历史进步的最终目的，他希望能从不幸的政治情景中走出，使社会不再重复出现不幸的人。这种与不幸生活的决裂，追求幸福空间的行动，都脱离不了政治行动，也必然引导出有关弥赛亚的理念。本雅明认为，弥赛亚理念，就是政治革命的动力。有关无阶级社会的理念，必须重新给予弥赛亚理念一个真正的面貌。① 本雅明这种看法是为了说明，在无阶级社会的后面，是一个弥赛亚社会，弥赛亚的仁慈社会。

本雅明的救世理念，就是从资本主义丑恶的一面着手，用令人震撼的记忆碎片重组，编织成对人类居住空间和历史的批评，来激发社会的道德力量，揭露资本主义的罪恶。布莱希特说过："不要以旧的、美好的事物为开端，而要以丑恶的、新的事物为出发点。"(Nicht an das Gute Alte anknuepfen, sondern an das schlechte Neue.)②对本雅明来说写作就是一种救赎，写作就是要发出警号，并使之发挥作用，③而非其他。在《单行道》、《巴黎拱廊》的写作计划中，本雅明以揭露资本主义的丑恶为起点，为的是等待着美好的弥赛亚时代的来临。

参考文献

[1] Benjamin, Walter. Gesammelte Schriften I bis VII. Frankfurt am Main: Suhrkamp Verlag,1991.

[2] Benjamin, Walter. Versuche ueber Brecht. Frankfurt am Main: Suhrkamp Verlag,1971.

[3] Bloch, Ernst. Geist der Utopie, Zweite Fassung. Frankfurt am Main: Suhrkamp Verlag ,1985.

[4] Brodersen, Momme. Walter Benjamin. Frankfurt am Main: Suhrkamp Verlag, 2005.

---

① 参看 Benjamin, 1991, GS I-3, S. 1231-1232.

② Benjamin, 1971, S. 135.

③ Technische Nothilfe (Benjamin 1991, IV-1, S. 138).

[5] EcKardt, Frank. Soziologie der Stadt. Bielefeld: Transcript Verlag,2004.
[6] Freud, Sigmund. Studienausgabe III, Psychologie des Unbewussten. Frankfurt am Main: S. Fischer Verlag,1981.
[7] Gephart, Werner und Hans Peter Schreiner (Hrsg.). Stadt und Kultur. Opladen: Leske + Budrich Verlag,1991.
[8] Kramer, Sven. Walter Benjamin. Hamburg: Junius Verlag,2004.
[9] Schaefers, Bernhard. Stadtsoziologie, Stadtentwicklung und Theorien — Grundlagen und Praxisfelder. Wiesbaden: VS verlag,2006.
[10] Witte, Bernd. Walter Benjamin. Hamburg: Rowohlt Verlag, 2004.
[11] 本雅明.作品与画像.孙冰编译.上海:文汇出版社,1999.
[12] 本雅明.德国悲剧的起源.陈永国译.北京:文化艺术出版社,2001.
[13] 本雅明.1900年前后柏林的童年·驼背小人.许小青译.上海:上海文艺出版社,2003.
[14] 本雅明.迎向灵光消逝的年代.许绮玲,林志明译.桂林:广西师范大学出版社,2005.
[15] 本雅明.巴黎19世纪的首都.刘北成译.上海:上海人民出版社,2006.
[16] 本雅明.单行道.李世勋译.北京:人民文学出版社,2006.
[17] 本雅明.单行道.王才勇译.南京:江苏人民出版社,2006.
[18] 本雅明.经验与贫乏.王炳均,杨劲译.天津:百花文艺出版社,2006.
[19] 本雅明.摄影小史·机械复制时代的艺术作品.王才勇译.南京:江苏人民出版社,2006.
[20] 本雅明.莫斯科日记·柏林纪事.潘小松译.北京:东方出版社,2001.
[21] 刘北成.本雅明思想肖像.上海:上海人民出版社,1998.
[22] 冯至主编.中国大百科全书——外国文学II.北京:中国大百科全书出版社,1982.
[23] 珀地德芒热.20世纪的哲学与哲学家.刘成富译.南京:江苏教育出版社,2007.
[24] 冯契主编.哲学大辞典.上海:上海辞书出版社,1991.
[25] 普鲁斯特.追忆似水年华.南京:译林出版社,1994.
[26] 霍韬晦编著.佛学.香港:香港中文大学出版社,1985.

和谐与创新

Swami Smarananda *

中国和印度是世界上最古老的两大文明古国，其历史都超过了四千年。同时，它们都还在创造之中。而其他繁荣于埃及、美索不达米亚、希腊和罗马的远古文明，现在都已经湮没在历史之中了。

这种持续性的秘密是什么呢？我认为，那是因为它们坚守于生活最高的价值，虽然它们也有战争和兴衰变迁侵蚀它们的文化。这些价值需要作为每个国家的策略的主要组成部分而保持辉煌，并且成为公民的集体意识。尽管存在着表面的多元性，而且这些多元性看上去是不可超越的，但印度一直相信在它们背后存在着和谐。

今天，我们非常需要将想象着眼于这些更高的价值。比如，男人和女人都有日常的生活问题。但是，他们偶然也会思考更高的价值，并努力寻求方法和手段去发现生活的奥秘。

不同的研究将新的真理和对我们生活的新的理解呈现在我们面前。然而，这些外部世界的发现仅关注于外部的世界。但是，人类是具有内在生活和外在生活的复杂实在，这些内在的生活是精神的科学。就算我们发现了外部世界的所有奥秘，但如果没有解决人类生活本身的奥秘，那么大量的真理仍然还未发现。

---

* 作者单位：印度罗摩克里希那传道会。本文由浙江大学王俊峰译为中文。

举个例子，如精神。要想对精神进行更深入地研究，不能仅依靠对大脑细胞的研究，而需要对我们的自我研究进行得更加深入。

在中国，老子道家哲学和之后孔子的思想，深深地影响了中国的精神。之后的几个世纪，禅宗一直在中国占据主导地位。其实，禅宗是印度的神定瑜伽，它要求将知识的火炬转向我们自身并努力去理解我们自身的奥秘。

从这种观点看来，如果我们着眼于内在文明和谐的需要和可能性，它将是非常实际的。今天，我们发现我们生活在一个收缩的世界，距离已经被我们征服，带来的是不同国家的人们靠得更近了。这个地球已被描述为“地球村”。与不同的人交换思想，不同国家的文明会得到更好的理解、彼此的观点会得到真正的欣赏，这些都是为和谐奠定了基石。

只有当双方都同样真诚地愿意改变自己精神的时候，和谐才是可能的。为了达到这一点，我们需要扩大我们精神的视域，并努力去理解和欣赏其他人的观点。因此，要做到真正理解他人的观点，友好是必需的第一品质。同样，为了这一点，教育应该为我们理解他人创造一种有利的和同情心的品质。我们需要正确的教育。我们不应该教导信条、教义和狭隘的宗派主义者的观点，从而导致沙文主义和仇恨，我们应该培养所有的存在都是一体的观点。

创始于四千多年前的印度吠檀多哲学，根据《奥义书》，表达了他们在对其他事物的认识中，非常强调所有存在都是统一的认识。《至尊奥义书》，它是吠陀经之一的耶柔吠陀经的组成部分，是一本小书。下面是我尝试着从《至尊奥义书》引用的几个片段：

> 智慧的人完全不把其他的存在看成是远离自我的，他的自我只是其他存在的自我中的一个。有了这样的理解，他并不恨任何一个人。
>
> 智慧的人看到了所有存在的统一性，并不所有的存在当成他自己的自我一样来看待。那么，对他来说，错觉是什么，悲痛又是什么呢？

吠陀圣人的统一性的观点是保持印度文化和文明的要素之一。

文明间的和谐是通过教导对所有人都普遍的原则带来的，不管他的种族、肤色和语言是什么。所有的人类就是“一”，朝着共同的目标迈进。

宗教从远古时期开始就成为和谐或不和谐的一个主要因素。恰当的理解之，可以引导我们获得极大的智慧；反之，它会导致仇恨和暴力。今天，我们正见证着宗教的这两个方面。

解决问题的办法并不是废除宗教。尽管在这方面已经做了很多的尝试，但不变的是所有的这些努力都被证明是徒劳的。

罗摩克里希那(1836—1886)，一位伟大的先知，我就属于他的僧侣传统，修行了所有的宗教并得出了重要的结论：引导宗教间的和谐。他说道："就像有需要宗教一样，也有许多不同的道路引向相同的目的。"他主要的弟子，辨喜(1863—1902)，在美国的一次演讲中说到，"我接受过去所有的宗教，并尊敬它们；我尊敬它们中的每一个上帝，不管他们崇拜他/她的形式是什么。我应该去伊斯兰教的清真寺；我应该去基督教的教堂并跪在十字架的前面；我应该进入佛教的寺院，接受佛的教导和他的庇护。我应该走进森林并同印度人一起坐下来冥想，他们努力地去发现启发每个人的心灵之光……对过去所有的先知敬礼，对现代所有的大师敬礼，对将来的所有人敬礼！"为了让世界上的宗教对文明间的和谐作出贡献而不是导致文明间仇恨和不和谐，这一讯息应该得到广泛的传播。

我认为这次会议的真正主题是创造力而不是创造，因为和谐带来的是创造力。一个纷扰与不安的精神永远都起不到创造力的作用。并且，如果精神是创造性的，它会引导创造。

创造力隐匿在每个人的精神中。我们需要的就是唤醒它并为这种唤醒提供正确的环境。当在某种程度上具有和谐与和平的环境、伟大的艺术作品、伟大的雕塑、美妙的音乐和文学作品等都可以被创造出来。

今天，我们非常需要这样的和谐和创造力，它会带来所有冲突的终结——政治的、宗教的，等等。

毫无疑问，属于不同文化与文明的人们相互交换思想会带来和平，但是这些也需要大量的过滤。相互理解与欣赏其他人的文化将会带来和谐。

文明是文化的结果，而文化的发展是通过良好的精神调整实现的。所有更深刻与广泛的思想都起源于精神。但是，为了实现这种可能性，我们的孩子应该得到积极的与心胸广阔的教育。这也会再次引导创造性。因此，精神文化比仅仅知道外部世界的知识更加重要。一个文明的人可能不是有文化的，同样，一个有文化的人也可能不是文明的。在完美的人当中，文化和文明可以找到积极的表达方式。这样的精神可以变得具有创造性并能够使文明达到新的高度。

复杂的文明*

Elmar Holenstein**

动物中的食肉动物与被捕食动物，人类中的好战主义者与和平主义者生活在同一气候之中。同一语言的使用者可能支持不同的宗教；同一宗教的追随者可能主张不同的哲学，有些主张理性主义哲学，有些则主张神秘主义哲学。在同一工业化国家，有资本主义者和社会主义者。

为什么文化传统不像许多哲学家几个世纪以来武断地宣称的，以及政治意识形态仍然在宣告的那样，是同质的呢？为什么文明如此复杂和多面呢？答案是显而易见的。一个文明的各个维度会彼此影响。然而，它们的聚合从来不会持久。变化的原因多种多样。导致语言变化的原因不同于导致宗教变化的原因，移民和人口迁移的原因不同于国界变化的原因，精神变化的原因不同于纯粹的经济变化的原因，等等。因此，过去试图用来定义一个文明的种种属性表明不是同步变化的，因而也不是始终共存的。

甚至古代文化（我们将它们称为"原始文化"，以区别于"高级文化"）也显示出相当多的内在差异。然而，在这些文化中，我们发现了由生物学决定的独特差异，即有赖于年龄、性别和亲缘关系的差异。人们对待彼此的行为视亲缘关

---

* 本文原先的版本题为"复杂文化传统"，提交于 2004 年香港中文大学召开的第一届 PEACE（环东亚现象学）会议"身份与改变"。

** 作者单位：苏黎世瑞士联邦理工大学。本文由浙江大学朱彩虹译为中文。

系程度而定，他们的行为差异可能达到了“现代人”几乎不能理解的复杂程度。在这样的社会里，最重要的变化因素似乎是生态环境，也就是自然环境。

农业和饲养动物，以及随后城镇和超区域国家的建立带来了新的差异，这些差异不再容易受到生物学原因的影响：不同职业（农民、动物饲养者、工匠和商人）之间、拥有财产者与一无所有者之间、受教育者与未受教育者之间、统治者与被统治者之间、军人与平民之间、城镇与乡村之间、中心地区与周边地区之间的种种差异。这些都是影响人们如何相互理解，以及如何理解他们自身、他们的本性和他们的传统文化的因素。上面提到的每一个职业群体和社会阶层都发展出了某种特定的世界观，培养出了某种不同的道德阶系。

虽然这些新的差异不是生物学上的差异，即类似于在古代社会的构造中起作用的那些因素（年龄、性别、亲缘关系），而是历史差异，即文化因素，但新旧差异之间确有共同之处：它们都是跨文化的因素；它们都不是起源于特定的文明；它们都不能归因于人的血统、语言或宗教。没有任何民族、重大宗教和富有影响力的现代社会意识形态能够彻底改变这些因素之中的任何一个。每一个意识形态运动都不得不在这方面做出让步，即使这些让步与该运动原初的目的和原本的信条背道而驰。

一、复杂的价值体系

不仅文明是充满内在张力的复杂构造物，价值体系也是如此。对人类而言十分珍贵的价值观念并不符合一个没有任何冲突的金字塔结构，在此结构之中，各种价值观念拥有同等地位。某种价值的最大实现并不同时促进其他每一种价值的最大实现。最大的个人自由与最大的社会公正无法共存，个体的完全自我实现（德语中的标准说法是 Selbstverwirklichung）或“自我修养”（古代汉语中的标准说法是“修身”）与所有人的绝对平等无法共存。“最大多数人的最大幸福”无法在一个基要主义的共产主义社会中实现，在那样的社会里，人人拥有相同的财产，获得相同的收入，不管他们在能力与表现上有何差别；而只能在适当控制的社会中实现，让一部分人先富起来。然而，关于多少人应该比大多数人先富起来，以及在多大程度上先富，以便带动全体致富，将不会达成一致意见。这是为什么在所有的民主国家里，有的政党许诺在增强个人自由的基础上达到所有人的幸福与繁荣，有的政党则要求更多的平等。

二、跨文化价值体系与价值冲突

特定的、不同的基本价值观念并非要在不同的文明中找到。在某个文明中特别显著，因此被认为是该文明所“特有”的基本价值观念（比如儒家的五常：仁、义、礼、智、信），而在其他每一个真实存在的文明中至少也能找到其基本形式。正如基本情感（快乐、悲伤、愤怒、厌恶、恐惧、惊奇）对于所有文明中的人而言都很熟悉，文明之间的差异仅仅在于这些情感的重要性、形式和培养方式不同；在所有相对复杂的人类文明中发现的所有基本价值观念也一样，文明之间的差异仅仅在于这些基本价值观念的重要性和培养方式不同。

不是所有的基本价值观念都能在每一种形势下得到最大实现，这个事实意味着，不仅相同的价值观念在复杂的超区域文明中彼此相遇，而且相同的价值彼此冲突。事实上，可以在不同文明中看到针对这些价值冲突提出的相互冲突的解决办法，这取决于特定的环境、思想方针和时代。

跨文化价值困境的一个经典例子是如下关于什么更加重要的哲学讨论：是家庭的安康重要还是公众利益重要。在欧洲文学和中国文学中都能找到关于这个困境的讨论。第二次世界大战期间，一位学生问让－保罗·萨特（Jean-Paul Sartre）应该如何选择：在家照顾他年老生病的母亲，还是参加抵抗军，为自由而战。萨特认为这个困境不可判定。然而，他的回应使人怀疑，他自己很可能会决定照顾母亲。在地球另一边的中国，两千多年前，孔子称赞一位年轻人三次开小差回家照顾年迈的父亲，并因为他的模范孝心推荐他做大官——但后果是孔子的鲁国同乡因此产生擅离职守的倾向。相反，公元前 479 年，孔子去世那一年，楚国的庄善在面对萨特于公元后 1940 年面对的困境时告诉他的母亲：正是依靠国君的俸禄，他才能赡养母亲，所以他要履行士兵的职责。①

三、超越文化界线的社会联盟

复杂性、非同质性和不一致性是人类文明和价值体系所固有的。这一现象学观察必须作为着手处理文明间相互关系问题的出发点。它的适切将在明确地谈论复杂文明，而非简单地谈论文明时立刻显明。因此，塞缪尔·亨廷顿

① Jean-Paul Sartre, *L'existentialisme est un humanisme*, Paris: Nagel, 1970; Heiner Roetz, *Die chinesische Ethik der Achsenzeit*, Frankfurt am Main: Suhrkamp, 1992.

(Samuel Huntington)的《文明的冲突?》将变成《复杂文明的冲突》。这个表述使人意识到这一事实:文明间的冲突将始终是有着异质的内在结构的实体之间的冲突。不应该认为,当两个复杂的文化传统相互格斗时,冲突的边缘将呈现为一条均匀的传输线。事实上,冲突双方总能在对方那里找到至少在某种程度上与我方拥有相同想法的人,或者在我方这里找到同情对方的人;这通常要视群体而定,尤其是受相似利益或相似价值观念驱动的社会阶层。

从跨文化的视角来看,相似的地区生活环境或经济生活环境导向相似的利益和相似的价值观念。一个在国外旅行的人可以毫不费力地区分城里人和乡下人。两种人的行为和偏好就像博物馆里的宫廷绘画和乡村绘画那样,有着显而易见的差别。在许多方面,比起他们与自己国家的大城市居住者,中国农民与欧洲国家的农民之间的共同利益和共同价值观念更多。

农民在事实上拥有自己的土地,即使在法律上并非如此,他们联合起来形成联盟和协作群体。他们倾向于本地自治和地区自治。在他们看来,由遥远的政府委派的官员是令人厌恶的。作为不在场者的当局不了解他们的情况就发出的命令激起他们愤怒的反抗。这一分析不是由描述瑞士联邦之起源的一位历史学家提出的,而是在19世纪中国的一位叛乱分子刘士培发表的宣言中找到的。①

自古以来,欧洲和亚洲的哲学家就一直在探讨这个问题:怎样更好地建立合理的社会、严格的法律或者良好的教育。在欧洲和亚洲,在亚里士多德的文献中,同样在儒家和佛教文献中,可以找到第三个因素:勉强糊口这一最低生活水平以上的安稳的生活条件。② 这一点可以在中国政府要求生存权、发展权先于其他人权的背景中看出。根据亚里士多德,如果大部分人享有中产阶级的生活水平,那么最有可能保持稳定的政治环境。"公民道德"(或者不那么绝对地说,"中产阶级道德")、法规和自由主义的宪法都在这一部分人的特定利益之中。他们是他们的既得利益的保证者。有了某种程度的繁荣,合宜的生活就是可能的。它促成自我尊重和这样一种感觉:一个人正在过着人应该过的生活,如果他认为自己充分享有繁荣与合宜这两个要素的话。

---

① Wm. Theodore de Bary, et al. (eds.), *Sources of Chinese Tradition* (2nd Edition, Vol. II), New York: Columbia University Press, 2000, pp. 400 ff.

② Aristotle, *Politics*, 4. 11; Kong Zi, *Lunyu*, 13. 9; Volker Zotz, *Buddha*, Reinbek bei Hamburg: Rowohlt, 1991, pp. 95 ff.

在印度南部的喀拉拉邦，教会女人阅读和书写被证明是富有人情味，而且效率较高的控制出生率的方法。学校教育提高了女性的社会地位，改善了她们的经济状况，从而使她们感到自己能够决定什么对她们自己和对环境是最好的，并使她们能够履行自己的决定。由于繁荣和学校教育的改善，文化上认可的家庭模式和家庭价值观念可以如此之快地相应改变，这一点在西欧的传统天主教地区，从德国巴伐利亚洲、爱尔兰到葡萄牙，可以明显地看到。

四、同质假设的可怕后果

现在，让我们看看文明史。文明是同质实体的武断假设导致不同的文化理论家以时代、地区或思想学派为定位，对单个传统做出矛盾的、正相反对的描述。因此，在尼采(Friedrich Nietzsche)看来，基督教是**否定生命**的宗教，而印度教是**肯定生命**的宗教。相反，在史怀泽(Albert Schweitzer)看来，基督教是**肯定生命**的宗教，而印度教是**否定生命**的宗教。在马克斯·韦伯(Max Weber)和尤尔根·哈贝马斯(Jürgen Habermas)看来，印度教和基督教都是**否定世界**的宗教，与**肯定世界**的儒家思想和希腊形而上学相反。尼采出生在虔诚的牧师家庭，他基于自己的幼年经历判断基督教，并对古老的《吠陀经》清楚的今世定位印象深刻。比起尼采，史怀泽成长在一个不同的基督教环境中，这个环境更加自由和开明。给他深刻印象的是南亚的禁欲主义，以及我们的感官经验是幻觉的哲学教导。韦伯和哈贝马斯使用“禁欲主义新教的职业伦理”来解释欧洲的现代资本主义制度，在此基础之上，他们试图使用两对正相反对的属性这一简单的模式来解释四种文明范式。就结构而言，他们简单的文明类型学与亚里士多德对四种元素的原始科学描述没有差别。亚里士多德用两对两极属性的不同结合方式来详细说明土、水、气和火(土是**干与冷**，水是**湿与冷**，火是**干与热**，气是**湿与热**)。韦伯与哈贝马斯的方法也是构造论的。关于对世界的态度，他们将基督教描述为是**积极的和否定世界的**，将印度教描述为是**消极的和否定世界的**，将儒家思想描述为是**积极的和肯定世界的**，最后将希腊形而上学描述为是**消极的和肯定世界的**。这样一种文明类型学混淆了不同文化传统的内在差异，对不同传统之间的某些特定差异进行了显著夸大。它忽略了这一事实：韦伯和哈贝马斯系统地分派给不同文明的对立特征(积极对消极，肯定生命对否定生命)也能在单个文明中找到,并对这些文明的活力与创造力做出了必要贡献。①

同质文明的信念仅仅承认文明在发展程度上的差异。相应地,经典文明类型学频繁地论及文明的阶段:诞生期、全盛期、壮年期和衰退期,或者完全停滞期。最终,只有充分的和次等的变化程度之分,而没有文明的质变,因为变化是同质的。所以,马克斯·韦伯只能在韩国社会秩序中看到"一个苍白的中国形象"。在他看来,韩国社会秩序并不具备任何独立的东西。他只谈到一个苍白的形象,而没有谈到一个彩色的形象(东方的青色),或者就像中国人所比喻的一朵"小花",以区别于"大花",因为中国人将他们自己的国家等同为一朵"大花"。在韩国,韦伯没有看到一个国家对于从相邻的大国吸收的诸传统(复数形式)的一种创造性改写。韩国拥有不同的庞大秩序、不同的历史和不同的环境;不仅能够在美学领域,而且能够在社会政治领域取得卓越成就。例如,韩国创造了结构独特的字母书写系统,以便提高普通教育水平。在离他更近一些的瑞士,韦伯能够看得更清楚一些。在瑞士的政治与文化成就中,他认出了一种特殊的、独一无二的"德国性",这种形式只有在一个处于特殊地理环境中的小国才有可能实现,而不能在拥有庞大秩序的德国实现。像德意志帝国这样一个大国无法避免作为一种"权力"的政治行为——连同由于它的内部构造而牵涉到的所有后果。②

五、同质不是文化理想

同质文明不仅不是一个人类学现实,而且不是理想。虽然同质文明并非不存在,但是如果存在会更好。同质文明不是我们应该为之努力的东西,无论是以极端的种族净化方式,还是以和平的方式。存在一个不切实际的观点:当文化实体("国家")是自足的,即独立的和自我依靠的,那么它们便以最好的方式得到实现。这个观点包含的内容之一是,它们不会吸收任何外国的东西,使之进入它们的国民性。然而,最理想的自我实现是和孤立、自给自足相冲突的。

---

① Cf. Elmar Holenstein, *Kulturphilosophische Perspektiven*, Frankfurt am Main: Suhrkamp, 1998, pp. 306 f.; *Philosophie-Atlas*, Zürich: Ammann, 2004, plate A 7.

② Max Weber, *Gesammelte Aufsätze zur Religionssoziologie* (Volume II), Tübingen: Mohr, 1988, p. 294; *Gesammelte Politische Schriften*, Tübingen: Mohr, 1988, pp. 142 ff.; Holenstein, *Kulturphilosophiche Perspektiven*, pp. 37 f. and 308.

最理想的自我实现只有通过暂时地或者在某些方面永久地正式放弃彻底的独立才有可能。在这一点上，语言的例子给我们以启发。每一种可理解的语言的表达潜能低于人与生俱来的表达潜能。这不是一个偶然状况，而是一个结构性状况。语言表达的意义依赖于文本，还依赖于所属的语言系统。当我在英语和汉语中说相同内容的时候，语言的言外之意和联想物是不同的。我在汉语中暗示的东西可能与英语中不同。当我们在说话时，这种联想暗示为我们逐渐整合自己的想法铺路。

每一个人天生有能力学和说不止一门语言。由于其精神结构，每一个人所拥有的自我实现潜能比单单一门语言所提供的自我实现潜能更加广泛、更加多样。这个类比也适用于文明。由于其精神结构，每一个人所拥有的自我实现潜能比单单一个文明所提供的自我实现潜能更加广泛、更加多样。单单在一个同质文化传统中，人与生俱有的各种自然倾向并未全部得到最理想的实现。

六、复杂传统内部的矛盾

不仅今天的诸文明是复杂的，它们从中起源的诸传统同样是形式多样的，有着丰富的变化，充满矛盾。在对普遍人权的讨论中，欧洲习惯于仅仅引用《圣经》、希腊（尤其是斯多亚）哲学和罗马法律的段落，在它们之中寻找人权，以便可以提出人权是欧洲历史遗产。下列事实太容易被心照不宣地忽视了：可以诉诸希腊哲学（柏拉图与亚里士多德）和《圣经》中最哲学化的思想家（使徒保罗）这两大最重要的权威来否定普遍人权——尤其是女性、穷人、奴隶和（“野蛮的”）外邦人的普遍人权；事实上我们诉诸这两大权威已经有好几个世纪了。

因此，20 世纪 60 年代，德国图宾根大学的基督教神学家莫特曼①谈论了欧洲当时关于穆斯林的头巾展开的争论：“我们不应该把宗教自由和对女性尊严的尊重归于伊斯兰式的头巾。”当然不是！然而，我们也不把它归于圣保罗要求戴披巾的戒律，或者使徒要求女人服从丈夫和在教会中保持沉默的命令。② 这些著名的《圣经》段落同样助长了“将女性限定为某个社会角色，建立一个男权社会”。

莫特曼进一步宣称，在阿拉伯文明或亚洲文明中，不能找到任何可与现代

① Jürgen Moltmann, “Die Würde der Differenz”, *Die Zeit*, 26 Feb. 2004, No. 10.

② Paul, *First Epistle to the Corinthians*, chapters 13 and 14.

世俗国家相媲美的东西。然而,在18世纪的启蒙思想家,比如哈雷大学的克里斯蒂·沃尔夫(Christian Wolff)①看来,中国难道不是道德与神学相分离,因而至少间接地也是国家与宗教在体制上相分离的典型吗?难道欧洲哲学家与神学家能够忘记穆斯林哲学家〔阿维罗伊(Ibn Rushd/Averroes)最为持久〕在支持哲学与宗教分离中所扮演的角色吗?

一个人在自己的基督教和欧洲传统中仅仅选出那些适合当前信念的特点,在另一个宗教或大陆传统中则仅仅选出那些不适合当前信念的特点,这是不公正的,也是不科学的。欧洲的文化遗产不仅仅是古代希腊－罗马和基督教的成果。犹太教和伊斯兰教——甚至至少已被欧洲启蒙运动理想化了的形式呈现的中国——也都作出了各自的特殊贡献。

七、"欧洲文明"的非欧洲资源

关于何谓欧洲文化遗产,最简单的和大致准确的定义是,它是希腊和《圣经》(即"东方的"、西南亚的和东北非的)观念与价值的一个综合体。必须立刻补充,离开希腊文明在轴心时期(公元前750—前650年)伊始所谓的"东方化时期"②从"东方"接受的种种推动,这个综合体本身的希腊部分就无法解释。如果还要问这个综合体是由谁在哪里创造的,那么回答是:它是由犹太教和早期基督教神学家于古代第一个阶段在西南亚和北非〔斐洛(Philo)、奥利金(Origen)、奥古斯丁(Augustine)〕创造的。至于那些神学家,他们可以利用亚历山大和新柏拉图形式的前基督教的、融合的希腊文化〔普罗提诺(Plotinus)出生于埃及,波菲利(Porphyry)出生于腓尼基的巴勒斯坦,杨布利科斯(Iamblichus)出生于叙利亚〕。第二,中世纪《圣经》思想与希腊思想的统一更强地以亚里士多德哲学为定位;除此之外,犹太教学者〔摩西·迈蒙尼德(Moses Maimonides)〕和穆斯林哲学家作了开拓性工作〔法拉比(al-Farabi)、阿维森纳(Ibn Sina/Avicenna)、阿尔·加扎利(al-Ghazali)、阿维罗伊〕。

尽管它们各不相同,犹太教、基督教和伊斯兰教面临许多共同的智性问题,例如:自然哲学和道德哲学中启示与理性之间的冲突;《圣经》与希腊哲学之间

---

① Christian Wolff, *Oratio de Sinarum philosophia practica*: *Rede über die praktische Philosophie der Chinesen* (1721/26), Hamburg: Meiner, 1985, pp. 154 ff., note 55.

② Walter Burkert, *The Orientalizing Revolution*: *Near Eastern Influence on Greek Culture in the Early Archaic Age*, Cambridge, Mass.: Harvard University Press, 1992.

在世界是有限的还是无限的这一问题上的矛盾；在对世界之恶的解释中，上帝的全知全能和人的自由之间的关系；可能的理解《圣经》的方式；主观宗教经验的认知价值。非基督教学者获得的答案对于基督教哲学家和神学家起到示范作用；事实上，这些答案在这样一种程度上与基督教哲学家和神学家的确信相称，以致在追溯到11世纪、从阿拉伯文翻译成拉丁文的频繁引用的文本 *Fons vitae*（《生命之源》）的例子中，中世纪的巴黎学者不能确定，拉丁文名为阿维斯布朗（Avicebron）的作者是穆斯林还是基督徒。在1859年，一位文本批判历史学家穆恩克（Salomon Munk）发现这名作者与萨拉戈萨的诗人盖比洛（Ibn Gabirol）是同一个人，因而是个犹太人。

八、复杂传统中发展与正当化的巨大潜能

除了参照一个人自己的历史，以传统主义者的措辞使现代与反现代的矛盾观念合法化这一可能性，文化传统的复杂性还有一个值得注意的后果。

降低国外范例为本国的激进社会改革所提供的推动力之重要性，使用自己传统的已知事实来激发改革，或者至少使得既成事实的改革合法化，这始终是可能的。在中国，可以在现代进程中所发生的各种现代化运动中看到对自己传统的种种参照；这里的现代化运动绝不仅仅局限于19世纪和20世纪在欧洲煽动下发生的那些。[①] 尽管有权利平等这一观念，然而可以引用孔子教育不分阶级的教导，以及他的法家对手的法律面前人人平等的格言加以说明；关于个人自由和对自己负责的观念，可以引用儒家对"修身"的要求；关于全球团结的观念，可以引用墨子的反儒家告诫"兼爱"，或者（受到佛教启示的）新儒家哲学的创始人之一张载提出的新儒家信条"民胞物与"；关于社会正义，可以引用孟子的土地改革方案；关于责任（首先是知识分子的责任），以及隐含的抗议政府的不当事态的权利，可以引用孟子对政治的谈论；关于地方自治，以及基于商讨与合意的"公民社会"的形成，可以引用最卓越的新儒家朱熹关于组织社仓的教导。

黑格尔认为，中国历史已经停滞了几千年，中国社会结构一直保持稳定。与此相反，中国提倡基本国家改革的人不厌其烦地指出，在中国古代，随着生活

---

① *Sources of Chinese Tradition*: *From* 1600 *Through the Twentieth Century* 一书第二卷充满了对"现代主义"改革的"传统主义"辩护。

状况的变化，国家结构发生了一次革命性变化。由先秦时代的统治者采用，因而似乎神圣不可侵犯的封建制度，在秦朝和随后的汉朝被一种精英管理的体制取代。从那以后，至少在原则上对官职分配起到决定性作用的不再是贵族出生，而是一种国家检查制度。17 世纪湖南衡阳的王夫之宣称，逆时而动将导致灾难。在中国文化传统中，历史进步观念不是舶来品。19 世纪早期，湖南邵阳的哲学家、地理学家和历史学家魏源指出，公元前 2 世纪，长安的汉文帝废除了夏商周三个朝代的肉刑。

佛家在根本上改变了东亚哲学，就如同在“旧世界”的西方，基督教在根本上改变了希腊哲学一样。换种说法，佛家被中国化了，就如基督教在西方被希腊化了。

关于普遍的人权是否与中国传统共融这一频繁讨论的问题，不能将讨论局限于轴心时代的相关文本段落。这些段落在当时和之后许多世纪扮演的角色是次要的，就如同在几乎默默无闻的古希腊哲学家的作品中找到的非核心的段落一样。此外，对人人平等和普遍的伦理学的最早宣称可以在南亚的耆那教和佛教教导中找到。它们正是从南亚传播到中国，很久以后，同样的观念才以现代法律形式出现在中国，而这种形式是在美国和法国革命中产生的。所以，当徐延祚(音译，Xu Yanzuo)医生 1896 年在广州不论贫富平等对待所有病人时，他没有诉诸欧洲或美国宣称的普遍人权，而是诉诸佛家经典，①虽然这值得注意，但只要对历史有所了解就不足为奇。

中国哲学传统不再仅仅是对孔子的一系列脚注，就像不能跟随怀特海(Alfred N. Whitehead)，将欧洲哲学传统降低为“对柏拉图的脚注”。

---

① Paul U. Unschuld, Huichun, *Chinesische Heilkunde in historischen Objekten und Bildern*, München: Prestel, 1995, p. 70. 原文为：“佛教经典说，‘众生平等’，医生应当遵循这个观点。”

变革中无法抹去的影像

O. Faruk Akyol *

在柏拉图名为《理想国》的对话中，他使用了我们可以称为“线喻”（line metaphor）的一种隐喻。据此，在被二等分的线段中，每一部分均代表着一种认知类型。线段的一部分所代表的对象是理念，它是永远自身同一的形式，因此它从来不变。而“相信”（pistis）则被置于线段另一部分的一端，“猜想”（eikasia）则属于此部分的另一端，这里，我们碰到了作为一种认知类型的、处于认知四等级末端的“猜想”。这个词（eikasia）与拉丁语中“imaginatio”相对应，来源于希腊语中的“eikon”，意指影像或摹本。

我们发现亚里士多德对柏拉图的术语“猜想”（eikasia）不是很有兴趣。他更愿意用源于术语“置于光明之中”（phaino）的“显像”（phantasia）来替代“猜想”（eikasia）。据阿奎那的意思，这个术语源于使“显现”（appearance）的“光照”（phanos）。光为何如此重要的原因，就是它能让我们认出各种物体之界线，赋予事物以生机勃勃的外貌。据此，光成为拥有组成世界的多样性对象之影像的关键。

在柏拉图那里，置于认知等级最末端的影像；在亚里士多德这里，则列于生命的感知层面。于是，他所意指的影像是通向感觉和理智之间的门户，变柏拉

* 作者单位：土耳其伊斯坦布尔大学哲学系。本文由浙江大学戴月华编译为中文。

图分裂的世界为合作共有的世界。假如我们继续以这样一种现实态度去思考，我们可以说，影像在形成个体的观念世界中有着不可或缺的作用。首先，通过阐述尽我所能来改变行文开头肯定性选择所造成的论述欠缺，我认为影像不仅是形成个体自身的知识或观念世界的重要一步，而且是形成个体自身与其世界之间关系的重要起点。

我们通过呈现给我们的既成事物，产生着决定我们的概念框架。从那时起，我们"被引入"社会生活，同时，我们根据这些原初的概念"去解释"这个我们之外的世界，给以某种确定的意义。从这两方面影像被证明是人们通达严肃理解的基础。因此，既不是影像也不是由影像所创造的世界表象被认为是不同个体中的同一性。相反，以影像为基础，一个意义与社会—文化组织多样性的世界出现了。

对于充斥着如此不同看法的人们来说，"交流"无疑是最重要的言说或活动之一。伴随着影像的交流和交流所产生的内涵之间的关系是显而易见的。不过，凭借言语交流集中关注其确切的内涵也是必要的。我们能发现什么样的交流标准呢？由于交流者的不同地域、语言及主观偏好，这里没有一个客观答案。因为交流确切地意指一种双向对称的关系，从交流一开始，这种对称根除了那种单方面表达其观点的独白式的选择。对此，呈现于柏拉图哲学中一个术语"对话"(dialogue)能合适地表达"交流"的内涵。

对话作为一种交流方式，明确区别于闲话。对话的交流是促使遮蔽的结构在语言的表达中成为对双方都可观察和理解的活动。交流的主要期望应该是在确定性基础上认同，这种认同只有在通过一种清晰明白的对话才可能发生。

交流必须要拥有一种中间角色，如弄清楚信息传播者的身份及促使接受者理解交流的结构。在这个背景下，交流是一种理解认知(realisation)的方法。具体而言，认知是一种对源于"试图"理解生存层面上的逻辑和修辞的验证活动，交流应当相互认识和让对方认识，它靠所有参与传播方的努力理解并超越"共同"生存平台的结果。否则，它将是单方面的影响与作用，并拒绝接受"他人"。因此，在交流中若单方面支配交流的进展和方向，那么他方就陷入无意义的、被动接受的处境。

直到现在，我简要论述过的论题应该充分把在一定时空中作为社会化生活中的个体共同考虑进去。因而，凭借自然环境和以社会化的生活所给予的具体时空中的影像、进而在感觉的基础下，把独特的实例和其可重复性列入另一社会结构之中,这种可能性是很小的。因此,对各社会结构剖析,对社会生存印象所产生的基本特性的探索,对形成一种健康的交流方式是有用的。否则,在与任何社会交流时,这交流者的概念体系将势必招致其自身需要交流行为去说明的境地。这种情况减弱了交流的效果,产生模糊的交流印象。

为了避免论述的随意性,特引用亨廷顿(Samuel P. Huntington)以"文明的冲突?"命名获其声誉的文章(1993)的一段文字具体说明我的观点:

> 冷战结束后,国际政治完成了其西方发展阶段。从此以后,全球战略的核心将是西方与非西方文化之间的相互影响。当欧洲意识形态的伤痕逐渐消失,欧洲的新教、东正教和伊斯兰教之间的文化裂痕重新出现。正如英国科学家 William Wallace 所说,今天,或者可以这样叙说,欧洲体系最大的分裂主义者是发生在 1500 年的西方基督教的东方边界上。
>
> 在这边界线的一头,从封建主义到文艺复兴运动、从宗教改革到后来的启蒙时代和法国大革命、最后到工业革命,新教徒不断壮大而天主教徒分享着这段共同的历史。在同一界线的另一边居住着几乎很少发展的东正教和穆斯林信徒;还有奥特曼帝国和沙皇帝国的人。这些人被认为对地处其西边的欧洲现代化过程没有起什么大影响。

这实在是权威式的武断!

查看一本普通的欧洲历史书时,依照这种结论的一大堆材料可以被挖掘。然而,提出作为一个大陆的欧洲是不可能的。因为,作为一个大陆,欧洲是一个依照欧洲人为自己构建的地理学观念,为了实现欧亚大陆的分离,亨廷顿使用了出现在欧洲不同时期的某些材料。问题是依照这种方式,凡没有进入这种变化和发展的社会可能陷入成为"他者"的境地,而欧洲凭借这强加的"他者"几乎不可能对之有自我意识。这种原初的归类活动就其自身陷入左右为难的困境。看来,从一开始就阐述区分人们生活于其中的环境之边界的领悟方式,是很有必要的。

换言之,以完全独立的排外的态度去理解自身作为西方人或欧洲人或西方化的欧洲人时,就由于其前设观念排他性而导致生存观认同上的危机。若要反思这种态度又是不太可能彻底的,因为他们被迫在不可能认识清楚时,就去面对生活亮出自己的态度,迫使自己去理解和分析。但由于不理解欧洲真正特殊价值而产生的非原初性的虚假形象的人为观念世界已成为其生活中臣服的基本看法。

显然，厘清这种非原初的人为性问题的头绪是很困难的。因此，什么是非欧洲人文化问题的指向也就存疑了。我相信什么使之成为欧洲人的问题是能够产生一种包括所有内外要素或我们猜想它能够包含在内的一个普遍概念。进而，成为一个欧洲人的条件是什么？欧洲人的特殊价值规定是什么？提出一个欧洲观念是否可能？

欧洲不具有一种特殊的地理学，这是很明显的。有一种不是很高明的武断看法，粗鲁地让欧洲与其孪生姐妹亚洲分开来，亚洲仿佛仅仅是居住在那里的欧洲人为了表示他们自身的存在而需要这样一个大陆。小亚细亚被认为不同于所谓的“欧洲大陆”，然而，在那里一架飞机从卡迪奎(伊斯坦布尔的一个区——译注)起飞并一直往东飞，四小时左右后着陆的地方仍然被认为是欧洲。因此，我们也许注意到一种(随着亨廷顿所关切的)传统思想习惯，在确定地理上的欧洲方面也已起着作用。另外，这种关切引出了古代希腊文明的一个重要源头的希腊半岛，形成了欧洲和小亚细亚文化上决定性基础之一，因而，从地理学上模糊了欧洲界线，这表明理解早期欧洲观念形成历史的必然性。

胡塞尔在1935年5月7日作过一篇题为《欧洲人类危机中的哲学》的学术报告，三天后又作了一次大致相同内容的报告。事实上，胡塞尔在晚期才把历史与文化问题认真地纳入其思考的视野，而在早期这些并不包括在胡塞尔的现象学之内，他所写的思想主题“危机”受到狄尔泰和海德格尔的影响。

胡塞尔的演讲涉及欧洲人产生的问题困境。我认为在此引一段胡塞尔比较长的引文是必要的：

> 我们可能会问，“该怎样来描述欧洲精神形象呢？”这不是意味着地理学上的欧洲，就像在地图上出现的欧洲那样，好像欧洲人以这种方式将那些一起生活在一个区域的人确定为一个团体。在精神意义上，欧洲属于英国版图、美国等等，但不管怎样，不是爱斯基摩人或印第安人的故乡乐园，或者吉普赛人，他们一直游荡在欧洲。很清楚这名为欧洲表明一种精神生活的整体和一种创造性的活动——伴随着其所有的目标、利益、关心和麻烦，伴随着其策略、机构、制度。由此，在各种各样的社会中，在不同水平上个体的人类工作，在家庭、种族、国家、所有共同参与人分享着精神上的密

> 切，我说的，在一个精神形象上的统一。这应该打上个体、组织和所有他们的文化上整体统一的特质。

值得注意的是，胡塞尔对欧洲文化和价值观念特别感兴趣，似乎他想消灭我们刚刚简单涉及的有关地理学上欧洲的问题。引文中说到英国的殖民地仅仅涉及美国及那个词“等等”，“等等”被用来指其他人。这意味着这种殖民地的真正主人，不包括在欧洲界限中，那些真正的主人不可能在欧洲观念中有所贡献。不可能性的基础是这种被称为欧洲人的同时代人在精神关系上的独一无二性，这种独特的核心被制度习惯和支持它的行为模式所遮盖了。以一种历史上的分类方式对人类分级排列被认为是极其浅薄的。

但发现胡塞尔对人类按级分类的话题是容易的。我们继续引用一段胡塞尔的话：

> “欧洲的精神形象”——它是什么呢？它正显示着在欧洲（精神上的欧洲）历史中内在的哲学观念。以另一种方式来说，（假如我们大体上权衡一下人类的行为）它是属于内在目的论。它是一种成长开端之显现的新人时代，是源于当前的热情和理性观念、无限使命而自由塑造着存在及其历史人生的人类时代。

胡塞尔的视野使他无法摆脱黑格尔和他的历史观的影响。除了这种情境，在某种程度上，胡塞尔引导我们通达一个新时代，这个时代被确认为欧洲或者人类普通采纳的欧洲的风格和态度而着手希望能如此构建的时代。那样的欧洲人是一个巨大巧合的结果！

这根本上并不奇怪，这一预言显示一种认识上的差异。这是作为一种对非欧洲人而其举止“像”欧洲人的巨大激励。然而，当提到印第安人，胡塞尔认为欧洲永远不可能印第安人化，由欧洲人甚至可能仅仅是欧洲人采用的目的论解释。这个观点认为“隐德来希”（entelekheia）就其本身是“内在的”，从来没有选择与“他者”分享的可能性。

我认为思考此事的困难是，由于我们还不太清楚在挑选这个术语（“隐德来希”）时胡塞尔的意图。也许，在任何情况下我绝不可能就这个问题给出一个满意的答案。因为“隐德来希”不是一个简单的术语，若胡塞尔不知道这个术语的历史背景,这是不可能的。生活于胡塞尔时代的汉斯·杜里舒(Hans Driesch)使用过这个术语,杜里舒是名为《生机主义理论的历史》(1914)一书的作者。虽然他所用这个术语是在活力论运动的框架中赋予含义,胡塞尔则是在社会背景下运用,杜里舒的方法除了简明的"亚里士多德主义"的途径外,也包括了"黑格尔主义者"的渴望(anxiety)。辨别胡塞尔的进程中包含着"黑格尔主义者"的渴望是不困难的,他利用这个与哲学中意义问题完全相关联的术语来解释历史。当然,这个"隐德来希"不是一个简单的活动,活动对人类是必需的,而欧洲人是拥有为活动而具备条件的人类!胡塞尔所做的解释并不限于此。他通过让"隐德来希"转移成欧洲人内在拥有的状态而产生更重要的内涵。

亚里士多德在他的第二本著作《论灵魂》中利用了"隐德来希"这一术语。胡塞尔在此告诉的内容与亚里士多德的含义密切相关,这是很清楚:欧洲精神正存在于隐德来希之中,欧洲人将凭借"隐德来希"实现其自身的,从而拥有整个世界的历史。

我不知道,在多大程度上胡塞尔的戏剧性观点把吉普赛人、土著美洲人和爱斯基摩人排除在欧洲人之外。不管怎样,假如胡塞尔不在1938年去世,他可能面对全世界见证的一个集中营中的最恐惧事件,他将认识到把吉普赛人作为"他者"在观点上的隔阂和偏见,吉普赛人也会告诉他,若他成为一个"集中营典型受害者"(muselmann)时,其实也已不在他心目中的欧洲了。

这里,我想理解和与你们分享的主要论点是决定我们试图交流的要素不应当是双方之间质与量的差异。为了属于某些人和社团超越其他人和社团的所谓优势,利用文化特有的质和量的差异,导致了普遍化的理性,针对全体的终结或危机的产生,这就是为什么我给出胡塞尔上面的例子。通过我们生活于其间的为解释历史时期而创造的各种类型的裁定,强制改变对方成为"他者",结果导致的是破碎的形象和分裂的意识。

人类的历史并没有排除人类中在瞬间生存过的任何一个,而是融所有人和文化于一体的大书。我们遇到作为这本书中的若干页,不同的字母和文字在过去,但它能创造足够的灵感。在"以前"和"在后"的不同于"他者"的真实关系中,产生一种陌生感。不管怎样,这陌生感给予人们以译读、解释的灵感。

这里,我想要引起注意的要点是如胡塞尔或其他人在上面提到的那样为了确定我们自身,创造了"他者"。那些宣称将成为一种模型,针对概念的解释或者概念自身试图清理实施那种完美的阅读,将减少针对个体生存的每一种特殊方式的行为(在所有社会、文化和个体的意义方面)认识自己,这就是努力使所有人面对他们自身。这种生存普遍性的愿望与全球化竞争的愿望是紧密相连的。全球化是凭借那些参与全球化竞争来实行的行为,在这个背景下,使其全球化的恰恰是上面提到的各种思想传统,思想习惯加强给某一个人时,不是与它本身相类似,而是差不多通过"观念即是我"的规定去顺从它。

在我看来,一种看来奇怪和不可思议的"不可改变性"横于交流中间,作为一种交流的结果,观念仍在重重迷雾中。思想反应的方式、观念的接纳和遵守,已奠基于那种没有被精确地了解的任何东西所创造的一种陌生化(oddity)的感觉,傲慢则妨碍这种感觉甚至妨碍对傲慢本身的认识。也许,当他被胡塞尔完全傲慢的风格所打扰时,雅斯贝尔斯正给予的一个好消息是欧洲人的傲慢已经减弱。很遗憾,1947 年的演讲等待那个好消息的人比本来期望的人更少。

柏拉图反对普罗泰戈拉的胜利实际上已宣告了普遍性对个别性的胜利。科学已在这一方面发现为其本身开启的大门。普罗泰戈拉的失败实际上成为个别性失落问题的一个重要开端。不管怎样,理念的价值观内含着普遍性优于个别性的倾向。

理念不可能在任何文化或文明中被无条件地接受。一种作为任何个别文化或仅仅一种文明性质的本质相反状态下,理念不可能强加之以达生存。假如我们在组成人类之书的页码使协调的内涵混淆,由于在每一页都是不同性质组合的特性,通过减少问题以达到荒诞的境地。如断定"我方"对"他者"的优越性而掩盖了部分真实性,而在这种情况下,我们将从来没有机会去阅读在其中我们已呈现的这本人类之书。我们称之为概念之解释或认识其自身实际是实现一种无益的傲慢(从来没有以一种完全正确的方法去理解),仅仅盯在光线投射到的那页上。

假如由于这无益的傲慢的欺骗性发生,则人们将继续误入歧途,无论是东方或西方均不能跨出真正的一步去理解和介绍他们的思想家和所有社会的、机构的和个人行为的环境。离开了具体的情景,思想的表达将失效。

如何理解西方文明的核心因素

韩水法*

提出这样一个问题有其多重的理由，而对我们中国人来说，最为紧迫的形势就是中华文明在西方文明的强力侵袭之下，越来越远离自己的根本，越来越失去自己的特征，越来越只具有象征的、文物的性质，而不再展现出它的创造的力量。创造性的东西仿佛都是来自外在的世界。

西方文明强势的冲击犹如洪流，泥沙俱下。西方世界与其他世界的交往的动力从一开始起，除了人类的本能之外，主要就是利益。与此同时，这个文明里面的人们也传播自己的信仰和观念。这种交往所用的手段是文武兼备的。在相当长的时间内，战争是主要的手段，或者至少是其他手段的奥援；直到今天情况依然还是如此。这样，西方世界的强势给其他世界带来的固然有其积极的因素，但在事实上，消极的、表面的、次要的因素对其他文明的影响往往远胜于积极因素的影响。这一事实对世界的其他部分就可能造成双重的伤害，而在一些地区这种伤害已经是一个现实：一方面，受侵文明传统中的积极的、主流的因素未经扬弃和保存而受到毁灭性的打击，另一方面，它们所接受的却主要是西方文明中的消极的、支流的、表面的和暂时的东西。洪水滔滔而去，留下的或许是遍地泥沙。

---

* 作者单位：北京大学哲学系。

这种情形对中国来说也并非是想象中的威胁，而正是有其现实理由的恐惧。西方文明消极因素的强力作用造成了中华文明的突然中断。文明的断层所遗留下来并且发挥现实影响的，乃是它的残垣断壁、它的瓦砾灰烬、甚至沉淀已久的消极因素，而失去的正是它恢弘的结构、博大的精神以及社会基层有机、自发的组织和发展能力，亦即它的核心因素。任何文明都需要一种自发的、在传统基础上不断创新的、乃至受到外在文明冲击之后而有能力不断调整自身的结构；一种文明之中的各种因素，这个文明之中的每个人都以盘根错节的关系整合在这个结构之中。既有的结构崩溃，就必然要有新结构起而代之；在现代世界各个文明之间的关系和影响日益直接，而社会变化迅速和组织复杂的情形之下，新结构必然就很可能是在相当大的程度上移植过来的。但是，接受这种新结构的人民倘若对其源头文明没有全面和深刻的了解，那么结果就会是并且实际上常常是那些消极的、表面的、次要的和暂时的因素乘虚而入，而积极的、持久的、深层的因素却反而会被却之不纳。于是，新的结构就会造成某种畸胎，旧的文明，连同它的积极因素被摧毁了，而新的文明却无法合理、有效地建立起来。倘若一种文明是被西方文明中的消极的、次要的、暂时的和表面的因素并在它的名义之下被摧毁的，那么情况就尤其如此。

就此而论，对面临生死存亡关头的中华文明来说，人们一方面固然需要重新检视自己的固有文明，开展复兴的事业；另一方面，人们必须重新认识西方文明，深入其中而进行分析、批判，甄综它的积极因素与消极因素，它的持久的、根本的和主要的因素与暂时的、表面的和次要的因素。在这个基础上来重新检查我们对待西方文明的态度，相应地重新检查我们对待自己文明的态度。只有这样，中华民族的复兴才可能是在认识清楚、目标明确、道路合理诸条件之下的正确选择，否则，中国就会在一场喧嚣的暴发之后最终沦为西方文明的殖民地。中华文明伟大复兴的成功与否，从而中华文明能否继续保持其独特性，并不仅仅关涉中华文明本身以及这个文明的承荷者中国人，而且也关涉整个世界的文明多样性，后者乃是人类社会生活的本质要求。

本文关于西方文明核心因素的分析将主要探讨如下几个方面的问题：第一，分析中国人生活世界中的西方因素以及人们对此的相关意识；第二，探讨西方文明的规定并试图给出一个合理的界定；第三，梳理西方文明的合理因素，并试图给出最低限度的分类；第四，全文的结论，主要是提出一些总结性的评论。

一、无处不在的西方因素

自从16世纪传教士有组织地向中国传播西方文化以来，中西方文明的交流基本上是以西方文明单向输入和影响中国为特征的。其间只有一个例外，即中国文官制度对西方近代绝对主义国家的文官系统形成的影响。但是由于这并不是由中国人直接传播过去的，因此，欧洲只有少数人承认或谈及这个中国人早于他们近两千年建立起来的制度对那里的社会的影响。自从19世纪中叶英国人以鸦片和坚船利炮打败清廷而使中国门户大开之后，西方文明的因素就滚滚而入，但是就如西方人的一贯做法以及这种事件发生的通常情形一样，这个文明之中消极的、表面的和暂时的东西是裹挟着其中积极的、实质性的东西一并而入的；而在事实上，前一种因素的影响和作用远胜于后一种因素，即使在积极的因素之中，外在的以及形式的东西的影响也大于其内在的和本质性的因素。

这些因素或以革命和政权暴力的强制，或以生活方式和观念的潜移默化的侵润，深入而全面地影响并且改变中国社会，使当代中国社会之中充满了无处不在的西方因素。但是，致命的一点并不是这些因素的现实存在，而是人们，尤其是社会之中的知识阶层、其他中坚力量以及政治家对此既没有明确的意识，也缺乏足够的研究和认识。因此，这些因素对中国社会究竟造成了什么样的影响和作用，究竟是在什么意义上，在何种方向，如何影响和改变了中国社会，以及它们将如何继续改变中国，人们普遍缺乏必要的清楚认识。与此直接相关的是，我们也同样不清楚在现代中国社会，固有的中华文明的因素在多大程度上还在发挥作用，有多大的影响，以及这些因素是以什么样的方式存在的——这就是说，是以其素朴的形式，还是以其改变了的形式或以其混合的形式存在的，以及这些因素在中国社会的前景将会如何。

与上述两个方面直接相关的一件事情就是：西方文明的因素进入中国之后是否转化为、导致或促进这个文明的创造力，还是始终保持为外来的、殖民的和疏离的形态，因而仅仅是一种移植的、并无生命力的东西吗？换言之，我们中国人是否像西方文明发展初期以及在其复兴时期的西方人那样，吸收外来文明的因素而将它们糅合成为自身文明的有机部分，并因而形成和产生新的创造性的元素？或者也就是这样一个问题，即中华文明中的积极的、持久的因素是否与西方文明中的积极的、持久的因素整合起来，从而形成了中华文明的新形态。

倘若情况是如此，那么西方文明因素就会演化成为一种新的、复兴的中华文明的有机成分；如果不是，那么中华文明是否在整体上就失去了活力，失去了消纳外来因素的能力？而它的最终结局就会是某种过去了的、文物式的东西，它的位置就只能是在历史书和博物馆里面吗？

对此，我们并不清楚，甚至也没有一个知识的大致轮廓。然而，实际的状况却似乎在表明，这将是一种可能的前景。因为，我们看到，在中国人的日常生活里面充满了无处不在的西方因素，我们的周围有了太多的西方因素。对此，人们可以采取各种不同的方式来进行考察和判断。比如，简单的溯源的方式，亦即追溯我们生活世界中各种制度、礼俗、器物的来源；或者我们也可以采取对比的方法，即设定中国近现代历史中的某一个时刻为参照点来比较当代中国的生活世界里各种现象的性质。那么结果，即使是大致的结果也将会是出乎意料的。

比如，倘若我们以乾隆皇帝①在位的最后一年作为一个对照点，来看看今天的中国社会的生活方式，或者以辛亥革命那一年为对照点，来比较今天中国社会的生活方式和器物制度，那么我们就会发现，我们已经差不多泰半西化了。这里可以从最表面的现象说起。

婚丧嫁娶的仪式，这是文明的基层文化，不用说形式，即使是仪式的外在表达方式，如婚服与丧服就足以说明问题。传统中国谁以黑色表示丧礼？今天在中国黑纱却成为丧礼的官方形式。中国传统白色丧礼几乎被官方的黑色彻底颠覆了。② 令人觉得不堪的是，这个源于远古西亚游牧民族的习俗在今天的中国却仿佛代表了某种现代和时髦的意义。

日常交往的礼仪也与我们最近的祖先所采用的形式迥然有别。人们握手而不抱拳，人们宴饮时碰杯而不是双手高举酒杯。如此等等，不一而足。

再让我们来看看社会组织与制度层面的现象，那么我们看到，从大学、政党到股票市场，从宪法到共和国都来自于西方文明。

那么支配我们精神世界的观念层面的情况又是如何呢？从马克思主义、社会主义、资本主义到市场经济、自由、民主这样一些思想和理论均来自于西方。在这里，尚可以列出的项目将是长长的一串。

---

① 清高宗，生卒年：1711—1799年，在位期：1735—1795年。

② 丧礼在现代因为有其国家礼仪的地位，因此其表达方式最能体现官方的态度。

几乎中国所有稍具一点规模稍有一些钱的城市都会修建一个广场。什么是广场?[①] 现在很多中国人不知道这是地道的西方文明的产物,而且还是它的标志性的产物。

由是而观,我们的生活世界,内在的层面与外在的环境,来自西方的东西构成了须臾不可分离的重要因素。我们可以设想一下,排除这些因素,我们今天的生活是否还可能维持下去?显然不能。然而,需要追问的一个问题是:对这一现象我们是否有清楚的认识?这个认识可以从两个方面来考虑,首先,我们是否对这个现象及其现实的和潜在的意义具有清楚而深入的认识?其次,我们是否理解这些已经构成我们生活世界不可或缺的因素的东西的实际的和潜在的意义?是否认识到它们的由来?或者更进一步追问,我们是否具有关于所有这些观念、事物与制度的系统知识,并且能够对它们做出必要的区分?

在面临这两个问题之时,我们实际上同时遭受了一个更为根本更为重大的问题的逼迫,这就是认同。在这些无处不在的西方文明因素中间,任何一个中国人都面临一个无可逃避的问题:什么是中国人,或者你何以自称为中国人?这是一个国籍概念吗?那么只要取得国籍就可以算是中国人,而不管他是否使用中国的语言,是否有对中国文化的认同。或者它仅仅是一个地域的概念?因此,只要是居住在这个地面上的人,都通通是中国人,那么这个标准就其性质而论在相当大的程度上是与前一个标准相同的,并且与前者一样是一个相当弱的理由。或者它是一个文明的概念?如是,那么它就是认同的精神与文化的基础。但是,倘若一个人所认同的文明里面所充塞的,乃至最为根本的因素,都是其他文明的小舶来品,那么这个基础就是相当脆弱的。而对中华文明这种整个人类社会一历史中仅有几个的特殊文明形态来说,它存在的基础和理由就是它的独特性,它不同于其他文明的创造性和自我更新能力。认同于这个文明就是认同于这些独特的因素、这种创造力和自我更新能力。

这也就承带了另一个问题,即在接受和容纳了大量的其他文明的因素之后,一种文明是否有能力将它们消纳而成为自身的因素,形成新的性质和创造力。这至少关涉两个层面的事情。首先,我们自己文明中的积极的、持久的因素是否在吸收其他文明因素的同时保存下来了?其次,进入这个文明的那些外

① "在格网的中央有一个围合的空间,集会广场(agora),作为公共性的集会场所。"参见诺伯格·舒尔茨著:《西方建筑的意义》,中国建筑工业出版社2005年版,第26页。

来的因素是源文明中的积极的、持久的、实质的因素，还是消极的、暂时的和表面的因素？

为了回答这两个问题，并从而回答一系列相关的、更为宏观和综合性的问题，我们就必须要了解什么是西方文明，在这个文明中哪些因素构成了其核心，从而能够甄别出积极的、持久的、实质性的内容，并以此再来检视强行进入我们文明的、或者为我们所主动引进、吸收的那些因素的性质。这正是这篇论文的基本任务。

深入认识西方文明的必要性并不止于这一点，还有其他同样迫切的理由：今天世界的基本规则是西方人根据他们的观念和利益设计出来和制定而成的，而在全球化的今天，这些规则是我们每天都必须与之打交道的。倘若不了解西方文明，自然也就不了解这些规则是如何制定出来，它们的根据是什么；倘若不了解西方文明的核心因素，我们就不能够理解，为什么当今世界的主要规则会出自于西方文明、而不是其他文明，以及这些规则为什么会这样运作，如此等等。

二、什么是西方文明？

然而，当我们开始追问什么是西方文明，尤其什么是西方文明的核心因素时，立即就遇到了一个重大的困难，这就是什么是西方文明。在上文，我谈到西方文明时仿佛它是一个清楚明确的概念；在人们的日常意识和行文里面，情况也是如此。但是，一旦深入追问，那么西方、西方文明以及西方文明的核心因素这三个概念，就因西方社会—历史及其历史演变的复杂性而有其理论上和实践的极其复杂的特性，甚至相当大程度的不确定性。这不仅对中国人来说是如此，对西方人、对其他非西方人来说，也同样是如此。在人们日益意识到文明冲突的现实及其严重性的今天，这对西方人来说，也同样是一个迫切的问题。①

① 亨廷顿说："人民和民族正试图回答人类可能面对的最基本的问题：我们是谁？他们用人类曾经用来回答这个问题的传统方式来回答它，即提到对于他们来说最有意义的事物。人们用祖先、宗教、语言、历史、价值、习俗和体制来界定自己。他们认同于部落、种族集团、宗教社团、民族，以及在最广泛的层面上认同文明。人们不仅使用政治来促进他们的利益，而且还用它来界定自己的认同。我们只有在了解我们不是谁，并常常只有在了解我们反对谁时，才了解我们是谁。民族国家仍然是世界事务中的主要因素。它们的行为像过去一样受对权力和财富的追求的影响，但也受文化偏好、文化共性和文化差异的影响。"参见亨廷顿：《文明的冲突与世界秩序的重建》，新华出版社 1998 年版，第 6 页。

无论在理论上还是在实践中，一个为人们普遍接受的西方概念从来就没有存在过。因此在学术上如何来严格地界定西方文明，始终是一项吃力不讨好的工作，并且每一个这样的界定都会因为无法避免的不完善而受到形形色色的挑剔和批评。然而，在学术研究中，尤其在像本项这样以西方文明为中心话题的学术工作之中，这却是研究和讨论得以进行所必需的一个前提。于是，人们就必须为不同的学术目的、从不同的角度来提出关于西方的规定。人们可以发现，如下几个方面就是人们考察和规定西方文明的通常的着眼点，即渊源、地域、历史和类型。现在我将对此来做一下稍微具体的分析。

第一，文明的渊源是规定某种文明性质的重要的因素。比如，我们通常说，中华文明源远流长。据现有的文字记载，中华文明自身虽然有几个源头，但这些源头最终都融合成为整体的中华文明，而不再有其独立的发展。但是，西方文明则与此不同，它的渊源可以追溯到许多其他的文明，比如埃及文明、两河流域文明、腓尼基文明和犹太文明等。这些文明当西方文明在希腊成型之时依然有其独立的发展，它们作为整体并没有被并入、整合进希腊文明或稍后的西方文明的其他形态之中，尽管它们乃是希腊文明以及其后形态中一些核心因素的重要源泉。这些文明作为整体无论如何并不构成西方文明的部分。因此，如果从源头来规定西方文明，就会出现如下的困难，或者将与西方文明有着巨大差异的相邻文明也算入西方文明，从而使西方文明的界定在相当大的程度上失去了意义；或者按此标准，西方文明也会落入被算作其他文明比如埃及文明的窘境。

第二，地域。人们或许认为这应该是决定性的规定，因为不言而喻，西方原本是一个地域概念，西方文明首先就是一个地域意义上的文明。但是，这个界定也遭遇了如下几个难以克服的困难。(1)即使在狭义的西方，也就是在欧洲，文明也经历了从一个地方迁移到另一个地方的过程。它最早在欧洲的最南端兴起，然而逐渐向欧洲的中西部扩展，最后扩展到欧洲以外的地区，如北美。(2)欧洲的东部在我们看来属于西方，但是在欧洲的特定地区人们的观念中，它们属于东方，不在西方文明的范围之内，或者至多是后来才归入西方文明的地盘的。因此，即使在欧洲到现在为止也还有一个融入西方的过程。这个过程的前景在现在尚难以预测。① (3)日本“脱亚入欧”之后,也常常被划入西方文明的范围,这显然不是从地域上来判断的,而是从政治或从文明的某些特征来判断的。

第三,历史。因为西方文明是处于不断的演化之中的,所以有人就说,所谓西方文明乃是一个历史的概念。这就是说,一般所谓的西方文明在不同的历史时期具有不同的意义,甚至所指乃是不同的文明。比如古希腊的文明不仅与今天的西方文明相去甚远,即使与同时稍后的罗马文明也有很大的差别,而与后来的中世纪的文明,与文艺复兴时期的文明都有很大的差别。按照一些极端的观点,它们就是不同的文明,尽管彼此有相互继承的关系,但也有某些一致性的内容。然而,甚至其他文明中也有一些与那块地方文明的某些因素相同的内容。汤因比说,“把我们西方社会的生活追溯到公元775年以前的时候,它就用了另一种名义出现——用了罗马帝国和那个帝国所属的社会的名义……如果把西方历史的任何重要因素追溯到了更早期社会的历史里,那么我们就会发现它们在这两个不同时期的作用是很不同的。”②

第四,西方文明与普世文明。这一点首先关涉对西方文明的判断与评价,同时也是对当今世界现实的一个判断。在全球化的进程中,我们看到的现象似乎是西方文明在横扫整个世界。在这个意义上,西方文明大约就成了一种普遍的文明,或者用今天流行的说法,普世的文明。这一论断自然是大受争议的,而且我们也很难承认和接受它。但是,它确实也给人们提供了考察西方文明核心因素的参照。

第五,类型。一个比较可行因而也就是容易让人们达成共识的路数就是类型概念,这就是说,在地域和社会—历史相结合的基础上,甄综出一些基本的因素,以此来指代西方文明。毫无疑问,此种理论的路数依然有其可能的弱点,但却是最适合于我们所要概括和规定西方文明的核心因素,从而认识和理解该文明的特征这个目的。要建立这样一个类型是一项巨大的工作,因为这要求考察和掌握西方文明的各个部分、各个层面,而且也要能够把握它们之间的联系。在这里,采取一个反向的步骤是可能的,即首先选择出西方文明中的核心因素,然后在这个基础上再补充其他的重要因素而使之完善。不过,本文只是尝试完成第一步的工作,其余的研究只能暂先付之阙如。

---

① 汤因比在其《历史研究》中曾经比较了公元775年、1475年和1675年的西方社会的范围,其间地域的变动是相当大的。参见汤因比:《历史研究》(上),上海人民出版社1997年版,第8—10页。

② 汤因比:《历史研究》(上),上海人民出版社1997年版,第12页。

采取这样的步骤也是有其现实条件的，这就是西方文明在世界上的传播与扩散，人们不仅在中国可以发现西方文明的因素，在日本也可以触及西方文明的因素，甚至在西方社会已经消失的现象，如重大活动中的燕尾服着装。在尼泊尔人们同样也可以看到西方文明的因素，即使在朝鲜情况也是如此。毫无疑问，在这些不同的社会和地区里面，西方因素的存在固然有其共同的内容，也有大相径庭的形式和现象。但是，无论如何它们给我们提供了重要的参考、实例和启发。

三、西方文明的核心因素

如何来衡量一种文明的核心因素？是否可以确立一个用以判定不同文明的核心因素的统一标准？我们可以说一个文明中的核心因素就是这个文明中的根本性的东西，除去这些因素，这个文明就不复为其自身，而与其他文明没有多大的差别。根本性的东西不同于独特的东西。独特的东西乃是一个文明中所有，而另一种文明所无的东西，它可大可小。大到国家制度、宗教、语言，小到婚姻习俗、饮食方式。

根本性东西的确立取决于某种标准。在今天，人们已经认识到，对任何事物的规定，单一的标准始终是不敷足用的，而综合的标准乃是必不可少的。于是，我这里提出如下几项判定的标准。西方文明的根本因素就是西方文明中：

(1)主要的、积极的、历史悠久的因素；

(2)在现代社会里面依然发挥作用的因素；

(3)导致与其他文明的决定性差别的因素。

(4)从以上三项，我们可以得出结论：西方文明中根本性的东西主要可以概括为如下四个方面：观念性的、制度性的东西；与前者相关的知识体系；与观念、制度的产生、变革有关的决定性事件；以及体现西方精神和观念独特性的艺术、文学、绘画和建筑形式。

按照这样一组标准，那么西方文明中最为根本性的东西，西方文明的核心因素，西方文明中从古至今一直具有生命力，或者经过不断的革新而具有生命力的东西，可以从如下几个方面来理解和把握。

(一)西方社会—历史中的核心观念

这些观念构成了西方社会的原则和制度的根据，西方文明成员一般行为的信念根据和动力源泉。① 在列举这些观念时,我采取一个比较特别的做法,这就是将它们放在以社会—历史为背景的观念群中来考察,这样它们或者与特定时期相关,或者与特定的现象相关。如此做法自然有其逻辑上的缺陷,即不同的观念群之间并不是严格排他的,而可能是相互重叠甚至重复的。尽管按照学术的严格要求应当尽可能地避免这一缺陷,但为明快起见只能暂且先采用这样的权宜之计。

第一,古希腊的思想、观念和精神。可以说除了基督教之外,古希腊人已经提出、涉及几乎所有后来西方文明核心观念或者它们的萌芽。不过,它们之中最为主要的是:(1) 哲学与科学的观念,而这主要就是形而上学的精神,亦即追求事物的本源、根本原理和最终原因的精神;理性的观念,以及逻辑的观念,比如公理系统;(2)文学与艺术之中的人文精神;(3)政治领域的民主观念、公民观念,以及法律的观念。

第二,基督教的信仰及其观念。(1) 基督教是西方文明的两大源头之一。它的教义和思想造就了许多特殊的观念,并且同时也影响和改造了西方文明中既有的其他观念。当然,无论是造就还是改造,在绝大多数情形下是通过希腊哲学和思想及其工具而完成的,并且是在这种条件之下才发挥积极的作用的。(2) 关于人的某种终极关系的观念,诸如原罪、救赎;关于神的观念。(3)有限的博爱的观念。(4)在神之下的兄弟或侪辈(平等)观念。(5)新教的天职观念及入世的禁欲观念。(6)世界主义。

如人所周知,基督教的诸种观念极其复杂乃至自我冲突。上面所列的观念并不都符合前文所设立的标准,比如原罪这样的观念并非积极的,虽然它依然在发挥作用,并且是西方文明与其他文明差异的一种根本性的标志。

第三,近代与启蒙运动及其后产生的观念。西方近代以来出现了一系列重要的观念以及以其为核心的各种主义、思想和流派。在所有这些观念之中,有如下五种观念是最为重要的,可以说是核心中的核心,这就是理性、自然、自然法、实证和教育。虽然这些观念在古希腊文明之中均能找到其渊源或雏形,但经过近代和启蒙运动的陶冶,在内容、理论支持和社会意义等方面发生了相当大的变化。

---

① 比如,盖茨为什么要将自己的大部分金钱捐出来?股神巴菲特为什么要将自己全部财产的85%约370亿捐给慈善基金会?这些行为都有其信念的根据,而后者在这里被归入西方文明的核心观念。

与上述五大观念相关，那个时期还形成了一系列的其他观念，虽然这些观念可能有其自己的历史源流，但如同上述一个观念一样，其内容以及与其他观念的头系却已经扬弃与重新甄陶。

在哲学领域，我们看到有经验、科学方法、普遍性、客观性、合理性、普遍规律（法则）等观念；在政治领域，有进步、世界主义、自由、民主、权利、平等、普遍人性等观念；在宗教领域，有宗教宽容、无神论、怀疑论、政教分离等观念；在社会领域，有文明、教化等观念。

在这样一些观念里，自由和权利的观念需要予以特别的强调。自由和权利的观念虽然一般而言可以从理性、自然法等概念里面演绎出来，也可以从欧洲封建制度、罗马法乃至古希腊文明中追溯其渊源，但是启蒙运动之后的权利观念却建立了自己的学说体系，因而不仅能够自立，更重要的是具有独立的意义。以权利为核心的自由主义就是这样一种自主而独立的体系。

另外相关的哲学观念在这里也需要予以特别的强调。这些观念包括理性、经验、分析的和综合的这样一般的观念，以及一些更为特殊却构成西方文明独特性的观念，它们包括德国哲学中人即目的、人为自然立法以及历史发展的观念；客观性和主体际的观念等。

西方近现代的科学为人们提供了关于世界和人的全新的知识和概念，这些对西方文明来说都是极其重要的。不过，我这里所关注的是基础性的观念，因此需要强调的是一个从近代以来形成和确立起来的重要观念，这就是实证的观念。当然，这个观念在广义上也包括证伪的观念以及相关的一些观念。

另外还有一个体现西方文明精神特点的观念也要特别提及，这就是浪漫的概念。浪漫主义的影响所及并不限于文学、艺术或建筑，也远及社会、民族和政治等领域。

（二）西方社会的核心制度

这里所谓的核心制度主要是指现代的制度。社会制度是文明的骨架和结构。不同的社会制度使文明以不同的方式站立起来，并且以不同的方式而活动起来。观念的意义、作用和影响只有在制度之下才能够付诸实现。因此，没有相应的制度，观念就会飘浮无根，而且也无法维持长久。相应的制度会强化相应的观念，在历史的进程之中，它们彼此相互作用，并且一起发生变化。

单单一两种制度无法支撑起一个文明体系，后者是要由许多彼此支持、紧密结合并且也不免相互冲突的制度树立起来的。一种孤立的制度对社会和个人只有极弱的组织和规范作用，它通常需要另一种制度予以支持，或者作为奥援。法治就需要某种形式的权力分立的支持；在今天，法治的普遍性是与民主制度直接相关的。这样，我们也就可以理解，为什么在中国有无数的法律颁布出来，但它们中有些却很难得到真正的执行。

第一，法律制度。西方的法律传统从古希腊一直到现代，绵延不绝；虽然不同时期的法律制度之间有相当大的变迁和重大的差异，并且这种差异之大足以让人视之为不同的法律制度。但是，从这些法律制度之中可以概括出一些共同的特点，这就是经合议而颁行的成文法、人民审判或人民陪审制、辩护和作为奥援的民主或权力分立制度。法律与法治的观念是在这些制度之中得以养成、落实和强化的。

西方的法律制度体系复杂，在现代逐渐汇为两派，直至今天由英美法系和大陆法系各自半分江山。从发展的趋势来看，两派也在相互渗透，彼此影响。从西方社会—历史的整体来看，罗马法不仅在历史上发生过重大的作用，而且对此后包括中世纪封建法律、城市法和现代法律体系的形成都产生了重大的影响。罗马法对西方文明的重大意义以及作为西方文明的核心因素的地位自然是无可置疑的，但是对这种意义的理解在不同的视野之下却有不同的侧重。①

第二，民主。民主制度与法律制度一样，是西方文明中古老悠久的传统。但是一般来说，相较于法律而言，民主可以说乃是西方文明所特有的因素，世界其他文明的民主制度都是后于西方民主制度而发展起来并受到其影响的。②尽管这并不意谓其他文明没有合议制度，甚至类似古希腊民主的制度。在现代以前西方文明中的民主始终是以城邦和城市国家为前提的，这就是说，没有城邦或城市国家就没有西方的民主制度。当然，这并不等于说如有城邦或城市国

---

① “梅因在他的名著《古代法》中所说的‘从身份到契约’是对从古代法到现代法发展过程的高度抽象概括。其实，更准确些说，罗马法自身发展的历史也是一部“从身份到契约”的发展史。梅因在这部著作中还写道：‘罗马自然法和市民法主要不同之处在于它对“个人”的重视，它对人类文明所作最大贡献就在于把个人从古代社会的权威中解放出来。’罗马法的发展历程中就是不断地以个人本位代替古代家族本位的历史，摆脱家族权威的束缚而树立个人权利、走向权利平等的历史。罗马社会是一个奴隶社会，本来是权利最不平等，但却产生了最能体现权利平等精神的私法来，其原因在于它的双重性：契约法是自由民之间的平等交易，而以家父权为核心的家族法则充满了不平等。体现自然法精神的万民法则不受家父权这种家族制度的约束，罗马法中市民法与万民法融合的过程，也就是市民法的家庭本位让位于个人本位的过程。正是在这个意义上可以说，罗马法自身就是一个从‘身份到契约’的过程。”（江平：《罗马法精神在中国的复兴》）

② 有一种观点认为，两河流域的阿卡德远在古希腊人之前就曾经建立了城市共和国。

家就必定会有民主制度。城邦与城市国家这种社会—历史现象在同时也就是一种制度，并且主要是西方文明的现象。在这里，人们自然可以观察到西方文明的制度与其独特的社会—历史现象之间的关系。

民主在今天是一个巨型的综合性制度，它将许多原本有其不同源流的制度整合在一起，或者更为准确地说，结合在一起，因为那些制度并没有达到紧密无间地啮合的状态，而是在一定意义上颇有相互制约乃至掣肘的作用。

因此，一般而言，现代民主制度总是将宪政、三权分立和普选权等制度包纳在自身之中，而使之成为一体的。宪政的核心内容本身也就是一系列相应的制度，并且与其他制度也或有重合。这些内容包括人民主权，法治，当权者遴选的规则及其对于被治理者责任的规则，制定、撤销、修订、解释和执行宪法的原则。

第三，资本主义与市场经济。资本主义对今天的西方文明来说，似乎有着比任何其他制度更为包容因而更为宏大的制度的趋势，甚至民主制度在今天也与资本主义有着密切的关系，以至于人们似乎无法想象任何一种非资本主义的民主制度的现实性，尽管就像许多情形一样，它的逆命题并不成立。与资本主义须臾不可分的还有市场经济。这两层关系是理解当今西方文明极其强势和其他性质的至关重要之点。

虽然关于资本主义有各种不同的定义和理论，因而资本主义也就呈现出不同的形式和面貌；在某些理论下的资本主义或许有其独立的源头。然而，现代资本主义却是各种制度汇流和融合而成的一种制度，这些制度分布在从政治到经济的各个领域。不过，现代资本主义的核心却是个人的经济自由，其最早的形式就是契约自由和所有权自由。在今天这两项自由一般以权利的形式被表述出来。当然，在经济学或政治学的视野之下，人们或许更愿意采用自由选择这样的说法。在理论上，确立契约自由和所有权自由就会要求建立一系列其他相应的制度，在实践中情形也正是如此。比如，除了政治的、经济的、法律的和社会的制度以外，它对学术制度和教育制度，尤其是大学制度也有相当大的依赖性。

第四，于是我们就要谈及西方大学与学术制度。任何发达的文明都有其自身的学术制度和教育制度。但是西方学术制度由于前面所提到的独特的形而上学精神和实证的精神而形成了独特的思想的和理论的力量。在这种学术精神的前提之下，分门别类地从事知识和思想的传播与研究的大学制度，正是西方文明所特有的一种制度。它也是西方文明在世界上传播得最广、影响最为深远的一种制度。

此外，我们还可以提到奴隶制度与封建制度。这两种制度在现代所受到的评价主要是批评性的，因而代表了消极的因素。但是，从整个西方文明的形成来看，它们确实曾经构成了西方文明的核心因素。尤其是封建制度，直接孕育了现代社会的许多制度。但它们本身在今天的西方文明中基本上不起作用了。然而，一个需要关注的事实却是，它们却常常改头换面地被当作西方文明中积极的或者先进的因素而被强制推行到其他文明的社会之中，从而对那里的社会造成巨大的灾难。

（三）西方社会—历史上的决定性事件

西方文明中的决定性事件之所以被归入西方文明的核心因素，其理由在于我们所理解的文明应当是一个动态的系统，而非灰色的概念、术语、原则等等的静态的堆砌。决定性事件揭示了西方文明的典型的演变过程，哪些因素造就了西方社会—历史的巨大运动，以及通过这些演变哪些新的因素生成了或居于支配地位了，那些因素如何通过那些事件决定了西方社会的当时的发展，以及发展到今天的方向和路线。

这些决定性事件乃是社会历史发展变化过程中累积的各种因素综合作用而造成的；它们首先就是观念和思想的革命或变革，同时也潜移默化地改变社会制度、生活方式等。在激烈的情况下，它会导致某种大的社会变革，如革命。但是，这种重大的变动并非单靠观念的或思想的革命就能够形成的，而需要观念以外的因素的共同作用。无论是思想的革命，还是现实的社会革命，这些事件都会导致新的观念、思想和制度的诞生。

虽然不同的人会有不同的观点，但文艺复兴、新教改革、启蒙运动之被视为西方社会—历史中最重要的事件，则应当是没有多少疑义的。在这三个事件旁边，人们当然还可以列出更长的一个单子，比如古希腊的梭伦改革与民主化运动、法国大革命、美国的民权运动，如此等等。但是，本文所定义的伟大事件主要是观念上和思想上的运动，它扩展到整个西方文明的核心地区，并且持续相当长的时间，而其最终的结果就是在西方文明的核心观念发生了重大的改变和转折。各种社会制度的变化以及实际的社会运动可以说是这种事件的另一面，也可以说是它们的产物。从这个标准来看，那么梭伦改革和古希腊民主化运动在改变人们的观念方面庶几可相比较，而民权运动则很难与启蒙运动比肩而立。毫无疑问，关于这些事件的定义与选择必定会有重大的争议，不过，此处我们也只能暂时将其搁置一边。

第一，文艺复兴的重要性在于它使西方社会与其古典辉煌而伟大的文明恢复了联系，使古典文明在西方世界复兴起来，尽管是在新的境域之中有限度的复兴，从而形成了人文主义的传统；非常重要的一点是，这个复兴并非简单的恢复，而是创造性的再生。

第二，宗教改革，就如韦伯所说，它标志了全部基督教祛巫历史过程的逻辑终点。这就是说，基督教神秘主义在新教的信仰之中达到了顶点，从而使人以神圣的名义将生活的全部重心放到了现世生活上来，从而完成西方基督教化以来，乃至文明有史以来从神到人，从来世到现世的最大转折。信仰的绝对个人化实际上所导致的却是信仰的虚无化，而这里值得我们重视的乃是它为现实世界的合理秩序和生活方式提供了最为有效的根据。①

第三，启蒙运动奠定了现代西方文明的基础。虽然现代社会的基本观念、制度等并非是在启蒙运动之中首次出现的，但是启蒙运动明确地申明这些观念，使之理论化和系统化，并用其来论证、设计和完善新的制度。正是通过启蒙运动，西方人才第一次明确地达到了社会制度是由人建立起来的，而其正当性是要人来证明的这样的认识，并且为多数人所接受。我在上文已经列出了启蒙运动所系统地论证、建立和宣布的主要观念，在这里所要强调的就是，这个运动以及这些观念既赖以为根据又坚定地表明的乃是人们对理性的信心，以及人们通过改变自己的观念和精神状态所能产生的巨大社会效果。

这里也可以稍稍提一下法国大革命。这场革命自然是西方文明之中的一件重大事件，它直接导致了《人权与公民权宣言》以法律的形式确立自由、财产、安全及反抗压迫等公民权利。不过，我们看到，法国大革命深受启蒙运动的观念和思想的影响，它的发生固然有其社会、政治和经济等方面的现实原因，但还是在相当大的程度上可以视为启蒙运动的后续。美国的民权运动虽然影响了整个西方世界反对种族歧视以及反对一切因种族、性别、年龄、生理等差异而导致的歧视的运动，但这也只是既有观念和原则的普遍化。无论法国大革命，还是美国民权运动，或者其他一些事件，如果在一个更大的视野下，都是西方文明

① 新教虽然有很多派别，但在教义方面有三个共同原则，即因信称义、信徒人人都可成为祭司和《圣经》具有最高权威，这三大原则和天主教是针锋相对的。不过，我这里所关心的是宗教改革运动对西方文明之中一般观念变化的意义，而不是新教教义本身。正是在这个意义上，韦伯的理论是始终值得重视的。

中的重要事件，也应当理解为西方文明核心因素的一个方面。但是在本文中，它们不被列入决定性事件，因为它们乃是某种既有的观念、制度或事件的进一步展开。

（四）西方独特的精神产物

西方的文学、艺术、建筑、音乐和体育等，都是体现西方文明的精神独特性的形式，它们乃是西方文明的最为生动、活泼的部分，是西方文明中的性情的表达。它们构成西方文明的最为直观的外表，也是最容易让人直接去模仿的部分。不过，我们应当注意的是，这些对精神的性情的、趣味的表达都有内在的观念为其基础，因而是非常难以仅仅从表面就能学到的。比如，体育在一般人的理解里仿佛就是一项单纯的运动，然而造就体育之为体育的首先就是一种精神性的东西，这就是追求、挑战与规则。任何一种文明都有自己的体能和智能方面的游戏和娱乐，或者一般地说运动，但它们并非直接就是体育，后者需要精神和规则。足球运动作为一种娱乐方式起源于中国，但它是在西方文明之中才成为一种体育运动的。

西方文明中的这种独特的精神产物有其繁多的种类，并且给某些种类作出准确的规定确实也颇为不易，这并不是因为它们与其他文明中同类的差别太小，而是因为它们乃是性情和趣味的表达。在这里，我可以提出如下一些因素：(1)古希腊的建筑和雕塑；(2) 古希腊神话和史诗；(3) 文艺复兴以来的西方绘画；(4)古典音乐；(5)古典舞蹈；(6) 现代艺术①；(7)电影。

在这里是否应该再包括那种体现一种综合性的思想探索的活动，比如后现代主义，是有待深入研究的议题。不言而喻，上面的清单是不完全的，这主要不是因为这些因素太多，而是在甄别这些因素的重要性时尚乏有效的方法和手段——当然，对于上述的其他因素，这一困难也同样存在，只是程度是有所不同的。

四、我们的态度与人类文明的前景

今天的世界就本文的题目所及存在两大强势的现象，其一就是全球化，其二就是文明之间的冲突。全球化是以某些规则和规范来整合整个世界而使之

---

① 这是一个不令人满意的笼统的说法，因为这个太过独特的现象甚至无法找到一个大致确切的概念来指称。

成为一体的进程，它的动力来自于人们的基本经济活动以及使这种经济活动以目的合理的方式最有效地实现的观念和制度，而后者的多数从表面上看出自于西方文明的核心因素。全球化现在正呈现出席卷一切而不可阻挡的势头，主动而积极的应对与被动而消极的应对，会导致有霄壤之别的结果。面对这一潮流，许多处于被动应付地位的国家、民族和人们往往容易采取消极反对的态度和做法，这是可以理解的反应，却是不正确的，因为此种抵抗最终是无效的。对我们中国人来说，至关重要的不是反对这一潮流，而是如何来正确应对这个潮流，并且在可能的情况下主导这种趋势，并且争取实现一种理想的境况，即人类不同文明、民族和国家共同来协调这一进程。

在人类历史上，已经发生过数次大规模无序的民族与文化的冲突与交流，这些交流与冲突并行的真正历史性的活动毫无例外都是血腥的，伴随着一个民族、一种文化征服另一个民族、消灭另一种文化的现象，而其最好的结果则是不同民族与文化的融合，但这也始终以剑与血为其前导。相对于这些既往的事件，今天的全球化看起来采取了最为平和的手段，即经济。然而，它却同时也隐含着巨大的威胁，并且导致实际的冲突。所谓威胁就是强势文明在借全球化席卷世界的同时也将其他文明荡涤无存，从而单单由它来主导整个世界；这不仅同时就意谓由这一文明中的人来主导世界，而且也直接意谓人类文明多元化的消失，而这对整个人类的生存和意义都是一个巨大的威胁。

当我们回过头来考察第二大现象时，那么就会意识到，即使今天的全球化其实并非都是礼尚往来的，同样也充满了腥风血雨。文明和民族之间的冲突，尤其是一个具有特定文明的国家对另一个不同文明的国家的干涉，当一切表面的理由都被剥落之后，那么人们就会看到，除了观念的差异，就是利益的驱动。这种冲突的无法避免，不仅在于观念与利益的冲突是无法避免的，而且也在于人们无法寄望于任何一种文明的自我约束来避免这种冲突；而当两种文明在观念、宗教或意识形态方面都具有强力传播的性质，就如一神论的宗教那样，那么这种希望就更无异于镜中之花、水中之月。如果世界上仅仅只有两种具有如此性质的文明，那么结局必然是你死我活。对于这种冲突，人们到现在为止虽然有无数美好的祈祷，但却缺乏良好的愿望、坚定的意志和有效的方法。

一种理想的立场和态度是站在人类文明整体的高度来应对这两种现象，以及与此相关的其他所有现象，以人类整体利益为鹄的来建立某种秩序。但这是一项颇为艰难的追求，因为人们太容易陷于既有境况的窠臼，包括文明的窠臼，并且到现在为止也很难看到在今天的世界上有哪一种文明之中的人民已经达到这样高度的觉悟，能够为了人类的整体利益来约束自己，无论是生活方式还是意识形态，以及具备了颇为重要的一种精神的和心理的状态，即不同文明之间的彼此信任；因为事实上，即使同一文明中的不同民族、国家甚至地区之间的彼此信任也是远未达到的。

这样一种境况决定了我们应当采取的态度。在这个世界上只有存在着更多彼此力量相若、社会—经济发展水平相当的文明时，文明之间的良性秩序才能够建立起来；而多种文明共存的状态乃是人类社会维持的基本要求。在整个人类历史上，只有少数几个文明具有完全独立的观念、制度、生活方式、历法与节日系统、悠久而无中断的历史，中华文明就是其中的一个。在今天，中华文明作为一个独立的文明遭受到空前的威胁，所谓五千年之未有的变局同时也就是五千年未有之危局，尽管也正是五千年未有之机会。在今天，虽然在外部受到西方文明的强力侵袭，在内部受到教条主义、非智主义和特殊利益集团混合势力的束缚，在中华文明的核心因素在几近灭顶之后的今天，依然表现出强劲的复兴力量。但是，一个严酷的现实是，全盘恢复既有文明是不可能的，也是不可取的。现实而且可能的做法就是将既有文明的核心因素中积极的、持久的和实质性的因素结合西方文明中具有同样性质的因素，从而达到中华文明万象更新、生机焕发的新的形态。

然而，在这之前，至少与此同时我们还面临另一个重大的困难和任务，这就是重新认识中华文明，甄别其中的核心因素。因为几十年间极左思想对中国传统的彻底否定和非智主义的摧残，中华文明不仅遭到极大破坏，而且因此也几乎失去了达到全面深入的自我认识的能力、基础和条件。现代社会科学、人文学科和自然科学的发展为人们提供了认识社会—历史、认识既有的文明的有效手段和工具，但教条主义和非智主义在相当长的一段时间内也同样拒斥这种手段和工具。它们自然就不允许以这些科学和学术的手段和态度来研究和认识自己的历史，那个辉煌却也朦胧的文明。经受这样双重的劫难，不仅如前文所说，传统文明对当代的多数中国人来说，几乎像别种文明一样陌生，而幸存的底层因素虽然具有顽强的再生能力，但是在现有的境域之下是不可能再产生出精英文化来的，而其所保留的只是一些片断的、零散的存在，其中有许多甚至乃是消极的东西。一种文明当只保留一些最为朴素、基层的因素而缺乏其宏大的社会结构和体现高度的精英文化时，是相当容易被其他文明同化的。那么，中华文明的核心因素是什么？它的宏观结构和精英文化是什么？甚至有许多人都没有勇气来提出这个问题。

与此相关，教条主义和非智主义原本就是来自西方文明中的消极因素或是受其影响的产物，因此它们同样也拒斥西方文明中的积极因素。这一层面的拒斥与否定中华传统文明一起使中国社会退回到某种封闭、落后和素朴的状态，而当再次开放之时，西方文明由变革和快速发展形成的巨大优势又如洪流冲击，人们在感受震撼于其巨大力量之际，却将直接感受到的东西当作了西方文明的根本，而没有兴趣和耐心，甚至似乎没有时间去探讨这种力量背后的真正动力。这样，人们对西方文明就犹如盲目摸象，不知核心所在，整体如何，不明就里。然而，现代西方世界对自己的文明持续进行了深入、全面、反复的研究，那里的人们对自己社会—历史的无微不至的认识，对自己文明的反复考察，是中国人所远远不及的。由于这些研究著作许多已经译成汉语，从而使我们能够甚至比了解自己的文明、自己的社会—历史更为便捷地了解西方文明，从宏观的结构到微观的细节。相比之下，有良知的中国学人岂能不生出惭愧之心？

全面深入地研究中华文明和西方文明以及世界上的其他文明是一项巨大的事业，需要许多人的学术热诚和奉献精神。

本文乃是理解和把握西方文明的核心因素的一个尝试和努力。自19世纪始中国人意识到西方文明对中国文明的冲击之后，以西方文明为对象的西学就与国学或中学一并出现了。在这之前，就如西方将关于自己的社会—历史以及其他的研究仅仅视为学术本身一样，中国人原来也认为关于自己的社会—历史的研究也就是学术本身。中国人提出了中学与西学的对举，但西方人却从来没有提出过这样的对举。这固然可以用别的理由来作解释，但却无论如何也正表明，中国人开始意识到自己文明的区域的性质。但是，西方人却也正在那个时候开始坚信自己的文明是普世性的。这种所谓的普世性在很多时候正因其他文明中人们的认同而得到加强。比如，有人将从西方引进的某种主义称为放之四海而皆准的普遍真理，而同时要彻底消灭自己的固有的思想、传统和文化。今天当我们在这里要来梳理西方文明的核心因素时，排除这样一种态度和心理乃是一个首要的前提，否则这项工作也就会变得毫无意义。

这里或许有必要简单地讨论一下西学的概念。① 这个概念毫无疑问是有其特殊的意义的，在中国它至少表明，这是从中国人的角度和立场出发，在中国的视野之下关于西方的研究和知识。在这个概念出现的初期，它指关于西方文明及其所有的一切知识，因此像自然科学、社会科学一类知识也就包括在西学的范围之内。这是一个庞大而表面上包罗无遗的概念，实际上它天生就有许多的罅隙。西学的概念曾经在相当长的时期内销声匿迹，当人们重新提倡国学之际，这个概念也就油然而复起。但是，我所理解的西学概念在今天就有了或者应当具有全新的意义。西学不再也不可能是指西方文明之中的一切知识以及关于这种知识的知识，而仅仅是指在中国视野下对西方文明的研究，其主旨或在于从中国人视野来把握西方文明的性质、特征等等，是关于他者的一种研究。不过，可以预计的是，这个概念与汉学和国学等概念一样，只是一个暂时的、过渡性的概念，它们迟早会被中国研究、欧洲研究、美国研究，或者更为一般的西方研究这样一些较为确切的概念所取代。

我之所以这样断定的理由是因为在现代学术的境域之下，并不可能存在任何独立自存的、封闭的西学、中学或国学研究，它们必定是一种包含社会科学、人文学科和自然科学的综合研究，并且是以这些领域的专门研究为基础的。脱离这些学科，所谓西学、中学或国学就成为某种非学术的东西。而中国研究、欧洲研究、美国研究或西方研究乃是对此类综合性研究的一个指称，而不表明它们是与社会科学、人文学科和自然科学的任何一科并列的学科。

现在让我们回到理解西方文明的核心因素的意义这个问题上来。在全球化和文明冲突这样两个大的趋势之下，对中国人和中华文明来说存在着如下两种可能的选择。

第一，我们在不知不觉中就被全盘西化了，而且是在反对全盘西化的口号之下，甚至在中华民族复兴的旗帜之下，被全盘西化了。在这种情况下，危害最大的一种做法就是以实际上的一种全盘西化反对另一种全盘西化。与此伴生的一个现象是，中国同时也陷入封闭状态：从而在各方面又落后于人。当我们再次直接面对西方文明或其他文明时，后者又必定会以其优势汹涌而入，冲击

① 西方人当然没有西学，而现在中国有人把关于自己的社会、历史、语言、文学等等的研究也称为“汉学”，则是相当可笑的一件事，这无非是跟着西方人把自己当作了“他者”来研究了，因为汉学是有其特定的渊源和背景的。西学概念是中国人提出来的，因为西方人将关于自己的研究乃是看作学术本身的。

我们对自己以及对自己文明的信心。这是我们已经经历过的历史。这样一次又一次的封闭－落后的循环倘若一再发生,将会彻底消磨中国固有文明的精神,消磨中国人的创造精神,从而中国最后就真正只能成为一个地域的概念,而不复能够以一种文明独立于世了。

第二,我们充分认识和把握西方文明的优点和特点,同时也充分了解和认识中华文明的优点和特点,这就是说,我们既了解中华文明的核心因素,也了解西方文明的核心因素,在这个基础之上,营造使两者之长得以发挥出来的环境和条件,通过创造性的活动,使中华文明走向真正意义上的复兴。

创造性活动及其成果,乃是评价和判断一个文明是否独立以及这种存在可能性的重要标志。我们可以从这个相当实际的角度来考察我们自己的文明,即在现代世界上,无论在思想、文学、艺术领域,还是在科学、技术上面,有多少是中国人创造出来的东西?正是创造性活动的衰弱,自近代以来,中华文明就在相当大的程度上沦为次要的文明或从属的文明,而要从这个境地中超脱出来,那么这就是一条不二法门。但是,对这一种选择来说,环境与条件是至关重要的,个人的不自由状态,或者政治上的专制无疑是实现这种选择的最大障碍。

在近代历史中,人们往往可以看到这样的情形:在一些内在封闭的社会,或者由于政治制度受到少数人的控制,或者由于多数人的自我封闭,而在西方文明又是无孔不入的情形之下,人们最容易接受的却正是表面的、外在的乃至消极的东西,而那些使西方文明成为强势文明的核心因素却被拒之于门外。与此相关,越是接受西方文明中的那些消极的、暂时的、表面的东西,就越容易摧毁本文明中的积极的、持久的和实质性的东西。

行文到此,我可以作出一些总结性的评论,而这同时也就是尚需进一步思考的问题。

第一,西方文明是一个特定时期主要在西欧发展起来的人类社会现象。它的源头并不全是西方的,它现在也远远超出了西方的地域,而成为今天人类社会的主流文明。但是,本文的问题换一种说法就是:究竟是什么让西方文明成为一种世界性的文明?本文的任务就是梳理出造就西方文明的那些核心因素,试图了解这些因素之间的关系,并在此基础上阐明这项工作对认识我们文明及其前景的意义。

第二,西方文明的核心因素是其观念性、制度性的内容,而它们的出现、成长和自成一体,依赖于人的自由发展的程度。在西方文明的早期,不言而喻,这些因素受到自然条件的襄助、促进和影响，而在后期，自然环境因素的影响就大为减弱，而观念性的、制度性的因素的影响上升为主要的动力。这也就是这种文明传播到世界各地的原因之一。

我们必须了解哪些东西在西方文明体系里面是根本性的、积极的、历史悠久的东西，哪些则是次要的、短暂的、消极的或者已经为人抛弃的东西。我们也必须明白，西方思想、知识和制度之中根本性的、积极的乃至历史悠久的东西，也是西方文化传人不断创造、不断更新、不断发扬光大的成果，而绝非抱残守缺的结果。这一点也可以从如下一个现象体会到。西方文明除了在源头上，也在其发展过程中，吸收了来自于其他文明的一些因素，它们合理地融入西方文明的体系之中，甚至至今也被视为西方文明的因素了。文官制度就是一例，这是中央集权制的特殊制度，是首先在中国而非西方出现的一种制度。但是，今天这种合理的制度在西方文明的其他因素的作用之下得到进一步合理化之后，反而要由中国来向西方学习了。

多种文明大致和谐地共存，而这并不排除彼此的竞争与必要的冲突，是人类社会的一个理想状态。要达到这样一个理想境况，所需要的是不同文明的充分发展和强盛。中华文明及其承荷者对此负有无可逃避的责任，这就是我们要来中肯地理解西方文明的核心及其作用和意义的一个主要目的。

2007年4月11日下午改定于北京魏公村听风阁

文明和谐创新之路

段　钢*

文明是人类实践的结果。不同的文明取决于其所处的不同的生态环境、社会制度、生产力水平、文化习俗等因素，在发展的路径、发展水平、范围等方面都具有不同的特征。正因为这种差异性，不同文明之间的和谐共存显得更为重要。人类走到今天，最终得益于文明的发展。对世界文明的解读是许多学者孜孜不倦的努力。人类出现后的几千年的演变过程中，每一次文明的进步无不浸润着血和泪的历史。

文明之间的差异性和相互交融性是文明发展过程中的一个硬币的两面，动态地推动着整个人类文明的发展，这其中自然不乏各种文明的不断创新。在人类进入 21 世纪以后，各种文明如何在创新中和谐发展更成为全人类关注的话题。

一、世界文明的时间和空间发展

文明是人类发展的物质、制度和精神方面的结晶。在漫长的人类文明发展史上，不同时空背景下，人类的发展呈现多姿多彩的特征。

纵观人类整个文明形态史的发展，我们可以大致勾勒出一个粗略的线条。

---

* 作者单位：上海社会科学报社。

在时间上，我们对人类文明史的划分有不少的标准，如古典文明、近代文明、当代文明、现代文明，也可以分为农业文明、工业文明、后工业文明等。

在空间上，地球上的文明发展呈现一定的布局特征，可以划分为以西方文明为中心的欧美文明区，以中国文明为中心的东亚文明区，以印度文明为中心的印度文明区，以伊斯兰文明为中心的中东和北非文明区。这些文明既具有共性，也具有自身个性特征。按照曾经出现的文明代表，可分为古西亚文明(两河文明)、古代埃及文明、古代印度文明、玛雅文明、古代中华文明等等。具体有埃及、希腊、罗马、印度、巴比伦、亚述、克里特、亚特兰蒂斯、波斯等各种不同种类的文明社会群体。按照信仰来划分，则有儒家文明、基督教文明、伊斯兰教文明、佛教文明等世界最主要的几大文明种类。

人类正因为文明的发展，使得自身远远地把自然的一面抛在身后，而把社会的特征越发凸现出来。正是这一纵横交错的时空坐标把人类的发展表现得更为丰满。

首先，时间把文明的发展精华积淀下来。人类文明的发展不仅仅表现在物质成果上，还体现在精神和制度的发展上。物质是文明最基础的载体，精神和制度等需要通过物质层面的支撑，比如，精神的东西需要大脑的传递，而大脑的思维推理和判断需要大脑的不断发育，这就需要物质的充足保证。这是一个时间的积累过程，经过不断的反复实践矫正，失败得到总结，精华得以留存。在物质方面，人类解决了生存的需要，物质得到极大的丰富；在精神方面，人类的形成了许多价值标准和精神遗产，不断承继下去；在制度方面，人类不断在探索适合人类社会发展的最佳制度，反过来促进了物质和精神的生产。从茹毛饮血的社会生存到消费社会的意义生存，人类的文明精华积累把人从物质层面解放出来，更多地走向精神层面或者制度层面。精华的聚集形成我们当下的文明样式。

其次，文明不同的空间发展使得人类的文明把社会与自然更加紧密联系起来。自然环境是一种文明产生和发展的背景。在一定的自然背景下，物质条件左右了物质发展的水平，一定的物质文明水平反过来决定了与自然环境的关系。人类从过度攫取到与自然和谐相处也是经历了一个漫长的过程。对待自然的态度也是一个文明发展水平的先进或落后的表现。在工业化初期，人类对自然抱着无限挖掘的态度，虽然发展了物质生产力，满足了一定时期人类的物质需要，但是自然随即对人类的报复使得人类的文明积累倒退了若干年，如沙漠化、资源贫瘠、环境恶化等，人类不得不拿出更多的人力、财力去解决这些问题。这本身也是一个文明发展水平高低的问题，衡量文明程度是否提高的标准绝不仅仅是物质的进步，还要关注其是否与环境之间取得更大的和谐性。文明的真正发展和最终归宿绝不会导致人类与环境的关系更加对立，而是文明发展的程度越高，人类与环境的发展关系就越融洽。环境是人类文明的一面镜子，它能够反映出人类文明的发展成熟度。

第三，不同时空文明的取长补短使得文明获得不断创新和发展的动力。不同文明发展的优劣是参差不齐的，它是文明多样性的一种表现。每一种文明都有其他文明所不具有的长处，而每一文明也有着自身的短处。这就需要在一定的时空条件下，推动不同文明之间的相互学习、取长补短。比如，西方文明在物质上取得了极大的成果，极大满足了人类的物质需要，这得到人类的普遍认同；而伊斯兰文明对信仰所表现出来的极大尊崇感，相比之下，这是西方文明显得势弱的一面。如果在物质文明极大发展的情况下，人对精神文明的追求也能得到相应的发展，物质文明和精神文明的存在和在发展过程中，可以相互促进和相互弥补，这样一种文明发展状态正是人类文明发展的方向。而其前提则是不同文明之间能够相互包容，以敞开的态度平等地对待其他文明，互相学习。

最后，不同时空的文明发展通过对话获得一定的发展共识。人类文明的发展是有一个共识的，那就是最大限度地发展人、解放人，使人获得全面发展的自由。这正是通过对话来实现的。对话是为了消除分歧，加强沟通。如果一种文明硬要把其价值观强加到别的文明之上，冲突就不可避免。当今世界不乏其例。正是在这样的背景下，我们建设和谐世界的主张得到大多数国家的支持。这样一种发展的共识就是建立在对话的基础上。文明之间对话应同时具备三个条件：(1)它是双边或多边的；(2)双边或多边有着共同关心的话题；(3)一方的说话内容必能引起另一方的说话反馈。在这个意义上，对话可以包括询问、争论、审讯、谈判、答辩、讨论、采访，以及一些有目的的交谈等。在文明的多样性背景下，相互认同和相互适应是最重要的，不同文明之间存在差异和矛盾并不可怕，关键是如何正确对待文明的多样性。对话不仅仅是交换看法，而且还能推动或者控制事物的进展。对话将会逐渐取代对抗。

二、世界文明的冲突和共存发展

文明之间的冲突与共存，在历史发展的过程中呈现一种动态的发展变动趋势，在其中，冲突与共存一直处于一种胶着的状态。单独强调冲突或者共存都是片面的，二者始终是一种辩证的关系。比如，冲突是为了共存，没有冲突不能体现共存的价值，没有冲突，共存就达不成现实的可能。冲突和共存，二者之间存在辩证法，冲突与共存是相因相承的，没有冲突就不会有共存，没有共存，冲突也会因缺乏张力而失却意义。文明共存在动态的文明冲突中发展。

首先，文明的冲突是人类前进的动力。文明之间的冲突就是价值的冲突，这种冲突存在于人类发展的任何社会形态和发展阶段。文明冲突是人类发展的常态，毛泽东在战争期间对此有过深入的论述。他始终持有一种乐观的看法。他认为，冲突是在社会和自然界存在的一种既定的、自然的状态；第二，冲突是在社会和自然界普遍的状态；第三，冲突是人类世界的一种有益的特性，它所引起的变化是积极的、进步的；第四，冲突还可以理解为社会和自然界的一种永恒的状态。如果我们把冲突限定在一定的可控范围内，冲突就可以被看成是发展的动力，我们可以利用冲突去推进发展。但是如果我们不能辩证地把握冲突，冲突就会被看成是对发展的一种妨碍，而不是一种促进；而要取得进步，就要克服冲突这一障碍。比如我们在改革过程中出现的一些与其他文明的冲突，容易引起其他文明的警惕和恐慌。一些学者反对把冲突运用于人类发展的决定力量上，他们认为，在自然界和观念领域，由冲突造成的矛盾根本不是一种创造力量，不认为冲突是普遍的，不认为是自然、社会和观念发展过程中共同具有的特点，因此，主张将冲突这一概念限制在十分狭窄的范围内。笔者以为，冲突作为世界的一种存在方式，它具有自身的存在价值，矛盾运动推动世界的发展是不可回避的真理，我们需要警惕的是，片面强调冲突，把矛盾和斗争扩大化的做法是不适合社会发展的需求的。人类应该看到冲突的负面性，更要看到冲突的积极一面，利用它为人类的发展所用，把冲突置于人类的观念可控范围内，释放其动力，消解其障碍性。比如，把我们与西方文明的某些冲突作为文明创新的动力，而不是看成施加于我们头上的压力，在大力发展中华文明的同时，可以不断矫正自身发展方向，展现其绚丽多彩的一面。

其次，文明冲突是人类文明交融的前提。人类的发展是在冲突中前进的，许多学者认为，人类的发展是螺旋上升的，这种上升是对各种曲折方向的矫正，人类也为之付出了巨大的代价。自人类诞生以来，各种文明之间一直处于不断的冲突当中。没有文明之间冲突，文明之间交融的欲望就显得薄弱。比如希波战争的历史意义是深远的，它是东方波斯与西方希腊城邦在各自发展过程中的一次碰撞，也是东西方文明的一次重要冲突。以亚历山大东征为例，其帝国的疆域当时已经包括波斯文明、埃及文明、犹太文明甚至印度文明，涵盖了整个欧亚大陆，东征的过程其实就是希腊文明与东方文明互相渗透的过程，东西方文明因而相互了解。正是因为冲突带来的相互了解和认识，文明逐渐交融，交融的过程也是好的征服坏的过程，在这一过程中，人类的发展方向得到矫正，比如中华文明就融入了佛教等文明的因素，从而使中华文明呈现出极大的包容性和亲和力。要看到文明冲突带来的正面效应，也即是说，正因为冲突，以及冲突中付出的代价，人类才换来了发展的宝贵经验，才终于知道人类需要什么文明，要抛弃什么负面的因素。工业文明带来战争的恶果，战争中大批的尸体使得人们不断反省冲突以后的发展道路，而不是一味任由现代科技的发展来左右人的发展。亨廷顿的极端观点自然会受到许多批评，但也不能认为不同文明之间永远只能一团和气，都会很理智地对话。这只是我们的一厢情愿。所以，我们对待冲突的态度应该是辩证的，一方面，它可以促进人类文明之间不断通过交流而得到融合和发展；另一方面，恣意的冲突也会使得人类的文明积累受到破坏，阻碍文明发展的脚步。任何一种偏激的做法都会使得文明的发展走入误区，甚至成为政治宣传的工具。我们不能避讳冲突的不可避免性，不是一味地要阻止冲突，而是要把冲突的成本置于可以控制和代价最小化的范围。这也要求建立一种可行的文明发展机制，把冲突和交流纳入一种可以掌握的体制内，那么文明的冲突就会发挥其正面效应，为人类的发展提供更好的动力。

第三，文明的共存为人类发展提供能量。汤因比在《历史研究》中把人类6000年的历史划分为21个文明史，他认为理解历史最为捷径的是理解一个一个的社会群体即文明，所谓的民族国家一定是基于一定的文明背景建立的，比如，英国如果是脱离欧洲大陆的整体框架，就不会有客观的英国史。“国家正是在文明的怀抱中诞生和消亡的。”①文明作为人类发展的母体，它孕育着若干人类发展的不同形式，在政治、经济、文化上具有不同表现，君主制、共和制、议会制，市场经济、计划经济，传统文化、现代文化、民族文化等都具有各自存在的价值。不同文明的共存为人类的未来发展积蓄了能量。也可以说，文明的冲突最后结果一定是走向共存和融合，共存就是要倡导文明的个性独立而价值共进。在共存中形成人类相对统一的价值取向，即以人类的发展为根本目标。文明共

---

① 汤因比：《文明经受着考验》，浙江人民出版社1988年版。

存带来巨大的发展能量,因为各种文明的精华聚集在一起就可以形成巨大的合力,极大地推动人类社会的发展。比如,各国在科技上的发展,通过合作沟通就可以更快的速度产生效益,打破了以前老死不相往来、严格的技术壁垒的做法,最终使全人类享受到科技的好处。文明之间的共存正是通过对话和交流达到目的,对话和交流可以产生能量,可以弥补鸿沟、填补差异,以先进带动后进。这里文明共存的前提就是,对待不同文明的态度问题,首先要持有平等的态度,即对其他文明的尊重,不同文明之间才可能共存。虽然也对文明的瓦解持有一定的看法,在汤因比看来,西方文明要继续存在和发扬光大,必须在冲突之后,对待其他文明以平等的立场,学会与其他文明平等相处的态度。西方文明在共存中也才可能获得自身发展的能量。近几个世纪以来,东亚文明在面对西方文明以"复兴"、"改革"、"启蒙"、"法国大革命"、"工业革命"和"殖民主义"为新型观念的引导下,开始了对西方文明的学习,并且逐渐接受在西方文明主导下的全球化进程。所以,这是全球化进程中文明发展的必然结果,因为人类可以从中获得更为巨大的发展力量。共存的结果也即是融合。

第四,文明共存是人类全球化发展的前提。人类的全球化正成为一个既定的目标,不管你是否愿意,全球化是人类文明发展的结果。在全球化的过程中,文明的共存为全球化提供了可能。这一基础正是几千年文明的积淀,使得不同种族、民族和阶层具有了对话和沟通的可能,都能够依靠一定的文明背景在全球获得和谐的生存可能。哈贝马斯认为:全球化指的是一个过程,表现在:(1)国际贸易在地域上的扩大,相互作用的密集程度日益增强;(2)金融市场的国际网络化促进了短期投资,加快了资本流通;(3)在其他国家越来越多的直接投资归功于跨国协调合作的发展,这种协调合作在决策中越来越独立于本国生产基地;(4)从发达国家出口的工业商品直线上升,这加强了对于经济发展与合作组织国家的竞争压力,推动它们在优先发展高新技术产业部门的方向上,对于本国经济进行改造。① 如果说,全球化的最初意义是在经济领域的,那么今天全球化的意义已经扩展到政治、文化等领域。对全球化不同的理解会导致不同的态度,比如有的是一种全球主义的态度,拒斥发达国家的资本和文化的入侵;有的是一种全球性的态度,认为这体现的是现代社会的必然;有的则是一种全球

① 《从"世界历史"理论看全球化》,参见 http://www.txwzh.com/Article/d00/d05/200601/24311.html。

化的态度(全球化过程),认为这是一个世界性的发展过程。随着经济的扩张,在全球范围内各种文明经过互动和融合,相互沟通、互补和交流,不断冲破地域限制和民族局限而走向世界,形成新的世界文明。这是一种相互补充的过程,一方面是各个民族和地区的文明超越自身与其他文明共同存在,从而不断获得更多的文化认同;另一方面是共存的文明不断吸取各民族文化资源的精华,在民族文化与世界文化、个性文化与共享文化之间不断开出新的文明样式。所以说,文化全球化并不是全球文化的同质化,如传统儒家所说,文化需要"和"而不"同",许多极具地方性的文明样式之所以获得广泛的认同,正是因为展示了带有强烈民族色彩的文化风格,从而获得了更广泛人群的更多认同。正如一句老话,越是地方性的可能越是全球性的。文明的这种共存性使得人类朝着全球化的方向坚定不移地前进。

三、文明:作为人类存在的价值追问

文明的存在,核心是人。没有人的存在,就无所谓文明的价值。许多学者对文明都有着一定的定义,在这些定义中,以斯宾格勒、汤因比和亨廷顿的观点最为引人关注。对文明的研究始于斯宾格勒著名的《西方的没落》。斯氏认为,文明在一定意义上等同于文化,任何一种文明都是一个诞生、发展和死亡的过程,最后都不可避免地走向没落。文化是一个过程,而文明则是文化的"死亡的归宿"。汤因比较之斯宾格勒抱有更多乐观的看法,他强调主体的特质、宗教情感和道德力量在推动文明发展过程中的巨大作用,漠视大众而强调英雄对文明发展的作用;在亨廷顿那里,带有文化殖民主义的色彩,把文明上升为国际关系的层面,强调了不同文明之间的冲突,把冲突的核心圈定为西方文明—伊斯兰文明—儒教文明的冲突。不否认的是,人类什么样的文明观决定了人类采取什么样的态度进行相互之间的合作。

第一,文明的价值在于塑造人。人的存在是物质和精神的文明综合塑造的结果。文明的最直接显现就是物质文明的极大成就,物质不断丰富的同时,精神的需求也在不断得到满足。辜鸿铭早在《中国人的精神》中指出,衡量一种文明有无价值,不在于它是否修建了和能够修建出巨大的城市、恢弘的建筑和宽阔平坦的马路,也不在于它是否制造了和能够制造出漂亮舒适的家具、灵敏实用的工具和器具,甚至不在于学院的设立、艺术的创造以及科学的发明,问题的关键在于，这种文明能够产生出什么类型的人，能够培养出什么样的男人和女人。[①] 文明的价值在物质和精神层面不断造就“人”，辜鸿铭心目中的人应该是大写的“人”，是顶天立地、脊梁挺拔的“人”，是有独立之精神、自由之思想的“人”，而不是绝对权力的附庸、奴才与走狗，不是屈服于权势的“良民”和“被驯化了的动物”。如果一种文明，只能源源不断地产生奴才与“动物”，而无法培养出真正的“人”，这种文明必将被淘汰和消灭。物质与精神在两个层面塑造着人：一方面，要让人在基本的生存方面获得安全，现代化的结果是人的物质资料极大发展，为物质资料展开争夺的文明冲突越来越势弱；另一方面，在精神上不断使人得到提升，对价值的追问越来越强烈。人就是在这一过程中不断得到塑造。

第二，人是一种文明符号的存在。人类对文明的记载是通过一定的符号来实现的。文明最初的形式——人类劳动实践是符号的起源。早在原始社会，人们对符号的使用既具有实用功能又具有审美的功能，符号成为维持社会传统秩序的工具，负载和传递信息的中介，也是认识事物的一种简化手段。符号学家、德国哲学家卡西尔认为，人与其说是“理性的动物”，不如说是“符号的动物”，亦即能利用符号去创造文化的动物。在卡西尔那里，“人—符号—文化”成了一种三位一体的东西，而“人的哲学”—“符号形式的哲学”—“文化哲学”也就自然而然地结成了同一个哲学。人就是符号，就是文化，也就是文明。作为活动的主体，他就是“符号活动”、“符号功能”，作为这种活动的实现就是“文化”、“文化世界”。同样，文化无非是人的外化、对象化，无非是符号活动的现实化和具体化；其核心就是符号。因为正是“符号活动”在人与文化之间架起了桥梁：文化作为人的符号活动的“产品”成为人的所有物，而人本身作为他自身符号活动的“结果”则成为文化的主人。文化作为文明的体现，解释了人类为什么可以凭借符号为媒介来认识外在世界，从而形成语言哲学、神话哲学、艺术哲学、宗教哲学，等等。人类的意识过程，其实是一个将世界符号化的过程。人的思维就是对符号的挑选、组合、转换、再生的过程，人是运用符号思维的主体，符号是思维的主体，也是人类文明发展的精华。所以说，文明的传承最主要的形式就是通过符号来完成的。

第三，文明是对人的全面自由发展的追求。文明是把个体的自由全面发展

---

① 辜鸿铭：《中国人的精神》，海南出版社 1996 年版，前言。

作为发展的价值目标或标准。所谓自由发展，就是一个人的发展不受另外的人的限制。当然，个人发展的自由并不是无止境的，它只是在不损害别人的利益、别人的发展这个范围内的自由。[①] 所谓全面发展，就是使人的各方面的本质力量都发展起来，使个人向完整的个人发展，使“人以一种全面的方式，也就是说，作为一个完整的人，占有自己的全面的本质”[②]。文明带来的结果并不只是经济的发展，它还包括社会和人的方方面面的发展。一个社会的文明程度，不只是看一个社会的经济发展是否对于人的全面自由发展起着推动作用，还应该把其他文明指标作为评价社会的标准，比如，人的社会保障情况、恩格尔系数、精神状况等等。简单地以经济发展的 GDP 为标准，这不是文明的唯一体现。这是因为：(1)每个人自由而全面的发展，必须在特定的时代、特定的条件下发展自己，获得那个时代所允许的自由。(2)每个人的自由而全面的发展，是和社会、群体的发展合拍的，适应于一定的生产力发展水平。(3)每个人的自由而全面发展，是“个人关系和个人能力的普遍性和全面性”。每个人自由而全面发展，自然是超越了或克服了“个人同自己和同别人的普遍异化”，而使得这种“个人关系和个人能力的普遍性和全面性”发展得更为充分。[③] (4)每个人的全面和自由的发展，要求对整个社会的物质生产价值、精神生产价值以及个人的整个价值系统重新的定位，出发点在于重构适合人性自由发展的价值系统。所以说，文明是对人的全面自由发展追求的追求。

第四，文明共存是人类和谐发展的价值追求。和谐是世界的本质。和谐包含着斗争，与此同时也包含着妥协。和谐包含着严格，也包含着宽容；和谐包含着一分为二，也包含着合二为一。和谐的基础是文明的共存。文明共存是文明发展的最高阶段。这与我们推行的世界和谐的价值观是深刻一致的。世界的本体是系统的物质世界和精神世界，自人类出现以来，这两个世界系统内部的差异，在经过斗争的认识阶段(这一阶段不是个别的，也不能认为是非常态的，它是人类文明的不可回避的阶段)，然后，通过协同、融合、共振、对话转变为合力与动力，来推动系统物质世界和谐一致的发展。就好像一种音调的音乐是不可思议的，然而无限扩大文明冲突的认识无疑也是片面的。越是民族的越是世界的，只有每一个民族的文化特征得到充分发展和展示，整个世界才会更加丰

---

① 李延明：《共产主义与人的全面自由发展》，载《当代思潮》2003 年第 1 期。

② 《马克思恩格斯全集》，第 42 卷，人民出版社 1979 年版，第 123 页。

③ 姜义华：《论“每个人自由而全面发展”与当代价值重构》，载《文汇报》2002 年 5 月 24 日。

富多彩，才会形成相互影响、相互映衬的世界文化的和谐局面，人类才可能获得一个和谐发展的环境。

人类的文明发展史是不同的文明在竞争比较中取长补短，在求同存异中共同发展的。希腊文明、罗马文明、埃及文明、波斯文明、印度文明、中华文明等文明之间，在历史的过程中相互交往、相互吸取对方的精华、相互之间施加重要影响。史料证明，阿拉伯—伊斯兰文明也吸收和继承过东方波斯文明和印度文明以及西方的希腊文明和罗马文明的特质，同时，新兴的西方文明也继承过中世纪的阿拉伯—伊斯兰文明。通过不同文明的对话，以平等互动、多元共存为基础，以互利共赢、和谐发展为目标，构建公正合理的国际文化新秩序，对于当代世界文明的交流与不同文明的和谐共存及人类的和谐发展，具有极为重要的意义。

四、中华文明的世界意义

作为一个世界大国，作为一种文明的中心，中华文明具有一个宏观的架构，它孕育了这一地区的若干子文明。比如整个亚洲文明无不深受这种特质的影响，在许多地方文明中总能找到某种同构性。可以说亚洲文明的核心在中国。

第一，中华文明作为文明的母体之一，其自身可以不断提供强大的传统文明资源，促进世界文明的发展。中华文明涵盖广阔，是世界上的主体文明之一，它一般包括黄河文明、长江文明和北方草原文明。绝不能把中华文明仅仅等同于儒家文明，中华文明也是一个包含儒、道、佛、墨、法等多元文化的综合体，具有极大极丰富的内涵。中华文明既是民族物质发展的结晶，是对外在的生存环境和衣食住行等生存形式的具体记录，也是生命真实个体的存在方式和内在生命的本源和精神的活动场所，精神活动所取得的一切进步都在文明的进步上表现出来。甘阳曾经指出："中国的历史文明是中国现代国家的最大资源。21 世纪的中国能够开创多大的格局，很大程度上取决于中国人能否自觉地把中国的现代国家置于中国源远流长的历史文明之活水源头中。"①当今中华文明的发展不能仅仅停留在既有的文明成果上，而是要不断推陈出新，特别是在制度建设上，如何建立现代中华文明背景下的现代国家制度、现代政治制度、现代法律

① 甘阳：《从"民族"—"国家"走向"文明"—"国家"》，载《21 世纪经济报道》2003 年 12 月 30 日。

制度、现代经济制度、现代社会制度、现代文化制度等，是摆在面前的一项紧迫任务，在整个文明体系中是否真正关注一些重要的价值要素，诸如：民主、民本、人道、人权、共富、共决、公平、公开、法治、自治、制衡、监督、科学、高效、自由、文明、和平、统一、爱国、开放，等等。占世界人口四分之一左右的中华文明，在走向现代性的过程中，对世界文明的发展起着举足轻重的作用。

第二，中华文明在展示自己的同时，不断自我反省，吸纳其他文明的长处为我所用。文明或文化本身的特性，也决定着它自身的发展和活力。有的文明或文化本身具有很强的开放程度，能够兼容并蓄、取长补短，其生命力便更为强大。相反有的文明或文化本身严重自闭，不能够主动吸取世界先进文明成果，其发展必然受限，就可能被抛入历史的垃圾堆。文明的自我反省不是自我否定，而是发展的最好动力。亨廷顿说，正是不断有人谈论美国的衰落，美国才没有衰落。

中华文明之所以能够不断发展，一方面在于其受到西方文明的冲击之时能够在一次次的失落中不断反省自己，从清末开始就有不少人走出国门，学习西方文明；另一方面，也在于中华文明"和"的独特性，使其能够不断地融合和吸取世界诸文明的长处。文明自省不是关起门来自省，而应是基于发展渴望的自省。对于曾经付出的代价、曾经的经验教训，不会轻易抛弃，在于西方一次次冲突中，我们找到文明发展的方向，不断革新自身文明。轰轰烈烈的五四运动，就是一种对中华文明的自省，是一种对文明从深层次里革新的重要运动。只是需要注意的是，在自省的过程中，一定要警惕那种妄自菲薄和走极端的做法。所以，反省的目的是寻找一种能够应对西方文明挑战的战略措施，比如，在全球化的背景下，非西方文明必须思考这些问题：在借鉴、吸取、消化西方文明中积极、健康部分的同时，如何保存、发扬自身文明的特色，传承自身文明的血脉？在全球化的背景下，如何充分发挥自身文明的内在精神，如何更好地吸收外来文明以滋养本土文明，形成自身独特的文明特质？如何避免不伦不类文明的出现？不加自省地接受他国文明，这种现象在拉美一些国家和地区有所表现。

第三，中华文明在与世界文明展开对话的过程中发展。中华文明与世界文明早在古代就进行过不少交流和对话，在16世纪之前，中国的物质文明为欧洲的文艺复兴和近代化起到了不小的推动作用。因为拥有火药，欧洲人很轻易地攻破中世纪的封建城堡；正是借助中国发明的指南针和舵尾骨舵，哥伦布的新大陆航行计划顺利进行；中国的造纸术和印刷术更是使得欧洲的文艺复兴迅速传播并张大其势的有力功臣。而在唐代，唐乐就曾吸取了高丽乐。古代中亚的舞蹈，天竺的熬糖法、医学、天文、历法等都曾传入中国。而限于古代中国的封建统治基础，我们的许多科技发明在本土并没有引发极大的生产力，而一旦传入欧洲却起到巨大的革命作用。其根源就在于制度文明的落后。所以说，在继承和弘扬中华民族优秀文化传统的，同时大胆学习和借鉴当代人类文明的最新成果，才能真正推进中华文明的发展，才能面对现代化过程中所面临的种种挑战。要在世界舞台上树立文明大国的形象，这一方面需要不断向世界先进文明靠拢，另一方面需要不断向世界展现中华文明的精华和价值，以实际行动化解意识形态偏见和对中国的种种妖魔化。在这一对话的过程中，中华文明的发展将会充满活力。

尽管中华传统文明有着许多阻碍中国近代发展、中国现代化的进程的因素，却不能陷于许多殖民的、“西化”的理论对我们的侵蚀。“西方中心论”的误区需要我们在思想上和理论上有清醒的认识，在这种思想观和理论观支配下，我们就会产生对中华文明的认识不清，导致许多误读，甚至虚无主义盛行。正确面对西方文明的交流，是消除人类对自己文明发展进程中诸多误解、误区的途径和有效手段。只有保持一种正确的对话态度，中华文明才会不断向前发展。

第四，中华文明不断创新的世界意义。中华文明的发展必须在不断创新的过程中前进，这是在遵循走和平发展之路的基础上提出的。正如中央党校副校长郑必坚指出的，“中国和平发展道路最深刻的实质内涵，应当是在 21 世纪上半叶，在同当代人类各种文明交汇中的中华文明的复兴……中华文明的复兴……一百多年来的救亡图存和兴国之梦，实现中华文明的复兴”①。他认为，中国在 21 世纪上半叶的和平发展将呈现三大趋势：继续集中力量谋求中国自己的发展，继续积极参与经济全球化以及实现中华文明在社会主义基础上的复兴。这意味着中国社会的又一次伟大变革，也是中华民族的又一次伟大改造。这种复兴不是简单的重复，而是一种更大的创新。这种复兴具有世界意义的价值。首先，中华文明的发展为全球近四分之一的人口提供了足以依赖的物质文明和精神文明，实现了基于中国国情、解决中国问题的“中国梦”。其次，中华文

① 郑必坚在美国的演讲《中国和平发展实质是中华文明复兴》，载《第一财经日报》2006 年 4 月 21 日。

明为更多非西方文明提供了和平发展的样板，激励他们坚持走自己特色的文明发展之路。通过文明理念和文明手段去实现复兴，避免大量消耗人类的资源和能源的同时，保持年轻人不因国家逐步强大起来而心态膨胀。第三，中华文明的发展能够证明走自主创新之路的必要性，而不是受外在的干扰，丧失发展的良机。自主创新的核心在于，坚持自己民族的价值观，充分发挥所有公民的积极参与力，探索符合自己民族的复兴之路。第四，中华文明的发展必将导致世界对中华文明的重新认识。从另一个角度看，全世界出现的中国文化热、中国语言热、汉学热，其发展速度非常之快，表明世界也在重新认识中国。

对世界文明的发展有一个清醒的认识，有助于我们更好地把握人类发展的方向。未来世界文明的和谐创新是人类努力的目标，只有辩证地看待文明的冲突与共存，真正理解冲突与共存的深刻内涵，才能真正把握人类文明的发展之路。

建设一个多元文明的社会：一个西方的观点

Angelo S. Lazzarotto *

不难认识到，世界正在日益成为一个“地球村”，人们不再能够把自己孤立出来以便完全自由地管理他们自己的生活了。许多学者在预测人类未来的时候，担心全球化对个人生活的影响，他们认为，未来的人类将会在一个完全由经济标准主宰的盲目的世界里感到可怕的孤独和无助。学者中间存在着一个广泛的共识，那就是迫切需要建设一种新形式的政治全球化，在其中公共的善和个人的成长被置于优先地位，得到支持和保护。

一、经济的与/或文化的冲突

最近几年不乏关于这类全球问题的研究和争论。从 1993 年 6 月联合国在维也纳召开的世界人权会议上可以看得很清楚，在全人类走向共生的未来的同时，由于特定的政治预设和不同的文化背景，对于这一现象存在着不同的看法和理解。

1993 年 11 月，在东亚 15 国与美国、加拿大、澳大利亚、新西兰的第一次峰会在西雅图召开的时候，意大利的有些报纸写道：“这标志着西方的衰落。”在这里所提及的是经济上的优势，大约在同一时间，美国、加拿大和墨西哥也为南美

---

* 作者国籍：意大利。本文由浙江大学张新樟译为中文。

签订了第一份自由市场北美自由贸易协定(NAFTA)。

同一年,哈佛大学的亨廷顿(Samuel Huntington)教授发表的见解引起了一场广泛的争论。他认为世界政治正在进入一个新的阶段,在这个阶段里面,人类的大分歧以及决定国际冲突的主导性因素将是文化。①

令人恐惧的新的恐怖主义使人们的脆弱感更加强烈了,但是大量的学者和分析家深信,许多其他的因素将在我们未来文化的塑造中起到决定性的作用。英国学者尼奥·费尔谷松(Nialll Ferguson)认为,西方在20世纪逐步衰落了,不只是文化衰落了,而且经济也衰落了,与此相伴随的是人口的减少和帝国雄心的熄灭。这种帝国雄心在一个世纪之前曾经达到过不可想象的高度,创造了一种独一无二的政治全球化。② 由于认识到我们之间越来越相互依赖,这也促进了建立一个新的欧洲统一体的努力。而如今"欧洲中心主义"确确实实已经走到了尽头。

最近的历史已经表明,欧洲帝国隐退的过程是与亚洲力量的新的成长相应的。尤其是在过去的半个世纪里,亚洲越来越明显地走到了前台,一开始是日本成为经济快速发展的模范,成为亚洲其他国家羡慕和憎恨的对象。尽管只占亚洲人口的百分之三,在世界大战中的这个战败国把自己发展成了世界上技术最发达的国家之一。不久,所谓的"亚洲四小龙"开始沿着它的道路成长起来。接着,东南亚国家联盟为建立同一模式的高效资本主义作出了贡献,只不过在这个模式中,经济发展受到国内外权力群体的严重制约。

1998—1999年亚洲金融危机在突然之间造成千万人失业,这令许多观察者感到震惊。经济学家萨缪尔森(Robert J. Samuelson)说过,全球资本主义似乎能够为世界上的穷国带来繁荣。但是这次否定性的经历表明,支持过度投资使某些国家完全地依赖于随时可以撤走的外资,这是一件多么可怕的事。

在塑造世界权力的新平衡的过程中,经济无疑是一个决定性的因素。有些学者深信,随着冷战的结束,与经济力量相比,甚至军事方面的优势都已经无足轻重。早在十几年前,世界银行的专家就预言,到了21世纪初,中国将成为一个能够跟美国、日本和欧洲国家相竞争的增长点。在有两千多商业领袖、政治家、学者和其他有影响力的人物参与的一年一度的达沃斯世界经济论坛中,这

① "The Clash of Civilizations", in *Foreign Affairs*, Summer, 1993.

② Niall Ferguson, *The War of the World: Twentieth-Century Conflict and the Descent of the West*, Penguin Press, 2006, p. 880.

一点变得非常清楚。根据最新版的世界论坛，中国和印度非常自然地占据了核心位置。不必惊讶，有人会做出这样的预测：在未来的十几年里，中国的经济将成为世界最强，美国远远地落后于中国而居第二位，印度居第三位。①

印度经济学家贾格迪什·巴格瓦蒂(Jagdish Bhagwati)相信，在一个充满不正义和矛盾的世界中，我们不得不积极地看待全球化，不要认为它会带来罪恶，而是把它看成可能的解决之道的一部分。在他看来，全球化拥有一副潜在的人道的面貌，我们应当努力使之变得更加明显。让全球化的积极的效应变得更加明显和长久乃是我们的责任所在。

二、寻求共同的伦理原则

如今我们缺少一套足以应付全球技术与经济的共享的伦理原则。人们担心，由于金钱被视为能够满足任何需要和制造任何善的"普遍的先决条件"，金钱将不再只是一个"手段"，而将成为任何活动的首要目标。有些人怀疑，是否可能有一种与全球经济相对应的、为所有人所接受的伦理标准。他们认为，无论是源于西方的基督教—犹太教的表述还是世俗学者所持的立场在今天似乎都不充分，而上述提及的文明冲突甚或宗教冲突的幽灵则似乎无法轻易地被驱散，找到通向和平的道路的问题已经成为一切有责任感的人们的首要关怀。为对未来无把握的现代人提供一个答案已经是一件迫在眉睫的事了。

既然承认目前缺乏绝对的伦理原则，那么就应当把对人类理性的批判性运用和对他人的不可避免的责任看成是建立新的未来的基础。我们生活在经历了世俗化过程的后现代的时代。按照在柏林教社会学的克劳斯·埃德(Klaus Eder)的看法，世俗化已经把宗教从公共生活的领域中移走了，使得几乎听不到它的声音了。但是今天宗教又在后世俗化的过程中回到了公共生活之中。认为，事实上今天的世俗社会中有越来越多的人正在讨论与灵修有关的问题，号召多元主义、宽容和文化间的开放。我们必须优先关注全球化的人的方面、社会的方面以及精神的维度。

在古代希腊传统中，我们看到有两个用于表示律法的术语：nomos 和 physis。第一种律法是人写的人法，第二种是某种超越于我们的意志的，刻写在自然之书中的律法。现任意大利财政部部长托马索·帕多阿斯基奥帕(Tommaso

① *Time Magazine*, 6 February, 2006, p. 26.

Padoa-Schioppa)在 2004 年 3 月 13 日获得巴里大学(Bari University)荣誉学位时,讨论过经济是受人法还是自然法主宰的问题。他说,经济学被承认为科学这一事实表明它包含了一种自然的律法。但是我们今天意识到,自然可以是何等的脆弱,这一点甚至在物理学和生物学的领域也是显然的,在社会领域也是如此。因此,他总结说,nomos 要为 physis 负责,使 physis 不受经济领域的腐蚀。

交流对于发展有效的文化间对话和宗教间对话是极其关键的。它要求开放和尊重的态度,以及努力增加相互之间的了解,要求对别的文化和宗教体验有敏锐的感觉。在当今的西方,人们普遍感觉到古代亚洲智慧能够为建立健全一个宜人的新世界作出实质性的贡献,认为亚洲是世界重要文明和宗教的发源地。

我们应当意识到,亚洲与世界上的其他地方一样,其文化和宗教背景处在持续的变化之中。因此人们不能够仅仅依赖于传统的套路。就亚洲的整个局势来看,我们今天可以发现许多值得关注的局势和潮流:快速现代化和文化冲突,暴力和张力,集权主义政体和军事化,基于利润集中而非基于生产的发展,自然资源的污染,对妇女的剥削,为了社会控制而对媒体进行操控,利用宗教为政治或经济利益服务……

三、盼望的理由

但是也存在着许多理由,可以让我们有盼望和信心:那些曾经受害于殖民主义和不正义的人民的新的觉醒,对于男性统治的消极面日益清醒的意识,制度性宗教对自由的新的强调,普通人意识到保护自然和建设更和谐社会的需要,人的价值得到更多的表达,不同宗教和文化背景下的人产生合作建设新人类的令人鼓舞的经验……

由中国和其他亚洲国家提出来的一个独特的观念似乎是要强调一些价值,这些价值不同于西方普遍强调的那些价值。许多观察者相信,中国千年文明和孔教伦理所特有的重要的文化财富也许会对人类的未来非常重要:对于社会和谐的准宗教的理解,对于人的尊严的敬畏,忠诚于家族的强烈情感,对于个人正直的强调,无私的个人责任感。源自于古代亚洲的对于人的理解号召人们关注与家庭、群体、宗族和社会的团结,这一点不应当视为与西方文化对个人的强调相冲突,而应当视其为有益的补充,有助于纠正经常发生的极端个人主义的扭曲。

在面对快速发展的商业所带来的不可避免的问题时,我们应当赞赏重新强调这些传统价值的努力:信任、互惠、和谐、面子、等级。这就可以解释,何以新加坡在20世纪80年代感到有必要把孔教引进学校的道德教育课程之中了。李光耀在最近的访谈中回忆,甚至邓小平也表达过对这个城市国家所达到的成就的敬佩之情。① 现代文化强调科学与技术导向,当今的中国也是如此,经济的增长被视为确保国际地位的关键。孔子的智慧对于弥补由现代化带来的功利主义倾向有着极其珍贵的价值。

法国学者沙百里(Jean Charbonnier)于1985年写了一本书,②其中着重指出了孔教当时正在成为"亚洲四小龙"经济发展中的重要因素,有些政府正在暗中努力把孔教用于青年的道德教育。他补充道,现代对于孔教的批评性研究也给予了中国其他文化传统的潮流以新的动力,特别是个人所喜爱的道家,以及在政府政策中可以发现的,强调效率、生产率和法律的严格执行的法家。但是孔教也强调经济发展必须具有人道的方面,如人的尊严和人的权利。

四、孔教传统的作用

关于孔教是否是宗教的问题其实是一个无关紧要的问题。我们知道,在中华人民共和国,它不是宗教,尽管有些学者如中国社科院的李申教授等人认为"孔教"(Confucian religion)提法是适当的。无疑,孔子自己并不想做任何宗教工作,而在事实上,当中国人被恐惧感所笼罩的时候,孔子帮助他发现其实他是自由的。孔子所教导的以人为本的教义拥有追求平衡与和谐的核心论题,平衡与和谐被视为创造的至高律法,是个人和社会生活的最高理想。对于和谐与和平的追求也为道教和佛教的教义所共有,尽管它们是从相当不同的概念出发进行论证的。

许多亚洲学人强调这一点,他们认为人道主义应当被视为亚洲传统的一个典型特征。他们也许会承认,人道主义也可以在西方,特别是在古希腊哲学和文艺复兴中发现,但是他们没有看到耶稣通过福音带给我们的教导的巨大力量:我们都是创造整个世界的那同一个神的孩子,因此我们彼此都是兄弟。

---

① *Time Magazine*, 30 January, 2006, pp. 28—33.

② *Exchanges France-Asie*, Paris, 1985.

一直到17世纪,孔教才为西方人所知。意大利传教士殷铎泽(Prospero Intorcetta,1625—1696)第一次把《论语》译成了意大利文。但是其实他的伟大的会友意大利传教士、科学家利玛窦(Matteo Ricci,1552—1610)早在他之前就发现了、并且极其崇敬由孔子保存和发展起来的中国人民的伟大智慧。我曾经在2000年9月由社会科学院在北京举办的一次国际会议外有机会评论这一次基督教与中国传统的深刻而富有成效的相遇。① 其中我回忆了利玛窦如何毫不犹豫地宣称:"在古今一切未受基督教启示之光启迪的人民当中,很难找到——若不是说不可能找到——比中国人更有宗教性的人民了。"

利玛窦事实上相信,基督教可以视为对孔子、墨子、孟子所表达的中国智慧所特有的人道主义的成全。当时成为利玛窦的门徒的几位中国学者,如冯应京、李之藻、杨廷筠和徐光启等,也都与利玛窦有同感。17世纪其他的意大利传教士,如艾儒略(Giulio Aleni),也指出了基督教信仰与古代中国智慧之间的深刻和谐。② 哪怕到了明清,也有不少信奉基督教的中国学者毫不犹豫地宣布他们自己仍然是一个真正的孔教徒。我在前面所引的那个论文中提到过其中的一些知名人士。

相互了解和理解是共同努力防止人类走向灾难的前提条件。冯友兰于1949年在纽约发表他的《中国哲学简史》时叹息道,许多传教士已经把中国哲学家的著作翻译过去了,也在20世纪最初十几年里用外语写了不少有关中国哲学的著作,但是很少有中国学者写作有关西方哲学的书籍,或者把西方哲学家的著作翻译成中文。这样的情形后来得到了深刻的改观,那是由于源自西方的意识形态——马克思主义,成为新中国的基础。

至于孔教,我们知道,它没有在现代中国得到普遍的认同。鲁迅在1935年发表的批评得到知识分子的广泛接受。在新中国,孔教也很不容易得到认同。但是,在"文化大革命"之后,孔子受到了新的关注,1987年在曲阜召开了恢复孔子文化遗产的首届国际会议。

在过去的半个世纪里,中西方学者都开始关注传统中国智慧:自1958年在台北发表了旨在修正汉学和中国未来文化的《中国文化宣言》之后,中国学界发

---

① 我的论文在次年发表。"Christians Encountering Chinese Religious and Culture", in *Pro Dialogo*, Rome, 2001, no. 2, pp. 222—235.

② Gianni Griveller, "Preaching Christ in Late Ming China", Jesuits' presentation of Christ from Mateo Ricci to Ciulio Aleni, Ricci Institute Taipei, 1997, p. 479.

展出了许多思想学派。① 在西方的文化中心，对于东方哲学和宗教，包括源于中国的哲学与宗教的兴趣也日益浓厚。

五、与亚洲智慧对话的基督教徒

所有的亚洲基督徒行走在梵二会议（Vatican Ⅱ，1962—1965）所开启的新视野之中，越来越关注社会的需要以及与不同文化和宗教的对话。在过去的20年里，天主教亚洲主教会议联盟（Federation of the Catholic Asia Bishops Conferences）的各个部门促成了不同文化和宗教体验之间的富有成果的相遇。1991年2月在曼谷召开的会议上，代表亚洲不同国家的主教们表达了他们的信念：亚洲宗教在神对于人类的总体安排中具有特别的意义，可以为把和平、交流和更人道的生活道路带给这个大陆的人们乃至于整个人类大家庭作出贡献。

1996年1月在马尼拉召开的一次国际会议讨论了这个题目："基督教信仰与亚洲文化：人类整体发展和社会转型的一个挑战"。时任天主教文化委员会（Pontifical Council of Culture）主席的法国红衣主教保罗·普帕尔德（Paul Poupard）在致辞的开篇说到："基督教信仰在三个领域提出了强有力洞见，对于亚洲而言具有特别重要的意义：人生和家庭、生态和自然的保护、和平文化的促进。"

亚洲主教团联盟的宗教和谐研究所担负"促进世界和谐"的任务，于1996年4月在台湾组织了另一次宗教间和文化间的相遇，研究孔子思想和道家的修行。所选的地址是天帝教的研究中心，这是一个源于道教的富有活力的小宗教，处在台湾中部的群山之中，周围都是道教和佛教的寺庙和道观。在60多位参加者当中，笔者受到了会议上题材广泛的论题的深深吸引：孔教的价值观和社会和谐，"道"作为宇宙和社会和谐的道路，生活在孔教传统社会中的基督徒的和谐观。可以期望得出个人的总结：通过互相丰富达到和谐、分享这些传统的灵修体验，能够促进灵性的成长和推进社会和谐。②

---

① Umberto Bresciani, "Reinventing Confucianism", in *The New Confucian Movement*, Ricci Institute, Taipei, 2001, p. 652.

② 亚洲主教团联盟会议发表了几篇类似论题的论文：Paper No. 75, "Asian Christian Perspectives on Harmony"(1996); Paper No. 76, "Working for Harmony in the Contemporary World. A Hindu-Christian Dialogue"(1996); Paper No. 82, "The Historian Response to the Phenomenon of Violence in South Asia"(1998).

前面提及的那场降临在百万无辜亚洲人身上的经济危机被感受到是一个严峻的挑战。1999 年 8 月首尔召开的论坛要求所有亚洲天主教团体在结构上和灵性上更新自己，以便支持那些受苦的人，给他们以希望。

非常令人鼓舞地发现，在过去二十几年的时间里，中华人民共和国的一些学术研究所建立了许多新的哲学与宗教研究中心。这些中心发表的许多学术出版物除了探讨理论问题之外，也研究了宗教对中西方社会的影响。可以期望，这将有助于驱散那些害怕技术过度操控的人民的日益增加的恐惧感，向他们指明丰富的古代智慧如何能够使进步更加人性化。

新版《中国研究杂志》①第一期在英国发表，邓守成教授(Edmond Tang)写道："中国大约有 30 个学术研究中心从事以前被诋毁的宗教研究。"研究哲学与宗教的新中心，这是非常令人鼓舞的事。如何解释这个非同寻常的事实呢？他认为，除了考虑到个体研究者的文化的和个人的兴趣之外，这样一个发展形势呼唤西方学者更深地关注"中国学人所争论的那些道德和精神问题"，"从中可以把握到新中国的真正的脉搏"。

六、宗教可以为社会和谐作贡献

一则最近的《中国日报》在线新闻(2007 年 2 月 7 日)引起了西方媒体的注意，它给出了上海华东师范大学童世俊和刘仲宇教授主持的宗教调查的结果。他们的调查显示，中国人的信教人数有三亿，相当于总人口的 31.4%，是至今沿用的官方数字的三倍多；其中 12%，或者四千万是基督教徒，大多数是年轻人。基督教徒数量的增长也许证明了一个简单的想法的合理性：面对腐败、暴力和许多社会罪恶，越来越多的人开始认识到所有宗教所教导的仁爱思想，尤其是耶稣所倡导的金规则，具有强大的转化力量："你想要人怎样待你，你也要怎样待人。因为这是律法和先知的道理。"(《马太福音》7 章 12 节)

许多观察者在去年的时候对于中国中央电视台播出十二集历史纪录片《大国崛起》感到惊讶。这个系列纪录片以极不平常的清醒眼光审视了过去 500 年间的九个大国，探讨了他们兴起的原因。这个片子没有把这些西方国家的成功归因于他们的战争和对别国的侵略，也没有归因于政治意识形态，而是强调了每一

---

① 这本杂志起源于 1970 年代的一个研究项目，是中国组(China Desk)发起的(中国组是英国与爱尔兰教会与伯明翰大学神学系合作的一个办公室)。新系列的第一期发表于 2007 年 3 月。

个民族的人民的富足。我们想,这是合作共建更和谐的未来世界的正确道路。

2006年2月,中国人民政治协商会议全国委员会主席贾庆林在新年招待会上会见了北京的宗教领袖,劝勉宗教群体把促进和谐当作一件重要的工作,勉励他们寻求宗教服务于社会、服务于人民的途径。他建议他们有意识地解释宗教教义,使之能够促进社会的进步。贾庆林指出,宗教教义中的积极因素有助于社会和谐。他清楚地提到了胡锦涛主席提出的建设和谐社会的宏伟而艰巨的任务。如果允许宗教在一个互相了解、互相接受、互相尊重的社会环境中发挥作用的话,它们可以作出很大的贡献。

谈论到如何促成这种宏伟的文明间的新现实,也许有必要回忆一下已故教皇保罗二世写给利玛窦到达中国四百年纪念会(2001年10月)的贺信中所表达的高度评介:

> 中国人民尤其是在最近的时期为他们自己定下了社会进步的重要目标。天主教会怀着敬意看待这种给人以深刻印象的行动和富有远见的规划,同时也审慎地为促进和保护人、人的价值、灵性和超越的天职作出自己的贡献。教会非常珍视对于现代中国人而言也至关重要的价值和目标:团结、和平、社会正义、对全球化现象的明智的管理以及全体人民的文化进步。

不同文明间对话的模式：一种有效对话的先决条件

Mohammad El-Sayed Selim *

不同文明间对话(dialogue among civilizations)的概念形成于后冷战时代的、国际关系的文化维度下的全球利益框架之内。假设的条件是：国际关系受到人们的文化特质的高度影响；这种关系的协调也要求某种对于文化变元的操作。有观点认为：国家间的文化差异与它们之间发生的冲突相关；文化团体与合作行为、交流的高水平相联系。① 在讨论"信任建立措施"(CBMs)这个概念时，不同的创始者建议以引入文化的CBMs来巩固军事—政治的CBMs。该建议是基于一个假设，即"冲突解决策略的文化层面，将有助于建立人与人之间的信任，也将有利于在基层找到解决方案——通过促进不同背景的人们之间社会—文化交流的方式……社会各界人士之间的亲身接触，将会消除政府所造成的一些误解。"②

文化变元的增加也是种族和文化本体在冷战后的复苏，以及政治、经济和

---

* 作者单位：埃及Kuwait大学。本文由浙江大学李菁译为中文。

① 瓦雷里·胡德森(Valerie Hudson)主编：《文化与外交政策》，玻尔德：Lynne Rienner，1997。

② 卡笛姆(M. Qadeem)：《作为促进南亚安全途径的CBMs与冲突解决：如何相关及实用?》载莫尼斯·阿玛尔(Moonis Ahmar)主编：《南亚安全的国内与国外之动力因》，卡拉齐：Fezleesons (PVT)，1998。

文化行为之间联动之实现的一种结果。这种行为被看作是相互支持的。文化合作可以减少错误理解，加强政治和经济合作，巩固政治和经济领域的联合成果，以创造一个有益于有意义的文化往来的环境。目前，绝大多数区域的、跨区域和全球合作的项目都包含了一个文化的维度，例如，欧盟—东盟的合作项目，该项目是于1996年启动的，其中包括一项重要的文化维度，并且为了推动这样的合作成立了欧—亚基金会。联合国教科文组织还发起了“和平文化”的概念，以其作为“和平—建设”步骤的一个主要组成部分。过去几年来亚—非人民团结组织也更多地关注着全球文化对话的问题。① 同样地，当地中海与欧洲—地中海合作的提案在后冷战时代被提上台前之时，文化合作的理念从一开始就被包含在内。这是基于这样的一种假设，即如果欧洲—地中海合作将要是可持续的，它就必须涵盖门类齐全的人类活动，包括文化方面的活动。2004年，一家欧盟—地中海文化合作的机构在亚历山大建立。

正是在这种背景下，不同文明间对话的概念出现了。要说这个概念作为对于亨廷顿有关不同文明碰撞的论文的回应而首次流传于1993年，这是不正确的。亨廷顿认为，冲突的主要轴线在未来将会沿袭文化和宗教的线路。作为一个延伸推论，他假定，不同文明的概念作为文化本体的最高级别，将在对于未来冲突的潜在性的分析时变得更为有用。不同文明间对话的概念第一次出现于1992年6月在马拉加举行的首次关于地中海安全与合作的国际会议的文献上。在这次会议的最后文件中提到了不同文明间对话的概念以及人权。它是指不同文明的共同价值观，相互理解和宽容的规范，以及在文化和人权领域的合作。它也决定了拉近阿拉伯和欧洲人民距离的必要对话，而这种对话的基础应是“一些共同的价值观，如尊重人的生命、对精神价值的需求和人类团结等”。

亨廷顿的理论是对于不同文明间对话概念的一种挑战。然而，这一理论引发了全球性的争议，这些争议导致了许多开创不同文明间对话的提案。一些国际性提案在2001年9月11日的事件后被强化，因为这个事件建立了西方和伊

---

① 法克里·拉比博(Fakhry Labib)与内哈德·萨利姆(Nehad Salem)主编：《文明冲撞或文化对话？》，开罗：非—亚人民团结组织，1997。在这里可以提及的是由曼索·阿保·爱尔—阿兹姆(Mansour Abou El-Azm)、阿德尔·萨雷(Adel Saleh)和穆罕穆德·爱尔—德索科(El-Dessouki)关于日本媒体对埃及新闻的报导的研究。他们得出同样的结论认为：对伊斯兰人和阿拉伯人所投射出的形象与西方媒体所投射出的形象有着或多或少的相似性，它们都有着将埃及看作法老文明的三棱镜的某种趋向。

斯兰世界之间的一个全球性鸿沟。

这些提案中最重要的是伊朗前总统卡塔米(Khatami)在1997年发起的提案,该提案正式出现在他1999年的联合国大会发言上,并且导致了将2001年拟定为不同文明间对话之年的联合国大会宣言,以及大会2001年11月的题为“不同文明间对话:全球议程”的决议。其他建议,如德黑兰宣言由伊斯兰教会议组织(OIC)于1999年5月提出。

还有其他的倡议,如伊朗提议发起一场在埃及、伊朗、意大利和希腊(作为代表埃及、波斯、罗马和希腊文明的国家)之间的对话,该提案导致了1999年至2001年间的四轮讨论。这次对话中的一个重要成果就是有关不同文明间对话的“雅典宣言”。同样在2001年11月,阿拉伯国家联盟举行了题为“不同文明间对话:合作,而非冲突”的首次会议。欧盟也被纳入它的欧洲—地中海合作伙伴计划,该计划在1995年11月的巴塞罗那宣言中被正式化。2002年3月,欧盟发起了“不同文化和文明之间对话的一项行动规划”,并帮助建立了为不同文化间对话筹措资金的欧洲—地中海基金会。最后,有人可能会提到由前任联合国秘书长科菲·安南(Kofi Anan)在2006年提交的“不同文明间联盟”提案。

这篇论文将评估不同文明间对话的问题的诸问题意识(problematics);回顾不同文明间对话的一些主要模式的经验,希望从这些先决条件中推导出一种有效的对话,附带以显示不同文明间对话的允诺和局限性的观点。

一、一个单极世界中不同文明间对话的诸问题意识

不同文明间对话遭遇到许多问题意识,如果我们要实现某种可行的对话,那么这些问题意识都应被充分理解。首先,不同文明间对话的概念和其他一些概念如跨信仰和跨文化的对话相重叠。后两个概念是很具体的,与不同文明间对话的概念相比,它们是很容易被认清的。信仰往往指的是宗教。跨信仰对话是指既在个人也在机构的层次上面,隶属不同宗教传统(信仰)的人们之间的合作的与积极的互动,该互动将促进宽容与相互尊重。它有别于融合性或替代性的宗教,在该种对话中,往往涉及增进不同宗教间的理解,从而增加对他人的“宽容”,而非综合为新的信仰。这样的对话在亚伯拉罕宗教、犹太教、基督教和伊斯兰教之间是很常见的。①

① 参见 http://en.wikipedia.org/wiki/Interfaith_dialogue。

意指一群人有着一系列共同信仰、习俗和社会行为的文化概念是可被接受的。在这种意义上,跨文化对话是指不同文化群体之间的文化交流。然而,文明概念却是十分模糊的。一位阿拉伯学者把文化定义为“由社会生活造成的一系列属性。它包括人们的物质、智力和道德等各方面生活的所有显现,这些显现包括了科学、工业、习俗以及社会形态等”。他认为,文明在科学和工业方面最好地反映出来,而文化则是在语言和文学方面获得最佳的表达。因此,文明可以从一个地方转移到另一个地方,但文化却不能,因为它们的特点是特殊性而非一般性。①

随之而来的是,确立文化的边界是可能的,而这样的任务若换在文明的情况下则是非常困难的。这就解释了对文明数目的共识的缺失。不过亨廷顿甄别出了八种文明,而汤因比(Toynbee)则指出了21种文明。② 其他学者则认为,其实这是一个单一而带有变化着重点程度的全球文明。这也导致了伊朗不同文明间对话中心的前任主任穆哈吉拉尼(Muhajirani)认为:跨信仰、跨文化和文明对话的概念应在可交替的意义上来使用。③

第二个主要的问题意识在于识别是谁代表着某一种确定的文明。是谁代表着一种多国文明,如欧洲文明的呢?是在一个单一国家文明中的统治精英——如中国的统治精英,代表着中国文明——还是他们应当与其他非政府精英一道来分享这种代表呢?并且如果在一种文明内有着不同的知识趋向,那么哪一种趋向可以声言代表呢?我们是否应该创造一种不同知识趋向的组合来代表那种文明呢?

第三个关于当代不同文明间对话的主要问题意识在于对话发生在何种条件之下。在冷战时期西方的胜利释放出意识形态和文化统一性的强力。有人认为,西方的诸种价值观是人类发展的终极模式,其他文化必须努力去接近这些价值观,而西方必须设法说服其他国家接受这些价值观。这些论点在意识形态上的表现,可以在历史终结论中找到。

由于苏联解体所引起的西方价值观的胜利和至上的认识,当然就使得进行

---

① 萨特伊·阿尔—霍萨里(Satie Al-Hosary):《阿拉伯民族主义研究精选》,开罗:Dr Al-Maref, 1964,第176—177页。

② 瓦利德·阿布德尔—纳塞尔(Walid Abdel-Nasser):《不同文明间对话》,开罗:al-Ahram政治和战略研究中心,2002,第45—47页。

③ “会见穆哈吉拉尼(Muhajirani)”,《伊朗读者》(开罗),2002年11月,第74页。

一种公平且有意义的对话非常困难。这种西方价值观至上的认识,明显地体现在西方对于非西方价值观尤其是亚洲和穆斯林价值观的攻击上,以及西方对于伊斯兰教与民主的兼容性的论辩中。这些论辩设想:伊斯兰教的合法性应该是来源于与西方价值观的符合一致,而不是他们自己的价值观。在 2001 年 9 月 11 日袭击事件之后,该趋势得到进一步加强,因为美国在它的大部分欧洲盟国的支持下,发起了一项以单边主义和对于被伪装成"国际社会"的西方意愿的强迫依从为基础的新战略。这样就不利于不同文明间的一种可行对话,因为这样的对话已经设定了如下的共识:对话着的不同文明都是合法且平等的。①

二、一种不同文明间有效对话的先决条件

不同文明间对话的问题意识的复杂性和多维度要求一种新进路,该进路将对话建立在某些确定预设的基础之上。依据我们的判断,接受这些假设,比对话本身的主旨更为重要,因为它们决定了对话的成败。不同文明间对话如果奠基于下述前提的话,将会得到发展和繁荣。

(一)相似实体之间的对话

一种不同文明间的对话应发生在相似的实体之间,无论是在宗教或国家、非政府单元,还是任何其他的或多或少共有着相同特质的单元之间。从事"伊斯兰教"和"西方"之间的某种对话是不可能的,因为前者是一种宗教,而后者则是一种地理单元。对话单元间的非相似性,把对话演变为一种单向的步骤,即只有一方的价值观是论辩的主题。所以我们应该谈论西方和伊斯兰文明间的对话或者中国和阿拉伯世界间的对话,也即,在相似单元之间的对话。

(二)对话在哲学和方法论上的一种共识

这是指一些哲学假设和方法论上的方式及框架,在它们之内对话得以进行。它们中也许最重要的是以下几点:(1)一项共识是,对话是个非零和的步骤,该步骤基于获得一些共同成果以及有达成对于相关问题的妥协和相互能接

① 一位埃及作者曾指出:与西方文明的对话作为在西方文明和其他文明之间力量不平衡所导致的一种结果几乎是不可能的,因此对话将永远是不平等的,即便西方文明并不设法去统治支配。爱尔一塞德·雅辛(El-Sayed Yassin):《不同文明间对话及其对埃及一伊朗关系的影响》,载穆罕穆德·爱德里斯(Mohammad Edris)主编:《发展中的埃及一伊朗关系》,开罗:al-Ahram 政治和战略研究中心,2002,第 90—91 页。

受的可行办法的可能性。(2) 另一项共识为，对话的目标不是证明某某观点的正当性，而是呈现和解释它，并在某种视域下与其他的观点相比较；此外，(3)界定对话的终极目标，这是对话成员们都意图获取的最后成果。除非这样的目标已经被提前规定，对话将可能导致失望和其步骤自身的崩溃。

(三)不同文明间对话与政治、经济合作的同时发生

关于不同文明间对话和其他形式合作之间的关系有两种主要的观点。这些观点反映了对于文明、政治和经济的合作之间关联的不同理解。按照第一种观点，重大进展必须在所有的合作领域中实现。然而，一个领域的进展并非必然地连带出其他领域的进展。因此，由于文明之间对话是一个不太敏感的领域，所以重大进展可以在这一领域取得而不论其他领域内可能的停滞不前。各分析家都主张不同文明间对话应该是非政治化的。非政治化指的是两种核心要素：对话不应牵涉政治问题，政治问题方面的进展不利不应外溢于不同文明间对话领域的进展当中。第二派思想则认为，人类行为不能被分割。政治、经济和文化的行为是人类行为总体的所有组成部分，因此，一个组成部分的动力学将必然地影响到其他部分的动力学。所以，在不同文明间对话的领域将不能取得任何显著进展，除非在经济与政治合作的领域已经获得了相似的进展。这种观点有两个变种。第一个变种强调以这样的方式来开展不同文明间的对话，即无论是在与解决政治和经济领域的主要争议论题的关联之后还是之中，这些议题折磨着对话各方。有观点认为，除非这些问题都得到解决，否则不同文明间对话将会受到损害；因为这种对话需要有一种确定的政治—经济框架。这个变种意见在阿拉伯学者和专业人士中占主导地位。突尼斯学者认为，只要明显的冲突仍没有得到解决，“它们将继续分裂国家，并且不可能有任何形式的合作”①。尽管第二个变种的意见认可了三个合作领域间的关联，但是它更侧重于强调文化方面的合作和不同文明间的对话，期望它们可以促进更好的理解，从而解决主要的政治和经济问题。这种看法反映在德国的前外交部长克劳斯·金克尔(Klaus Kinkel)的观点当中，他写了一篇关于欧洲和伊斯兰世界关系的文章，文中他认为，“在所有情况下我们都必需的是，避免政治对话和文明对话间的分

① 贝切尔·丘尤(Bechir Chourou)：《重新一界定地中海安全：从南部地区的视角来看》，载安托尼奥·玛奎纳(Antonio Marquina)主编：《地中海的交互理解》，马德里，UNISCI，1998。

离。一方孤立于另一方而单独取得进展是不可能的”。① 与此类似的，阿拉伯教育、文化与科学组织的总会长布可尼纳(Boucnina)，认为：“不同文明间的对话难以被放置在牢固的基础之上，除非已经获得有关问题的某种公正而永久的解决办法，并且只要各参会方还运用着某种基于双重性的国际合法性的话。”②

国际关系理论家早已得出结论，人类依靠自身的交易活动并不必然引起合作。在某些情况下，我们发现人类交易活动导致了更多的冲突。这是因为这些人类交易活动发生在不平等的条件之下。合伙人从这些交易中获取了不均衡利益。因此，单单从事人类交易活动是远远不够的。同样重要的是，这种交易的经济和政治的框架，提高了对于互惠互利的认知。因此，我们的观点是，不同文明间对话将被极大地促进，如果它被放置在一个政治和经济合作的总体框架内的话。从该分析中得出的结论是，在互利互惠的经济伙伴关系、解决南—南冲突、北—南安全与政治合作等多项领域的一种显著进展，是推动不同文明间对话所必需的。这样的合作将会为新开创的经济和政治框架的稳定化与正常化创造新的条件。所有合作领域必须齐头并进。一个领域的进展将会触发其余领域前行动力的机关。

(四)对于不同文明间对话的一种多元文化范式的追求

不同文明间对话的观念并不是被普遍接受的。这种观念的反对意见体现在这群人当中，他们认为，只有一种真正有价值的文明，也就是西方文明，其他所有的文明都须要努力去适应西方文明。适应的失败将是强化不发达与专制主义的价值观的一种方式。③ 反对意见同样也可以在这样的人群里找到，他们认为不同文明间对话只是掩饰西方侵略意图和利用对话来提升西方价值观的一种体面外衣。他们援引了一项在梵蒂冈与爱资哈尔(al-Azhar)之间跨信仰对话的崩塌的证据，梵蒂冈利用对话来促使伊斯兰世界改宗化(proselytization)的意向导致了此次崩塌。④ 在其他什么地方，我曾认为欧洲—地中海文化对话在

---

① 金克尔(K. Kinkel)：《伊斯兰教是我们的邻居》，载《法兰克福汇报》1999年2月8日，阿拉伯译文载《世界杂志的杂志》(开罗)，1999年2月23日。

② 阿尔蒙基·博克尼纳(Almongy Boucnina)：《不同文明间对话的主要基础》，载《阿尔—哈雅特(Al-Hayat)》(伦敦)，2002年12月2日。

③ 王赓武(Wang Gungwu)：《同盟与朋友：亚—太关系中的文化》，载《亚洲政治学刊》，5(2)，1997年12月，第23—36页。

④ 哈桑·哈纳菲(Hasan Hanafi)，一位埃及哲学家，参见《阿尔—哈雅特》(Al-Hayat)的访谈，2002年5月1日。

其早期阶段欠缺进展，正是欧盟要求对穆斯林宗教价值观的某种改变的坚持的结果。①

这就要求一种对话，该种对话明白地建立于多元文化主义（multiculturalism）的基础之上。多元文化主义是指，对于由各方面因素带来的各种文化的多样性的赞赏。它包括许多不同的要素，诸如：(1)一种文化无等级范式的流行，只要所有文化在价值和重要性上被认为是平等的；(2)在共存的各种文化间的一种本真对话中的交锋，这些文化建基于观念和技术的交流上面；(3)对于一种反种族主义战略的追求；以及(4)所有文化对话机构里的所有文化群体的参与。多元文化主义基本上是指承认和尊重文化差异，积极建立不同文化间沟通的渠道。这并不排除有共同而普遍的价值观的存在，它们贯穿于所有文化之中。然而，这些价值观的含义和可操作的运用在不同的文化中是相异的。

(五)对于一种新知识生产的对话的追求

不同文明间对话的成功，取决于它与所有参与方关注的当代问题的交战，而不是回顾历史经验，并试图重新诠释它们，而诠释它们的方式给予了如下的印象——对话着的不同文明之间的关系是绝对跨越历史的，或者聚焦于他们的文明对于其他文明的贡献上面。一种不同文明间的可行对话必须致力于处理这样的问题，这些问题位于全球体系的议程之上，也处于他们自己所共有的议程之上，带着某种鉴别各种文明对于这些议程上的问题的识见和解决途径的观点。也许全球议程上最重要的问题就是有关全球化、民主、人权、发展、基因工程和克隆、恐怖主义、大规模杀伤性武器以及国家自主权的问题。在任何情形下，对话都必须生产“新知识”，而非回收利用陈旧知识。以这种方式，对话将有助于消除误解、促进人类进步和知识更新，并也证实了其他文明对于丰富全球知识是十分有用的。

(六)相互认可的文化规范的普遍应用的一种范式

多元文化范式的价值和可信度取决于它的关涉问题与行为者的普遍的、持续的应用。所有群体对于人权和文化自主权的平等关注，将有可能促进文化交流和增进对这种范式的坚定承诺的信心。如果核武器是对人类的威胁这点被

---

① 穆罕穆德·瑟里姆（Mohammad Selim）：《通往一种可行的欧洲—地中海文化伙伴关系》，载斯特法尼亚·帕内比安科（Stefania Panebianco）主编：《一种新的欧洲—地中海文化的一致性》，伦敦：Frank Cass，2003，第165—178页。

认可的话，这种价值观必须适用于拥有这种武器的所有行为者。对一个行为者如伊朗或朝鲜的独家关照，而放任其他行为者如以色列于任何承诺之外，将会触及对话的可信度。关于人权和国家自主权的协议也应被适用于在东帝汶或巴勒斯坦的被占领下的所有人民。

(七)投身于所有参与方所关注的问题

不同文明间对话必须投身于所有参与方所关注的焦点问题。对话的议程必须是各参与方都能接受的，没有单独的参与方可以对列入的问题有否决权。为了防范这样的观念即对话是一维框架，通过该框架一方就设置了议程——上述要点是至关重要的。

(八)在文明之内的对话

不同文明间对话在参与对话的各方文明内部有着严重分歧的条件下是不能蓬勃发展的。也许最重要的例子就是伊斯兰文明内部的逊尼派和什叶派之间的分歧。这样的分歧是伊斯兰国家之内和之间主要冲突的来源，并且在美国入侵伊拉克之后，这些分歧已凸显为可能瓦解伊斯兰文明的一项主要威胁，并且超出了不同文明间对话本身的主题。此外，在文明的不同政治和社会单元之间的，有关他们对于相关事务的观点的一种对话(文明之内的对话)，对于促使他们能够出现在不同文明间的对话之中——带着对于相关问题的或多或少的和谐观点，也是十分关键的。①

三、不同文明间对话的结构和步骤

不同文明间对话的前提只是勾勒出了对关于对话框架的一些思考的要求。这就提出了四个主要的问题：对话的体制框架，民间社团的作用，对话各方对于对话开支的贡献，对话的主旨以及最终的成果。

(一)体制框架

对话的可行性依赖于其制度化。建立一个致力于对话组织的机构、确定其议程、得出结论以及传播效果信息等是十分关键的。从一个特设的基础着手、

① 文明内部对话的主题(The theme of within civilization dialogue)被许多埃及学者如米拉德·汉纳(Milad Hanna)、阿尔—阿拉姆(Al-Ahram)和爱尔—塞德·雅辛(El-Sayed Yassin)等所强调。参见《全球变化与一个变化着的世界当中的不同文明间对话》，开罗：政治与战略研究中心战略论文系列，第14期，1994年3月，第27页。

从而对于涉及活动没有制度化框架的对话是最有可能成为短命的。这是由设立了新加坡基金会的亚—欧会议（ASEM）和建立了促进文化合作的安娜·林德（Anna Lindh）欧洲—地中海基金会的欧洲—地中海对话所得出的教训。

（二）民间社团的作用

不同文明间对话应吸引民间社团参与其中。对话最糟糕的情况是，把它变成一种政府官员之间的对话，而没有将受到该对话结果影响的团体涉入。事实上，这是针对卡塔米提案的主要批评，因为它将对话限制在外交官、学者和媒体的范围之内。

（三）共同分担费用和责任

对话必然涉及费用。由对话伙伴们分担这些费用是非常关键的；否则，承担了所有开支的参与方将会控制议程设置和对话的议程执行的步骤。这就是困扰第三世界文明和其他文明之间对话的问题，正如在欧洲—地中海对话当中，欧洲方面就借此控制了整个对话。

（四）对话主旨

我们较早地就指出了处理当代世界和双边共同关心的问题的重要性。我们还可以补充说，对话不应只限于交换意见，但它也必须致力于找到误解和负面形象（诸如信息的匮乏，或由书本和媒体所传播的错误信息）的来源。对这些领域的甄别和实施计划来处理它们，是一种可行对话的一项关键任务。

（五）对话的文件

为了使对话在长期内拥有累积的影响，会议记录就应被系统地出版和传播，并且还应专门为对话建设网站。这将确保对话成员间的持续联络，也将防止可能导致对话崩溃的冗言赘语。

四、不同文明间对话的模式

在对不同文明间对话的主要的哲学和方法论问题进行勾勒后，我们将回顾一些主要的当代模式，同时评估它们的可行性，并为它们的重新激活提供不同良策。被选中的模式都是“实际的”对话案例，而非对于某种对话的提案。比如，联合国前秘书长的“文明联盟”提案从来就没有变成一种现实，仍旧被保留为一项提案而已。在这方面，我们选择了三种模式，即中国—阿拉伯对话、日本—伊斯兰世界对话和欧洲—地中海对话。

(一)中国—阿拉伯对话

有人也许会想起亨廷顿曾认为:伊斯兰文明对于中国文明而言是一个潜在的盟友,它们都拥有更多的修正主义目标和与其他文明尤其是西方有着共同的冲突。具体来说,他列出了在武器扩散、人权和民主等与西方国家的相应领域有冲突的领域内中国和伊斯兰文明的共同利益,并认为这两个文明将会在这些领域进行合作。亨廷顿认为,一个所谓的“中国—伊斯兰教联合”正在兴起,在该联合中,中国将与伊朗、巴基斯坦和其他国家更加紧密地合作,以提升它的国际地位。不过阿拉伯世界的许多人对亨廷顿关于中国—伊斯兰教友好的论题有同感,但是并非像他所说的那样是为了对抗西方,而是因为在中国和伊斯兰文明之间的确有着文化和文明的共通之处。它们都行进在现代化的道路上,而这一点则是受益于西方成就的。问题在于亨廷顿将西方文明与西方统治精英的一些政策混淆在一起,并认为不同意这样的政策就意味着与西方的对抗。

阿拉伯国家联盟采取主动建立一个中国—阿拉伯合作论坛,其中将包括不同文明间对话的组成部分。中国方面研究了阿拉伯的提案,并提出了一些改进意见,最后,建立论坛的宣言和执行步骤于2004年9月14日在开罗举行的阿拉伯国家联盟部长理事会会议中签订,中国外交部长也参加了该会。该论坛每年在政府(部长级)方面和非政府(商界及学术界)方面举行一次会议。2004年9月的会议是在论坛框架内的第一次中国—阿拉伯会议。本次会议也见证了专门讨论不同文明间对话问题的第一次中国—阿拉伯研讨会。第二次关于中国—阿拉伯文明间对话的研讨会于2005年在北京举行。论坛的第二次会议于2006年5—6月在北京举办。会议见证了关于新的全球性和区域性问题的讨论,诸如建立无大规模杀伤性武器的区域、反恐怖主义和多边全球贸易体系等问题。在第二次会议上特别提到了以多样性、理解、宽容和互利互惠为基础的不同文明间对话的议题。第二次会议为2006—2008年期间制订了一个执行计划,该计划在第六章下提到了文化合作与不同文明间对话的核心问题。

中国—阿拉伯文明间对话是一项重大的成就,但并非是在它实现了亨廷顿预言的意义上,因为对话中没有什么内容是直接针对其他参与方——尤其是西方的。在第一次双方都直接从事了一种对于文化事项的制度化的多边对话。然而,有人注意到该论坛聚焦的中心问题涉及能源、贸易、投资和环境等问题,而不同文明间对话的议题则被视为是剩余的问题。在2006—2008年的执行计划里,对话作为第六项合作领域被加入其中。此外,这些对话并没有产生任何文件，也即可以构筑有关新议题的某种中国—阿拉伯知识的交互体。①

中国—阿拉伯对话的主要优势是在于它发生在相对平等的合作伙伴之间，他们共享近似的利益。它也发生在中国—阿拉伯合作论坛的框架之下，这就确保了连续性。然而，它至今也还没有产生有公证力的文献。

（二）日本—伊斯兰世界的文明间对话

日本—伊斯兰世界的文明间对话（JMDC）的概念源于日本。2001 年 1 月，时任日本外务大臣的科诺（Kono）先生提议发起一项在日本与海湾合作理事会国家之间的对话。在由板桓伴信（Itagaki）教授主持的日本顾问团的游说下，该提案被广为接受和拓展成为一种日本与伊斯兰世界之间的对话，直至被命名为日本—伊斯兰世界的文明间对话。迄今为止，已举办了五届对话，即：马纳马 2002 年 3 月 12—13 日，东京 2003 年 10 月 8—9 日，德黑兰 2004 年 11 月 27—28 日，突尼斯 2006 年 1 月 13—14 日，以及东京 2007 年 2 月 20—21 日。JMDC 由日本和巴林的外交事务部联合举办。这些机构决定举办会议的地点和与会各方。因此，JMDC 或多或少是一项由官方赞助的对话，几乎没有日本与伊斯兰国家的民间社团的资助。在各届对话中，主办国政府都投入了巨大的经费，事实上，各与会者都或者被主办国政府或者由他们本国政府所资助和支持，唯独最后一届对话例外。政府是否能够代表文明，这是个有争议的问题。但作为前三届对话的参与者，我们感觉到如果在将来对话仍旧按照这些既定线路来进行的话，它将会异变为某种精英对话，而跟文明毫无关系。来自非政府机构的资助对于 JMDC 的维持与繁荣发展来说是必需的。

这些会议的会议记录都以书籍形式出版，它们见证了深思熟虑和多样不一的视角。也许这正是 JMDC 的第一项成就，换言之，它产生了系列出版物，这些出版物中的绝大多数都展示了关于不同文明间对话的当代议题的新知识。然而，这些出版物并没有被广泛地传播，也没有为日本和伊斯兰世界的更广泛的读者所接受，它们并没能实现它们原本意图对更广泛的民间社会群体和公众意见（文明）施加的影响。JMDC 对于增进参加了这些对话的阿拉伯和日本的知识群体的相互理解作出了巨大的贡献。

---

① 穆罕穆德·爱尔—萨科特（Mohammad El-Saket）：《21 世纪的中国—阿拉伯合作》，载霍达·梅特基斯（Hoda Metkees）和卡迪加·穆罕穆德（Khadiga Mohammad）主编：《中国崛起》，开罗：亚洲研究中心，开罗大学，2005，第 339—358 页。

马纳马对话讨论了三个主题:伊斯兰教和全球化,伊斯兰教与日本间的共存和交互影响,以及伊斯兰教与国际关系。在东京对话上,和平与人类发展的主题得到强调,附带的次级主题分别是"文化的现代化和面临的挑战:伊斯兰视角下的日本"和"文化的现代化与面临的挑战:日本视角下的伊斯兰世界"。德黑兰对话关注的主题是从一种日本和伊斯兰视角来看的人类尊严。突尼斯对话的核心问题是日本和伊斯兰视角下的人类社会的多样性。第五届对话聚焦的主题是不同文明的共存与和睦,以及不同文明间对话的作用。在这个主题下面,挑选出了三个议题:伊斯兰教和发展、环境与生活,以及文化多样性和媒体的作用。五届对话的主题都与日本人和穆斯林当前关注的核心问题有着十分紧密的关联。然而,这些主题都是被提供赞助或作为主办者的外交部门所挑选的,这些外交部门极少从各参会者得到资助。其他的诸如民主与人权、大规模杀伤性武器、环境以及联合国和北约的作用等问题还尚待讨论。

来自日本、阿拉伯世界国家、伊朗和马来西亚的学者出席了各届对话。但是阿拉伯人获得了过多的代表席位。伊朗参加了所有各届对话,而马来西亚则是在阿拉伯世界和伊朗区域之外参会的唯一的伊斯兰国家。事实上,在日本外交部的帮助下,只有一位马来西亚学者参加了第三届对话。伊斯兰世界的范围远远大于阿拉伯世界和伊朗。其他的非洲和亚洲的伊斯兰国家,如尼日利亚、塞内加尔、马里、索马里、印度尼西亚、巴基斯坦,以及中亚国家如乌兹别克斯坦和哈萨克斯坦等尚须要加入到对话中来,如果对话真的要成为伊斯兰世界之代表的话。

JMDC 的主要问题在于,它是在没有精明的长远规划的条件下前行的。直到召集对话的几周前,关于由哪个国家来主办下届对话的决议才得到公布,但是到那个时候,对于参会者为会议贡献可靠力量来说,时间可能已经太晚了。我们早先曾提议建立一个阿拉伯—日本文化基金会。我们相信这样的基金将被赋予全面监管 JMDC 的任务。基金会将决定讨论的主题、参会方及它们的加入,以及会议的主办和会议记录的出版,等等。一项特别基金将被设立为鼓励参会者脱离政府的控制来参会。如果对话要成为一种真正的不同文明间对话的话,这一点是至关重要的。

(三)欧洲—地中海的文明间对话

1994 年 10 月欧盟提出了一项旨在构建一种欧洲—地中海伙伴关系(EMP)的提案。按照这项提案,伙伴关系被导向于"支持建立一个稳定而安全、和为地中海国家的持久快速的经济发展创造条件的地带”。该提案反复申说了伙伴关系的两个主要维度：也即，(1)构建一个欧洲—地中海的政治稳定与安全的地带；和(2)打造一个欧洲—地中海的经济特区。目标是建立一个在欧盟与南地中海国家之间所有制造业产品(尤其为农产品提供特惠和互利的通道)的自由贸易区，和一个地中海国家自身之间的自由贸易区。它也呼吁支持举办欧洲—地中海的协商会议。该协商会议于1995年11月27—28日在巴塞罗纳举办。会议签署的巴塞罗纳宣言提及了后来的双边和单边联合协议的中心问题，这些协议是与地中海的八个阿拉伯国家及以色列一起签订的，该宣言也提到了在不同文化和文明间对话的问题。然而，该方面的进展与经济方面的进展相比则显得十分缓慢。2001年9月11日之后，欧盟启动了“不同文化与文明间对话的行动计划”。该计划倡导一种基于文化方面、平等、差异性和多元文化主义的欧洲—地中海对话。需避免偏见与陈规老套，对话的目的不是要改变他者，而是要以一种和平的方式与他者共存，此外还要努力寻求绝大部分双方共同关注的问题的解决办法。正是在这种精神的指引下，致力于推动不同文化与文明间对话的欧洲—地中海基金会成立了。这就是后来所谓的“安娜·林德(Anna Lindh)欧洲—地中海文化间对话基金会”，它的基地位于埃及的亚历山大。安娜·林德基金会致力于欧洲—地中海文化与文明间对话的问题。从诞生伊始，安娜·林德基金会就已启动了数个各种各样文化、学术和艺术的项目，这些项目将欧洲—地中海的个人和实体紧密联结起来，此外还主持了许多会议和规划，这些会议和规划涉及欧洲—地中海世界的文化与文明对话的不同方面。[①]

欧洲—地中海对话已经实现了制度化。现存的主要问题是欧洲方面实质上操纵了对话的包括议程设置和执行在内的所有步骤。

① 参见安娜·林德基金会活动的完整回顾。

基督教面临挑战的拓扑分析

王志成　王　蓉*

从凯逻斯(kairos)意义上说,基督教自进入希腊化世界开始主要经历了来自希腊哲学、科学、世俗化和其他宗教的挑战。正确应对这些挑战,实质上需要基督教正确处理他者(the other)或他在性(otherness)的问题。我们考察的结果表明,基督教没有比较正确地处理好他者或他者性的问题。在已经来临的第二轴心时代,基督教只有更好地意识并处理好他者或者他在性问题,才能真正服务这个世界。

一、基督教与希腊哲学:利用及问题

在原始基督教①信仰时代,信徒体认耶稣是弥赛亚。不过,他们对耶稣的信仰完全建立在犹太传统基础之上。但是,当福音传向希腊化世界之后,基督教开始利用希腊哲学思想尝试建构新的世界关系图像。

如果说对基督教最终成功进入希腊化世界起决定作用的人是保罗,那么可以说,保罗在将基督教传向希腊化地区的过程中,就已经根据自己的理解勾勒

* 作者单位:浙江大学基督教与跨文化研究中心。

① 这里指公元70年以前的基督教信仰。

出了一幅崭新的世界关系图像。根据《圣经》①记载，保罗宣称“世人都犯了罪，亏缺了神的荣耀；如今却蒙神的恩典，因耶稣基督的救赎，就白白地称义。”（《罗马书》3:23—24）根据他的理解，世上的每一个人都是罪人并处于上帝的愤怒之下，耶稣基督则为了把人从罪恶中拯救出来而甘愿受死。人必须认罪并通过信仰基督而得到拯救。这样，人与这个世界的关系问题实质上变成了人与基督之间的信仰关系问题。历史事实证明，如何建立人与基督之间的关系也是传统基督教信仰主要关注的问题之一。

如果说，保罗神学是传统基督教信仰大厦的一块基石，那么支撑起这座信仰大厦的另一块重要基石就是《约翰福音》。正如美国圣经学者霍华德·克拉克·基（Howard Clark Kee）所说：“每一位新约作者都在不同程度上或多或少地修改了传统，用以保留他自己的文化内涵、见解和价值。”②与《同观福音》的叙事方式不同，《约翰福音》的作者在此修改了有关耶稣的历史材料，用以满足自己用希腊文化理解耶稣的目的。他一开始就宣称“太初有道（word），道与神同在，道就是神。”（《约翰福音》1:1）他把耶稣基督和希腊哲学概念“逻各斯”（logos）结合在一起，耶稣成了“逻各斯”，即道成肉身的上帝。

从一定意义上说，保罗神学和《约翰福音》奠定了传统基督教的神学基础。但是需要指出的是，保罗神学和《约翰福音》对耶稣的理解当时并没有得到人们完全的认同。公元1世纪末2世纪初，希腊社会流行的各种思想对保罗神学和耶稣道成肉身的质疑形成了对基督教的巨大挑战。

公元2世纪初出现的一种被称为伊便尼（Ebionism）的学说认为耶稣只在身份上是上帝之子，他是人不是神。与此同时，基督幻影说（Docetism）则相信基督的肉身只是一个幻影，因此道成肉身不可能真正发生。产生于公元1世纪，约在公元135—160年发展到巅峰的诺斯替教（Gnosticism）否认上帝在《旧约》中的启示并拒绝承认《新约》所启示出来的道成肉身。

这些思想从某种意义上说是人们对基督信仰的认真思考，但客观上给基督教带来的挑战曾一度使基督教会中的一些人意识到，基督教能否在希腊化地区

① 本文所引《圣经》经文出自中文新标点合和本，其中冒号前后数字分别代表第几章和第几节。同时参看 *The Reflecting God Study Bible*, ed. by Kenneth Barker and Grand Rapids, Zondervan, 2000，下同。

② Howard Clark Kee, *Understanding the New Testament*, New Jersey: Prentice Hall, 1993, p.77.

生存下来，很大程度上取决于教会如何应对这些挑战。基于这种认识，教会中有人开始系统地将基督教的基本信仰表达出来，并作出详尽的解释。到了公元2世纪，教会已发展出《使徒信经》，教会组织也日益严密起来。到了公元2世纪的最后30年，教会开始自称为大公教会，同时标准的信经和权威的正典也确立起来。

公元1世纪末2世纪初的基督教会已完全进入了希腊社会，此时的基督教迫切需要把希腊哲学和基督教信仰结合在一起，以期巩固自己的信仰地位。以殉道者查斯丁(Justinus Martyr)等人为代表的护教士们利用柏拉图主义的思想，就耶稣的神人二性和道成肉身等问题与持不同意见者展开了著名的三一论和基督论之争。出生于北非迦太基的神学家圣奥古斯丁(St. Augustine)最终把基督教信仰和经他利用、改造过的新柏拉图主义之形式糅合在一起，制定出了传统基督教的基本教义。长期以来，很多基督徒坚信上帝创造世界、上帝道成肉身为基督、耶稣基督是三位一体的唯一救世主、上帝的一切只通过耶稣基督启示出来。事实证明奥古斯丁对三位一体教义的论证奠定了教会一千多年的神学基础。

如此，经希腊文化浸润的基督教正统神学把保罗勾画的基督信仰图景精致化了，并形成以上帝创世—人之堕落—基督的救赎—末世的审判为基本线索的神话故事。可以说，这是自保罗以来的基督教神学家面对希腊文化的挑战，建构出来的一个精美的宏大叙事。它似乎将希腊哲学思想成功地糅进了基督教信仰，以后的传统主流基督教神学沿着保罗神学的道路发展下去。但是，我们必须看到这种新的基督教神学思想已经是神学家们改造、利用希腊哲学之形式，以基督教信仰为核心的一种综合物。奥古斯丁和中世纪的托马斯·阿奎那(St. Thomas Aquinas)就是这样确立并阐释正统基督教教义的。

根据主流基督教神学的信仰图景，基督信仰之外无拯救，甚至教会之外也无救恩，人们既不可能在基督教之外找到信仰空间，也不可能凭借理性找到真理和光明，因为真理和光明只体现在基督教信仰中。显然，主流基督教的这一教义具有明显的排他性，它难以平等处理它与诸多他者之间的关系。正统基督教基本教义的形成过程十分复杂，从一定程度上说基督教是通过长期斗争，最终依靠其在政治上的绝对优势才战胜其他各种不同思想的，尽管它对三位一体教义的解释无法令人满意。

基督教在希腊化过程中对待希腊哲学思想的态度在某种程度上说是很成

问题的。基督教正统教义的形成过程从完全的意义上表明基督教在处理它与希腊哲学的关系问题上并没有把希腊哲学视为独立的他者，两者之间存在的关系实质上不是吸收与被吸收的关系，而是利用与被利用的关系。当基督教成为罗马帝国的国教之后，它就开始大肆排除异己，凡是违背正统教义的学说都会受到排斥和压制。历史事实表明，基督教难以平等地对待他者。这一点在基督教应对科学的挑战中表现得更加突出。

二、基督教与科学：对峙还是调和？

中世纪传统基督教坚持信仰之外无救恩，一切真理都启示在基督信仰里。它拒斥各种不符合信仰的理性探索和诉求，人们的一切思想和活动都不能偏离信仰一丝一毫，否则就会受到严厉的惩罚。因此，13 世纪以来西方近现代科学研究由于受到基督教神学世界观的束缚，人们从事科学研究的目的基本上只是为了证明信仰的正确性。在这漫长的几百年间，人们对自然知识的追求往往只是从属于神学事业。例如，13 世纪的罗杰尔·培根(Roger Bacon)认为数学可以帮助人们理解《圣经》，对数学的研究在他看来只不过是为了装备基督教会。14 世纪的让·布里丹(Jean Buridan)和尼古拉·奥雷斯谟(Nicole Uresme)认为地球有可能绕轴自转，但是他们的目的在于证明人的理性和经验不能决定一些最基本的问题，因此人们不能依赖理性去判断信仰。① 但是，1543 年哥白尼的《天体运行论》一书的出版打破了这种情况，从此以后，近现代科学开始了摆脱传统基督教神学世界观束缚的漫长旅程。哥白尼反对托勒密的地心说，提出日心说，在自然事物方面向教会权威进行公开挑战。哥白尼之后的开普勒、伽利略更是推进了这一革命性的挑战教会权威的进程。牛顿发展了开普勒和伽利略的科学成果，建立了系统的古典力学，有力地驳斥了教会对哥白尼学说的反对。17—19 世纪近现代实验科学发展迅速，基于实验科学的机械论自然观否定了上帝安排一切的天命神学，直接导致哲学和宗教观上的无神论思想的产生，对基督教传统的神学世界观构成了严峻挑战。

另外，在自然科学方面，法国哲学家和科学家笛卡尔首先提出了天体演化理论，他认为宇宙是按力学规律运动发展出来的产物，否定了诸如上帝创世之类的说教。德国哲学家康德和法国科学家拉普拉斯提出了天体演化的星云假

---

① 约翰·H.布鲁克著：《科学与宗教》，苏贤贵译，复旦大学出版社 2000 年版，第 59—63 页。

说，消除了上帝创世的作用。19世纪，达尔文的生物进化论以其丰富的实证和科学的推理在社会上引起了巨大反响，从一定意义上否定了基督教关于上帝创造人类和整个世界的神话。

17—19世纪基督教和科学之间的关系发生了很大变化，自然神论、唯物主义和不可知论等思想都对传统基督教神学构成了很大威胁。如前所述，哥白尼的日心说天文学基本上否定了基督教神学家们过去视为理所当然的宇宙图景。人们可能抛弃原先的宇宙论，重新构造一个新的宇宙论，这对传统基督教来说无疑是一个巨大挑战。18世纪末，特别是在法国，自然哲学家们对神学的干预置之不理，他们认为人类问题的解决应该依靠人类自己的努力，无需基督教会的干预。德国哲学家康德认为对上帝存在的客观证明是不可能的，神学仅限于道德领域，这一理论使科学最终脱离了基督教的窠臼。

科学的发展导致基督教神学发生了变化。19世纪达尔文的生物进化论矛头直接指向传统基督教神学的基本教义，这促使神学家们开始意识到基督教神学如果要生存下去，就必须改变自己的形式。例如，当时的"神学解剖学"认为实施解剖有助于更充分地揭示神的技艺。

19—20世纪，历史科学开始反思宗教信仰问题。以奥地利著名心理学家弗洛伊德为代表的科学家认为，人类必须学会在上帝缺席的情况下生活。根据弗洛伊德的理论，人类无需被宗教解放，而是必须从宗教中解放出来。宗教不可能给人生赋予任何价值。

总之，科学在西方的发展进程中，首先是作为验证基督教的正确性和服务于基督教的手段而出现的。英国后现代宗教哲学家唐·库比特(Don Cupitt)认为"'科学'一词直到19世纪初才具有了其现代意义"①。但是，随着科学手段的不断改进，科学发现的不断更新，科学作为最初手段的意义发生了根本性转化。在科学的意义不断转化乃至革命的进程中，科学作为文明的要素之一成为相对于基督教的一个独立的"他者"。这个"他者"打破了基督教的创造神话，动摇了传统基督教教义的根基。事实上，科学发展强大的过程从某种程度上说也是传统基督教教义不断受到科学挑战的过程。但是，面对科学的挑战，基督教一直没有采取正确的态度。

对于科学这个他者，基督教一开始就采取压制的态度。当科学的探索与其

① Don Cupitt, *The Worlds of Science and Religion*, New York: Hawthorn, 1976, p. 6.

教义相左，抑或基督教意识到某种科学理论可能对宗教信仰形成威胁或带来挑战时，基督教对科学总是采取排斥的态度。中世纪的基督教会甚至设立宗教裁判所，把许多进步的思想家和科学家当作异端处死就是基督教采用强硬手段拒斥科学探索的典型例子。直到今天，持这一立场的一些基督教基要派人士坚持认为《圣经》无谬误，耶稣的神性不可怀疑，他替人赎罪，死而复活，将来一定“肉身再临”。基督教基要派学者拒斥达尔文的进化论，认为它只不过是“伪科学”，真正的科学蕴涵在《圣经》之中。坚持这一立场的基督教基要派实际上把基督教与科学完全对立起来了。这种态度不利于基督教的健康发展。

尽管如此，我们看到在基督教与科学的冲突过程中，以基督教名义建构起来的诸多宇宙论在科学的理论面前被迫退缩，让位于科学。除了以上提到的排他论之外，另外还有以下两种关系模式：

(一)分离论

持这一立场的人认为基督教与科学完全是独立的，它们各自有自己的目标、对象和方法。它们各有各的理论，“井水不犯河水”。

新正统派神学家卡尔·巴特(Karl Barth)是持这一观点的代表人物。在他看来，神学处理的是上帝在基督里的自我启示；存在主义者，如尼采、萨特等人则提倡宗教与科学领域存在明显的区别；语言分析哲学家维特根斯坦则主张神学和科学是完全不同的语言活动，它们既不会相互作用，也不会相互冲突。20世纪最有影响的新教神学家保罗·蒂利希(Paul Tillich)认为科学的最新发展不应该用来证明宗教信仰之真理，因为宗教真理和科学真理是截然不同的。

(二)对话论

与上述观点不同，有相当一部分人认为宗教与科学之间是相互关联、相互依存并相互作用的，两者有展开对话的空间，而非完全对立或彼此不相干。宗教与科学之间应该互相学习，取长补短。

英国牛津大学教授约翰·霍顿认为如果我们变换思考问题的角度，重新思考上帝与宇宙的关系，科学家可以把上帝视为“第五度空间”。事实上，霍顿认为，科学与宗教在方法上是一致的，科学探索和宗教信仰是统一的。唐·库比特把宗教与科学的关系作了一个浪漫的类比，他说：“科学与宗教之间的关系犹如大人与小孩之间的关系；就好像是现代科学工业世界与旧世界之间的关系。……宗教与科学两者之间区别并不十分明显，因此它们可以肩并肩地坐在一起，无需争吵不休。”[①]在上述关系模式中，排他论和分离论拒绝承认科学作为平等的他者身份，对话论从某种意义上说已经把科学与宗教相互视为独立的他者，提倡二者展开对话，比较有利于基督教正确处理它与科学的关系问题。

事实上，基督教能否积极面对科学的挑战，关系到它未来的命运。如今，人们在处理基督教与科学之间的关系问题上仍然存在如下的情况：有些保守的基督教派或神学家看到了科学的发展给基督教神学理论带来的威胁，但从情感上又难以接受这一挑战，于是，不惜采用歪曲、利用的手法力图把科学纳入神学体系之中，要求人们皈依基督教。这种现象表明，某些基督教教派仍然没有正确地面对科学的挑战，没有把科学视为完全独立、平等的他者。

事实上，面对科学的挑战，如果传统基督教能够认真进行神学思想上的反省，积极发展新的符合时代需求的神学，而不是歪曲利用、阻碍科学的发展，基督教就可能具有强大的生命力。然而，事与愿违，我们看到的是，传统基督教神学不仅没有处理好与作为他者的科学之间的关系，在处理它与社会世俗化的关系方面，它还被迫面临新一轮的挑战。

三、基督教与世俗化：走向世俗化还是回归传统？

1962 年 10 月，第二届梵蒂冈公会议第一次会议在罗马的圣彼得大教堂开幕。教皇约翰二十三世(John XXIII)在这次大公会议中批准通过了 16 项文件。其中不少文件在确定教会发展的新方向上具有重大意义。它与 16 世纪的特兰托公会议以来一直统治罗马天主教神学的那种教会形象大相径庭。这次会议适当修正了“教皇永无谬误”的传统信条，并在救赎论和终极论问题上改变了传统主张，号召整个教会要认识到人类事务的合法的自主性，要投身于自己“在尘世的使命”，去建设地上之国。[②] 此外，它还提倡开辟基督教神学本土化、多元化的发展道路，提倡神学参与讨论人自身以及与人类社会密切相关的各种社会问题。

“梵二会议”标志着天主教走向开放革新，但事实上，它遭到了捍卫传统的保守势力的激烈反对，甚至有人公开与教廷分庭抗礼。例如，法国天主教勒费弗尔就坚决反对“梵二会议”神学，强烈要求天主教会重新回归传统教义。这两

---

① Don Cupitt, *The Worlds of Science and Religion*, New York: Hawthorn, 1976, p. 6.

② 詹姆斯·C. 利文斯顿著：《现代基督教思想》，何光沪译，四川人民出版社 2003 年版，第 991 页。

个事件引发了许多复杂的疑问:是什么力量促使"梵二会议"进行这样的改革?从16世纪一直沿袭至今的教会基督教信条是否完全过时陈腐?"梵二会议"神学能否在教会实际的日常生活中被付诸实施?"梵二会议"是教会的一个起点还是一个终点?

追根溯源,上述问题实际上牵涉到的是传统基督教与当今社会世俗化的关系问题。① 社会的世俗化进程开始于近代的政教分离政策。马丁·路德发起的宗教改革明确反对教皇对世俗事务的控制,主张世俗事务应由世俗政权管理。1787年,美国首次以国家宪章立法的形式规定政教分离原则,社会世俗化进程加快。另外,18世纪在欧洲兴起的启蒙运动在哲学、艺术和思想文化领域都掀起了一种高扬人性、赞美理性和现世的世俗化浪潮,人们的注意力从来世转向了现世,由彼岸转向了此岸,更多地关注此世和人的生活。20世纪末,物质主义和消费主义甚嚣尘上,加速了社会世俗化的步伐。21世纪社会的世俗化趋向更向纵深发展。

随着经济全球化进程加快,随之引起的政治多极化和文化多元化也日益明显。再加上高新科技的迅速发展,现代社会的发展呈现出多元化趋势。面对如此迅速的社会发展,传统基督教被迅速卷入了社会现代化的变革之中。面临如此巨大的挑战,传统基督教神学不得不改变自身面貌,以适应现代社会的迅速发展。

一些思想比较自由的基督教派别已经意识到了这一问题,他们开始积极地关注并参与世俗社会的各项事务,以图在世俗社会维持他们的作用和影响。在不否定基本信仰的前提下,基督教开始更多地关注这个世界的现实问题并寻求共同解决问题的办法。他们更多地承担社会福利事业。有些神学家甚至积极倡导基督教徒与其他社会各界人士一起关注这个地球的苦难,美国著名的天主教神学家保罗·尼特(Paul Knitter)意识到"我们必须辨别什么东西能够在共同的关切和行动中把我们团结起来共同面对我们众生及地球的苦难"②。

在西方,基督教走向世俗化的趋势日益明显。在英国,保留基督教信仰身

---

① 关于世俗化的定义,当前学术界看法不一。本文参考了贝格尔的看法,即认为世俗化指的是社会和文化的一部分摆脱宗教制度和宗教象征控制的过程,人们越来越少地依靠宗教来理解世界和个人的生活。

② 保罗·尼特著:《一个地球,多种宗教》,王志成、思竹、王红梅译,宗教文化出版社2003年版,第93页。

份的人仍然不在少数，但是进教堂礼拜的基督徒人数已经由过去的7%下降到了现在的不足3%，并且还有继续下降的趋势。针对这种情况，我们看到基督宗教内部已经开始有限度地修正部分旧的神学思想。

但是，这并不是基督教适应社会世俗化的总趋势。由于世俗化的变革改变了固有的信仰传统，势必损害到教会传统体制的既得利益者。于是，与基督教自由主义神学主动适应现代社会，走向世俗化的趋势相反，基督教基要派反对世俗化进程，以神圣的名义坚持和维护古老的传统。

在西方，基督教基要派人士坚持认为圣经是唯一的权威，圣经无谬误，相信个人因信得救。他们把传统教义信仰总结为五条“基本要道”，不仅反对圣经评断学、世俗人道主义和进化论，而且在社会政治问题上与马克思主义和社会主义针锋相对。基督教基要派对20世纪六七十年代出现的各种世俗化现象均激烈反对，把这些现象说成是背叛上帝和破坏道德的行为，并表示他们绝不宽容这种世俗化现象。在当代，基督教基要派已经在一些国家发展成为非常重要的一支政治力量。

从以上分析可以看出，基督教基要派不能积极面对现当代社会的日益世俗化之挑战。世俗化是当今世界的总趋势，相对于基督教来说，可以视之为独立的他在性(otherness)。但是，基督教基要派不愿意主动顺应社会的世俗化，害怕失去既得利益(包括物质利益和精神利益)，对种种世俗化现象加以抨击、排斥，这种态度是很成问题的。正是因为传统基督教神学不能平等地对待作为他在性的世俗化问题，没有处理好与世俗化的关系，也可能导致在当今社会日益世俗化过程中，基督教在处理与其他宗教的关系中存在很多难题。

四、基督教与其他宗教：对抗还是对话?

在人类历史上由于宗教信仰不同而引起的不同信仰群体之间的矛盾、冲突，甚至激烈的宗教战争屡见不鲜。20世纪发生的两次世界大战，以及后来发生的两伊战争、震惊世界的“9·11”事件，以及美国同伊拉克一系列的政治和战争冲突等，实际上都或多或少与不同信仰和民族对立有关。

不同宗教群体或社会群体之间的对立冲突实际上都可以归属于不同群体利益之间的冲突和宗教观念之间的分歧。它通常表现为不同群体执著地追求自己的信仰和价值信念。当不同信仰背后牵涉到有形的利益冲突，而任何一方又都坚持自己的宗教和价值信念是唯一的神圣真理时，这种矛盾就会激化，彼此难以认同对方，矛盾不可调和，导致战争冲突发生。但是使用武力往往并不能从根本上消除这种矛盾冲突。

在人类社会日益全球化和世俗化的今天，由于高科技的发展，过去隔离的状态已经结束，代之以不同民族、不同文化和信仰等之间的面对面接触，甚至彼此利益唇齿相依。不同信仰群体之间的沟通对话，成为每个信仰群体生存与发展的基本保障。我们只有行动起来充分尊重他者，确立起他者的身份，共同促进世界和平，才能消除不同信仰群体之间的误解和仇恨，更好地实践和发展自己的信仰。

或许在今天，不同的宗教都已经看到了宗教对话的必要性，但是真正有效的宗教对话与充分尊重他者、完全确立起他者身份密切相关。反观过去近一个世纪的变迁，透过基督教处理与其他宗教之关系，可以看出，它对待作为他者的其他宗教之态度已经经历了如下几个凯逻斯阶段：

（一）排他论：拒斥他者

基督教传统的主流神学认为上帝创造世界、耶稣是童贞女所生，他完全的神性不可怀疑；耶稣为救赎人类而甘愿牺牲生命，死后肉体复活；将来必定肉身再临。耶稣基督是唯一的救世主，上帝的启示就在耶稣基督里。许多基督徒都坚信只有耶稣基督才是唯一的真理，只有通过耶稣基督才能获得救赎。根据这样的信仰图景，其他宗教没有真理、没有启示，也就没有光明。据此，基督教拒绝承认其他宗教是一个独立的他者，也就不能平等地处理彼此之间的关系。新教神学家卡尔·巴特是持这一立场的典型代表。他明确宣称唯独依靠恩典、唯独依靠信仰、唯独依靠基督、唯独依靠《圣经》，我们才能得救。显然，拒斥其他宗教作为他者的排他论不可能进行真正有效的宗教对话。

（二）兼容论：包容他者

天主教神学家卡尔·拉纳（Karl Rahner）和"梵二会议"神学认为拯救归于耶稣基督。其他宗教中的真理、启示之最后根源来自耶稣基督，而不是其他。这种处理基督教与其他宗教的关系在神学上被称为兼容论。

根据兼容论，各个宗教都有好的和善的地方，都有上帝的启示，但在基督教中这种启示最完满。不论耶稣基督在其他宗教中是否得到完全的认可，他仍然在其他宗教中做工。兼容论充分肯定了其他宗教之中也有真理和启示，在一定意义上说，它承认了其他宗教的他者身份，但是，这种认可并不彻底。

(三)多元论:驯服他者

宗教多元论是继排他论和兼容论之后兴起的一种重要的处理宗教之间关系的理论。目前,多元论具有诸多形态。约翰·希克(John Hick)是当代宗教多元论的理论代表。他严厉批评了宗教排他论和兼容论,认为他们在理论上不成立。希克认为不管是有神论还是非有神论宗教,本质上都是以实在为中心的(Reality-centered)。基于这样的认识,希克提出了宗教多元论。他认为有一个终极实在者,超越于一切语言范畴,超越一切二元论,我们不能谈论它。但这个实在者也临在于我们人类,人类会以不同的方式对这一临在作出回应。

希克的多元论看到了各个宗教共同的救赎论结构,尊重各个宗教,承认其他宗教的他者身份。但是过程神学家和哲学家约翰·科布(John Cobb, Jr.)认为终极实在可以有多个;[①]雷蒙·潘尼卡(Raimon Panikkar)也批评希克,说他没有真正意识到独立的他者。[②]

(四)比较论:接受他者

究竟该如何处理基督教与其他宗教之间的关系?从巴特的排他论到拉纳的兼容论,再到希克的多元论都无法让大多数人接受,因为要进行成功有效的宗教对话,必须完全平等地确立起作为他者的其他宗教的身份。人们探索宗教对话理论的进程还在继续。近年来出现的以天主教神学家弗雷德里克(James Fredericks)和克卢尼(Francis X. Clooney, S. J.)为代表的比较神学思潮,他们强调比较论者需要进入另一个或几个宗教,用另一个或几个宗教自身的语言去理解,而不是用基督教的语言和范畴。要真正逾越到其他宗教之中,而不是做旁观者,更不是要强加自己的观念。换言之,人们既应该委身于自己的宗教,又需要向其他宗教开放,进入其他宗教,向其他宗教学习,再返回来丰富自己的宗教信仰。弗雷德里克强调,通过深刻了解其他宗教,基督徒可以从新的视角思考自己的宗教生活。基督徒应该把其他宗教看成是丰富自己的宗教灵性的宝贵资源,而不是威胁,从而与其他信仰的人达到全新的宗教团结。[③]

---

① 科布关于终极实在有多个的看法,参见他来浙江大学演讲时的一篇论文"Deep Pluralism", http://chinasaa.bokee.com/2615554.html。

② 雷蒙·潘尼卡著:《看不见的和谐》,王志成、思竹译,宗教文化出版社2005年版,第107—109页。

③ 参见 James L. Fredericks, *Buddhists and Christians*, Maryknoll, New York: Orbis Books, 2004。

比较论者的思想和前面三种理论相比，可能是一种比较合理的处理基督教与其他宗教的关系模式，因为它呼吁人们在委身信仰的同时，充分尊重他者，比较好地确立起了作为独立他者的其他宗教的身份。通过完全开放自己，主动向其他宗教学习，达到丰富自己信仰的目的，也有利于培养起新的宗教间友谊，促进世界和平。

总而言之，面对其他宗教的挑战，传统基督教最终走向对抗还是对话，将直接关系到它未来的命运。但是，严峻的现实是，时至今日，很多基督教信仰者还没有真正意识到有效的宗教对话之意义和价值所在。传统的主流基督教对待其他宗教的态度，目前看来基本上是排斥他者的，一些比较自由的基督教派别也最多走到了包容他者的阶段。希克驯服他者的多元论思想并没有得到传统基督教主流神学的认可。我们认为，基督教要成功回应来自其他宗教的挑战，首先必须完全确立起其他宗教的他者身份，任何排斥、包容、驯服、扭曲宗教他者的模式、态度事实上都是无视他者的错误态度。这种态度不可能真正处理好基督教与其他宗教之间的关系。

在21世纪的今天，人类历史已经进入了一个崭新的时期。世界变化日新月异，一个充满活力的新时代已经来临。传统基督教应该如何面对并适应正在来临的一种新生活？它将如何回应新时代的巨大挑战呢？

五、基督教与第二轴心时代：保持还是转化？

或许生活在不同时代的人都相信自己正处在历史的某个转折点上，但今天我们遇到的问题似乎越来越难处理。传统主流基督教面临的问题也变得不同寻常。自上世纪末以来，地球生态灾难、人类的苦难和各文明之间的冲突等成为人类必须共同面对和不可回避的问题。面对这一切，也许我们可以通过反思德国哲学家雅斯贝斯(Karl Jaspers)所称的“轴心时代”(Axial Age)得到启示，探索基督教的未来发展趋势。

大约在公元前8—前2世纪，在地球的不同区域同时出现了影响人类两千多年文明的主要文化形态。这一时期被认为是“人类精神发生巨大变迁的关键时期”①，中国的儒家和道家学说、印度的印度教和佛教、以色列的一神论信仰和希腊的哲学理性主义等纷纷出现。一大批宗教界和哲学界的伟大人物在世

① Karen Armstrong, *The Great Transformation*, Great Britain: Atlantic, 2006, p. vii.

界相互隔绝的不同区域涌现出来，如：中国有孔子、老子和庄子等诸子百家，印度有释迦牟尼诞生，古希腊有赫拉克利特、巴门尼德、苏格拉底、柏拉图、亚里士多德等哲人，巴勒斯坦有以利亚、以赛亚、杰里迈亚等先知，在伊朗有祆教的开创者琐罗亚斯德，等等。人们开始关注个体自我的意识和命运，并明显具有自然与超自然相对立的二元论世界观，标志着人类进入了"轴心时期"。轴心文明产生之后的人类主要生活在发端于轴心时期的宗教和哲学世界里，形成了关于宇宙、世界、自我、人、真理、价值、善等思想观念，同时他们也对自己所生活的世界产生了诸多抱怨和不满。许多人认为人类生活在末世、末法或者卡利(Kali)年代。

人类历史的发展证明有问题就有反思。对轴心文明的反思在西方可以说从哥白尼时代就开始了，而人文主义的发展则表明人的意识在发展和转变。自20世纪末以来，高新科技的飞速发展直接改变了人类的生存状态。20世纪90年代是一个非常特别的年代。特别值得一提的是来自世界各地的人聚集在一起召开了全球宗教会议，通过了《全球伦理宣言》。种种迹象表明我们已经进入了一个全新的时代——第二轴心时代(The Second Axial Age)。

第二轴心时代是全球化的时代、跨文化的时代。发达的交通和通讯技术让我们的生活全面全球化，特别是国际互联网技术的发展使世界各地人们相互之间的沟通在不断增强和深化。高新科技的普及和发展直接支配了人们的日常生活。它把世界各国的经济、政治、文化联为一体，把人类社会生活融为一体。在这样一个时代，女性主义时代悄然来临，生态意识、非实在论意识、后现代意识和生活意识不断涌现出来。

全球化时代也是雷蒙·潘尼卡所称的"多元论困境"①的时代。全球化生活给现代人的生存带来一种前所未有的张力或危机。人们不得不摆脱个体、国家、民族、种族的限制，尝试从一种全球意识出发，立足于全人类的利益考虑问题和采取行动，否则我们将陷入极端危险的处境，很有可能招致全球毁灭。②时代的需要促使人们不得不进入相互自觉沟通、对话的时代。当然，人类的诸多旧思想观念也要经受巨大冲击并不得不接受严峻的挑战。

---

① 雷蒙·潘尼卡所称的"多元论困境"，也是池田大作所说的"负面重力"。他们发现全球化生活给现代人的生存带来一种前所未有的张力或危机，生态危机、能源危机、核威慑等都是这种危机的表现。

② 王志成著、段丽萍编：《走向第二轴心时代》，宗教文化出版社2005年版，第2页。

如前所述,传统主流基督教尚未完全处理好与科学、世俗化和其他宗教等他者和他在性的关系问题,就匆匆迈进了21世纪。传统基督教需要全面认真地反思并调整自身传统教义,才能在已经来临的第二轴心时代走出一条符合新时代发展的道路。

传统基督教首先需要调整的就是关于耶稣是唯一的拯救之道的宣称。事实上,当基督教在作这种宣称的同时已经否定了其他宗教作为有效的拯救道路的可能性。在全球化的今天,这样的宣称带来了很大的困难,从根本上说不利于世界和平,耶稣基督关于爱的教导将被窒息。

其次,传统基督教神学关于创世、原罪、末世审判和道成肉身等教义并不是什么绝对真理,而是具有历史性的,需要不断得到重新理解和发展,否则就会过时,阻碍社会发展,给人带来痛苦。

事实上基督教神学中的每一个教义都是富有争议的,需要人们反思的。可以说人们所接受的教义都是被传统或权威强化出来的,它们都是可以发展的,并且一些神学家已经开始反思传统的基督教教义了。比如道成肉身教义并不能被视为字面真理,而只能看成是一种隐喻真理。这一教义如果不能得到比较合理的理解和解释,就会给世界带来灾难而不是爱。宗教哲学家约翰·希克(John Hick)认为道成肉身只是一种隐喻;雷蒙·潘尼卡则把它提升到不伤害其他信仰的高度。他认为我们每一个人都是道成肉身的神,作为神的我们与上帝同一,换句话说我们是上帝的形象。① 另外,基督教的原罪观念、实在论的上帝观等在新时代也开始面临挑战。基督教里有些神学家认为原罪观念并不是基督教神学必需的观念,他们的神学不倾向于原罪观念;一些后现代神学家则强调上帝的非实在性,强调当下的生活。认为基督教实在论的上帝观已经给信徒带来了很多灾难性的问题。

到目前为止,虽然部分神学家和宗教哲学家已经对传统基督教进行了深刻的反思,但是尚处在轴心时代信仰语言系统之中的主流基督信仰神学由于种种原因,还没有实质性的发展,远远跟不上社会的发展形势。在第二轴心时代,传统基督信仰神学需要继续探索处理它与其他信仰文化之间的关系的方式,完全确立起他者或他在性的身份,从其他宗教文化或世俗文化中汲取营养,在真正意义上和其他文化展开深度对话,自己才能走上健康发展的道路,

---

① 雷蒙·潘尼卡著:《人的圆满》,王志成译,宗教文化出版社2006年版,第24—26页。

神学不是永恒的，它是不同时代人们对自身信仰的反思和表达。在第二轴心时代，传统基督教只要全面深入地反思自身，大胆改革和进一步发展自身，走自由开放、对话的创造性发展道路，最终就能实现自身的轴心式转变，为新时代的发展和世界和平作出贡献。

六、结　语

时光匆匆，当人类历史迈入 21 世纪之际，我们迎来了第二轴心时代，一种新的生活方式正在悄然产生。传统基督教神学已经面临极大的挑战。事实上，基督教信仰界的有识之士已经意识到本文所涉及的种种挑战，并主动地反思基督教的基本教义以适应新的世界处境，从而使基督教可以继续服务于这个脆弱的世界。在轴心时代意识向第二轴心时代意识的转化过程中，我们可以寄希望于传统基督教能够主动地进行自我转化，成为新时代和平和爱的力量。

宗教多元论与社会和谐

Alan Hunter *

作为一名对亚洲文化与历史颇有兴趣的欧洲人，我有时感到吃惊的是，中国和印度这两个伟大的文明虽然在地理位置上如此接近，但是彼此之间的互动相对甚少。一方面，一直以来的一个卓越之处是，在两千多年的毗邻关系中，两国之间几乎没有发生任何战争。20 世纪 60 年代早期有过短期的边界冲突，这固然是事实，然而比起在欧洲、中东和世界其他许多地方发生的大屠杀，这些冲突仅仅是小巫见大巫。另一方面，中国和印度尚未欣然转向彼此，寻求贸易、技术、市场、外交、政治与文化理念方面的支持。考虑到它们的共同利益，正如我所说，这相当令人吃惊。自古以来，印度和中国在许多科学与技术领域领先世界，直到大约 16 世纪，它们很有可能是世界上最富裕的两个国家。之后，两国都在殖民统治之下遭受了深重的苦难；从 20 世纪初期开始，两国都为独立而斗争，并在 40 年代获得了完全独立；在 50 年代，两国都欣赏社会主义和苏联；在过去 20 年里，两国都经历了巨大的社会变迁和经济增长；两国都在全世界拥有十分重要的流散点。然而它们的主要国际关系似乎在别的地方：中国与朝鲜、越南和日本有数百年关系，在 20 世纪则与俄国、美国和欧洲建立了关系。影响印度的主要地区之一是东南亚，从 1750—1950 年，印度经历了英国的统治，随

---

* 作者单位：英国 Coventry 大学。本文由浙江大学朱彩虹译为中文。

后是大量移民到英国以及英国在南非和加勒比海的若干殖民地。

然而，在一个更加微妙的层面上，中国和印度之间一直存在深度的文化互动。两千多年间，或者更久远些，中国在佛教哲学、寺庙生活、云游、中药、地理学和其他领域欣然接受印度的宗教与世俗知识。印度则受到中国技术的影响。在中世纪，两国之间贸易兴盛，外交频繁。几千年来，印度一直是世界文化的一个输送管，是东西半球的通道。在过去几十年里，一股对宗教的浓烈兴趣在中国复兴。这部分表现在基督教的传播与复苏，部分表现在当前令人印象深刻的佛教的复兴。近年来，瑜伽（很容易被中国文化吸收）在中国城市的传播速度非常之快，以致出现了为数众多的出版物。中国学者也正在对支持宗教多元论的印度哲学资源产生兴趣。

本文处理的是对政治和宗教领导者而言可能比较复杂的一个问题，即在任何社会里，尤其在一个大国里，不可避免会出现许多不同的信念体系和不同的宗教团体。在某些情况下，这种多样性可能会导致混乱、竞争，甚至暴力冲突。是否有一种方式保证这种多样性反而成为力量的来源和相互丰富的源泉呢？我认为这是可能的，并且我们应该能够从印度诸传统中获得一些有用的观念；此外，这些观念应该很容易在中国文化内部引起积极的共鸣。

一、宗教多元论模式

在转向哲学问题之前，我想要澄清关于社会中诸宗教，更具体地说是中国和印度社会中诸宗教的一些背景观点。我认为，对宗教问题，由此对社会和谐或文明和谐的更好理解至少包括以下论题，为此我提供了一张一览表：国家对宗教的政策，宗教对国家的态度，以及宗教间关系。我以简单的图例形式将它们呈现出来：

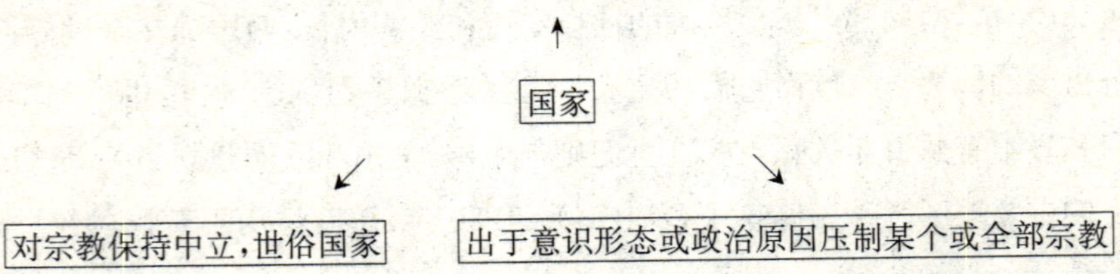

图 1　国家对宗教的政策

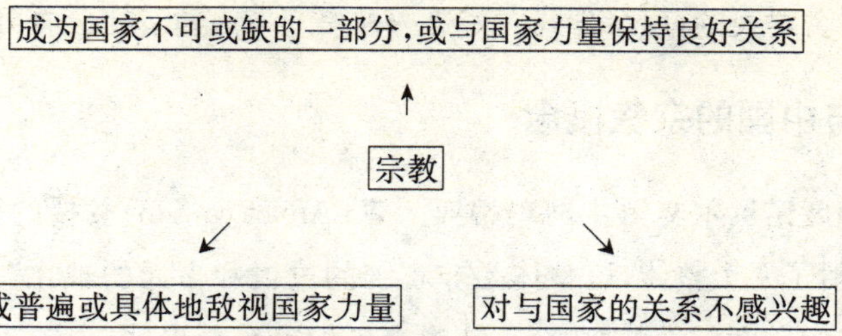

图 2　宗教对国家力量的态度

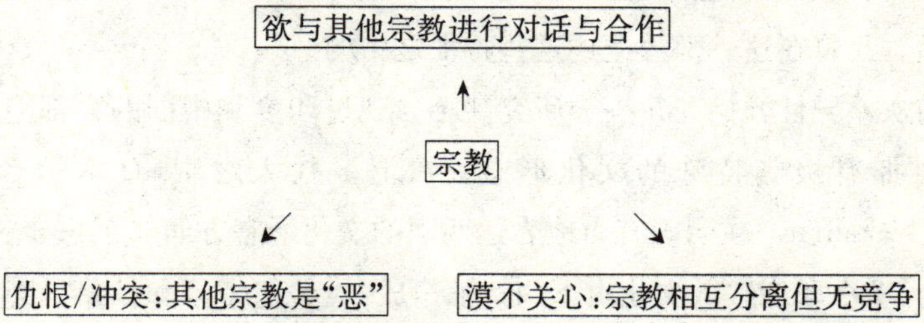

图 3　宗教间关系

甚至有了这些简单的模式，你仍然可以看到，有可能产生多种组合。事实上，从中很容易看出现实生活问题，这些问题有时对当代世界产生严重影响。举个正面例子，南非政府在种族隔离时期采取了仅仅促进一两个“官方”教会的政策，即促进那些支持种族隔离制度的白人新教教会，比如荷兰改革宗教会(Dutch Reformed Church)；其他所有宗教或多或少受到压制，例如，定期开办电视节目，在这些节目中，印度教和佛教被基督教牧师指责为“魔鬼崇拜”。甚至连基督教的其他教会也受到压制，通常是因为它们支持自由运动。然而，作为南非自由运动的一个特征，尤其是在纳尔逊·曼德拉(Nelson Mandela)的释放和接着与南非白人政权的谈判之后，所有宗教都被认为在南非扮演一种和平与支持的角色。在许多会议和民众集会中，基督徒、穆斯林、印度教徒、佛教徒、犹太教徒和其他宗教人士声明联合起来，委身于一个民主的、议会制的新型政府；他们经常帮助向政治领导施压，使之为了取得好的结果作出必要让步。总体而言，在南非，出色的宗教关系一直持续至今。

我认为，从上述讨论中可以合理地得出一个初步结论：当一个国家对其领土上的所有宗教保持普遍中立，诸宗教尊重国家权威并与之合作，诸宗教试图彼此理解并相互学习时，社会就能获得最好的服务。当然，所有体系和所有个人都不是尽善尽美的，但至少我们需要一种模式来为和谐社会而努力。

二、印度与中国的宗教概念

引用印度诺贝尔奖得主阿玛蒂亚·森(Amartya Sen)教授的说法，印度文明“已经投射了一个整体，该整体是非正统的过去和多元的现在”。他认为，中国文明比它的印度对手更加统一，结构上更加富有凝聚性：中国表现出一种追求同质性、正统性和对过去—现在的冥想的持续努力。不足为奇，在这两个次大陆上，宗教概念和社会宗教截然不同；然而也许令人吃惊的是，它们也存在许多相似性。我将在这一部分概述这些特征之中的一些。

我们从差异性开始。每一个研究甚至参观过印度和中国的人都能意识到，两国各自拥有极其特殊的文化形态。在上一代人之中，日本学者中村元(Hajime Nakamura)在明确有力地表达两国的文化形态方面作了重要努力。中村元认为，整个印度宗教文化由下列特征组成：对普遍特征和抽象思想的强调；对否定性术语的偏爱；内省的、来世的、形而上的定向；宽容与和解的精神。相反，他将中国文化的特征描述为：更加指向具体的、特殊的、生活的经验；更加重视传统和等级制度；以人为中心，而非以上帝为中心；但也不乏宽容与和谐精神。我们可能不同意他的分析中的某些具体方面，然而，认为宽容、和解与和谐在两种文化中都是核心价值，这看上去的确是个合理的结论，也是个能让人欣然接受的结论。

我将论证，在中国的宗教笃信和印度的宗教笃信之间存在许多共同特征，也许共同之处甚至多于它们表面上的诸多差异。这也许令人吃惊。

在国家与宗教的关系层面上，传统上两个社会都由精英阶层统治，这些阶层把政治力量与宗教力量结合起来。众所周知，在中国，这通常在一个或多或少统一的帝国制度下(正如森教授所言，统一和结构上富有凝聚性)进行，以儒家世界观和帝国礼仪加以巩固。在印度，统治精英通常分散到各邦或王国之中，而各邦和王国通常在穆斯林或者后来的英国统治者的控制之下。然而，这些王国和整个人口也跟婆罗门阶层相联结，并受他们支持。在印度和中国，除了仪式支持，过去有并且现在仍然有以俗语、神话、行为准则形式出现的一个社会知识宝库，它的许多内容拥有宗教上的起源。

中国和印度的宗教特征

印度独有的特征	共同特征	中国独有的特征
	民间宗教,大众信念	
印度教	佛教	儒教
锡克教	伊斯兰教	哲学化的道教
耆那教	基督教	
(传统上)宗教拥护各邦	(传统上)宗教拥护国家	国家监管宗教
	(现代)世俗国家	
	通过宗教传播道德	

两国之间的相似性甚至比这还要深刻。在印度和中国,有大量“民众宗教”,它们有时候被消极地描述为“迷信”,有时候则被比较积极地评价为民间智慧源泉、文化遗产、公众庆典。据我所知,目前国际上几乎还没有任何学问研究出生仪式和死亡仪式之间的异同,撒泥占卜、占星术、公众节日、民众宗教艺术、农村习俗和民间宗教笃信的其他方面。

依我看来,在所有相似性之中,尚未完全获得承认却无疑最有影响的是,一般而言的印度教和佛教与具体而言的中国佛教之间的深刻相似性,这个话题我已经在别处详细谈论过。诚然,广为人知的是,佛教是在印度教背景中产生的,更确切地说,释迦牟尼佛陀本身最有可能作为一名印度人出生和成长,他的身世在本质上与许多印度圣人的身世一致。所以,佛教的基本教义——羯磨和轮回、非暴力和慈悲、通过禅定和精神清洁获得解脱——几乎与它的原初文化环境中的教导完全相同。顺便提一句,佛教和印度教最显著的两大差别通常被认为是,佛教摒弃种姓制度和祭司,用佛陀和菩萨的形象取代传统的印度教男神和女神。

在这里,我的要点是,渗透中国和印度宗教文化的那些核心的、最高的关切全都引导宗教间、宗教与社会间、宗教与国家间建立良好关系。事实上,我相信,比起许多拥有强大的宗教不宽容和排外传统的国家,进一步说是许多西方国家的状况,在中国和印度,这些关系在很多方面可能更加顺利。

三、宗教多元论的印度资源

在过去的50年甚至100年里,中国学者和官员调查了许多国家的宗教传统和国家传统，因为这些国家公式化地表述、修正和更新了中国自身的宗教思想。例如，民国时期的政府了解日本和美国的宗教政策；早期中国共产党从苏联吸收了一些理念和立法；中国学者在邓小平改革时代检查了欧洲模式；最近，中国有项重要研究，开始欣赏包括印度等众多国家的宗教法规。印度的理念中是否有任何具体的东西可以作为中国政策讨论的补充，这一点我不确定。然而人人知道印度始终是绝对多元化的（正如森所言，非正统的过去和多元的现在），这一点是事实。

我将简单地考虑印度的多元化的“公共”方面，即国家和社会的多元主义。印度这个次大陆一直并且仍然是众多信念、佛教和基督教等主要世界宗教、各种宗派、本土印度教和无数民间传统的家园。如果有任何印度国家机构试图管理这些散乱的活动，就已经相当例外了，更不必说控制它们。相反，印度主流政治传统始终一方面吸收婆罗门阶层和一般而言的宗教专家，让他们为国家服务；另一方面让民众如其所愿在宗教舞台上继续扮演自己的角色。这一点通常被视为印度独立之后的重大成功之一[主要归功于甘地(Gandhi)本人的个人努力]：印度这个国家在过去50年里是坚决世俗化的——不压制就其本身而言的任何宗教，但也不偏袒作为大多数的印度教徒。这种中立在很多方面得到证明，例如，在国家这一最高层面上，印度把拥有穆斯林总统或锡克教徒总理视为理所当然。

传统的印度社会同样强烈重视宽容和非暴力等品质。Titiksha这个词意味着宽容或忍耐，它是印度教最重要的经典《薄伽梵歌》(Bhagavad Gita，2：14)中赞美的一种品质，此外得到赞美的还有类似的德性，比如akrodah（免于愤怒，16：2）和ksantih（宽容，13：8）。Titiksha的意思是，无论发生什么，一个人都不应该感到愤怒、怨恨或精神烦恼。即使有人毫无理由地攻击或侮辱我们，也没有必要感到敌意。一个人如何才能达到这种状态呢？一种方法是深刻接受业报律：一个“敌人”事实上仅仅是一个过程中的器具，而这个过程由我们自己开始，并由我们自己负责。如果我没有因为过去的某种行为给自己制造了一个问题，那么我现在就不会经历这种困难。对于虔诚地信奉这种理论的信徒而言，报复“敌人”意味着杀死使者并忽视信息。此外，那些接受业报和轮回的人可能相对愿意不计恩怨：他们相信恶有恶报，所以特地试图施加某种惩罚或报复几乎是不恰当的。

更一般地说，对使人不舒服的事物的宽容可以理解为灵修的一个重要因素，这种宽容不一定要到极其严格的地步，但至少要愿意忍受困苦，就如甘地在英国监狱里所做的那样。一种更加深刻的理解见于印度哲学的不二论学派中，即意识到所有人——更确切地说所有活着的事物——的自我实质上是同一个，这个自我跟上帝也是同一个。因此，不存在可以使你感到愤怒的"他者"。

在西方，"不害"(Ahimsa)可能是所有印度宗教词汇中受到最多讨论的一个，很大原因是甘地的影响。芬兰学者塔提恩撰写了一本专著，讨论它在印度文本中的含义；而基尔新近出版的著作阐明了这个词在印度、希腊和中国哲学背景中的概念。"不害"在佛教和耆那教传统中广泛使用；在印度教中，它是自吠陀时期以来使用的一个古老的词汇。"不害"通常翻译成"非暴力"，它包含一系列复杂的含义。甚至只需粗略地阅读《薄伽梵歌》便能明白这一点，因为"不害"数次作为一种重要美德被嘱咐遵循，但同时其倡导者阿周那却被规劝与他的敌人作战，杀死他们。甘地和其他一些人提出，解决这个悖论的一种方式是，论证《薄伽梵歌》的战争应该仅仅是心理上的战争，阿周那代表我们清醒的头脑，被规劝与低级本性或罪恶的欲望战斗。然而，这种理解似乎十分牵强，跟印度教总的立场，即某些情况下的暴力是合理的和必要的，不相符合。

下面这些对"不害"的解释来自我所访问的印度教徒。"不害"有双重含义：(1)即使不得不进行战斗，一个人也不应该心怀愤怒或敌意；(2)一个人不应该做任何将导致不必要的伤害、混乱或痛苦的事情。一个人应该认清，在许多情况下，公民需要诉诸武力比如去保护弱者不受侵略，或阻止一项严重的罪行。一个人的首要责任是反抗恶，如果没有其他有效手段就诉诸武力。因此，例如，如果你是一个统治良好的国家的一位遵纪守法的公民，当你的国家突然遭受袭击时，你就应该顺应国家的需要拿起武器。(我个人发现这是论证中的薄弱因素之一，因为所有恺撒都通过诉诸自卫这一优先权建立起他们的军队；他们似乎从未发展出和平不合作技术或其他方式来打破暴力的循环。)"不害"的要点在于，甚至当正在战斗时，一个人也不应该对进攻者感到愤怒或敌意，而应该保持一种精神平静的状态。一个人应该认识到，有时候死亡或监禁胜过继续犯罪。强制性地管束一位狂暴的精神病患者跟无害这一信条十分相符：这对管束者是好的，也能帮助精神病患者，因为避免了进一步的恶业。顺便提一句，无害是伤害(himsa)的反义词，后者的意思是不受管束的、任意的、愤怒的暴力。那么，无害也许可以翻译成"非暴力之力量"，如果这样一个概念可行的话。

因此，非暴力和宽容是印度文化的核心主题，我认为在讨论宗教事务和建构和谐社会方面，它们是最有用的概念。我相信把它们跟一些中国传统美德，比如和平、和解与温和相比较将是有益的。

四、新吠檀多与宗教多元论

我将分析印度圣人辨喜(Swami Vivekananda)在大约100年前提出的关于宗教多元论的一个特定的哲学观念，并以此来总结这篇论文。这一观念本身是一项卓越的理智成果，以现代语言(英语)系统地阐述了来自梵文传统的一些深刻洞见。辨喜本人在印度甚至西方是如此著名，以致几乎不需要对他加以介绍：他在许多方面是“现代”印度教的奠基人、第一位到达西方的重要印度传教者、代表被殖民的亚洲的发言人、一位教育学家和社会改革者、一位多产作家和演说家，他的9卷作品集仍然被广泛阅读，一些当代讨论证明了这一点。他的一本作品选集连同评论现在也有了中文版。辨喜对传统印度哲学的现代表述如今被普遍称为吠陀哲学(或者更学术化地称为“新吠檀多”，以此表明其在现代的化身)，它由20世纪若干重要的印度思想家，包括甘地、拉达克里希南(Radhakrishnan)和泰戈尔(Tagore)作了进一步发展。

吠陀哲学的图像完全不同于教条的宗教或基要主义的宗教排外的世界观。通过下面这一概念也许最容易接近其哲学基础：梵或者终极真理或者最高实在，它是某种类似于中国传统中的道或太极的东西。哲学化的印度教主要的基本原则可以表述为：真宗教是个人对真理的实现。遵循辨喜的思想，卓越的政治家和哲学家拉达克里希南将这一印度教传统信念阐述为“宗教不是一个信条或一部法典，而是对实在者的直观，是对至高者的直接经验，是达到觉悟状态”。对实在者(或者真理或者道)的直观不是拥有一个人格化的上帝的传统有神论宗教所独有的，这很重要。相反，在印度，正如在中国，存在一个无神论灵性的久远传统，事实上，许多人把它视为佛教的一个核心方面。

在说了这些之后，辨喜和大多数当代印度教思想家认为，没有任何必要对抗任何宗教信念、宗教实践或宗派。相反，人类不可避免要成长，并生活在一种共享的文化之中，所以他们将拥有不同的祈祷、文学、音乐、默想等传统。再次套用拉达克里希南的话：如果一位印度人在恒河岸边吟诵《吠陀经》，如果一位中国人沉思《论语》，如果一位日本人敬拜佛像，如果一位欧洲人确信基督的中保，如果一位阿拉伯人在清真寺阅读《古兰经》，如果一位非洲人向一个物神叩首，那么他们中的每一位都对其特定的告解形式持有完全相同的理由。每一种信仰形式以完全相同的方式吸引信徒的内心确信和献身。这是他们对上帝最深刻的领悟,和上帝对他们最完全的启示。

换句话说,你不可能责怪一个人没有选择他的父母;同样,你不应该责怪这个人没有选择某个特定的宗教。相反,我们应该尊重所有人的父母,尊重每一个人的文化或宗教传承。即使没有任何宗教可以宣称自己是绝对的和确定的,然而根据印度传统,每一个宗教都是具有真实价值的和有效的。室利·罗摩克里希那(Sri Ramakrishna),辨喜本人的老师,不厌其烦地论证所有宗教都是安全的道路,引导人们通向永恒快乐的唯一根源,即神圣者。所以每一个人都必须忠实地遵循他的道路,并尊重其他人的相同自由。

甘地对宗教多样化的辩护尤其富有说服力。他写道:在长期的学习和经历之后,我已经得出结论:(1)所有宗教都是真的,(2)所有宗教中都有一些错误,(3)所有宗教对于我几乎都像我自己的印度教一样珍贵。甘地解释说,所有宗教都是真的,因为它们为人类灵性进步作出有效贡献。然而由于人是不完美的,宗教的继承者和诠释者也是不完美的,所以它们被一些不完美所玷污。如果我们足够开放,我们将能够清除它们的这些错误。因此,甘地的劝告是,我们千万不能仅仅停留于欣赏其他宗教中最好的要素,而且还应该将它们纳入我们自己的信仰之中。

拉达克里希南博士指出,宽容精神(对话是它的当前发展)必定不是源于对他人之缺陷的同情或怜悯这种模糊的情感,而是源于这种信念:真理始终超越人类理解,上帝本身所包含的超出人类所认识的。出于这个原因,他断言:宽容是有限的头脑对无限者的用之不尽所表示的崇敬。

根据这种观点,套用甘地的说法,每一次宗教对话的成果必定是:"想要让基督徒在所有情况下都成为好的基督徒,穆斯林成为好的穆斯林,锡克教徒成为好的锡克教徒,印度教徒成为好的印度教徒。那对我来说就是真正的皈依。"

五、结　论

在这篇论文中,我们概述了在印度和中国,宗教多元论与宗教宽容的各个方面,论证了在两种文化中都有非常充分的社会与政治传统,能够引导诸宗教间、宗教与国家间建立和谐关系。另外,顺便说一句,我们还有充分理由猜想,印度和中国的宗教人物之间的宗教与文化对话也应该是合作性的和富有成效的。

我想要具体强调通常称为新吠檀多(一种宗教相对主义形式,但承认各个宗教的内在价值)的思想之流对宗教间宽容与多元论这种模式作出的贡献。我将这种贡献总结如下:

○对绝对真理的追求是一种正当的、有意义的人类行为。没有宗教或哲学垄断真理。

○另一方面,不应该向任何人施压,使之参与任何宗教信念或调查:它完全是一种个人选择。

○不同的宗教与文化使用不同的术语描述真理,人类已经创造了种种宗教制度、著作、领袖等。

○我们应该尊重和享受这种种途径,赞美人类创造力的不同展现方式,相互学习。

○我们能够认识和欣赏所有宗教传统中共同的道德价值,尤其是宽容和非暴力。

○另一方面,反对非道德的皈依和干预,反对宗教名义下的暴力和犯罪,这是正当的。

这种观念十分符合印度传统和当代印度思想。据我理解,在中国传统背景中以及当代中国政府对这一话题的看法上,这种观念应该很容易被接受。我以一句著名的表述作为结论,这句话实际上总结了我们在该话题上所思所想的全部。它最初出自很可能是世界上最古老的经典《梨俱吠陀》(I. 164. 46):"实在唯一,圣人异名。"(Ekam sat vipra bahauda vadanti)

上帝之眼、法与公私之辨

曾庆豹*

这律法书不可离开你的口，总要昼夜思想，好使你谨守遵行这书上所写的一切话。

——希伯来圣经·乔舒亚记一章八节

如果眼睛反观自身(ei mellei idein hauton)，那么它必须盯着一个眼睛看。

——柏拉图，Alciabiades 133b

一、法的不可见性

黑格尔讲过一个关于庞贝的故事，说那位罗马皇帝想知道犹太圣殿中那一道道门的后面究竟是什么，于是就走到圣殿最里面的至圣所看个究竟。黑格尔说，他在那里寻找"一种实在，一种供他沉思默想的实质，一种博得他尊敬的有意义的东西"，就当他想要进入秘密之地的时候，在最后的景观面前，他感到被蒙蔽、失望和受骗。原来他发现他寻找的是"一个空无一物的空间，并由此得出

* 作者单位：中国台湾中原大学宗教研究所。

结论认为:真正的秘密其本身是与他们犹太人全然无关的,它是看不见摸不着的”。①

仔细看来,黑格尔的所有批判都是犹太人的隐秘的上帝、不显现的上帝,永远并仅仅是将来(弥赛亚)的上帝。在黑格尔看来,这是一个贫乏、失败的上帝,他在《基督教的精神及其命运》一文的前半部分,即是带着强烈的保罗式(或新教式)的口吻批判犹太教律法的根源:“神圣的东西是在人之外,为人所看不见、摸不着的。”“上帝是一个命令。”②

希伯来圣经确实讲述这么一位“命令”(律法)的上帝,祂有着一双眼睛在看,尽管祂是“看不见、摸不着”的,但祂总是以“看着我”的方式命令着:“因我的眼目察看他们的一切行为。他们不能在我面前遮掩,他们的罪孽也不能在我眼前隐藏。”(《杰里迈亚书》16:17)无疑的,作为命令的上帝全系于眼睛的作用,正是“看不见、摸不着”,使这么一位上帝以法的姿态君临一切之上:“上帝的眼睛观看公正。”(《诗篇》17:2)

法是沉默不语的,“它是看不见摸不着的”;我们不知道法是谁,也不知道法是什么,面对着法律的人并不比背对着它的人看见得更多。奥古斯丁(Augustine)说:“主啊,你洞悉人心的底蕴,即使我不肯向你忏悔,在你鉴临之下,我能隐藏任何秘密吗?我非但无法隐藏起来,使你看不见,事实上我不过只是把你在我眼前隐藏起来而已。”③

法与良知最大的不同在于前者是“上帝在看着我”,后者则是“我自己观看自己”,这分别得出了不同的表达方式:忏悔和反省。忏悔意味着尽管在四处无人之时,审判依然起着作用,因为上帝的眼睛无时无刻不在审视着我们,我们从祈克果(Kierkegaard)的《恐惧与颤栗》或卡夫卡(Kafka)的《审判》中清楚地认识到“上帝在看着我”的作用。也许法和良知都可以引发请求原谅的表现,然而,良知依于“心证”,法则取决于“信仰”,所以不难了解伯尔曼(Harold Berman)的呼吁:“法律必须被信仰。”④

---

① Jacques Derrida, “Before the Law,” in *Acts of Literature*, ed. by Derek Attridge, New York: Routledge, 1992, p. 208. 德里达的引文实源于黑格尔:《基督教的精神及其命运》,参照贺麟译《黑格尔早期神学著作》,商务印书馆1988版,第290页。

② 《黑格尔早期神学》,第294页。

③ 奥古斯丁:《忏悔录》,第十章第一节。

④ 伯尔曼:《法律与宗教》,梁治平译,中国政法大学出版社2003年版,第38页。

法，上帝的别称；上帝，法的别称。“在法面前”，即“站在审判前”，我们甚至不敢“正视”他的双眼。①

二、“上帝之眼”与公共性

《马太福音》第六章第四、六、十八节提到这位“暗中的父”，而且还是有着“一双眼睛”的上帝：“祂正注视着我们”。德里达（Jacques Derrida）说：“上帝的名字代表了我得以保有一个从内在而非外在被看见的奥秘之可能性。”②换言之，“上帝”有着一双眼睛，上帝之所以起着作用，就源于祂看到了我的内在而非外在，社会的关系系统可以看到我的外在却看不到我的内在。可见，法之所以可能源于一双注视着人的眼睛，即“法眼”；法之所以得以行使即在于这双眼睛，通过被观看或被凝视，而我们却又无法看到他在观看我们。

《马太福音》第六章第四、六、十八节延伸出来的论点是：上帝代表了“权力之眼”，祂的凝视直透内心，人们只能向祂忏悔，无法遁形。可能是源于圣经《诗篇》一百三十九篇的话“耶和华啊，他已经鉴察我，认识我。我坐下，我起来，你都晓得；你从远处知道我的意念。我行路，我躺卧，你都细察；你也深知我的一切。……我未成形的体质，你的眼早已看见了”，奥古斯丁于《忏悔录》中以祈祷的语式说了相似的话：“你的双目洞悉我的缺陷，一切都记录在你的表册之上。”（《忏悔录》第十卷第三十节）从希腊以降以至于整个西方的思想史上，“看”与“知”是同一件事，“知识”或“观念”都是意指“看”，圣经说到“上帝的看”即是指“上帝知道”；《忏悔录》是一本“视觉神学”的著作，奥古斯丁以“忏悔”的语式述说着他误用眼睛，现在则经泪水遮蔽自己的目光的方式，并找到一种观看的真意。③ 忏悔的来源：上帝的目光。

法律之所以可能，即是它通过了匿名的凝视，一切都在它之前变得透明，法的权威就在“清晰的视觉”，上帝“无所不在”的空间隐喻道尽了法律的权威是如何通过了空间的配置达到有效的统治。

“耶和华从天上观看，他看见一切的世人。从他的居所往外察看地上一切

① Martin Jay 以“眼目低垂”来形容 20 世纪法国哲学的面貌；George Bataille 更是以文学叙事的“眼睛的故事”来隐喻人类思想的种种问题。

② Jacques Derrida, *The Gift of Death*, University of Chicago Press, 1995, p. 108.

③ 德里达认为奥古斯丁的《忏悔录》是关于眼睛、视觉和盲目的前历史和前故事，参见 Derrida, *Memoirs of the Blind*, The University of Chicago Press, 1993, p. 129.

的居民。祂是那造成他们众人之心的,留意他们一切作为的。……耶和华的眼目看顾敬畏祂的人。"(《诗篇》33:13—15,18)隐匿的上帝之眼不仅是一双权力之眼,隐匿的上帝而且还是一双审判的手。法治的观念源于"上帝之眼"的隐喻。

法律必须具有普遍性,必须"一视同仁",相应地,我们被要求无差别地服从,即根源于"上帝之眼"能有效地凝视人所有的行为,并为之作出公正的判断。因此,一方面"上帝之眼"说明了法的平等形式在于"法'眼'恢恢,疏而不漏",另一方面法之所以能被信仰,即在于"上帝之眼"看透一切,只有通盘掌握,才可能下最为准确的评断。

施米特(Carl Schmitt)说过,"法学神学家"最大的"敌人"就是那些主张无政府主义的无神论者,他们想要废除一切的统治、一切的秩序,以及上帝和人的权威。① 有神论与无神论就公共性的差别意涵即是:"无神论"的社会并不是说"不再信仰有神",而是认为只"存在着一位没有眼睛的上帝";"无神论"的公共性是一个"瞎眼的上帝",这就意味着"无神论"的社会将根本地否定"权威"的必要,没有权威就没有法律,因此也就不再需要伦理上的"责任"。作为权威的法以及相应于对我们作出要求的"责任"不容于无神论,当然也就不存在所谓的"公共性"了。无神论即是一种"挖掉上帝眼睛"的行动,这样的上帝只能变成"视若无睹",因此,无政府主义根本不可能有公共生活,一种宣称自己是无神论又是法治国家的说法是矛盾的。

正如德里达所说:"上帝在看着我,在隐匿中察看(videre in abscondito),但我看不到他,也看不到他正在看我,即使与他面对面,而不像精神分析者那般从背后来看我。……上帝看着我,而我并未见着他,就是基于此一选中我的凝视赋予了我责任。"事实上,德里达理解到了《圣经》使用视觉语言经常是与上帝的"委派"有关,因此无例外的,责任在此成了:"我必须响应他者的召唤,这必须是一件绝对、无条件与立即的事。"②因此,法律在此意味着一种责任,这样的一种责任与"上帝之眼"的"隐匿察看"有关。

事实上,在"上帝之眼"深不可测的目光底下,人因此被认为必须负责任,因

---

① 迈尔:《什么是政治神学?》,载《隐匿的对话》,朱雁冰译,华夏出版社 2002 年版,第 98—99 页。

② Richard Kearney (ed.), *Questioning Ethics: Contemporary Debates in Philosophy*, London: Routledge, 1999, p. 72.

此严格意义的责任即是面对上帝的凝视，人必须能够自我要求，要求服从法律，要求接受法律最终的审判。所以，被“上帝之眼”凝视的人必然感到“有罪”，罪感即是能够根据上帝无所不在的目光来衡量自己，能够承认自己对于法律的任何违反并且接受法律给予的惩罚。换言之，只有上帝的目光才能让人产生罪感，没有罪感的人，是无法成为真正意义上的法律的“法人”，罪感把我们带“来到法律面前”。

上帝的眼睛是我的罪感的来源，那是因为这一目光将我自己带到我自己面前。当上帝注视我时，我在这一目光之下自然会感到不自在，甚至感到不安，这种不自在或不安表明了上帝之眼具有某种力量，我对此目光所作的反应不管是抵抗或服从，两方面都意味着这种力量代表着权威。法的神秘力量即是源于此一目光，以及它所表现出来的权威。

眼睛的注视行为，蕴含着衡量，口语中说“打量”，一般的说法即是“审视”。所以，上帝之眼犹如一把无形的尺，而我必须接受这把尺的衡量。虽然我们能够感受上帝目光的审视，但我未必经得起这样的审视，于是不自在或不安一方面表达了罪感，同时也唤起了忏悔。忏悔即是向那双注视我的眼睛作出响应，在我未进入其对我的审视前，我早已被要求负有责任，因此忏悔说明了该负的责任没有负起，或者未完全地负起责任，甚至没有意识到我应有的责任，都被理解为“罪”。

有谁能“满足”此一目光呢？恐怕“连一个义人都没有”。上帝之眼无远弗届、观察细微，这双目光经常使我感到“无地自容”。我试图躲避上帝那双令我感到恐惧颤栗的目光，因为我还是无法切实地把握祂的目光，我知道我永不可能“满足”祂的目光所作出的要求，所以我本质上就是个“罪人”。

“罪人”就是被上帝“看”为有罪的人，“罪人”总是经不起被上帝“看”，而且又无法远离此一目光的注视。不存在“尚未注视”之前的我，所以我是在上帝的目光之下形成的，上帝没有停止过观察我，“我往何处逃避祂的面”，当我能够开始感到我被上帝凝视时，即是我感到自己是个罪人时，这双目光对我作出了审判，我被带到祂的面前——在法的面前。

看清楚了自己是个罪人，恰恰是由于我已经认同了上帝的目光，忏悔即是我以上帝的目光“看”自己，不是我自己在看，而是根据上帝的眼光去看。上帝的目光不会离去或消失，所以我无法停止去观察自己；当我不再感到被上帝的眼睛注视时，我也就不再注视自己，我就不再走向法的面前。

法律即是意识到上帝的目光，把上帝的目光内化；法律就是以上帝的目光来注视自己，并且根据法律的规定来形成自己。这里不存在面子或他人的眼光问题，因为内化了的法律将指导我们，我只服从上帝的目光，法律即是无形地起着作用，这就是比法律更为优先，或根本就是法律的前提："责任"。

法律不能取代责任，因此法律不应成为推卸责任的借口。源于"解构即正义"的理解，"法律"即是不可能的可能性（正如保罗在《罗马人书》中讲述法又反对法）。德里达说："法律的禁止并不是禁止，从绝对限定的意义上讲，这是一种延异"①，"延异的渊源是不能并且不可接近、出现、再现乃至进入的。这就是法之为法，就是关于它我们永远不能说'它在这里'或那里的法律的审判。而且它既不是自然也不是人为的。人们永远到达不了，并且它自己也达不到它那原始的固有的发生地。"在法律面前，这种响应形成了一个无终止的责任。

福柯（Foucault）在 1982 年的弗朗西斯学院讲座中，主要是探讨现代主体化的"前身"——古代的主体化历程，然而却挑明了"必须在神学中探求它"，认为正是基督教神学对于上帝的理性反思，成了尔后"具有认识能力的主体"的精神性条件。② 显然地，对于现代主体的批判，必须回到现代主体的"前身"，即神学中寻找起码的理解背景。福柯在讲座中曾花了相当的篇幅谈论"眼睛的隐喻"，注意到柏拉图的许多文本，尤其是晚期的文本，对于"认识自己"（gnothi seauton）或"关心自己"（epimeleia heautou）如何在眼睛与上帝的关系中取得联系，作了诸多的分析。正是这个意义上，真正的"神学"意味即是瞄准着"上帝之眼"。

"眼不是在眼中看到自己的，眼是在视觉的要素中看到自己的。这就是说，让眼可以把握自己的视觉行为只能发生在另一个视觉行为中，即出现在另一个人的眼。""灵魂只是通过关注一个与它本性相同的要素才看到自己"，这个关注的要素就是上帝（ho theos）的要素，福柯引述《阿尔西比亚德篇》解释说："上帝是一个比我们更明亮、更纯洁的要素，正是通过祂，人才能更清楚地观察到自己的灵魂。"③上帝是另一双眼睛，它是所有眼睛中最为纯洁和明亮的，没有一双眼睛比上帝的眼睛更为清明与透澈，只有祂是最好的镜子，正是通过祂，人才能够更好地看到自己和认识自己。上帝的要素就是视觉的要素，因此，我们只有

---

① Jacques Derrida, "Before the Law", in *Acts of Literature*, New York: Routledge, 1992, pp. 202—203.

② 福柯：《主体解释学》，佘碧平译，上海人民出版社 2005 年版，第 31 页。

③ 福柯：《主体解释学》，佘碧平译，上海人民出版社 2005 年版，第 74—76 页。

把目光转向上帝，正确地说，是让上帝的目光向我反映我是什么，人的自我认识端赖于上帝的注视、上帝的目光。

延续着柏拉图主义的思想，中世纪的基督教把自我技术的修道行为同样联系于眼睛的作用上。福柯指出，基督教在悔罪的意义上所理解的“转向”(metanoia)，即是指“转向于上帝的目光”，不让自己逃过此一目光。换言之，基督教所说的悔罪或内疚是指必须把目光从其他的东西上移开，把目光从世上那些足以左右我们目光的万事万物上移走，把他自己的目光转向于自身，必须关注自己，力图确定一件事：“所想到的一切都是来自于上帝的。”[①]换言之，“转向自己”确切地说是“转向于以上帝的目光所注视的自己”，一刻不容许将自身的目光从上帝所注视的目光中移走。西方从柏拉图的“认识自己”经中世纪基督教的自我技术，到现代法的治理术，无不反复重构着此一巨大的目光——上帝之眼。

因此，我们可以理解何以福柯把这种无处不在的统治作用说成是“权力之眼”。他对公共性的解释即是着手于对“可见性”的分析，换言之，权力之所以可能并得以行使，即取决于我们都暴露在“可见性”底下，公共性之所以可能即是认为存在着一双注视着我们的眼睛，这双眼睛时时刻刻地注视着我们。法就是一种注视人的目光，所以法律对所有人都是“一‘视’同仁”；在法律眼里，人人被“看”作平等，它看清楚我们的一切，并宣称可以作出最为公正的裁判。因此，“眼睛成了明确性的提供者与保管者；眼睛拥有将事物的真理暴露于阳光底下的力量。眼睛一张开便同时揭露了原初的真实”。

事实上，福柯很早就把握到法的不可见性与可见性的关系。他指出法是沉默不语的，法的本质即在于它总是在掩饰的状态中显现，法律之所以发挥作用，即在于它总是处在那种消乏的状态中，它是“外边的外边”，“法律的临在就是它本身的掩饰”。[②]

福柯从《古典时代疯狂史》到临死前未完成并嘱咐不允许出版的《肉身的忏悔》(即《性史》第四卷)，都一直在关注“神学”问题。[③] 基督教不仅对于“不正常的人”给出规定，还通过了“内化”且“个体化”的“忏悔意识”来达到对身体的控

---

① 福柯：《主体解释学》，佘碧平泽，上海人民出版社 2005 年版，第 227—231 页。

② 福柯：《外边思维》，洪维信译，台北行人出版社 2003 年版，第 113—118 页。

③ James Bernauer and Jeremy Carrette (ed.), *Michael Foucault and Theology*, Burlington: Ashgate, 2004.

制,因此他才会总结地认为现代国家的司法统治实为源于基督教"教牧权力"(pastoral power)的结果。[①] 也许可以这么说:"现代国家的司法统治即是世俗化了的(教牧权力)神学概念。"

福柯所有关于"公共性"的描述都与"可见性"有关,他以"空间"作为一种"可见性"的隐喻,以此说明权力是如何地无处不在,或权力是如何地通过了空间的配置来生产和行使的。值得注意的是,如果福柯要是有什么"神学"思想,那一定就是表现在他对"教牧权力"所作的分析上。近期有人将福柯与奥古斯丁作比较研究就不令人意外了,证实了"教牧权力"如何在奥古斯丁的忏悔(Confession)意识中成了"自我管理"、"自我技术"的权力作用。[②]

福柯给我们展示了公共性真正的权力原则,认为"公共性"的具体产物即"全景观视建筑(监狱)"(panopticon),这座建筑与法律(审判)有密切的关系。[③] 事实上,"全景观视建筑"不是一座监狱,它就是一种"教牧权力"最终在建筑上的具体表现,它生产一种内化的权力:"自我管理"、"自我技术",通过对灵魂的彻底自我观察(忏悔),说明了我们在这些空间中时时刻刻都感到"上帝的眼睛"在注视着我们。正如德里达所言:"上帝在看着我,在隐匿中察看(videre in abscondito),但我看不到他,也看不到他正在看我。"

"全景观视建筑"简直就是"空间的神学",至少它是按照"上帝之眼"的神学思想设计出来的。那张"全景观视建筑"的构图,刻画出了一位"虔诚跪下并作出忏悔般的祈祷动作"的"犯人",其中包含着深刻的"负疚"、"改过"等表现,建筑的中央就有着"我们看不见它,它却看着我们"的一双"规训"的眼睛。福柯对规训的分析,实为一种权力的神学,这种无所不在的统治,我们看不到它,它却看着我们,它只能理解为"上帝",所以"权力之眼"即为"上帝之眼"。福柯对权力的"神学"发挥得最为彻底。

有趣的是,一再倡导公共议会政治的边沁(Jeremy Bentham)对于"全景观视建筑"给予极高的评价,公共性的可见性在"全景观视建筑"可谓得到了充分

---

① 参见 Foucault, "The Subject and Power", in Hubert Dreyfus and Paul Rabinow(eds.), *Michel Foucault: Beyond Structuralism and Hermeneutics*, University of Chicago Press, 1986, pp. 214—215.

② J. Joyce Schuld, *Foucault and Augustine*, Indiana: University of Norte Dame Press, 2003.

③ Foucault, *Discipline and Punish: The Birth of the Prison*, New York: Pantheon Books, 1977, p. 353.

的体现。现代法治政治的理想即是一种征服他人精神的新权威模式，它不仅仅是一种“监视”，更重要的是它可以达到“内化”，“根据这个观点，边沁制定了一项原则：权力应该具有可见性和无法被确认性。‘可见性’即囚犯的眼睛不断看到那座监视着他的中央高塔的高大外观；‘无法确认性’是囚犯永远不能知道他在任何时候是否被监视。但是他一直是处在被监视的状态之下”。①

此一空间可以生产的后果是，在被囚禁者身上造成一种有意识的和持续的可见状态，从而确保权力自动地发挥作用。边沁，这位据称为英国“自由主义者”的主张是，权力应该是可见的但却又是无法确知的。所谓“可见”即是被囚禁者应不断地目睹窥视着他的中心瞭望塔的高大轮廓；所谓“无法确知”即是被囚禁者应该在任何时候都不知道自己是否被窥视，使监督者的在与不在都不可确知。②

法学家施米特对于“法”与“空间”的关系说得最为清楚，他在《大地法》(*Nomos der Erde*)中把“法”说成是“空间的秩序”。③ 空间是任何社会生活最根本的形式；也是任何权力运作的最根本因素。空间与可见性的关系是直接的，现代社会追求透明性，即追求空间上的开放和自由，实际上均源于可以通过空间而变得透明可见为前提，法的行使条件是建立在“光线充足”或是“透明性的空间”中。空间意味着凝视得以可能。

光线和可见性随着空间的理念推进，“上帝之眼”作为“可见”的透明化正是使法治得以可能的条件。透明性、可见性均是对于空间独特的想象，法所欲消除的，正是与之相对的幽暗地带：邪恶的黑暗力量(《约翰福音》1:5)。“上帝的眼睛”就是一道完美的透明性、可见性的“大光”，上帝是“世界的光”，跟随祂就“不在黑暗里走”(《约翰福音》8:12)，它标示着一个完美的法治社会的来临：“那城内不用日月光照，因有上帝的荣耀光照，又有羔羊为城的灯”(《启示录》

① Foucault, “The Eye of Power”, *in Power/Knowledge: Selected interviews and other writings* 1972—1977, ed. by C. Gordon, New York: Pantheon Books, 1980, p. 201.

② 一方面是功利主义(效益原则)，同时另一方面则是监狱改革的主张(对个人心灵的关注)者，边沁于1789年正撰写一部题为《道德与立法原理导论》的著作，对快乐和痛苦进行了分类和计算，以及衡量罪与罚的比例关系：“道德得到改善，健康受到保护，工业有活力，教育得到传播，公共负担减轻，经济有了坚实的基础，济贫法的死结不是被剪断而是被解开，所有这一切都是靠建筑学的一个简单想法实现的。”

③ 法贝尔：《罗马人施米特》，谷裕译，载刘小枫选编：《施米特与政治法学》，上海三联书店2002年版，第205页。

21:23)。

在福柯的分析中发现,“权力”是“pouvoir”,“知识”是“savoir”,它们有一个共同的字根“voir”,即“看”,这似乎暗示着“权力—视觉—知识”之间存在着微妙的关系,如果哲学或知识的构成是与一套“看的形上学”有关,那么,对现代社会的“权力”的考察,也即是对“可见性”的视觉活动进行考察。可见在法语中,“看”或“凝视”这个词从来就没有其英语对应词所包含的“照顾”或“尊敬”之意。

因此,公共性与一种“视觉”的支配形式有关,而足以说清这个现象的即是“全景观视建筑”,对此,福柯把对法律的研究缩小成对“监狱的研究”,这也就意味着近代的公共生活空间实为一所巨型的监狱,或者说监狱绝非与公共性隔离,相反的,它正是公共性的产物,研究监狱恰好可以说明现代社会的公共性。

权力的所有现代技术均衍生于卢梭—边沁关于完美的可视性之原理中。① “监狱的诞生”与“公共的诞生”是同一回事,其中无外乎就是关于“权力言说”的推进。福柯明明白白地说:“监狱是权力最为赤裸裸、肆无忌惮地表现的地方。……监狱令人感兴趣是因为权力在那里毫不掩饰自己,它表现出彻底的暴戾。它既是玩世不恭,又是完全合法的,因为它的实践完全可以在道德的架构内得到认可。因此,其野蛮的暴力表现为善对恶、秩序对混乱的宁静统治。”透过监狱可以考察权力在整个社会的运作,它事实上是体现了某种积极的社会功能,监狱不仅仅是消极的压迫机制,重要的是它达到一种自我管理和自我约束的结果。

《规训与惩罚》被福柯看为“第一本著作”,按他的说法,这本书的宗旨是“论述关于现代心灵与一种新的审判权力之间相互关系的历史,论述现行科学—法律综合体的系谱。惩罚权力是从这种综合体中获得自身的基础、证明和规则,并扩大了自己的效应,以及掩饰其超常的独特性”;这种惩罚权力的机制理解为“一套具有知识体系结构的科学性言说构成”。② 针对《规训与惩罚》一书的访问,福柯提到“建筑表现力量、最高主权、上帝”,“医生同时也是空间的专家”,这次的访问标题是“权力之眼”(The Eye of Power)。③

---

① Martin Jay, “In the Empire of the Gaze: Foucault and the Denigration of Vision in Twentieth-century French Thought,” in David Hoy (ed.), *Foucault: A Critical Reader*, Oxford: Blackwell, 1986, pp. 175—204.

② Foucault, *Discipline and Punish*, p. 24.

③ Foucault, “*The Eye of Power*”, p. 148.

比《规训与惩罚》这部著作更早，福柯在《临床医学的诞生》（*The Birth of Clinic*，1963）的前言说过："这是一本关于空间、关于语言、关于死亡的书；它处理的正是观看（凝视，gaze，the act of seeing）的行为。"由于在法文，voir（看）、savoir（知）、pouvoir（权力）的字根是相同的，医生与病人的关系即是这三者的关系，相对于关系的形成，一是认知主体，一是被认知的客体，人同时是观察者（医生）又是被观察者（病人）。

知识即是一种凝视的结构，可见（visible）与可说（articulable）对事物进行分配。临床医学的可见是对身体的穿透，身体被征服，是空间上的征服、视觉效果的立体化，知识的形成（工具）就与可见与不可见之间建立关系，甚至规定什么是可见什么是不可见。其中，认识疾病有三种空间化形式：将疾病置于概念的形构中以决定它的根本性质；将疾病置于个别的身体中而获得了解；将疾病放置于社会脉络中。

近代社会以"透明"来标志它的民主和理性，一切都与可见性有关，也就是将自身暴露于"空间"之中，同时，正是"看"的行为造就了空间，可见的空间即是公共空间。空间从来就是权力的空间，因为没有任何的凝视是不带有权力的。从另外一个角度而言，接受知识或教育即是意味着将自身纳入被观看的体系之中，教育就是自我观看，从认识自己、关心自己到自我管理。所以，知识首先将人空间化，进行区位的分类，再进行观看，从身体到灵魂，人的身体和灵魂因此成了知识—权力的身体和灵魂。

视觉为我们打开了空间，打开了身体的空间、灵魂的空间，知识的活动即是将身体和灵魂一并地纳入视觉的活动中。毫无疑问的，法即是作为一种权力的统治，它本质上即是一种假定了"可见性"的条件之下才得以运作的权力。换言之，没有与之相应的"可见性"作为条件就没有"公共性"；没有"公共性"，法就无法起作用，法不仅无法统治，法也失去了其正当性的必要条件。"大'公'无私"取决于"一'视'同仁"；无法被透明化地"观看"，就没有彻底的"知识"，没有知识就无法行使权力，法也就实现不了公平和正义的审判。

福柯清楚地分析了法律与"看守"我们的"大牧人"有绝对的关系。尽管福柯是以批判的口吻来描述法，他一生的著作也宛如是在对抗"上帝的凝视"一样，他所有的问题都离不开对"法眼"的分析，可是我们却可以从他消极反抗的分析中看出"法的虚无主义"或"法的无神论"的困境。换言之，福柯并没有说："没有了规训，我们可以比现在活得更好"，显然，挖去了上帝的眼睛并不必然会使我们感到更快乐。事实上,“凝视”是无法避免的,“权力”仍无处不在,因此我们要的是有着一双“上帝之眼”的权力。

总之,法不能不统治,法要是无法统治就不再是法。可是,法要取得统治,就必须“信仰”上帝从天上观看,上帝的这双眼睛尽管是带着权力统治的意味,但是,又基于“祂的眼目遍察全地”(《历代志下》16:9),所以“一‘视’同仁”的审判才是可能的。基督教法权(christliche Gerichsbarkeit)的形式是公共性质的,教会本身即带有公共性的质量,而且,加上了以基督教终末论的意义来理解,在终极的时间中的上帝统治存在着“公共性”的诉求,正如彼得森(Eric Peterson)所言,教会生活是处于公共性要求的光照之下,“基督徒始终对耶稣基督的公共性、对耶稣基督的自我公开承担义务”。①

上帝作为一位律法的颁布者,祂同时也是一位牧羊人;上帝包含了规定意识、引导意识、检查意识和审判意识。不管是《希伯来圣经》或是《新约圣经》,上帝都被形容成一位“牧羊人”,这位称职的“牧羊人”严肃地“看守”着祂的羊群,且对每只羊有彻底的了解,包括对他的灵魂有完全的知识。福柯说,“牧羊人与羔羊的关系不仅触及这些个体的生命,还有个体最隐秘、最细微的行为”,牧羊人认识每一只羊,尤其包括其秘密的罪恶。② 换言之,这位牧羊人能够“看”清一切,包括了人的内心,只有可以“看透”人的内心的那双眼才能“公平”地作出判断。如英文谚语所言:“正义不但要被伸张,而且必须‘眼见着’被伸张。”这个说法并不是说眼不见则不能接受,而是说没有公开则无所谓正义。③

除了服从和自我认识,福柯也发现“教牧权力”生产了个体自发自动的忏悔意识。毫无疑问,忏悔意识源于“不是外在的对行为的检查,而是对个人自身进行判断的内心”所作出的反应,告解的仪式即是“公开地坦白”,然而这是与一种抵罪或赎罪的意识有关的。正因为赎罪意识使忏悔变得必要和可行,因此我们向之忏悔的对象本身即是法的执行者,他有足够的能力去判断罪恶的性质并作出相应的赏罚,这就是福柯所形容的“博学”,“博学”意指有充足和全备的“知

① 尼西黛斯:《启示录的宪法学说》,载《施米特与政治法学》,上海三联书店 2002 年版,第 262 页。

② Foucault, “Politics and Reason”, in *Politics, Philosophy, Culture*, New York: Routledge, 1988, pp. 68—74.

③ 伯尔曼:《法律与宗教》,中国政法大学出版社 2003 年版,第 21—22 页。

识”。① 上帝的“全知”而基于祂能够“看清一切”，所以，“全知的上帝”是指法学意涵的“全知”，而不是指知识论意义的“博学”。

民主是一种凝视（由不可见表象为可见）的政治，人首先将凝视内化（圆型监狱），人成为自身的凝视者（宫娥图），主体的空间化（对象化）推动权力，即是地缘政治（geo-politics，局部、区域、在地）。精神科学对疯癫的管理，语言科学对事物的管理，临床医学对身体的管理，法律科学对灵魂的管理；管理之所以可能，端赖于可视性，即对于眼睛的信赖，而且还是一双“明察秋毫”的上帝之眼。

总之，“上帝之眼”即是权力，“无神论”式的“法学”是不可能的，因此法官被迫扮演着法所需要的那双“上帝之眼”，没有这双眼睛，法的公共性和公平性是不可能的，“社会的秩序”也是无法想象的。

三、“心眼”与汉语思想语境的“公”

汉语思想传统正是少了一双“上帝之眼”。这双眼原不属于自己身上的器官，变成了一种“心眼”（良知、良心），这双“心眼”当然不是注视着我的那双“上帝之眼”。这双“心眼”是隐匿的，它不过是“自己观看自己”（“吾日三省吾身”），甚至是“用作观看他人”。汉语思想不存在这双上帝之眼，所以只能通过血缘式的“互相观看”，只要“没人在看”，法律就不存在；法律只存在于“是否被人观看到”。所以，汉语思想传统只有“德治”没有“法治”，“德治”的“法学概念”奠基于“面子文化”、“血缘关系”、“羞耻心”这些因素之上。

因此，长久以来汉语思想的“公私之辨”始终都是“私人性”（心眼）而非“公共性”（法眼），或者也不存在“私人性”与“公共性”的辩证关系，没有了那双“上帝之眼”就不可能存在着“公共性”，所有一切对于“公”和“私”的对举之词都是“人性、太人性了”。

许多学者认为，汉语思想的“公”与“私”的对偶关系在于它们作为一个反义的对举思想范畴被理解，“私”本身即是对应于“公”的负面意义而被否定的，“私”获得了真正的对待是在清代之后的事。虽然在汉语的现代语境中，“公”与

---

① 福柯：《不正常的人》，钱翰译，上海人民出版社 2003 年版，第 189—207 页。

“私”已被转化为“公共领域”和“私人领域”这两个范畴，①但是“公私”的问题仍未在汉语思想中获得更为准确的理解，关键就在于“公私”的“超验之维”——“上帝之眼”——问题。

汉语思想史上究竟存在着所谓的“公”吗？谁来决断何者为“公”，何者为“私”？“公”经常成了“某种私”，“私”成了“公”，其中“权力”在起着作用。汉语思想史上的“公私之辨”未曾真正看待“权力之眼”，此处的“辨”是指一种对立，然而，这种对立则是最为有利于“私”的权力言说，其结果即是“假公济私”，“公与私”的“同一性”反映出根本就不存在真正独立于“私”的“公”，经常所言的“公”实为某人的“私”，或者说，决定“何者为公”，全赖于“私的放弃”（去私存公）。然而，“公”永远都未曾真正地存在过，其原委在于代表着“公理”的“天”未曾独立过。②

① 刘畅：《中国公私观念研究综述》，载刘泽华编《公私观念与中国社会》，中国人民大学出版社 2003 年版，第 366—413 页。汉语学界对于现代中国的“公私之辨”主要是环绕在“个人”与“群体”的问题之争上，个中的原因是梁启超和严复等人都把“公”理解为“群”，或后来使用的“社会”，因此离西方语境所言“公共领域”的意思相当遥远。显然“公共”一词比“社会”一词的意涵复杂得多，因此我们不免怀疑学者使用“公共领域”一词来理解“公私之辨”下的“公”是否恰当。可参见黄克武、张哲嘉主编：《公与私：近代中国个体与群体之重建》，台北“中央研究院”近代史研究所，2000。

② 汪晖在《现代中国思想的兴起》中对于“天理”与“公理”的区分，将之理解为分别代表古代中国和现代中国的两种不同世界观。事实上，汪晖的用语显示出某种程度的化约，这个化约就是把“天理”和“公理”对立起来，似乎认定古代中国的“天”就不是“公”，古代中国的“天理”反映的是古代中国的形上学，而现代中国正是通过对此古代中国的形上学的解构而产生出某种异于古代而构成现代中国之所以是现代中国的思想，正是“公理”这种去形上学化才能突显两者的差异（第 47 页及以下）。我认为，汪晖想把“天”转化成“公”来说明“理”的不同作用是不成功的，因为古代的“天理”确实包括了某种“公理”的成分在内：“天下”何以为“公”？“存天理、去人欲”的公私之辨是如何取得实践的？这都是汪晖想借此区分古代中国和现代中国，但结果是不成功的。另外，我们从金观涛和刘青峰的研究发现，中国现代思想史在形成“公共领域”之际也是不成功的，甚至受到严重的扭曲（参见《从“群”到“社会”、“社会主义”——中国近代公共领域变迁的思想史研究》，刊于《“中央研究院”近代史研究所集刊》第 35 期，2001 年 6 月）。从“群”到“社会”或到“民间社会”，或“公共领域”（public sphere）一词的使用仍有许多概念史待梳理，越来越多的学者想借由哈贝马斯（Habermas）的 Dieöffentlichkeit 的语词来描述近代中国的结构性变迁（黄宗智、小滨正子、许纪霖），但仍未必把握到了近代西方语境的“主体转向”以及伴随着“语言转向”形成的“公共论域”的进程，我怀疑一个困限于“意识哲学”的思考的汉语思想传统，有多大的可能把握到“语言沟通”的重要性，所以我们看到了问题之真正所在，一个无法展开其“论辩”形式的“道”是无法真正取得“公共性”的，公共不是仅指其“普遍性”而言，它更多是指其“可言说性”，基督教的上帝是可言说的，正在于祂向人言说（启示为文本），而人们也与祂进行一种言说的关系（祈祷的沟通）——忏悔也是可能的。值得注意的是，哈贝马斯把“沟通的世界观”称之为“神圣的语言化”（the linguistification of the Sacred）（参见其 *The Theory of Communicative Action*, Vol. 2, Boston: Beacon, 1987, p. 77），并认为沟通行动理论的构思实为受到基督教神学“复和”（reconciliation）概念的启发。

"公"即"无私",意味着"私"与"公"是对立的,要么就"公"、要么是"私",公私不能两全;反过来说,当"私"取得了合法性之时,"公"反而成了"私",即正当地把"公"变成了私。公私之辨只是代表"对立",却未代表"差异",主要的原因是出在"天人之辨"。换言之,"天人之辨"决定了"公私之辨",问题在于"天"若是不起作用,何来"公"? 汉语思想史未有过真正的"公私之辨"。

一个只有"相互彼此观看"(礼)而没有"上帝之眼在察视"(法)的文化,其结果即意味着通过了现代性语境对"私人"或"隐私权"的强调,使得"任何不(未)能公开的东西"都将取得更为合法的地位,"个人不能被他人无故侵犯"变成"自私自利"最佳的辩解。

换言之,在现代汉语的思想语境中,只要"不被发现"(外在的),一切的"隐秘"的行为相形之下即是被允许的,而且,一个无法看到你"内在"的社会之眼,根本就无法激起我们的责任,因为责任经常是在"隐秘之处"(内在的),社会之眼无法注视到我"非公开的行为",也因此意味责任对我而言永远是外在的问题而非内在问题。所以我们的"守法"是相对的而非绝对的,或从根本上来说,我们对法的观念只能是"人治的"(主观或客观)而不是"法治"(超越主客观),当代新儒家学者把儒家的伦理理解为"道德形上学"是意料中的事,从上述角度看来,儒家当然比康德更为"自律"。可是这些大儒们真的相信人会主动愿意给自己立上几条"不可……"的诫命吗?

法的"超验之维"恰好是汉语思想所严重缺乏的。牟宗三也认为,中国传统只有"政道"没有"治道"。换言之,我们根本就没有认真去思考"治道"的重要性,原因在于汉语思想对人有过度的信任。基于要不是摆向于"大公无私"这边,就是摆向于"崇私去公",因此公私之争的根本问题应该是来到"法"的问题上,正是介乎公与私之间或既是公又是私的法才能真正体现法的本意。法制度根源于对人根本的不信任,作为对"假公济私"或"以公灭私"的抵抗。法源于忏悔意识,不仅是基于对自己为恶的可能性有所警示,同时含有"无辜负疚"的反应。接着我们进入与上述问题相关的"罪感"与"乐感"的讨论上。

李泽厚在《中国古代思想史论》总结了所谓的"中国智慧",分别是:血缘基础、实用理性、乐感文化和天人合一,它们说明了中国的文化心理结构;而且,对这种文化心理结构起着作用的,即是儒家思想,它不但在中国文化心理结构上产生了主要的作用,而这种作用又有其现实生活的来源,普遍形成汉语人的历史意识和实践性格。①

儒家的德感以“乐感”为根据和基础，乐感是德感的宣扬发显。德感是规定内在生命自盈自足的理由，在本质上是“无缺”且“自显”的。乐感文化主要是就人生观和生活信仰的意义来说的。汉语思想传统所追求的最高价值的体现，就在于主体生命的超越价值最终得以被体现为审美般的境界（准宗教的）：“浩然之气”（如果有超越、如果有救赎），对内是自足自乐，对外则存而不论（“天”无关紧要）。

孔子的自由、庄周的胜境、魏晋的风度到禅宗的妙悟，无不追求或肯定此一自足自乐的生活境界。这种生活境界是主观的，它可以作为超越一切外在于它的客观限制条件，甚至个体的自足可以与外在的世界完全区别开来，外在世界如何不是问题，这种主观的情境就是要做到不受影响的状态。可见，乐不但不带罪感，恰好相反，它本身就是“德之华”，甚至“德”字本身，原来也就包含有“自得其乐”之意。“德”同“得”，“德，得也，得事实也”，亦即“外得于人，内得于己也”。内外和谐畅达，得其所哉，心情愉快，举止得体，这就是德。所以“礼乐皆得，谓之有德”。②

儒道是在本体论的意义下来把握“乐感”，它根源于对一种自然本然自足无缺的肯定，它本身就是表明一种充盈的状态，内心即是目的，自行发用，即可实现。从思想史看，儒道实为一家，前者是伦理的大和、充盈之乐，后者是超伦常（历史、社会）的清静恬然之乐。儒道都认为，主体是自足的，心理最高情态超越外部事物之限，主体的境界完全可以化解或超越一切矛盾和冲突。

儒家的“德”与道家的“自然”有何差别？“儒道互补”不是因为它们不同，而是同：“自然的人化”与“人的自然化”。因此从根本讲，汉语思想都追求“逍遥”而非“拯救”，乐感文化推到极端即是“无神论文化”（“不可知之之谓神”）。儒道思想传统都认为，人心中的道与天道之间并没有“此岸”与“彼岸”的界限，它们都是同样的东西，都属于“自然之道”。诚如朱熹所言：“盖仁之为道，乃天地生物之心，即物而在。情之未发，而此体已具；情之既发，而其用不穷。……在天地则泱然生物之心，在人则温然爱人利物之心。”（《仁说》）可见，为人之道并不须要求超越于现实以外的东西，人最终是要回复自然本性，与自然和社会达到

---

① 李泽厚：《中国古代思想史论》，台北风云时代1990年版，第365—374页。
② 邓晓芒：《灵之舞：中西人格的表演性》，东方出版社1995年版，第242页。

浑然一体的和谐。因此，世界是无限地适己性的："吾道自足，不假外求。"

因此，当一切外在的阻力（忧患）发生时，儒家的"乐"却是一种绝对的保障。道家则要排除这一切忧愁感，"自逸其乐，无待于外"。不管是儒家或道家，他们根本就不会再进一步追问"世界何以不足"、而且根本就不需要"世界之足"（价值体现为主体的而不是客观的）。作为寓于世界的存有者，人的精神状态如何不为外部世界所动，此"不动"是自欺或欺人？"乐"表面上拒绝现世，事实上是使外部世界成为内心世界的部分，化约为内在世界之"感"，现世之不足不是真的，反而强化了现世之不足并成为可以被接受的。①

刘晓波评论说，"绝对相信道德人格的力量，必然以无视人的有限和弱点为前提。而无视人的有限和弱点就必然使人的所有弱点无极地膨胀"，成为狂妄之徒。② 这种"乐感"之境可以上升为审美救赎论的语式，儒道要是有所谓的"超越"，就是一种既包含现实主义又含有审美主义的"悖论式"的"超越"，没有"张力"的"超越"，所以汉语思想讲"中庸"、"太和"。这种主观意境的审美主义极端的结果，即导致对现实的肯定态度成了一种逆来顺受的性格。

这是怎样的一种矛盾人格："狂妄"和"逆来顺受"。所以，能够狂妄的人便狂妄，不能狂妄的人便逆来顺受，汉语思想的人格说穿了不是主人的道德就是奴人的道德，不是独裁者就是奴才。

"乐感"与"罪感"对立的结果即是羞耻与原罪、面子与忏悔。"乐感"说明了人主观的自足，当外在阻力发生时，"乐"却是一种绝对的保障，只要保持心境上的愉悦状态，对内自足自得，对外存而不论、无关紧要，借此消除现实的张力。相反的，罪感则是一种"歉疚"，不是道德意义的，而是神学语式的，从罪感走向对爱的渴求，形成外力的救赎而非主观的境界，"法"成了必要的东西。

汉语思想文化所追求的即是逍遥而非拯救，源于对人的肯定的德感而非罪感，充其量，尽性也不过是为乐感所得的境界而不是为爱感所转化。从德感到乐感，是源自于一种自然生命的情态，是属于内在和主观的审美；从罪感到爱感，是对神圣生命价值的祈求，是属于外在和对世界的拯救（上帝爱世人）。一个没有上帝之眼的"天道"，人如何可能感到自己是有罪的呢？人又何来需要忏悔呢？结果当然是：这个世界不需要拯救者，当然也不需要忏悔。

---

① 参见刘小枫：《逍遥与拯救》（修订本），上海三联书店 2003 年版。

② 参见刘晓波：《悲剧·审美·自由》，台北风云时代 1989 年版，第 73—75 页。

汉语思想传统有没有忏悔的文化，答案很清楚。① 忏悔包括了“非功利言语、对象以及可供反身观照的超验目光”，显然这在汉语思想传统中尤其的薄弱，这里的关键问题还是系于“上帝之眼”，因为真正的忏悔即在于：“即便你不说出来，你仍然相信自己被公认的他在审视着，既不能欺骗、也不能冒犯的”。②“获罪于天，无所祷”是说“得罪了天再怎么祈祷也无济于事”，还是说“根本就不需要祈祷”，因为“向天祈祷”真的“有用”吗？因为不认为“祈祷有必要”，所以不会有“忏悔文化”。中国社会主要不是靠“超验之维”的张力来维系的，而是靠“血缘和良心”的经验直觉，所以，我无法接受那些从事基督教与中国文化“调和”的学者经常强调“原罪阻碍中国人信教”并“刻意淡化原罪”的做法，不如请他们听听刘晓波直截了当的话：“西方人有绝对的上帝，因而可以忏悔、赎罪；中国人没有上帝，因而从来不会忏悔、赎罪。”③

汉语中的“罪”主要是指直接触犯了法律的行为，它是可以通过刑事诉讼、法庭判决来对其行为违反法律予以测度并给予具体惩罚的；而“孽”字则比较特殊，是指不直接触犯朝廷或政府制定的世俗法律，但是违反了社会普遍道德准则的行为，这些行为受到世人的道德舆论谴责，当事人如有良知，也会受到自己良心的谴责。在民间，“孽”还有一种报应的想法，就道德意义而言，“罪”反而没有像“孽”那样的强烈，“孽”即是大众伦理。

作为大众伦理的“孽”必须依靠民间宗教劝善和恐吓的力量。在汉语思想中，只有人治与德治之别，德治是“无讼”，不是由统治者推行的“治理之术”，而是表示一种行为规范和相应形成的社会秩序，重视道德伦理对人起着教化的作用，自始至终，法、礼和道德都是外在的，如果民间宗教的劝善和恐吓不再起作用，大众伦理的“孽”也失去了作用，所谓道德的教化也不过是一种民间的习惯

---

① 值得注意的是，中世纪的《教会法汇要》中包含着相当篇幅的《论忏悔》在内，参见彭小瑜：《教会法研究》，商务印书馆 2003 年版，第 78—79 页。

② 墨哲兰：《忏悔，我是否准备好了吗？》，载余开伟编：《忏悔还是不忏悔》，中国工人出版社 2004 年版，第 38—45 页；另可见张志扬：《“忏悔”的皈依》，载《缺席的权利》，上海人民出版社 1996 年版，第 56—64 页。

③ 刘晓波：《悲剧·审美·自由》，第 67 页。著名文学家刘再复早期曾辩称，不同于西方对忏悔的理解，中国有自己的“忏悔文学”，见《寻找与呼唤》（台北风云时代 1989 年版），后来这个观点获得了大大的修正，在《罪与文学》（香港牛津大学出版社 1999 年版）中他承认“罪的意识”在“忏悔”中的重要性，恰好在这个意义上中国文学是没有的，因此中国从未出现“忏悔文学”。当然刘再复没有往下问：“罪的意识是如何产生的？”显然，一个从未存在过那么一种“超验目光”的文化，也就无法产生“罪的意识”，没有“罪的意识”当然也就不会有“忏悔”的必要。

化，全系于面子和公众目光而行的“耻感”，而且，一旦民间宗教仍不失其“交换”、“贿赂”、“欺骗”等哲学人类学时，宗教之腐败即是一切政治法律道德的腐败之源。

或者新儒家如牟宗三、余英时、刘述先等人的说法，以“内在超越”来表示汉语思想传统也有“超越”，同时区别于基督教的“外在超越”。换言之，儒家也有“宗教”，儒家的“德教”本身即是这样的一种宗教：“它是全部以道德意识实践贯注于其中的宗教意识精神。因为它的重点是落在如何体现天道上”，此一天道内化成本心、内化成德性，“人的地位，通过参天地而为一的过程，而与天地并列为三位一体”，①人道与天道合是为人生之极致。因此，“内在超越”根本就不是什么“超越”，同样是“把上帝的眼睛挖掉”的做法，牟宗三致力从“道德主体”“开出”民主，看来他对“民主”的本意了解得很不够。②

张灏很早就看出了中国近代的民主思想史的根本问题，就是缺乏与公共生活相应的“幽暗意识”。这种在西方民主思想史上的“幽暗意识”恰恰是基督教“罪感文化”的产物，西方的民主理论大师无不从此对“人性的不信任”开始其对公共生活的构思的，因此这也就意味着，一个没有“幽暗意识”的公共生活是何等的“幽暗”。③ “信仰法律”的对立面是“信仰人性”。

费正清(J. K. Fairbank)解释说：“西方的法律一直都被认为是上帝或自然的某种更崇高的命令在人间的体现，而中国的法家只代表了统治者的命令。”④原因在于：汉语思想传统把“天”降格为“私人化”的东西，所谓的“内在超越”说即是把“天”变成“私人”的“境界式”的表述。换言之，“天”不像“上帝”，后者才真正具有“公共性”，因此才能给“法”留下余地，或“法治”才是可能的。在基督教神学观念底下的“君权神授”恰好与“天子”的概念意义相反，前者是限制皇权的说法，理由是在皇帝之上还有一位上帝(under the law)，而后者才真正突显了“朕即法律”的意思。

费孝通在《乡土中国》一书中把中国社会的“法”、“礼”和“道德”都理解为一

---

① 牟宗三：《中国哲学的特质》，台北学生书局 1994 年版，第 107，44 页。

② 可参见我对牟宗三的批判，《上帝、关系与言说》，台北五南图书公司 2000 年版，第 431 页以下。

③ 张灏：《幽暗意识与民主传统》，台北联经出版社 1990 年版，第 5—18 页。

④ Fairbank, *East Asia*: *The Great Tradition*, Boston: Houghton Mifflin, 1960, p. 84

种"社会血缘"的规范,①那么对汉语思想而言,事实上没有人治和法治之别,因为包括礼(绅权、士大夫道德)在内的法治(服务于君权、族权、父权等)实为一种人治,因为法家所谓的"依法而治"(rule by law,法律为手段)即是暗含着对君主人治(礼法)的限制在内,与西方法学上的法治(rule of law,法律为宗旨)大不相同。②

对现代西方宪法秩序而言,只有在下述情况下才可能领会到法的"超验之维",即"这种政体的奠基人愿意放弃他们的君权并满足于代表人民来行使其宪法的权力,而这种意愿是对个人自我的神圣性深刻体认的一种表现","这种体认的正义,是对人及其制度的超越人类理解范围的上帝的正义的一种反映"。③可见,中国古代所提倡的"法治"在政治家的"心眼"中,④它不是在"人类的范围"以外的东西,因此也绝不存在"人大还是法大"或"权大还是法大"的问题,因为,"法律服务于君主是天经地义的事"。⑤ 中国的法律文化即是"自由'心'证"。⑥

基于"吾道自足,不假外求"的前提下,有权力者则表现为狂妄,无权力者则形成对最高统治者的顺从和膜拜。因此"公共"的权威实为一种人格统治,即所谓的"人治",这样的人治在缺乏"上帝之眼"的条件之下,结果不仅造成是非判断的模糊,而且还丧失了"公共性"的正义或公平的形象。所以汉语思想传统没有"法律信仰"是这个脉络下的产物,源于梁启超所言的"人人心目中但有一身之我",⑦当然,随之而来的,连守法也变成不必要了。因此有权者"贪赃枉法",

---

① 费孝通:《乡土中国》,生活·读书·新知三联书店 1985 年版,第 52—53 页。

② 马戎:《罪与孽:试论中国的"法治"与"德治"》,载《21 世纪:文化自觉与跨文化对话(一)》,北京大学出版社 2001 年版。

③ 弗里德里希:《超验正义——宪政的宗教之维》,周勇、王丽芝译,生活·读书·新知三联书店 1997 年版,第 17 页。

④ "天下为公"与"治权在君"交织而成中国古代的政治哲学,可参见张分田:《古代"公天下论"的构成》,刊于《新哲学》第二辑,大象出版社 2004 年版,第 164 页以下。

⑤ 马小红:《礼与法》,经济管理出版社 1997 年版,第 133 页。

⑥ 中国的法律文化存在着一种近似于福柯笔下的"身体拷问"的描述:据说,中国古代的审判活动并非根据法定程序进行的,而是依靠内心体验、直觉来判断的。最早见于《周礼》,后来记载于《唐律》的"科学办案":"五听",分别是辞听(观其出言,不直则烦)、色听(观其颜色,不直则赧然)、气听(观其气息,不直则喘)、耳听(观其听聆,不直则惑)、目听(观其眸子,不直则眊然)。这是"心眼"的最彻底的表现。可参见郝铁川:《"性善论"对中国法治的若干消极影响》,载《法学评论》2001 年第 2 期。

⑦ 梁启超:《中国积弱溯源论》,《饮冰室合集·文集》之五,中华书局 1947 年版,第 23 页。

没权者只好成为“法的牺牲品”。

梁启超说过：“中国国民则无一日能安于法律状态者也。夫有法而不行，则等于无法，”尤见于以“自由”之名来为一己之“私德”辩护，不服公律，不知法治为何物，因此“自由之祸，将烈于洪水猛兽矣”。① 尽管“公共”的善行成了“公德”，“公德”也并非真的“公”，相反的，它恰恰是“私德”在“自由”之名下的公开化或正当化的表现，这种“私人化”的宗教行为表现在“公德”一词的深层意涵中，它仍然不是“法”的产物。② 因为“中国人要求每个人成为大公无私的‘圣人’，推崇‘修齐治平’，结果反倒以修身的私德吞并和包容了‘平天下’的公德，整个社会的秩序都系于圣王或独夫的一念之间。”

普遍认为，汉语思想传统只有“礼”而没有“法”，“礼”的目的是促进人为善，将内在的善良本性显发出来。通过“礼义教化”，这个社会因此“无讼而治”，可见汉语的政治神学只注重“心治”，重视“取信于民”，“治国”的原则在于“得天下有道，得其民，斯得天下矣。得其民有道，得其心，斯得其民矣。”

晚近汉语学界关于“公私之辨”最好还是回到“法”的前提那里来理解，正像某些学者把近代上海出现那种相似于西方的“社团组织”称之作“公共”，实际上不过是指一种“城市生活”，与我们所言的“公共生活”仍相去甚远。③ 然而，正如已有学者批判地指出，“何为‘公共’，谁的‘公共’，在近代中国，却仍是问题”，“围绕着‘公’与‘公共’的表达，明显存在着与实际相背离、甚至矛盾的一面，甚至‘公’与‘公共’很容易就会被当作为一种姿态，成为一种标榜”。④

总之，从《尔雅》言“公，君也”，《礼记·礼运》言“天下为公”，加上《韩非子》言“自环者为之私，背私者为之公”，汉语中的“公”究竟有多少的意涵是与公正、

---

① 参见梁启超《十种道德相反相成》、《论公德》、《新民说》、《敬告国中之谈实业者》，均收入夏晓虹编：《梁启超文选》(上、下)，中国广播电视出版社 1992 年版。

② “公德”一词的概念史本质上即是汉语思想传统的产物，它源于一种不是基于“公共意识”而是源于“私人意识”的表现，陈弱水先生对“公德”的诠释正是说明了“公德”的观念如何的古老，如何的“私人化”。我认为陈弱水先生企图以传统“公德”的观念来建立起现代汉语社会所需要的“公民文化”是不会成功的，理由是它仍然是一个没有“超验之维”的概念，期待“公德”尊重别人、遵守法律、对个人与群体有更多的联结，这种“伦理”没有“上帝之眼”是如何可能的，令人感到怀疑。参见陈弱水：《公德观念的初步探讨》，载“中央研究院”中山人文社会科学研究所《人文及社会科学集刊》第九卷第二期(1997)；《中国历史上的“公”的观念及其现代变形》，载《政治与社会哲学评论》2003 年第 7 期；《华人社会文化现代化的几点省思——以公德问题为主》，载《当代》1994 年第 101 期。

③ 小滨正子著：《近代上海的公共性与国家》，葛涛译，上海古籍出版社 2003 年版。

④ 章清：《近代中国对“公”与“公共”的表达》，载许纪霖主编：《公共性与公共知识分子》，江苏人民出版社 2003 年版。

公平或公开等内容有关实在令人费解。在“上帝之眼”的阙如之下，汉语思想文化的“公”始终都不具有神圣性的要素，与“法”的规范也似乎不太有关系。

汉语公共神学的问题并不在于选择或倾向于那一种“主义”，因为不管在中国内地或在台湾，这种“主义”论述已变成了“国族”的招魂大旗，这就是上述所言的“姿态”或“标榜”。汉语神学如何提供公共生活的伦理资源，正是我们未来要思考的问题，但必须清楚的是：基督教能够提供的公共生活伦理资源一定是“宗教伦理”，这项“宗教伦理”首先源于对“上帝之眼”的根本信仰。

四、来到“法面前”

《审判》的开始即是主人公K在床上被逮捕，床是最隐秘的私人空间，然而，逮捕人员竟可以随便进入K的住所，并在未拿出罪状的情况下就逮捕了他。甚至，对面人家同时不断地窥视着K在家中所发生的事。

卡夫卡的《审判》突出“上帝之眼”的主题，同时全书是以“在法面前”这个事件展开的小说。《审判》从头到尾尽管无法具体地指出K的罪状，然而教堂里的神父则对K说：“别人认为你有罪”(Man halt dich für schuldig)，显然这是一个双关语：Schuld 和 schuldig 是指“在法律上有罪”的意思，同时又有“欠债”的意思，甚或可以引申出“责任”、“义务”等意思。《在法面前》这则寓言故事说明了《审判》的问题核心：“只有认罪才是唯一的出路，才是进入法的唯一途径。”那位徘徊在法的门前的乡下人，在生命的最末阶段感到“有一道永不熄灭的光，从法的那道门里射了出来”。①

法律是无条件性的，此一无条件性在于交换的不可能性。交换之所以不可能，因为他者是绝对的他者，当面对绝对的经济时，他者的绝对性中断了交换计算的代价。他者非我的根源性显现，是秘密，是他者的他者。如果从伦理来理解法律，法律就不再是正义的，甚至“法律违反法律”，正是法律忘记了自身的条件，法律就能存在于计算之外，这样法律才有权威。《在法面前》那一句“有一道永不熄灭的光，从法的那道门里射了出来”即是死亡，死亡中断了计算，对法律的解构即是逼近它的绝对，摩西如此，保罗如此，卡夫卡也如此，不容任何逃逸留下买路钱的余地。总之，“在法律面前”，代价的付出是绝对必需的。

---

① 受到卡夫卡的影响，20世纪的法国思想界普遍关注“法”的问题，布朗修(Maurice Blanchot)的《亚米拿达》(*Aminadab*，1942)和《至高者》(*Le Trés-Haut*，1948)这两部小说均堪称为代表。

"第一种即法律的神话暴力要求(fordert)牺牲,第二种即神圣的暴力则接受牺牲、担当牺牲(nimmt sie an)。"本雅明这位犹太的卡巴拉主义者认为,一切法律都建立在暴力之上,一是神秘的暴力,一是神圣的暴力。德里达就此认为,一切可决断性、可行使主权的力量,一切摧毁法律和解构法律的力量,都存在着神圣暴力的倾向。"解构即正义"的说法即是从对法律与神圣的关系中作出理解,并以此解构法律的神圣暴力推向于弥赛亚性的未来结构中。①

没有法律的正义是无力的,没有正义的法律是专横的。法律之所以能够给出正义,仅仅在于它被承认,这就是其权威的神秘基础。正如德里达在《法律的力量》(*Force of Law: The Mystical Foundation of Authority*)说:正义即是"将—来"(ávenire, to-come),这不是回到第一原理,法律作为正义的可能性即是上帝终末统治(弥赛亚主义式)的"将—来",这正是法律的神秘基础。

① Jacques Derrida, "Before the Law", in *Acts of Literature*, New York: Routledge, 1992, pp. 15, 24—25.

文化与人权

陈村富*

我们可以把当今世界之冲突，按不同的分类根据，分为经济利益之冲突、文化（主要是各文明系之间的）之冲突和政治权力之冲突（其中战争是政治斗争的继续和最残酷的解决方法）。笔者是从事跨文化研究的学者，而不是企业家、政治家，仅从文化间关系发表自己的见解。

史学家称公元前 323 至前 30 年环地中海世界为“希腊化”（Hellenistic）时期。这 300 年间发生了历史上影响深远的地中海世界文化——主要是希腊文化、西亚文化、埃及文化的大交融。斯多亚学派破除狭隘的希腊城邦观念，提出“世界公民”的观念。耶稣基督突破犹太教的狭隘的民族观念，将自己所传之教比喻为世人所需的“光”和“盐”，从而在宗教上突破传统的地域与民族界线。今天是经济全球化、文化多元并存与交融并立的时代。因此，凡是研究文化间关系的学者，必须以“新世界公民”或“全球公民”的身份，而不是仅以“本国公民”的身份出场。

文化间关系所涉及的问题很多，首先是文化与宗教，第二位也许就是文化与人权了。如果以 16—18 世纪为历史的中轴，我们可以发现一个很有趣的现

---

* 作者单位：浙江大学基督教与跨文化研究中心。本文为浙江大学基督教与跨文化研究中心国际合作课题“宗教与文化”论文类成果。

象。16—18世纪的人权捍卫者,以人权为武器反对本国专制政权和中世纪的教权与神权,基本上是以同一文化为语境的。历史往上追溯,人权观念越来越淡化。人类始祖尚无自我意识和“我自身”的观念,他们分不清主体与客体,而把自己也表象为客体的部分,根本无所谓人权。历史往下延伸,可以看出,资产者取得政权之后,对外忌讳同被贩卖的奴隶和被掠夺的殖民地谈人权,对内雇主也害怕同被雇用者谈人权。19世纪至20世纪上半叶,西方发达国家尚未找到一套成熟的,对内调节贫富关系和阶级对抗、对外调节宗主国与殖民地半殖民地的关系的方案,在这个充满起义与革命的年代泛论人权无济于事。20世纪80年代以来发生了耀眼的变化,特别是80年代末90年代初苏联解体、东欧剧变之后,不同文化之间以及民族与宗教之间的冲突超过意识形态之间的对立,拥有强势文化与话语霸权的国家指责别人无视人权,反之被指责者说“你先拿面镜子照照自己”。这种“对骂”年年有之,月月不断,谁也说服不了谁,谁也说不上是赢家。有鉴于此,我们必须跳出单一文化的立场,立足于跨文化或文化间(interculture)的立场,超越民族与国家的界限,以“全球公民”的身份,对人权之争作一个总结,在全球“商界”、“政界”与“学者”之间,为“学界”争取更多的发言权。为此本文提出下列见解。

一、人、人性、人权是个历史范畴,其内容与标准受制于人类文化的发展

史前时期,人类无固定的地域,更无所谓民族界线和国家领土地界。印度原位民、希腊本土佩拉斯吉人(Pelasgian)不可能将大迁移中到达印度和希腊的雅利安人看作侵略。在采集与狩猎时期,在剩余产品不足以养活被俘者的条件下,赶走原地人或杀掉被俘者,是正当的、无可指责的。

史前时代黄河流域,众多部落争战不已,最后“杀出”两大部落联盟(炎帝与黄帝),成了“华夏文明”的始祖。新版《剑桥古代史》(*The Cambridge Ancient History*)第一卷上册介绍了史前埃及、西亚和欧洲的状况,为了生存,来自不同部落、民族的人群流向尼罗河谷和两河(幼发拉底河与底格里斯河)流域,在不间断的拼杀中产生了定居点。公元前12世纪,雅利安人种的另一支多立斯人(Dorian)进入伯罗奔尼撒(Peloponesos)半岛,把当地的希洛人(Heilot)变为奴隶,并且毁掉了相当发达的迈锡尼文明。按现代的观点,这些都是违反人权的;而在古人看来,是自然的、天经地义的。

新石器时代—青铜器时代以来，或者说人类有文字符号以来，形成了许多定居点，进而产生聚集在一个地域的，来自不同部落、部落联盟、不同人种的“村落”，以及之后出现的“城市”和国家性质的“城邦”(city-state)。这个时期，人类普遍有人—神—自然界关系的意识。人优于动物，在于人从神那里获得“灵性”或“智慧”。阿卡德流行的史诗《阿特拉哈西斯》(*The Atrahasis Epic*)，巴比伦的*Berossus*后来记述的贝尔(Bel)之神，希腊人的神话，犹太人的《创世纪》各有特色。《阿特拉哈西斯》从“混沌”讲到诸神的诞生以及人类的形成：14位女神将泥团分成两组注入神的唾液，最早的七对男女宣告诞生。《巴比伦尼亚卡》(*Babyloniaca*)记载，主神贝尔将混沌状的“黑暗”劈成两半，一半造天，一半造地，贝尔的头颅和鲜血与土混合造人，因而人分有贝尔头颅产生的智慧。古希腊有多个神谱，但是流传下来的仅有赫西俄德(Hesiod)的《神谱》(*Theogony*)，没有类似西亚的记述。不过智慧来于神是共通的，同《创世纪》的人受引诱偷吃智慧果不同，希腊人的说法是神(普罗米修斯，Prometheus)盗火和智慧给人，因而不是人有原罪，而是通达人类的神明遭到至上神宙斯的惩罚，被钉在高加索的悬崖上。人类是无罪的，与人类作对的至上神是可恨的，善解人意之神是可敬可亲的。同样受尊敬的还有教人赋诗作乐和各种技艺的缪斯(Muse)女神，希腊化时代托勒密一世在亚历山大里亚建立历史上第一个Museum(博物馆的来历)纪念缪斯女神。赫淮斯托斯(Hephaestes)教人冶炼的智慧，忒密特(Demeter)教人狩猎和饲养，等等。所以，在希腊人看来，人拥有智慧是无罪的，而且智慧是没有边界的，可以追问“神是什么”，“有没有神”，这同希伯来文化中的“敬畏耶和华是最高的智慧”正好相反。这正是希腊人可以放手追问任何现象的“为什么”、“是什么”求取aletheia(真知)，建立知识体系(episteme，以话语logos为载体的logia)的精神依据，也是希腊人有条件创造社会契约论、民主政制，人身自由、人权观念胚芽的原因。但是在古代并没有关于人与人之间的关系，以及由这种关系而产生的权力的观念。当时的律法大致分为两种，其一是神与人立法，如摩西五经；其二是人秉承神的智慧，王者与众人立法，如汉谟拉比法典、梭伦立法等。在中国王权高于一切；在埃及祭司权力甚至超过王权，更没有所谓“人权”可言。即使在希腊城邦，人是城邦的动物。犹如亚里士多德所言，离开了城邦，不是神就是动物。所以，即使是作为自由民的城邦公民，也没有真正的个人自由。希腊的自由民受到双重的限制，其一是公民的自由建立在奴隶制的基础上，如黑格尔论证过的主奴关系的另一面“主人是奴隶的奴隶”。公元前5世纪末城邦制危机以来，雅典破产公民不愿与奴隶为伍、从事劳作，又无法维持自己的主人地位，最后只好心甘情愿沦为乞丐，丧失“主人”的本质。其二，同近代社会相反，古希腊的公民之为公民，前提是依靠城邦而存活，仅有城邦政治和城邦伦理，而无个人的政治生活。一旦城邦危机，公民就失去其自由。

历史地考察可以发现，人权不是人人天生就有的，它是随着社会和文化的发展而演进的。近代启蒙思想家说的“天赋人权”违背史实，应予以否定。实际上，人权观念是16—18世纪首先在商品生产发达的西欧产生的。鉴于学术界都很熟悉16—18世纪英国、法国启蒙思想家，尤其是洛克和卢梭的思想，以及法国的《人权宣言》和美国的《独立宣言》，所以无需在此重复论证。这里仅想论述三个有争议的，或者是至今尚有疑虑的和前人未论证过的问题。

(一)神权与人权的关系

基督教、佛教都有关于“众生平等”，这是个人信仰自由的丰富的思想资源。但是欧洲中世纪的思想禁锢和教阶制湮没了早期基督教的这些思想资源。神权与人权本来是矛盾统一的。希腊罗马人的传统是“神人同形同性说”，英雄时代的英雄们，如阿伽门农、赫克托尔、奥德修斯、罗慕洛斯等都是半人半神的、神人交配的产儿。神权与人权矛盾的激化根源在于寺庙经济和祭司阶层权力的膨胀。这在巴比伦和埃及尤为典型。祭司借神的名义聚敛财富，插手世俗权力之间的斗争，甚至在埃及新王朝时期还一度控制了王朝。所以，从根本上说神权与人权是一致的，否则人们不会信仰、敬奉超越人类却又庇护和施恩于人类的神。基督教义在这个问题上的记述比较复杂，可以引出两种不同的结论。旧约《创世纪》提供了两种关于智慧起源和人的生命与命运的说法。第一种(1:26—2:3)是神于创世的第六天“照着自己的形象造人”(1:27)，人授命“治理这地，也要管理海里的鱼，空中的鸟和地上各样行动的活物”(1:28)，因此，人的本性分有(柏拉图术语)神的神性。敬畏神，一切按神的旨意行事就是人神关系的基本准则。第二种(2:4—3:24)更接近两河流域神话诸版本。神以土为质料造人，后吹入灵气，因而获得生命。但人受欲望所驱，抗命偷吃智慧果，因而才有智慧，这样人的欲望与智慧都是罪恶之源。人神关系是拯救与被拯救的关系。同第一种记述相反，人仅分有神授予的生命，智慧是受欲望引诱窃取的。人将窃取的智慧与欲望相结合，不断背离神的教导，所以必须以“先知”或“人子”或神在地上的代表(教会)灌之以信仰，在信、望、爱的感召下恰当运用智慧，走忏悔之路、赎罪之途，接受拯救，才能融入神的怀抱。这样在神面前众生平等，固然成了后来人人平等的思想资源，但是这种“平等”的根据是不分贵贱不分种族都染有原罪，是建立在神权至上根基上的平等。因而神权与人权的问题是文艺复兴以来启蒙思想碰到的最头痛的课题。法国启蒙思想家狄德罗、霍尔巴哈及1789年法国革命时期雅各宾派的过激行动，很快就被吉伦特派和拿破仑所抛弃。东西欧最后取胜的是以移民北美的清教徒为代表的人权观念。他们认为自己是受命于上帝，来治理神创的这个世界的。文艺复兴运动实质既是复兴希腊人的人本主义思想，又是复兴基督教本来蕴涵的“众生平等”的人权思想。这是一个伟大的进步。但是，这种同基督教的神权相组合的、以西方文化为语境的人权，推行到非基督教信仰的、非西方文化的地域时，就发生了人权与神权的标准之争了。这场争议可以追溯到16—18世纪天主教东传日本与中国的时代。沙勿略在日本打开传教局面之后，远东教务负责人范礼安三次巡视日本，总结经验，解决碰到的问题，最后耶稣会还是抵挡不住幕府诸侯和将军们的禁令。罗明坚、利玛窦三进肇庆，才取得立足之地，但是在建堂问题上就发生了同中国传统信仰的争议。以民间信仰为背景的当地中国百姓，认为在该地建堂破坏了风水命脉，坚决抵制。所以，以全球视角看，不仅存在人权与神权的矛盾，而且用同基督宗教信仰相融汇的人权，衡量同其他宗教相融汇的人权问题时，必然会因宗教差异而产生的新的纷争。

(二)人权观念植根于开放型的发达商品经济，而不是以往有人说的资本主义经济关系

在相当一个时期，中国流行一个观点，认为自由、平等、博爱、个人尊严、权力制衡等是资本主义制度的产物。其实这不是马克思的观点，马克思研究了几种不同的生产方式：史前石器时代，劳动产品作为共同劳动成果，由公社或部落共同占有共同分配；在青铜器和铁器时代的希腊和罗马，不仅劳动产品而且劳动者以奴隶的身份被奴隶主所占有；在欧洲中世纪时代，劳动产品和劳动者本人以地租劳役形式被无偿占有。在上述三种生产方式中，劳动产品不是以商品形式出现，不必通过交换就实现了产品的转手。诚然，在古代的确也出现了商品和商品交换，形成了以商业为生的民族国家，如腓尼基和雅典，但是在以往社会中，始终处于次要的、从属的地位。近代城市和工场手工业形成之后，产生了以扩大再生产为特征的发达的商品经济，即资本主义的商品生产。《资本论》第一卷研究“资本的生产过程”，第二、三卷研究“资本的流通过程”、“资本主义生产的总过程”（这也是三大卷各自的总标题）。马克思在《资本论》第一卷第一篇

“商品与货币”中研究了商品生产的共同特征和一般规律，第二篇才研究“货币转化为资本”。正是在第一篇中，马克思论述了商品生产所形成的法权关系。马克思说：“商品必须全面转手。这种转手就形成商品交换，而商品交换使商品彼此作为价值发生关系并作为价值来实现。”但是，“商品不能自己到市场去，不能自己去交换。因此，我们必须找寻它的监护人，商品所有者”。所以，物物关系的背后是商品所有者的关系。“人们扮演的经济角色不过是经济关系的人格化，人们是作为这种关系的承担者而彼此对立着的。”那么商品之间关系的基本特征是什么呢？马克思说：“商品是天生的平等派和昔尼克派，它随时准备不仅用自己的灵魂而且用自己的肉体去同任何别的商品交换。”古希腊的昔尼克派(Cinic School)又叫“犬儒学派”，是三个小苏格拉底学派之一，主张回归自然，抛弃任何人为制造的外饰和品行。马克思的意思是，在商品、货币、资本三种形态中，商品是“财富的元素形式”，它以自然的质朴的形式体现货币和资本的萌芽，所以说它是昔尼克派的“天生平等派”。商品交换都以社会必要劳动时间为价值量的计量单位，按等价交换规则自愿成交，排斥任何外在的不平等的、强制性的交换。这种物—物之间的等价交换，商品自身无法判定。“由商品所有者用他自己的五种和五种以上的感官补足了。”买卖双方必须是各自商品的所有者，他们有自主的决定权，“每一方只有通过双方共同一致的意志行为，才能让渡自己的商品，占有别人的商品。……这种具有契约形式的(不管这种契约是不是用法律固定下来的)法权关系，是一种反映经济关系的意志关系。这种法权关系或意志关系的内容是由这种经济关系本身决定的”。这就是自由、平等、人格尊严、个人自主权和财产权等基本人权的根源。马克思接着研究了商品交换中从简单的、个别的或偶然的价值形式，经过总和的或扩大的价值形式、一般价值形式到货币形式的发展，进而又研究了货币充当一般价值形式的四种职能，得出“货币作为激进的市场主义者把一切差别都消灭了”的结论。货币作为一般等价物，成为一切商品的计量单位。一切商品都可以换算为货币，货币也可以换算为任何等值的商品。谁拥有多少货币，就等于它拥有多少等值的商品。人们不必储存商品，只要储存货币就行。在异地交换时，不必像历史上发生过的某个时期，要带着相当的对方所需的货物，而只要带着货币去就行了。货币具有的上述价值尺度、流通手段、贮藏手段、支付手段的功能，在广度和深度上大大推进了商品交换，把世界的每一个角落都卷进商品交换的洪流中，而且打破了以往的高低贵贱的障碍，那些豪门贵族出自的雅典奴隶主、中世纪的庄园主在商品和货币面前只得低下高昂的头颅。公元14—16世纪，拥有外域各种商品和自制的精细灵巧的商品以及货币的城市市民，最终打破了中世纪的封建经济和教阶特权，使西欧社会进入发达的商品生产，即资本主义的商品经济阶段。从马克思的《资本论》第一篇"商品和货币"、第二篇"货币转化为资本"中可以看出，马克思认为自由、平等、博爱、个人尊严等等基本人权是商品经济所固有的，只是因为在历史上不居支配地位，因而未能取得普遍性的法权形式。只有到了资本主义社会，高度发达的商品生产取得支配地位，因而基本人权观念在市民社会与国家中成为普遍的公认的法权的准则。《共产党宣言》说，资本主义几个世纪创造的财富比以往世纪之总和还多。这不仅是正面肯定资本主义在社会发展史上的伟大进步，而且也是肯定了资本主义社会的人权观念较之以往社会的进步。

(三)社会主义市场经济也是人权观念形成的经济基础

20世纪80年代中国断然结束了人民公社制度，90年代初明确提出"建立社会主义市场经济体系"，之后又加入WTO，接受经济全球化时代商品交换的共同准则。显然，在中国自身的商品经济的土壤上产生全球共同性内容和法权形式的人权观念，这是必然的，而且是积极的、进步的；绝不是什么深受西方文化影响的知识分子作的孽，也不是什么外来渗透的结果。不妨研究一下，哪怕是最封闭的农村的"个体户"、"专业户"的发迹史都可以发现，无需任何外来的开导或"渗透"，他们都懂得自主经营和等价交换的宝贵，而且从内心里恨透了那些"地头蛇"，借手中权力无偿占有别人的商品，或靠权力设置障碍，敲诈勒索。当他们依靠自己的劳动和经营改善了生活，拥有比地方长官优越的衣食住行条件，因而也变得比较神气的时候，他们所起的打破特权关系的表率作用，深深地影响了一批批闭塞的村民。所缺的是，由于他们的文化底蕴不足，无法将经验上升为理论，将商品经济产生的新型社会关系、法权关系用理论形式表达出来。仅此而已，岂有它哉！至于大中小城市中非公有制经济的发展及国有企业的体制，若无商品经济的共有的法权准则，它们就不可能成长壮大，最后走向国际市场。当然，人们对商品经济及其文化(制度与观念)同人权的关系有一个认识的过程。中国共产党于20世纪90年代后期明确提出"以人为本"，无疑是关于马克思主义与人道主义，关于人与人权在马克思学说中的地位的认识的一大飞跃。2007年2月26日新华社播发国务院总理温家宝的文章《社会主义初级阶段的历史任务和对外政策》，其中第四部分"关于文化建设和文化交流"中说:“世界文化的多样性或文明的多样性,不仅过去存在,现在存在,将来也会长期存在。科学、民主、法制、自由、人权,并非资本主义所独有,而是人类在漫长的历史过程中共同追求的价值观和共同创造的文明成果。只是在不同的历史阶段,不同的国家,它的实现形式和途径各不相同,没有统一的模式。”这是关于民主、法制、自由、人权问题迄今最为明确的公开表述。海内外学术界似乎对这个重要论断未予足够的重视和解读。本文特地加以引述,认为这是符合上述马克思本意的论述。20 世纪 80 年代以来,西方一些国家或社会人士,经常在人权问题上指责中国,而中国在这个问题上一个时期内总是比较被动,究其原因,这同 50 年代以来理论界关于人权问题的认识差误不无关系。在这个问题上,理论上的拨乱反正,虽然姗姗来迟,然而却是必不可少的。

二、传统的人权观念在当代受到来自三个方面的挑战

第一,全球化的现代社会以及跨文化的交往,渗透全球每一个角落,但是经济全球化又不可能产生文化的一元化。多元文化的关存与交往,不仅是必然的,而且丰富了世界各民族、各地域人们的精神生活,因而,必须承认不同文化系所体现的价值观念和价值判断有其存在的地位。而传统的人权观念由于历史的原因,是以资本主义生产为根基,以单一的西方文化为语境的。以此为准则,衡量当代人的社会关系和法权关系,衡量中国文化、阿拉伯文化、印度文化等等所体现的价值观念和行为准则,自然以为别人都违反人权。

近代高度发达的商品生产是同 15—16 世纪以来资本主义的形成结合在一起的。① 货币所有者在市场上购买原料、生产工具和劳动力的时候,双方都遵循独立自主、平等交易的原则。同一切商品一样,劳动力作为商品,也有价值和使用价值的两重性,秘密就在于劳动力作为商品的使用价值有其特殊性,它在使用过程中会增值。在流通领域,劳动力同别的商品一样,成交之后归购买者所有,由购买者使用。购买者如何使用这种特殊商品呢? 它被购买者用于生产过程中使用工具加工原料,完成产品的生产程序。本来劳动力的使用,只要例如两个小时就相当于劳动力的价值,但是购买者认为成交之后,这一特殊商品已为我所有,我要像使用别的商品一样,按我的意愿加以使用。这样,通过加强

---

① 这里我采用马克思的论断:“为资本主义生产方式奠定基础的变革的序幕,是在 15 世纪最后 30 年和 16 世纪最初几十年。”(见《资本论》第一卷第 24 章“所谓原始积累”第 2 节)

劳动强度、延长劳动时间两种手段，无偿地占有剩余劳动的成果。于是有产者和仅靠出卖劳动力的无产者之间就形成了事实上的不平等。尽管当今经济学家对剩余价值学说有所争议，但是马克思《资本论》的分析是推翻不了的。在人权问题上，下面这段话值得一读：

> 劳动力的买和卖是在流通领域或商品交换领域的界限以内进行的，这个领域确实是天赋人权的真正乐园。那里占统治地位的只是自由、平等、所有权和边沁。自由！因为商品例如劳动力的买者和卖者，只取决于自己的自由意志。他们是作为自由的在法律上平等的人缔结契约的。契约是他们的意志借以得到共同的法律表现的最后结果。平等！因为他们彼此只是作为商品所有者发生关系，用等价物交换等价物。所有权！因为他们都只支配自己的东西。边沁！因为双方都只顾自己。……一离开这个简单流通领域或商品交换领域，就会看到，我们的剧中人的面貌已经起了某种变化。原来的货币所有者成了资本家，昂首前行；劳动力所有者成了他的工人，尾随于后。一个笑容满面，雄心勃勃；一个战战兢兢，畏缩不前，像在市场上出卖了自己的皮一样，只有一个前途——让人家来鞣。①

因此，马克思在肯定“资本的伟大文明作用”②、“资本的历史的合理性”③的同时又说：“资本的每一个毛孔都滴着血和肮脏的东西”④。这就是为什么英国革命刚闭幕就出现“掘根派”，法国革命刚结束就产生巴贝夫的“共产主义运动”，以及18—19世纪不断爆发工人罢工、工人起义的原因。他们被套上新的枷锁，未能享受到人权的待遇。如今，当西方某些人以人权问题指责发展中国家、指责中国的时候，别忘了他们自己的历史记录，也别忘了他们从事对外侵略和掠夺时的野蛮行为。20世纪后半叶以来有很大的进步，但是未能从根本上解决，这就难免产生不同形式的非人权、反人权行为。这是传统人权观念的第一个历史局限性。

第二个局限性是传统的人权观念是以单一的西方文化（含基督教文化）为

---

① 《马克思恩格斯全集》，第23卷，人民出版社1972年第一版，第199—200页。
② 《马克思恩格斯全集》，第30卷，人民出版社2002年第二版，第390页。
③ 《马克思恩格斯全集》，第30卷，人民出版社2002年第二版，第247页。
④ 《马克思恩格斯全集》，第44卷，人民出版社2002年第二版，第871页。

背景的，因而难免以西方文化蕴涵的价值观、宗教观评价其他文化如中国文化、阿拉伯文化、印度文化的价值观，以及其他宗教如伊斯兰教、佛教和其他民族宗教的神灵观念、神人关系。现代社会发展证明，经济上的全球化为不同文化之间的交流和融汇创造了条件，因而必然产生适应现代社会的世界文化的新的共认的质素。同时也证明不可能形成全球性的单一文化、单一宗教，更不可能以西方强势文化取代世界上的多样文化。后冷战时期以来的文明之间的冲突，特别是与文化相关的宗教之间的冲突，证明文明或文化之间，各种宗教之间应建立一种新型的模式，即尊重文化之间的多样性，不同文化之间相互尊重，相互学习，平等对话，促进世界文化的繁荣。因此，在人权观念和准则方面也应适应文化间新型关系加以修正、补充和充实。当代世界，人们之间的交往日益频繁，我们每个人既处在某种传统文化影响之下，同时每天又通过各种媒介、渠道接触不同文化，自觉或不自觉地接受或体验不同文化之间的碰撞和融合。因而，不同文化背景的不同国家、不同民族或社群，更应该适应世界之潮流，学会相互尊重、相互学习、和谐共处。切忌以某种宗教、某种强势文化为标准，指责别人违反人权，嘲笑或贬低其他民族和文化语境的宗教信仰。历史证明，不同文化、不同宗教之中，都有许多关于天地人神关系，关于弃恶扬善，关于处理人事关系，处理个人与社群关系的行为准则、制度或律法，以及关于人们的终极关怀或崇高信仰的规范。如果我们从生态文化学、人类学、宗教学和文化史角度去研究，可以找到许多共同的或相似的质素，或者是问题、困惑与答案。如果我们突出相异的观念(包括宗教观念)，而且把差异扩大，加以情绪化，则必然导致冲突和对立。如果我们本着求同存异、相互吸收、相互尊重的原则寻求同当代社会交往相适应的观念和行为准则，我们就不难找到适应当代不同文化并立，处理文明间关系的人权观念和规范。

第二，“他者”(the other)及“主体间性”(intersubjectivity)理论是当代哲学(主要是法国哲学)的成果。这一理论动摇了启蒙运动以来“理性”与“自我”无限膨胀，以及主体建构客体和主体中心论的哲学，承认“主体”、“自我”之外“他者”(别人、社会群体、超世力量等)的地位。“主体间性”承认互为主体，及由此而产生的新的属性。在文化问题上的新的贡献就是从根本上否定了欧洲中心论、西方文化中心论，承认各种文化存在的根据及其价值。

上面说过，近代人权观念的根基是15—17世纪的新型的商品经济。它在理论上走向成熟，必须依靠诸如洛克、卢梭等一批启蒙时代的思想家。同样，当代社会对传统人权观念的挑战、修正和补充，也需要有新的理论支撑和哲学根基。20世纪后半叶，这些理论逐步成熟了。

首先是“他者”观念和“他性”(otherness)的思想。自笛卡尔以来，近代哲学占支配地位的是“主体”建构“客体”，它同启蒙以来的理性主义思潮相结合，构造了从笛卡尔、莱布尼兹、斯宾诺莎至德国古典哲学的沉思的体系。叔本华、尼采的非理性主义思潮造了“理性至上权威”的反，但是随之兴起的是以存在主义为代表的人本主义思潮，凸显个人作为主体的地位，以此为根据形成以个人为中心、以西方文明为中心的哲学思潮。不论是理性主义还是非理性主义，共同的特征是强调“主体”、“自我”的地位。20世纪60年代兴起的结构主义、解构理论从根本上动摇了各种“中心论”。“主体间性”理论从根本上颠覆了笛卡尔以来“主体”建构“客体”的思想进路。在文化间关系的研究方面，在殖民时代，人们以为“未开化”的民族和国家同殖民者的先进文化接触时，“acculturation”表现为一个流向，即未开化的民族“模仿”文明国家，接受先进文化的“同化”。1888年，人类学家Franz Boas根据实地考察，推翻了这个偏见，指出实际上所谓文明的民族也从对方吸取了文化养分。“美国人、苏格兰人的鱼叉不过是爱斯基摩人鱼叉的仿制而已。”两种或两种以上文化相遇时，可能有三个走向：排斥，同化，重新整合。整合又可以区分为相互吸收、混合和创造新型文化三种情况。在现代化和全球化的时代，基本上三种整合并存，即使是强势文化也不可能不受其他文化的影响。文化上的封闭与排斥，必然导致自身文化的衰落。显然，跨文化交往中最理想的方案是相互尊重，互相吸收，为创造适应当今世界的先进文化而奋斗。在人权问题上，也必将出现新世纪的洛克、卢梭式的人物，修正、完善传统的人权观念。

第三，当代世界出现许多超越民族、国家、地区界线的人类生存空间的共同问题。诸如环境污染、生态危机、能源危机、恐怖活动、全球气候变暖、二氧化碳排放、南北极的保护、开发与利用、寰宇空间的安全与保护等，都不是一个国家或地区所能解决的。而且，目前除了传统的西欧、北美发达国家外，亚、非、拉美在经济上都在崛起。地区共同体层出不穷。经济支撑文化，所以亚非拉各种文化也表现了它的独特的地位。这就势必触及传统的人权观念和以此为依据而制定处理国际问题的游戏规则。

因此，传统的人权观念必须回应来自上述三个方面的挑战。不论来自何种文化背景的学者，都必须以“新世界公民”的身份，从跨文化的视野，审视传统人权观念。一方面坚持传统人权观念的合理成分，和以此为据而制定的全球性共生准则和价值判断标准。尽管这是以16—18世纪近代商品经济和西方文化为语境制定的，然而它已为历史所证明，在近代社会发展上是起进步作用的。不管你是中国学者、印度学者，或是阿拉伯学者等，都应坚持全球人权的普适性准则。另一方面，来自全球各地的学者，必须在上述三个挑战基础上，共同努力，以便修正、完善和发展人权观念。大家都必须走出自己的国界、自己的文化传统和价值观念，为全球共同生活准则而奋斗。当然这是异常艰巨而复杂的事业，而且要顶住来自学术界外的干扰。可是这正是学者的使命，德国古典哲学家费希特在《学者的使命》中说：

> 令人尊敬的学者除了在自己之内的神圣理念的直接生命和活动之外，不会拥有、承认和忍受任何其他生命与活动。这是不可易移的原理，对内浸透和决定了他的全部思想。对外浸透和决定了他的行动。①

但愿全球研究文化与人权的学者，将学者的神圣使命看作“在自己之内的神圣理念的直接生命和活动”！

---

① 梁志学主编：《费希特著作选集》第四卷，商务印书馆2000年版，第398页(原著编号1,8,116)

在民族心智与文化差异之后
——以威廉·洪堡的语言哲学思想为出发点

倪梁康*

一、作为感想的引论

在早期思考语言的起源问题时，语言哲学家威廉·冯·洪堡曾把语言的产生归诸于人类的“反思”行为的进行和随之而形成的“自我意识”①。他认为：“语言与第一个反思行为直接相关，并与之一同发生。在含混无序的欲念状态中，客体为主体所吞噬，而在人从这一状态中觉醒并获得自我意识之时，词也就出现：词仿佛是人给予自身的第一个推动，使他突然静下心来，环顾四周，自我

* 作者单位：中山大学哲学系。

① 洪堡理解的“自我意识”，在这个意义上也显然应当有别于佛教唯识学所说的“自我意识”，即“末那识”。两者之间的差异若展开说可以有很多。这里仅局限于一点：从洪堡的理解基本上可以推出：直向的思维（外感知或唯识学意义上的前五识：眼识、耳识、鼻识、舌识、身识），还不会使真正的人得以产生；只有思想进行反身的思考，并因此而形成自我意识和语言能力时，人之为人才会成立。这里的发生顺序和逻辑顺序是：视觉、听觉、嗅觉、味觉、触觉→自我意识→语言能力。而在唯识学三能变观点中所确定的心识发生顺序则是先有“异熟能变”，即阿赖耶识，而后是“思量能变”，即自我意识，它的产生依赖于阿赖耶识，自我意识又是先于前六识即“了境能变”而形成的，并且是前六识成立的可能性条件。这里的发生顺序是：阿赖耶识→自我意识→六识（眼、耳、鼻、舌、身、意）。据此，这里列出的两种发生顺序，恰恰是彼此相逆的。（参阅《成唯识论》卷二至卷五。此外，唯识学也认为自我意识有伴生现象，但与洪堡不同，这种伴生现象并非语言，而是各种我执的烦恼，它们导致圣道被覆盖，心性被遮蔽。唯有放弃对这个意义上的“我执”（自我执著），才可以断灭烦恼恶业。）

定向。”①

这是一个很奇特的想法，尤其是洪堡在同一篇文字中还开宗明义地把思维的本质归结为“反思”，它意味着：区分思维者和思维内容。②

这个思考会引发许多联想，而且是会带来颠覆的联想。即是说，如果这个思考所揭示的东西属实，它将导致许多变革性的结论。

首先，按照这种观点，主—客体的分离和主体意识的觉醒，不单单是近代欧洲思想的基本特质，③而且是人类精神的共同属性。易言之，只要有语言，就会出现主客体意识以及它们之间的关系问题，它是人类精神摆脱不了的宿命，甚至可以说，主客体的思维方式就是人类精神的本性。

其次，这也是我们这里所要讨论的重点：如果我们从此立场来考察我们要讨论的心智与语言的关系问题，那么，虽然思维与语言几乎是同时出现的，但在逻辑上和时间上，仍然是思维的能力先于语言的能力——我们在后面还会展开对此问题的讨论。

当然，洪堡早期的这些关于思维与语言关系的思考，可以说是仍带有思辨的，即带有揣摩的、想象的性质。但在他后期关于语言哲学的思考中，尤其是在其长篇引论《论人类语言结构的差异及其对人类精神发展的影响》中，对语言与思维关系的具体考察已经全面展开，由于这种考察具有语言人类学的性质，因此可以看作是一种实证的、发生的研究。我们后面的讨论，将主要集中在洪堡的后期语言哲学思想上。

二、语觉：天赋与习得的问题

首先要留意的是，洪堡在其著述中常常使用的“Sprachsinn”一词④。这个

---

① 威廉·冯·洪堡：《洪堡语言哲学文集》（以下简称《文集》），姚小平编译，湖南教育出版社2001年版，第2页。

② 洪堡：《文集》，第1页。

③ 洪堡在这里所说的“自我意识”，范围显然要比莱茵霍尔德·尼布尔在《道德的人与不道德的社会》中所思的白种人的“自我意识”要宽泛得多。后者在《道德的人与不道德的社会》中曾经声称：“也许，在当代世界，白种人之所以称王称霸，主要是靠‘浮士德’灵魂中的高度自我意识，而不是靠战争技术、管理机能和经济力量的发展。”（尼布尔：《道德的人与不道德的社会》，蒋庆等译，贵州人民出版社1998年版，第35页）

④ 关于“Sprachsinn”的基本含义，可以参见 Rainhard Roscher, *Sprachsinn-Studien zu einem Begriff Wilhelm von Humboldts*, Dissertation zur Erlangung des Grades eines Doktors der Philosophie der Freien Universität Berlin, 1. Dezember, 2001 一书后附八个附录中的前四个。尤其是可以参见第33页。

词虽然当时在德语中也偶尔被使用,①但却在很大程度上可以看作是威廉·洪堡所造就的一个语言学的——至少是他本人的语言学的——核心概念。由于德文中“Sinn”一词包含很多意义,因此,仅就“Sprachsinn”这个词本身的意义来看,它既可以意味着“语言的意义”,也可以意味着“语言感觉(语感)”或“语言感官”,如此等等。②

但在洪堡那里,它的主要的、基本的意思应当是一种语言的机能。这与他将“语言”定义为“内存在的器官”和“思维的器官”的做法是一致的。③ 我们在这里将它译作“语觉”。④ 他在《论差异》一书中对“内语觉”(innerer Sprachsinn)的明确定义是:“我用这个术语指与语言的构造和使用有关的全部精神能力,也即一种倾向,而不是指某种特殊的力量。”在同一处他还说:“内语觉是从内部控制着语言的原则,时时处处都起着主导、推动的作用。”他在《论双数》中再次强调:必须将“语觉”看作是“在每一门语言中真正创造着的和改造着的语言原则”。⑤

所谓“觉”或“机能”,一般是指生物体器官的功能。在这里,“语觉”所指的大致也是一种类似感官(Sinn)的能力。德语中对五种最基本感官的表达分别是:视觉(Sehsinn, Gesichtssinn)、听觉(Gehörsinn)、味觉(Geschmackssinn)、嗅觉(Geruchssinn)、触觉(Tastsinn)。它们意味着区分各种刺激类型的不同机能。在同样的意义上,佛教唯识学将它们称为“五识”,即五种了别的能力(分辨的能力),而与这种能力相应的是五种不同的身体器官。

由于语言机能看起来并没有生物体的专门器官与之相对应,因而它并不算

---

① 这个词在当代的许多词典中已经不再被收入,但在洪堡的时代还算是一个常用词。参见:*Deutsches Wörterbuch von J. W. Grimmm*, Leibzig, 1899, Band 16, S. 2782.

② 详见 Rainhard Roscher, *Sprachsinn*, a. a. O., § 1.3, S. 42 ff。

③ 参见威廉·冯·洪堡:《论人类语言结构的差异及其对人类精神发展的影响》(以下简称为《论差异》),姚小平译,商务印书馆 2004 年版,第 17 页;《文集》,第 297 页,等等。这种意义上的“器官”(Organ)或“机能”(Sinne),除了五种机能和语言机能之外,人智学思想家鲁道夫·斯坦纳(Rudolf Steiner)还列出另外七种机能或“觉”(Sinne):生命机能(Lebenssinn)、运动机能(Bewegungssinn)、平衡机能(Gleichgewichtssinn)、温暖机能(Wörmesinn)、思维机能(Denksinn)、自我机能(Ichsinn)。参见:Rudolf Steiner, *Weltwesen und Ichheit*, GA 169, Dornach 31998, S. 58 ff。

④ 洪堡:《论差异》),第 293 页。译文略有改动。需要说明的是:姚小平在翻译洪堡著作时用力很深,对洪堡思想的理解也极有见地。但他将“Sprachsinn”统一译作“语言意识”,在我看来并不是一个妥当的做法,而且这个译名也实在令人费解或误解,因为“意识”概念只是“-sinn”一词内涵的一小部分,而且需要作一个迂回的解释才能基本成立。后面我们还会回到这个问题上来。

⑤ 洪堡:《文集》,第 195 页。译文有所改动。

是严格意义上的“机能”或“器官”，而更多是一种类似于乔姆斯基称作语言的“遗传天赋”或“基因”的东西。[①] 在洪堡的时代还没有出现这些概念，洪堡更多地将它称作一种“精神能力(geistiges Vermögen)”[②]。这是一种谨慎而仔细的做法。

似乎很少有人注意到这个概念对以后的乔姆斯基语言哲学的影响。我认为乔姆斯基所说的“the language faculty”，就是被他认作先驱的洪堡所说的“Sprachsinn”[③]，即便他本人似乎没有明确地承认这一点。陈嘉映指出，这种“faculty”“不是一般所说的能力、素质之类的东西，例如学习语言的能力和学习打网球的能力，而是一种远远更为定型的先天构造”[④]，甚至是——如施太格缪勒所说——“儿童大脑由遗传而来的东西的一部分”[⑤]。所有这些说法，同样可以用在对洪堡的“语觉”的解释上。

当然，乔姆斯基在这个概念中加入了一些新的东西，这是无可置疑的，例如诉诸大脑科学的倾向。同样无法否认的是，他也舍弃了一些原先在洪堡那里还保留的东西，例如洪堡所说的“语觉”的“民族性”向度。但这里不再展开讨论。

需要进一步分析的是洪堡以及后来的乔姆斯基在各自的语言学中所致力于获取的所谓“天赋观念”的具体内容。

洪堡将语言以及语觉称之为一种“器官”，这种做法差不多已经预设了“语觉”这种精神能力的先天性层面。在《论差异》的第 21 章中他也明确地总结说：“我们提出了有关语言的看法，其要点是：语言既是思维完善化的必然结果，又是使人成其为人的天赋能力的自然发展。”[⑥]这与他在早期关于语言一思维关系之思考中得出的结论(或者更确切地说：所提出的命题)是基本一致的。[⑦]

---

① 参见诺姆·乔姆斯基：《宣传与公共意识》，信强译，上海译文出版社 2006 年版，第 254—255 页。

② 洪堡还提到另一种能力，即“分音节能力(Articulationsvermögen)”或“分音节机能(Articulationssinn)”(参见洪堡：《论差异》，第 93 页，中译本作“分音节意识”或“分音节知觉”)。应当可以说，这两种“-sinn”之和，才构成乔姆斯基意义上的“the language faculty”。

③ 施太格缪勒在其《当代哲学主流》一书中介绍乔姆斯基时将“the language faculty”译作德文的“sprachliche Kompetenz”(参见 W. Stegmüller, *Hauptströmungen der Philosophie-Eine kritische Einführung*, Bd. II, Stuttgart, 1979, S. 28)。事实上将它译作“Sprachsinn”也许更为恰当。

④ 陈嘉映：《语言哲学》，北京大学出版社 2003 年版，第 302 页及以后各页。

⑤ W. Stegmüller, *Hauptströmungen der Philosophie*, a. a. O., S. 34 ff.

⑥ 洪堡：《论差异》，第 293 页。

⑦ 参见本文前面的引论部分，尤其是第三点。

当然，这里所说的“天赋能力”，在洪堡原文中的对应德语只是“Anlage”①。在上引中译本的译文中，中译者将其译作“天赋能力”，显然已经加入了解释的成分。② 因为“Anlage”一词来自动词“anlegen”，其基本含义为“放置”。如今它的扩展含义基本上就是“自然的、天生的素质”、“禀赋”、“禀性”等等，即被放置到我们自然本能中去的东西，以至于我们无须再去习得它。但需要留意的是，在洪堡的时代，它既可以意味着已经被放置的东西(Angelegtes)，即天赋的东西，也可以意味着正在放置着的东西(Anlegendes)，即习得的东西。③ 作为哲学的概念，它是拉丁文“dispositio”(布置、配给)的对应词。例如莱布尼茨使用它来既指称天生的、天赋的能力和可能性，也指称习得的能力和可能性。④

即便如此，我们仍然有理由将洪堡使用的“Anlage”概念理解为“天赋能力”。一方面，前面已经提及：洪堡使用的“语觉”一词已经隐含了“天赋语言能力”的含义。事实上，当洪堡用“Anlage”一词来定义语言时，他已经有意无意地把语言或语觉看作是一种不仅是心理的、心灵的能力，而且也是生理的、身体的能力。⑤ 另一方面，即便我们不把洪堡看作康德的信徒，也必须承认他深受康德的影响。而康德是将“Anlage”⑥完全等同于“Naturanlage”(自然禀赋、本性素质)的。⑦ 这种禀赋是一种原先就在人的规定中含有的东西，是使人得以为人的可能性条件，无论是就身体层面而言，还是就心灵层面而言。因此，基本上可以认为，洪堡理解的“Anlage”，不会偏离康德的“Anlage”(禀赋)概念很远。

除此之外更重要的一点在于，在洪堡那里的确也有关于“语言的自然禀

---

① 后半句的原文为：“die natürliche Entwicklung einer den Menschen, als solchen, bezeichnenden Anlage.”

② 中译者随后也将“Naturanlage”更为恰当地译作“自然禀赋”(参见洪堡：《论差异》，第 293 页)。

③ 参见 *Deutsches Wörterbuch von J. W. Grimmm*, Leibzig, 1899, Band 1, S. 389.

④ 参见 J. Ritter u. a. (Hrsg.), *Historisches Wörterbuch der Philosophie*, Basel/Stuttgart, 1971—2004, Band 1, S. 325.

⑤ 例如，“Anlage”一词的基本含义在《哲学辞典》(*Philosophisches Wörterbuch*, hrsg. von G. Schischkoff, Stuttgart, 1978, S. 26)中被确定为：“人的身体一心灵基本可能性的总体，由此而发展出人的存在方式、体验方式、行为方式。”

⑥ 康德著作中的这个概念，李秋零译作“禀赋”，邓晓芒译作“素质”。这里从李秋零译。补记：姚小平以后在洪堡的《文集》中也将此概念译作“禀赋”(参见《文集》第 33 页)。

⑦ 康德曾区分人的自然本性中的三重禀赋：动物性的禀赋、人性的禀赋、人格性的禀赋。参见康德：《单纯理性限度内的宗教》，李秋零译，中国人民大学出版社 2003 年版，第 9—10 页。

赋”①的明确说法。他强调语言“不是本能发展的结果,而可以用纯生理的原因来解释”②。这已经超出了他对“语觉”所作的“精神能力”的解释。这也为后来的乔姆斯基理论提供了一个初版的形态。后者认为,“人具有一种生物属性,一旦接触了适量的经验(即语言事实),就有一套符合要求的语法会演化出来”③。因此,乔姆斯基依据洪堡而得出这样的看法:“语言并不是真正学会的,当然更不是教会的,而是在适当环境下,基本上是按照预先确定的方向‘从内部’发展起来的。”④

事实上,这几乎是一个我们自然经验中的明见事实。几乎不会有人否认,我们作为人具有天生的语言禀赋,它使我们能够在儿童时代便掌握语言,而其他具有较高智慧的动物如类人猿则无论耗费多少时日也永远无法学会人类几年内便可掌握的语言。同样无须长思的是,人类的这种语言能力不是一种像视觉、听觉、味觉、嗅觉、触觉那样可以不学自会、不习而得的纯天赋能力,即孟子意义上的全然的“良能”。如果不让一个儿童在适当的年龄学习语言,哪怕是手语,他便一生都无法成为真正意义上的人,狼孩等等现象已经说明了这一点。

因此,结论只能是一个:洪堡的“Sprachsinn”与乔姆斯基的“the language faculty”一样,都意味着一种非全然良能的潜能。之所以是非全然的良能,乃是因为:从否定的方面说,它既非完全先天赋予的能力,也非完全后天习得的能力;而从肯定的方面说,它既可以按洪堡的说法是“对语言在其个体形式中所将需要的整个系统的一种直觉般的前感受(instinctartiges Vorgefühl)”⑤,也可以按乔姆斯基的说法是一种“需要感觉材料”才能构拟起一部语法的“人脑的初始结构”⑥。

施太格缪勒认为,在乔姆斯基看来,这种“语言能力”处在“天赋的素质和天赋的理论之间的某个地方”⑦。而依着我的联想,在修改了的意义上,洪堡和乔

---

① 洪堡:《论差异》,第 294 页。

② 洪堡:《论差异》,第 84 页。中译文有所改动。

③ 乔姆斯基:《乔姆斯基语言哲学文选》(以下简称《文选》),徐烈炯等译,商务印书馆 1992 年版,第 293 页。

④ 乔姆斯基:《文选》,第 98 页。

⑤ 参见洪堡:《论差异》,第 107,87 页。

⑥ 参见乔姆斯基:《文选》,第 100 页。对“语言能力”的讨论,尤其可以参见该文选中的“心智与身体”一文。

⑦ Stegmüller, *Hauptströmungen der Philosophie*, a. a. O., S. 35.

姆斯基都在遵从一个康德对哲学家、当然也包括语言哲学家所提出的号召:“一切形而上学家都要庄严地、依法地把他们的工作搁下来,一直搁到他们把‘先天综合知识是怎样可能的?’这个问题圆满地回答出来时为止。”①

即是说,他们都在寻找一种人类所共同具有的能力,它既不是全然天赋的,也不是全然习得的。正是这种能力,才使得人成为人,即能够进行语言活动或言语行为的生物。

三、语言世界观:共性与个性的问题

尽管我们这里一直在讨论一般的“语觉”,即人类的“语觉”,但洪堡在他的著述中常常使用的却是“民族的语觉”。如前所述,这个现象在乔姆斯基那里是缺失的。

从一个方面说,洪堡确信:“语言的自然禀赋是人所共有的,每一个人都携有打开所有语言的理解之门的钥匙,因此不言而喻,各种语言的形式就本质而言是相同的,这一形式要达到的目的也是同一的。只不过在达到目的的程度和所用的手段上,各种语言才有不同。”②

但另一方面,洪堡同样确信:“语言就其内在联系方面而言,只不过是民族语觉(nationelle Sprachsinn)的产物,所以,要是我们不以民族精神力量为出发点,就根本无法彻底解答那些跟最富有内在生命力的语言构造有关的问题,以及最重大的语言差异缘何而生的问题。”③

这些看似矛盾的说法实际上表达了洪堡的一个一以贯之的看法:在各种千差万别的民族语言中,存在着一种共同的内在语言形式,就像在千差万别的民族特性和个体个性之中存在着一个共同的人性一样。确切地说,这是由康德开创,直至胡塞尔仍然得到坚持的德国理性主义和观念主义传统的一个基本特色:坚持理性主义的原则,或者说,在理性主义的原则下,同时兼顾对具体经验事实的探讨。

---

① 康德:《未来形而上学导论》,庞景仁译,商务印书馆 1982 年版,第 35 页。而此前他便已说过:“令人满意地回答这一问题,比起一本篇幅最长、一出版就保证它的著者永垂不朽的形而上学著作来,需要付出更为坚毅、更为深刻、更为坚苦的思考。”(《未来形而上学导论》,第 34 页)

这里没有去顾及“天赋的(angeboren)”和“先天的(a priori)”以及“习得的”和“综合的”这两个概念的基本含义差异,这应当是生理一心理学概念与知识学概念之间的区别。

② 洪堡:《论差异》,第 294 页。

③ 洪堡:《论差异》,第 17 页。

这也就可以理解洪堡的对语言的几个不同定义：除了把语言定义为“构成思想的器官”以外，他还把语言定义为“理性的智力本能”和“民族个性的模印”①。这里列出的第一个定义，已经构成我们在第一节中的讨论之主要内容；而第二个和第三个定义则还需要在这一节中得以进一步说明。

这里所说的第二个定义，即“理性的智力本能”，与语言的共性有关。它表明语言与理性之间的内在联系。这个做法在古希腊的思想中已经得到过体现，海德格尔曾指出 λόγος 在荷尔德语言观中的两个基本含义：“作为生物能力的(1)理性(思维)ratio 和(2)言说(话语)opratio。”②冯·赖特后来也有类似的说法：“古希腊的‘逻各斯’一词也模糊地具有言语和推理两方面的意义。”③对《约翰福音》中的“太初有言”和“太初有理”或“太初有道”的不同翻译，便是对“逻各斯”的不同理解。④ 由“逻各斯”这个希腊语词所暗示的这种联系，实际上在汉语的“道”的概念中也早已含有。这里我们不准备深入讨论这个话题，而是立即转向洪堡对语言的第三个定义。

第三个定义，即“民族个性的模印”，涉及语言的个性或民族性。在前面的引文中可以读到，洪堡主张以民族精神力量为出发点，来彻底解答变动不居的语言构造的问题，以及语言差异之产生原因的问题。⑤ 他坚信，“语言无时无刻不具备民族的形式。民族才是语言真正的和直接的创造者。……语言与人的最内在本性密不可分地结合在一起。语言宁可说是从人的本性之中独立自主地生成，而不是人的本性随意创造出来的，因此，民族的智力特性(intellectuelle Eigentümlichkeit)或许同样可以被视为民族语言作用的结果。”⑥

这个观点以后逐渐发展成他的语言世界观理论。这可能是洪堡语言哲学思想中最具有哲学意味的一个部分：“我们可以把语言看作是一种世界观，也可以把语言看作是一种联系思想的方式。”因为“语言对人的主要影响施及他的思

---

① 洪堡：《论差异》，第 65 页；洪堡：《文集》，第 21 页，363 页。此外还有“智能创造力量的产品”，等等(《文集》，第 21 页)。

② Martin Heidegger, “Vom Wesen der Sprache. Zu Herders Abhandlung”, *Über den Ursprung der Sprache*, GA 85, Frankfrt am Main: Vittorio Klostermann, 1999, S. 4.

③ 冯·赖特：《二十世纪的逻辑和哲学》，胡泽洪、胡浩译，载《哲学译丛》，2000 年第 2 期。

④ 洪堡的好友歌德曾在其《浮士德》中借浮士德博士之口指出了这里的关系(参见《浮士德》，第一幕，书斋二)。

⑤ 参见洪堡：《论差异》，第 17 页。

⑥ 洪堡：《论差异》，第 47 页。

维力量，施及他的思维过程中进行创造的力量”。这里的逻辑线索是非常清楚的：由于一种语言参与了观念的构成，把自身融合到观念中，而这些观念的总和恰恰体现了人的本质，因此，语言决定了世界观，甚至本身就可以说是世界观。①

这些观点也体现在洪堡对各种民族语言的具体分析上。例如，洪堡认为：梵语在外部的句法构造上从未像希腊语那样达到优美、自由、灵活的分析，原因在于这两个民族的内在政治状况有所不同；英语的重音与英国人很早就倾向于争取政治自由有关；②此外还有洪堡对汉语的特点的研究和评价；③如此等等。

这意味着，一个民族的世界观与一个民族的语言之间有内在的关系。这个观点被以后的语言学家看作是一个浪漫主义的假设，受到众多的批判。事实上，它与本文开始时提到的语言与主客体之间内在关系的说法一样，也的确会带来很多棘手的问题。我们很快就可以联想到例如以下几个问题：

其一，如果语言决定了世界观，甚至就是世界观，易言之，如果语言的类型从根本上决定了一个语言民族的思维方式和生活方式，那么语言是否有好坏之分？若是，进一步的问题就是，在加入价值判断后形成的“语种论”与坏的意义上的“人种论”之间究竟存在何种本质性的差异？

其二，在一种语言中为什么也存在截然不同的世界观？为什么持同一种语言的人在世界观的差异上很可能远远大于持不同语言的人？为什么持不同语言的人在世界观上的差异也常常小于持相同语言的人？

其三，如果语言是世界观，那么现代汉语就是现代汉民族的世界观，它与古代汉语极为不同，是什么导致了这种语言的转变？与此同理，一种新的语言的产生，意味着一种新的世界观的产生，如朝鲜语、世界语等等。又是什么推动了这种新语言的形成？

诸如此类的疑问还有很多。我们在后面还会论及这些问题。洪堡本人也已看到了这些问题，考虑过这些困难。而且他更多并且也更早（还在1810－1811年的《普通语言学论纲》中）看到的是这里存在的技术困难，即对民族精神与语言之间关系进行解释的困难，也看到了困难的原因在于，这类特性因民族

① 洪堡：《论差异》，第49，35页；《洪堡：文集》，第235页。

② 以上参见洪堡：《文集》，第361，244页。

③ 但我们稍后在讨论有言与精神关系时再专门阐释这个问题。对此问题的论述可以参见洪堡《论汉语的语法结构》（载《文集》，第105—121页）和《论语法形式的通性以及汉语的特性》（载《文集》，第122—177页）。

和个人的不同而重又分化出了种种差异，因此他承认，“这方面的研究，有一部分实际上属于一个永远无法完全勘破的领地”。但他并无丝毫放弃努力的意向，而是坚信：“唯有不断地立足于经验，并且不断地返回经验，才能最终实现上述目标。”①

从总体上看，洪堡本人一生的语言哲学研究，大部分都可以说是朝向这个目标而进行的艰难跋涉：从各种语言的语法结构中识辨出它所影响的相应精神力量、世界图像和文化状态。洪堡的这些设想，以后在一定程度上也在当代民族心理学和语言心理学的研究中得到落实，甚至在当代语言学的研究中得到支持。例如，在洪堡之后的 L. 魏斯格贝格对德意志民族心智与语言的关系的研究，B. B. 科列索夫对俄罗斯民族心智与语言关系的研究等，都是洪堡语言世界观理论的具体实践。

四、起源：语言与心智的关系问题

这里已经多次涉及了语言与心智的关系问题以及语言起源的一般性问题。在洪堡之前，卢梭和荷尔德在这方面都有专门的论述。从总体上看，洪堡在这个方面得出的结论，与卢梭和荷尔德的立场有基本的相似之处。洪堡认为：“语言与人类的精神发展深深地交织在一起，它伴随着人类精神走过每一个发展阶段，每一次局部的前进或倒退，我们从语言中可以识辨出每一种文化状态。”“语言不仅只伴随着精神的发展，而是完全占取了精神的位置。”②但洪堡并没有将精神与语言完全等同起来的意思。他恰恰是要在理论上把这两者分离开来，并且讨论这两者的关系：语言如何从精神出发，再反作用于精神。

在前面已经大致地提到：洪堡的最重要一个观点在于，他认为语言是精神（或者也可以说，是思维、心智）的表达形式。语言记录世界，并形成自主的力量，成为一种世界观，并反过来作用于人的思维和行动。③ 在这个意义上，精神力量是第一性的，语言需以精神力量为其基础。例如，“由最纯真的语觉（Spr-

① 洪堡：《文集》，第 47 页。

② 洪堡：《论差异》，第 21 页。

③ 对此还可以参见姚小平的译序，载《论差异》，第 49 页。——事实上，这个结论也在胡塞尔对意识的研究中以有所不同的方式表现出来：意识构造外部世界，以此而形成一种世界观，这种世界观逐渐成为自主的力量，被意识当作客观的，反过来作用于意识本身。而语言正是构造外部世界的一种方式。

achsinn)造就的梵语原则，乃至整个印度文明，归根到底是源出于印度民族天才的精神取向(Geistesrichtung)”①。

但是，语言的产生绝不仅仅是某种精神力量作用的结果。在洪堡所确定的语言起源中，还有很多因素在共同起作用：精神力量、智力、知性、思维、自我意识、语觉、民族特性、世界观，甚至政治状况、地域环境，如此等等。在它们之间存在着一个类似循环的发生结构：A是B产生的条件，B是C产生的条件，C是A产生的条件；甚至B也是A产生的条件，如此等等。洪堡曾强调，“对于人类精神力量的发展，语言是必不可缺的；对于世界观的形成，语言也是必不可缺的”②，同样的命题，将精神与语言的位置倒过来也能成立，也可以在洪堡的论述中找到引证。这个看似的循环，实际上在今天可以用诠释学的整体与部分的关系理论来说明：对整体的理解必须以理解部分为前提，而对部分的理解又必须以理解整体为前提。理论上是一个循环，但实际的理解过程的确是以这种方式进行的。③

一般说来，洪堡认为语言产生的前提有两个，或者也可以说，有四个：一方面是精神上的前提，即在本文引论中已经提到“反思的能力”或“自我意识”的形成；另一方面是机体上的前提，即“分音节的能力”④的形成。洪堡也将这两种能力描述为：在精神上是知性的综合能力，在机体上是借助重音的能力。而在这两种能力中，又以前一种能力最为重要，因为“只有自我意识的强大力量才会迫使机体对语言作出精确的划分和牢固的限定，其结果就形成了我们所说的分音节”⑤。

但这里需要注意一点：洪堡所确定的这个语言产生的两个前提，不是对每个特定民族而言的能力，而是对全人类而言的能力。也就是说，即使各个民族的语言千差万别，它们都是根据人类共同具有的两种能力而形成的：自我意识与分音节。在这个意义上，人是语言的动物，就意味着，人是一种具有上述两种能力的动物。

---

① 洪堡：《文集》，第33—34页，译文略有改动。

② 洪堡：《论差异》，第25页。

③ 洪堡自己也在该书中谈到了“整体性”的问题。参见洪堡：《论差异》，第30,35页。

④ 在洪堡的时代还没有出现这些概念，洪堡更多地将它称作一种“精神能力(geistiges Vermögen)”所述，洪堡在《论差异》中也提到“Articulationssinn”，即分音节机能和分音节能力(第93页)。

⑤ 洪堡：《文集》，第14页。

这就解释了，为什么任何一个婴儿，只要将她/他放在人类的环境中，给她/他一定的条件，她/他就能够学会这个环境中的语言。因为人类的语言能力是共同的，即便人类的具体语言是千差万别的。在这个意义上，洪堡说："语言（die Sprache）是自主、自发地萌生的，不受谁的约束，具体语言（die Sprachen）则受到束缚，依赖于它们的民族。"①这里的"语言"（die Sprache）和"具体语言"（die Sprachen）在德语中只是单数和复数的区别，意味着"人类语言本身"、"唯一的语言"和"各种语言类型"、"具体的民族语言"。

洪堡似乎也在生成学的意义上将这两者等同于语言的初始形式和它的各种变化。他在《论差异》中明确地说："在这项语言研究中，我始终把两个方面区别开来：一方面是一些在历史进程中相互生成的语言变化，另一方面是这些变化所具备的初始的、最早的形式。"他把这种形式也称为"原形式"（Urformen），它们让人联想到——尽管洪堡本人没有作出这方面的丝毫暗示——人类在试图建造巴比伦塔之前所使用的语言，即共同的语言。它们"看来构成一个封闭的体系"，可是"人类精神力量发展到了目前阶段，以不再可能回返至这类原形式了"。②

也就是说，洪堡所认为的人类所具有的与语言相关的两种能力或两种机能，并不是纯粹形式的东西，而是含有一定的实事（sachlich）。乔姆斯基将它们理解为：在任何人类语言背后都可以找到的一个普遍的体系。③ 他据此而愿意继续坚持洪堡的"普遍语法假设"。

当然，如姚小平所言，"乔姆斯基只对语言普遍现象感兴趣，即使分析具体语言，也是为了证明普遍性；洪堡则同时想做两件事情"④。这里先来讨论洪堡对某些具体语言现象的分析。我们尤其要以洪堡的汉语语法结构分析为例：它被洪堡看作是自成一类的语言，而非一个亚种。这里需要强调的是：洪堡对汉语语法研究的重视在语言哲学家中可能绝无仅有。他将所有语言分为三种类型：一，汉语；二，梵语以及与它有显见的亲属关系的语言（如希腊语）；三，以上两种类型以外的其他语言。⑤

---

① 洪堡：《论差异》，第 21 页。

② 洪堡：《论差异》，第 26—27 页，译文略有改动。

③ 乔姆斯基：《文选》，第 98 页。

④ 姚小平：《译序》，载洪堡：《论差异》，第 61 页。

⑤ 参见洪堡：《文集》，第 153 页。

按照洪堡在“论汉语的语法结构”的报告中的理解，汉语的特点在于，它只有句法部分而没有词源部分。[①] 他在给阿贝尔·雷慕萨的信中进一步解释说，汉语的基本事实在于：“在把词联结为句子时，汉语并不利用语法范畴，其语法并非建立在词的分类的基础之上，而是以另一种方式在思想中把语言要素的关系固定下来。”[②]

汉语因此而缺少其他语言的优点，即它没有完善的形式标记；但却也因此而获得独有的优点，即它没有完善的形式标记。洪堡认为，汉语基本上只区分主语、系词、谓语，因而放弃了许多附加表达的东西，因此而忽略思想的联系，但却恰恰因此而突出了思想，使其少受语词的限制。所以，用洪堡的原话来严格地说：“追求思想的活动得到增强，而追求语词的活动便相应地被减弱，两种精神活动无法平衡，在汉语里，想象力和语言之间不存在一种相互的作用。”[③]

构成另一个极端的则是梵文（以及与此相关联的印欧语系），它的优点在于，“把语言范畴的区分当作自身语法的唯一基础，并且始终如一地追求这种区分，直至最细微的方面：在构造句子时，它们处处都忠实地遵守范畴区分这一可靠的原则。这一优点尤其体现在希腊语中”[④]。这样一类的语言可以清晰地表达思想，可以对思想做个别、细密的处理。在这里被增强的是追求语词的力量，而不像汉语那样突出思想的力量。但思想却因表达的明晰而变得频繁和活跃。

汉语与梵文所代表的这两种语言结构，构成了思想的精神活动与语言的精神活动两者相互作用的两种极端情况。从这两种结构对立的语言可以看出，语言的结构在很大程度上影响着思想的风格以及思想的发展。洪堡在这里通过语言所确定的东西，根据他的语言世界观理论，恰恰就是决定一个民族的心智和一种文化之特性的东西。

但是，在列举了洪堡的这些具体语言分析的结果之后，我们仍然要回到洪堡的普遍主义趋向上来，这也是在乔姆斯基那里更为得到认可的东西，同时这也是本文在此要着重宣扬的方面。

即便洪堡强调与语言的结构相关的民族心智和文化差异，他始终坚信，在这些具体的差异和区别之后隐含着一个共同的东西，而且他甚至是从前者推导

---

① 洪堡：《论汉语的语法结构》，载《文集》，第105页。

② 洪堡：《文集》，第123页。

③ 洪堡：《文集》，第105—121页。

④ 洪堡：《文集》，第153页。

出后者的："每一种具体语言都带有某种印记，反映着一个民族的特点。由此推断，所有语言的综合极有可能反映出（人类的）语言能力，以及依赖于语言能力的人类精神。"①

这里所说的语言能力的相关项，就是我们在前面听到的"人类语言本身"或"唯一的语言"。它不是指各种具体语言中的某一个语言，某个最强势的语言，一种可以用来统一其他语言的语言，而应当是那个贯穿在所有具体语言中的唯一的语言，无论它是以"普遍语法"、"纯粹语法"的形式出现，还是在"内语言形式"、"语法深层结构"的标题下现身。

五、作为感想的结语

稍加留意便可以发现，卢梭对语言之起源问题的思考，乃是在一个大的背景下进行的：《论语言的起源》实际上是《论人类不平等的起源和基础》的一个部分，或如卢梭自己所说，是后者的一个"残篇"，只是由于"过于冗长，放在那里不合适"，才被他从后书中删掉，一直到他去世后才发表。② 可以说，卢梭所作的从一开始便是关于起源（Origine）问题的双重思考：道德的起源与语言的起源。

在《论人类不平等的起源和基础》中，卢梭一开始就要求区分，哪些是人的本身所固有的一切，哪些是因环境与人进步使他的原始状态有所添加或有所改变的部分；简言之，人的原始状态和以后在进步中与此背道而驰的部分。这个要求基于他的一个信念，即："人类在社会的环境中，由于继续发生的千百种原因，由于获得了无数的知识和谬见，由于身体组织上所发生的变化，由于情欲的不断激荡，等等，它的灵魂已经变了质，甚至可以说灵魂的样子，早已改变到几乎不可认识的地步。"③

因此，卢梭把自己的工作首先看作是一种辨认的工作："从人类现有的性质中辨别出哪些是原始的、哪些是人为的，同时还要认清楚现在已不复存在、过去

---

① 洪堡：《文集》，第 4 页。

② 参见卢梭：《论语言的起源》中的"英译者说明"（洪涛译，上海人民出版社 2003 年版，第 135 页）。

③ 卢梭：《论人类不平等的起源和基础》，李常山译，商务印书馆 1982 年版，第 62—64 页。与此相似，尼采所做的著名道德谱系学思考，也与考察道德意识起源有关，但他的基本志向是要追溯另一种意义上的"自然状态"，即贵族道德和贵族制的原始状态（可以参见尼采的《论道德谱系学》和《善与恶的彼岸》等著述）。这与卢梭的意向恰恰相背。

也许从来没有存在过、将来也许永远不会存在的一种状态。"[①]

这个工作,与他在《论语言的起源》中的辨认工作是一致的。有所不同的是,在这里,辨认的对象是最初的语言与它嬗变后的各种形态,或者也可以说:是言语(speech)和语言(language),前者是区分人与动物的标志,后者是区分不同民族的标记。这很容易让我们联想到前面提到的洪堡对"人类语言本身"、"唯一的语言"与"各种语言类型"、"具体的民族语言"的区分。

无论洪堡是否受到以及在多大程度上受到卢梭的影响,可以留意的一点是:在卢梭那里,语言和诸语言的关系也曾得到过讨论。在《论语言的起源》一文中,卢梭在前面部分所分析的基本上是"一般意义上的最初语言及其嬗变过程",从第八章开始才论及诸语言的起源以及它们之间的本质差异。

说到这里,有一个问题会摆到我们的面前:为什么要把语言的起源与道德的起源问题放在一起讨论?语言学家与道德学家有什么必要在一起合作呢?易言之,道德学家可以转过身来成为语言学家,例如像卢梭和歌德一样?或者反之,语言学家可以转过身来成为道德学家,例如像尼采和乔姆斯基[②]一样?

这个问题可以在洪堡那里找到一个答案:只要想一下他的"语言就是世界观"的论断、他就人类语言结构对人类精神生活的影响所作的种种分析便可以理解:为什么会有如此多的思想家在主张:语言与道德之间存在着内在的联系。洪堡本人把普通语言学的普遍的重要任务看作是:发现人类的语言结构的差异,探明它们的起因,以及它们对说话者的思维、感知和情操的影响。我要在这里的"情操"二字上附加重点号。[③]

因为这里可以首先确定最主要的两点:一方面,语言行为与道德判断都是人类精神生活的主要部分。在宽泛的意义上,人类的心智能力和精神生活是一门人类心理学的研究内容,而语言能力是其中的一个重要组成部分,道德判断

---

① 卢梭:《论人类不平等的起源和基础》,李常山译,商务印书馆 1982 年版,第 62—64 页。

② 罗伯特·诺齐克便曾提到乔姆斯基在道德理论中的作用:"道德结构理论和道德权重测量的另外一个模式是诺曼·乔姆斯基的'句法结构'。我之所以使用'道德复杂性'一词,是想揭开那些隐藏在我们的道德判断背后的结构。"(诺齐克:《苏格拉底的困惑》,郭建玲、程郁华译,新星出版社 2006 年版,第 5 页)但在乔姆斯基本人那里,笔者尚未发现他对语言与道德意识的直接关系的论述,他讨论更多的是语言与心智一般的关系:"'研究语言能对我们理解人的本性有何贡献?'这个问题具体地表现为以下的问题:'语言的本质是什么?语言在哪些方面反映人类的心智过程,或塑造思想的流程和思想的性质?'"(乔姆斯基:《文选》,第 13 页)

③ 参见洪堡:《文集》,第 204 页。

的能力是其中的另一个重要组成部分。在它们那里，都可以区分出“能力”或“机能”的两层意义：潜能和实能。更具体地说，在人性的因素中既包含语言潜能，也包含道德潜能。它们一开始都只是先天的潜能，都只是成为语言动物和道德动物的潜在能力，它们都需要一定的条件才能转变为实能，即：是道德动物和语言动物，具有语言和道德的实际能力。它们都是构成人性本身的不可或缺的要素。另一方面，语言行为与道德判断都是在交互主体的层面上进行的，都是人类心智中与交往相关的部分。尽管民族心智和文化传统千差万别，但各个民族与文化乃至个体之间存在着彼此沟通理解的原则可能性，这一点本身已经说明，在这些差别的后面存在着一种共同的东西，存在着一种普遍的东西，或者是普遍的语法，或者是普遍的道德意识。①

因此，这里对洪堡语言哲学的分析只是一个借力点，由此而试图伸延出两个触角：其一是在乔姆斯基的方向上，其二是在卢梭的方向上。在乔姆斯基方向的展开主要是为了突出普遍语法的理念，而在卢梭方向上的展开则主要是为了突出道德意识的一个最基本来源：个体自身的内心道德本能。这两个人都在强调民族心智与文化差异之后的那些东西，只是强调的重点和角度有所不同而已。

乔姆斯基曾说，如果火星人看地球人，那么人类个体之间的差异是很小的；但这里的问题恰恰在于，在火星人眼中，人类最共同的东西会是什么？——语言哲学家和道德哲学家都会关心这个问题。

这两个方向，在洪堡的思想中已经得到了一定程度的会合。因此重温洪堡的思想实有必要。他的语言研究，一手握住人类的总体的和个别的语言结构，一手握住人类的总体的和具体的精神生活。而之所以能够在这两者之间看到内在的联系，他有自己的充分理由，因为如他所言：“在人身上，没有哪一样东西比语言更能包容起整个族类。语言具有把各个民族分割开来的特性，但也正是这种特性，使语言得以通过不同话语的相互理解，把个人差异统一起来，同时并不损害他们的个性。人类所付出的许多努力，都不能充实心灵；如今宗教和文

① 海德格尔将语言称为外部的理性，将理性称为内部的语言，可以成为思考这个问题的一个参照点。参见 M. Heidegger, *Vom Wesen der Sprache*, GA 85, Frankfurt am Main 1999, S. 143。当然，在海德格尔所说的“理性”中并不一定包含着“道德”的因素。它更多是与“语言”一起表达出古希腊“logos”的一体两面。我们所关注和把握的则更多是“道德”与“语言”之间的内在联系。

明肩负着开拓的使命,而通向成功的钥匙则掌握在人固有的语言手中。”①

现在看来,这个信念最终是由乔姆斯基来付诸实现的。乔姆斯基给出了一个确定人类共同本性的“最简方案”。这个方案实际上可以说是在笛卡尔的最简努力意向与洪堡的最繁努力意向的双重基础上构建出来的。我相信对这个方案的实施,会把我们带到个体的杂多性之后,当然也就可以带到各种民族的心智与众多的文化差异之后。

今天的时代,看起来是一个强调差异性的时代。现代二期或后现代思潮的众多追随者都在强调文化与个体的不同,虽然是出于各自的信念和目的。德里达曾说过“同一性总是无法打动我”一类的话。在这点上,海德格尔、阿多诺和许多当代思想家都与他们同行。而我在《意识的向度》一书的前言中就曾说过:与德里达相比,我更敏感些,更容易被感动些。我既对差异性,也对同一性抱有兴趣。当然这里还有层次上的区别:差异使我好奇,同一令我惊异。——我想,在这点上我与洪堡靠得更近些。

① 洪堡:《文集》,第206页。

诠释学视野中的创新与传统的悖论及其和谐可能性

高宣扬*

一、诠释是创造和审美生存的基本模态

诠释是人类生存的基本形态:生命尚存,诠释不止,创作不息。反过来,只有创作不息和诠释不止,生命才显示其意义,才使生命的历程,通过一系列的悖论、矛盾、危机和曲折复杂的游戏活动,通过主体间和文本间的无止境交流以及通过人文社会科学的尽可能漫长的迂回,饱尝探险创新的乐趣,充实着快乐与痛苦、烦恼与超越、喜剧与悲剧、危机与更新的交错互动,展现人生之无限审美性,也同时开辟人类文化发展的广阔前景。

狄尔泰早在他的生命哲学中深刻论述了"人生在世"的诠释性质。狄尔泰从人类文化历史的视野,重新探索历史理性的形而上学基础,严厉批判自然科学方法的理性主义和经验主义性质,终于建构了新型的生命诠释学的基本原则。在他那里,"生活世界"(Lebenswelt)首先是"生命表态"(Lebensäusserung),是在语言和思想的交叉互动中呈现为历史经验的连续性和

* 作者单位:同济大学人文学院。

创新性的矛盾运动。①

作为康德哲学的继承者，狄尔泰所关心的，是在康德的《纯粹理性批判》为自然科学奠定认识论基础之后，也为人文科学和社会科学奠定一个“历史理性”的批判根基。所以，他的《历史理性的批判》(*Kritik der historischen Vernunft*)成为他建构精神科学认识论体系的契机，也是他的诠释学的中心范畴。

狄尔泰试图为精神科学寻求一个一贯的、有完整联系的形而上学基础，在历史经验中寻求它所赖以存在和发展的一般理性力量。

就在这个研究方向上，狄尔泰遇到了“理解”(Verstehen)的问题，并且，通过历史中的“诠释”和“理解”的内在矛盾而探讨了“创新”与“传统”的关系。具体地说，文明史上的伟大人物，作为一个“个体”，怎么把握他们的个性(Personalität)？特别是如何通过他们的优秀作品中的人物、情节和历史环境的描述，表现出这些伟大的个体的特殊的精神面貌？他们是如何巧妙地解决传统与创新的悖论？狄尔泰认为：首先，只有通过语言，人的内在精神才找到最充分、最完美和最客观的表现方式。接着，狄尔泰直截了当地回答说：“这就是为什么诠释作品中的一个人物的独特风格，构成了‘理解的艺术’的核心。”②

狄尔泰认为，人的生活主要地表现在精神活动中，而精神生活是通过“历史性”来表现其特征的。狄尔泰坦率地说：“我是从历史出发的。”正是在历史中，传统，作为经验的结晶，与各个不同时期的文化创造相互渗透，发挥它的“既促进、又牵制”的悖论性。而在文化历史中，个体的总体性(individuelle Totalität)的总和，构成社会整体；这个社会整体始终都是指向它自身；就是在其自身中，而不是在产生它们的那些事物中，包含着它们自己的意义和它们自己的目的。

什么是诠释学？狄尔泰说，诠释学“教授着对于文艺珍品的诠释方法”。他又说：“正如对于外国和对于以往经历的模仿和重新体验(Nacherleben)所清楚地表现出来的那样，理解是以一种特殊的个人才智为依据(das Verstehen auf einer besonderen persönlichen Genialität beruht)。但由于一切历史科学都以一种有深远意义的(bedeutsame)和持续性的任务(und dauernde Aufgabe)作为基础，所以，个人的天才创造性，也变为随历史意识的发展而发展的一种技术

---

① Dilthey, Der Aufbau der geschichtlichen Welt in den Geisteswissenschaften. Hrsg. von Bernhard Groethuysen, In *Gesammelte Schriften*. Bd. 7. Vandenhoeck & Ruprecht, 1992, p. 281.

② Dilthey, Die geistige Welt. Einleitung in die Philosophie des Lebens I—II, In *Gesammelte Schriften*, Band 5 u. Bd 6.

(Technik 也可以译为‘技巧’)。”

作为“技术”的个人才华,是如何同历史意识相联系,并相互补充和互为滋润呢?狄尔泰说:持续的和固定化的生活方式存在于理解力之中,以致理解力(Verständnis)可以不断地返复到或回归到(zurückkehren)生活方式中。我们把那不断地固定着“生活表态”的、类似于艺术的“理解”称为诠释(Das Kunstmässige Verstehen dauernd fixierter Lebensäusserungen nennen wir Auslegung)。

由于精神生活只有通过语言才能找到其可能表达的最完美的、创造性的,因而也是客观的理解方式,所以,诠释(Auslegung)只能在对于包含着人类生存方式余迹的作品的注释中,才得以完成(so vollendet sich die Auslegung in der Interpretation der in der Schrift enthaltenen Reste menschlichen Daseins)。

所以,狄尔泰很明确地将“诠释”理解为“一种主要的生活方式”,“一种生活艺术”,“一种生存美学”。正是在这个意义上,狄尔泰把作为“理解的艺术”的诠释学当成“语文学”(Philologie)的基础。他说:“这个艺术(指上述‘理解的艺术’)是语文学的基础;而关于这个艺术的科学就是诠释学。”(Diese Kunst ist die Grundlage der Philologie. Und die Wissenschaft dieser Kunst ist die Hermeneutik.)

这就意味着,首先,“诠释”和“理解”乃是人的历史性发展,或确切地说,人的精神的历史性展现和进步的重要环节和必要手段,是整个文明建设的不可缺少的内在动力。其次,诠释和理解,既是特定的历史条件下人类内在精神活动能力的表现,又是以往持续着、并不断地固定化的各种生活方式的结晶。因此,理解和诠释,既是一种不断发展的、有历史特性的功能,又是人类文化得以延续和不断发展的重要关节点。第三,诠释和理解构成了历史中的传统与个人才华的实施的中间环节,成为历史经验与创新的中介。第四,诠释和理解永远是暂时的和有限的,是有待后人加以丰富的。在任何时代,任何一个天才的作品,都是一种诠释,即对于当时当地的历史的注释,也是对于生活、人物、事物和各种对象的看法的流露。但这种诠释,不论对于任何一个天才来说,都永远是“没有说完的话”或“没有写完的文章”。

各种诠释唯有通过语言才能得到最完美的表达;各种艺术,例如音乐和绘画等技术,也可以在相当高的程度上表达出作者对某人、某事或某一对象的诠释,但这些非语言的诠释方式是不完备的,有着比语言表达更大的局限性。人们通过语言来诠释而表达其理解时，则可以尽可能完备地引申开来。然而，通过语言而表达的理解也是有限的。所有天才的作者的作品，确实试图毫无遗漏地完美地表达其本身的意图，但任何作品永远都与原作者的内在精神活动总体性保持一定的距离；这些距离的存在，或者是由于原作者本人有意识地保留下来，供后人去思索和填充；或者是原作者本身无力完美地表达出来；或者是外在因素的限制，使原作者只能停留在一定的视野之内而进不到视野的"那一边"。在这种情况下，作为"后来者"的诠释者就可以在原作者的作品的基础上作出更深刻的诠释。

在世界文化史、哲学史或文学史上，那些伟大的人物，往往以高度概括或抽象的形式表达其精神活动的总内容；而且，事物的规律又往往是这样：越是伟大的人物，越较多地采取抽象形式去表达其深刻的思想，以致容许后人，哪怕经历了好几个世代之后，仍然能对其思想作出一而再、再而三的反思，并确确实实地从中获得近乎无限的启示。这正是表明了诠释前人作品的必要性和有益所在，也正是反映这些伟人的作品内在的丰富性。

实际上，历史世界的建构并不是单靠经验本身，也不只是依据价值关系中出现的"事实"(Tatsachen)。所以，狄尔泰指出："历史世界的基础，其实是那种属于经验本身的历史性(die innere Geschichtlichkeit)。内在历史性是一种生命的历史过程，他的范例不是固定的事实，而是某种历史回忆和期待所构成的一个整体的组合。我们把这种组合称为经验，而且由于我们作出经验而获得了组合。所以，尤其是痛苦的实在经验给予见解日趋成熟的人的那种苦难和教训，才最后形成历史科学的认识方式。"①

人类社会和文化的发展史证明，诠释活动不仅是进行文化创造的必要手段，是人类经验与传统力量的相互交错而呈现的创新生命运动，而且，也是人类生命本身的不断超越性和创造性的表现形态。所以，诠释历来是人类本身及其社会得以维持、并不断进行更新的本体论基础。

胡塞尔在创立现象学方法的过程中，创造性地发展了狄尔泰的"主体间性"范畴，更丰富了"生活世界"的概念，使诠释学有可能实现一种革命性的转折。在胡塞尔的现象学中，诠释变成为主体间性结构和生活世界的基础建构力量。

---

① Dilthey, Die geistige Welt. Einleitung in die Philosophie des Lebens I—II, In *Gesammelte Schriften*, Band 5 u. Bd 6.

胡塞尔强调：只有通过主体间性的诠释交错进行，实现一种能够为事物本身的存在提供自我展现力量的源初还原，才有可能使现象本身从“被遮蔽”状态过渡到“去蔽”的本真状态。

但是，正如伽达默所指出的：“胡塞尔关于意义理想性的证明，乃是纯粹逻辑探究的结果，而狄尔泰对此的证明则是某种完全不同的东西。对于狄尔泰来说，意义不是一个逻辑概念，而是被理解为生命的表现。生命本身，记忆中流逝着的时间性，是以形成永恒的意义统一体为目标。生命本身诠释自身。它自身就有诠释学结构。所以，生命构成精神科学的真实基础。在狄尔泰那里，诠释学不是单纯的浪漫主义遗产，而是从哲学建基于生命之中符合逻辑的产物。”①

海德格尔更明确地抓住“存在”从“被遮蔽”到“去蔽”的本真结构的关键，即抓住“此在”的自我展现的生命创新过程，特别是紧紧抓住此在自我展现中的自我诠释以及诠释世界的创造性活动，使诠释从此全面地获得存在本体论的本真意义。

海德格尔说：“现象学描述的方法论意义就是诠释。此在现象学的逻各斯具有诠释的性质。通过诠释，生存的本质意义与此在本己生存的基本结构，就朝着此在本身的生存领悟的方向而宣示出来。因此，此在的现象学就是诠释学。”②

接着，海德格尔又说：“只要发现了生存的意义以及此在基本结构的意义，也就为进一步对非此在的存在者进行各种存在论研究开辟视线，果真如此，诠释学就成为另外一种意义上的诠释学，也就是通过诠释，提供了使一切存在论探索成为可能的条件。……诠释学作为此在的生存诠释因而就具有特殊的第三层意义，即成为历史学在存在状态上的一个可能条件。”③

海德格尔强调具有历史学性质的人文科学方法论的诠释学，乃是一种派生意义上的诠释学，它必须立足于上述第三种意义上的诠释学。

由此可见，只有到了海德格尔的“此在诠释学”的论述阶段，古典的单纯坚持语义学意义的诠释学，才真正走出单纯作为方法的狭隘范围，并由此获得了与人类生命的延续及其创新密切相关的本体论意义。

---

① Gadamer, *Wahrheit und Methode. Grundzüge einer philosophischen Hermeneutik*. I. 230.

② Heidegger, *Sein und Zeit*. S. 37.

③ Heidegger, *Seit und Zeit*, p. 38.

二、创造性诠释与传统之间的紧张关系

任何创新，归根结底，就是一种对于历史经验和传统的创造性的诠释。任何创造都脱离不开诠释，反过来，任何诠释都包含着创造的可能力量。但是，在人类社会和文化发展史上，并不是所有的诠释活动都必然直接地导致创造的结果；只有把诠释当成生存的本体论基础以及使之转化为创造性实践的一个环节，只有将诠释纳入不断超越的人生历程，才有可能发挥诠释的创造性力量。

在现象学的诠释学产生以前，西方哲学和文化发展史上，诠释始终未能充分展现它的真正生存本体论意义，使诠释长期停留在创造活动的一种方法和中介手段的层面上。也就是说，诠释被限制在创造性活动的一种工具层面上。

为此，狄尔泰指出："历史科学可能性的第一个条件，就在于：我自身是历史的一个存在，而探究历史的人又恰恰就是创造历史的人。"①这就是说，正是主体和客体的相互同质性构成历史认识的可能性基础。在这里，狄尔泰的卓越贡献就在于指明了主体与客体的互通和相互渗透的可能性，这样一来，从笛卡尔以来经康德和黑格尔等人所正当化的"主体逻辑中心主义"原则，被动摇了。这也就为解决诠释中的"主客体之间的矛盾"打开了新的道路。其结果，不仅改造了认识论，而且也开辟了以诠释学新视野解决创新与传统的悖论的广阔前景。

根据狄尔泰和胡塞尔的"生活世界"观念，传统从来是生活世界本身的构成部分；而它在生活世界中的地位，却是双重性的和矛盾的：传统往往是渗透在历史和人类精神生活中，又外化为实际的行动和日常生活上；它既成为历史整体性的因素，又作为个体精神力量而体现在个体性的天才的创新活动及其成果之中；传统既延续历史的进程、又中断和切割发展的各个阶段。

传统在生命历程和生活世界中的呈现，是不可避免的。本来，就"传统"的真正意义来说，它已经包含了"传"与"统"相互依存和相互推动；更确切地说，"传统"首先是"传"，没有"传"，就没有"统"；但是，"传"之所以能够"传"，正是因为传之所传，内含着"必统"和"可统"的因素和力量。换句话说，传之所以可传，就是因为"传"中内含可"统"的东西。

在西方的词源学上，"传统"源自拉丁文动词 tradere 和短语 traditio lampadis，后来转化成德文 überliefern 和 überlieferung，英文 tradition，以及法文 trans-

① Dilthey, *Gesammelte Schriften*, Bd. 7, p. 278.

mettre，意思是说“传递”（transmission）或“传送”、“传授”及“转达”等。至于“传统”的内涵，即它所“传递”的内容和基本因素，则主要指或多或少构成一个整体结构的宗教和伦理方面的信念、观念、信息及其相关的生活行为方式、习俗和生活态度等。在传统的传递方式方面，主要靠语言、礼仪、习俗和各种典型（包括人物或历史事件）。正因为这样，人们也往往把传统理解为历史“遗产”（heritage）。

在宗教生活无孔不入地渗透到社会整体的古代时期，传统几乎毫无疑问地成为人们生活行为和态度的标准。只有进入现代化阶段，特别是“全球化”的时期，当发明、创新和革新成为社会和文化发展的日常推动力量的时候，传统才成为现实生活中不断遭遇怀疑和“批判”的对象。传统和创新的矛盾及其紧张关系，从来没有像现在这样突出和“日常化”。

研究现代社会的法国社会学家托克维尔，在他的《旧制度与革命》（*Ancent Régime et Révolution*）一书中，科学地分析了传统与革命的关系，当然也分析了传统与创新的矛盾。托克维尔指出：传统自然地渗透到历史中，因而，传统的力量势不可挡。但是，任何历史改革和进步，都不可能“全部地”接受或原封不动地承认传统。传统在历史传递中势必被改造和被“打折扣”地流传。

诠释和创作的活动，势必使创作者与传统之间，不断反复出现各种形式和各种程度的紧张关系。诠释与传统的遭遇，既是诠释与传统的关系的悖论性及其必然性，也是导致新的生命境界和发展人类文化的必由之路。

三、传统中的历史理性及其限制

传统从来包含经验与教训、精华与糟粕、期望与沉落；同样也包含着凝固化和创新的双重可能性。伽达默尔曾经说：传统本身就属于一种历史理性①。但理性始终是有限的，它不但包含着各种约束性的规则，也隐含非理性的因素。正如科耶夫（Alexandre Kojève，1902—1968）早在20世纪30年代所指出，理性本身本来包含着既否定自身、又否定他物的力量，当理性在特定历史条件下，将某物当成非理性加以否定的时候，它同时也在实际上实现了对自身的否定。理性是如此，传统也是如此。因此，在创新中所遭遇的传统悖论，不论对传统还是

① Gadamer，*Wahrheit und Methode*. Tübingen. J. C. B. Mohr（Paul Siebeck），1993，pp. 108—116.

对创新者而言，绝非“不正常”，更非悲剧，而是对创新和传统两方面，都含有挑战和考验的性质，具有积极和肯定的意义。①

保罗·利科通过反思的现象学诠释学研究，进一步指明了“传统”中历史理性的有限性。利科认为，首先，任何一个历史共同体，如果不借助于政治制度，不借助于持续的行动计划和程序，不借助于传统的连续而合理的传递，是不可能维持和稳定下来的。利科在重视政治与各种制度的沟通功能的时候，一再地指出“叙述性”(narrativité)对于制度化行动计划的创建及实行的关键作用，因为没有叙述中的历史记忆的积累，没有叙述中的传统的传递，没有在叙述中的自我肯定以及同他人的沟通，就没有制度的建立，也没有制度的实行过程。所以，利科对于传统以及对制度的沟通功能的肯定，是建立在他的叙述同一性理论的基础上。

第二，利科强调，肯定传统并不意味着拒绝批评或批判。传统的稳定性及其为沟通提供渠道的功能，是与共同体内外实行正确的批评活动双管齐下地进行的。利科明确地指出：不存在没有批评的传统；传统总是要透过某个传统之外的其他传统的批评，才能凸显各种传统之间在批评中的区别性。也只有透过传统的区别性，才能使自身理解到自身的同一性。至于传统内部的各种构成因素之间的批评，则有利于自身走出上下文背景脉络的限制。利科认为，所有在传统内部所开展的批评，是现代宗教和一切伟大的思想运动的核心问题。欧洲的强大精神力量，就是来自它始终坚持将传统与批评联系在一起。

四、传统与创新的游戏关系

在利科看来，继承历史传统的问题，构成了人类文化研究的基本课题，而这个问题的实质，乃是从本体论和认识论的角度正确解决“时间”及其意义的内在联系。

利科指出，所谓诠释学和传统的关系问题，无非是探索“某种生活的方式”(une certaine manière de vivre)，这就如同狄尔泰在19世纪末所提出的“生活表态”(Lebensäusserung)概念那样。利科和狄尔泰都从本质上突出诠释学研究的基本任务，即解决人类生活表态的问题；即从文化的历史发展过程，揭示各个时期人类生活的文化表态的相互继承问题。

---

① Kojève, *Introduction à la lecture de Hegel*, Paris, Gallimard, 2005(1947), p. 546.

但利科比狄尔泰更高明的地方，就在于用“时间”概念揭示人类生活及其在文化历程中的语言文字的沉积物和结晶的内在含义。所以，利科说：“某种生活的方式”，在实质上，也就是“操作时间”（Opérer le temps）的问题。至于“操作时间”，归根结底，就是操作“传递的时间”（temps de transmission）和“诠释的时间”（temps d'interprétation）。

这样看来，作为人类生活的一定方式的语言文字结晶，人类文化的发展过程是由“传递的时间”和“诠释的时间”基本构成的。文化是一种“被叙述的时间”，是在“传递的时间”和“诠释的时间”中流传下来的。

利科认为，“传递的时间”与“诠释的时间”是相互渗透、相互依赖的。任何“诠释”本身也有它自己的历史，而这个历史乃是传统本身的一个“段落”（un segment de la tradition elle-ême）。人们从来不是“诠释”根本不存在的、空洞的“历史”；而“诠释”的目的，正是为了澄清、延长和维持“诠释”本身在某种意义上说维系于其中的那个“传统”。

所以“诠释的时间”从属于传统的时间。但是，“传统”作为“沉积的储存物”的传递，如果没有人连续地进行“诠释”，它将是“死”的“尸体”或“哑”的历史废物。利科很形象地说：一种“遗产”并不是一个包扎成密封的包裹那样，无需“打开”，便可以自然地代代传下去。任何“遗产”都必须在传递中，一次又一次被“打开”，进行“诠释”，重新增加新成分，而获得新生。正是靠这种传递过程中的持续的“诠释”，付出了这个代价，“传”下来的“统”，才能活生生地延续下来。

然而，诠释的时间又如何与传递的时间相互地从属和相互地渗透呢？为什么只有通过诠释的时间才能使“传统”流传下来？

利科告诉我们：如果没有经过某种“第三种时间性”，即一种贯通“诠释的时间”与“传递的时间”的“中介性的时间”的话，传递的时间又怎能借助于诠释的时间而获得生命力呢？利科一针见血地指出，这“第三种时间”乃是隐含于“意义”中的时间，是深深地融化在意义王国的各个关节中和各个脉络中的“时间”。正是这种尚未被人们发现，尤其被结构主义忽视的“意义的时间”（le temps du sens），起着一种时间性的运载作用，使得在传统中“储存”的“沉积物”（la sédimentation）又浮现出来，并流传起来，同时，它又使“诠释的时间”得以顺着“意义的时间”而渗透到传统的内在结构，给予传统一种“起死回生”的作用。换句话说，“意义的时间”的实施，使传递的时间真正地流动起来，又使诠释的时间获得更新。

但是,"意义的时间"存于何处?以何种方式运行着?如何发现它?……不解决这些问题,所谓"意义的时间"是空洞的。

利科解决这个问题的主要途径,就是"语义学构成"(la constitution sémantique)的问题。更具体地说,所谓语义学构成,可以集中地归结为"象征"(le symbole)和"双重意义"(le double sens)这两大范畴。

为了深入探索上述诠释学的基本理论和方法及其与传统的关系,利科把诠释学同结构主义、精神分析学及现象学的关系,列为最优先思考的基本问题;而在探讨诠释学同结构主义、精神分析学及现象学的相互关系时,利科抓住了双重意义(le double-sens)、潜意识(l'inconscient)以及象征(le symbole)等三大问题,作为深入分析的重点。

结构主义、精神分析学及现象学的主要贡献,就是对"有意识的主体"、"自我"甚至"人文主义"的优先地位提出了质疑,它们都一致地重视并探讨了意义的双重性问题(le problème du double-sens)、潜意识及象征性的问题。

首先,意义的双重性,并不是简单地归结为"两个意义",而是指"一个意义之外还有另一个意义"。所以,双重意义就是指多重意义(sens multiple);双重意义只是一种象征性的说法。其次,意义的双重性,也并不单纯限于语言学和语义学的范围,而且还包括语言之外的行动、思想、社会、文化及各种象征的多重性、歧义性、含糊性及其可相互转化性。

利科认为,就其诠释学的层面而言,双重意义问题,具有人生存在论的性质。"双重意义旨在对存在的一种运动进行译码(或解码 déchifrer un mouvement existentiel),…… 双重意义在这里是生存中的某一个确定的位置的探测器。"①

对于利科来说,一切被诠释的对象,都具有"开放"的性质。利科指出:"所谓开放性(l'ouverture),指的是一种爆裂式的显示(éclatement);它实际上就是说话(cetéclatement, c'est dire);而说话,就是指明(dire, c'est montrer)。"②一切进行激烈争论的诠释学,并不是在双重意义的结构问题上发生分裂,而是就双重意义的开放的方式以及其指明的终极性发生争执。诠释学在这一问题上的争论,正好显示了诠释学的缺点和优点。利科之所以将它归结为诠释学的肯

① Ricoeur, Conflits des interpretations. *Essais d'herméneutique*, Paris: Seuil, 1969, p. 68.

② Ricoeur, Conflits des interpretations. *Essais d'herméneutique*, Paris: Seuil, 1969, p. 68.

定性和否定性，是因为他发现：正是在诠释学显示其缺点，显示被诠释的语言超越了它自身而转向其他的语言的时候，诠释学又同时表现了它的优点和生命力。这个生命力，就在于：当语言越出其自身时，语言本身说出了它想说的话；它正好就在这个时候，又返回其自身。

所以，在语言超越其自身的地方，就是语言显示其真正意义的地方。由此可见，诠释学只有同精神分析学和现象学结合起来，才能正确理解诠释学本身的上述缺点和优点的双重性。因此，利科认为，象征性（symbolique）的哲学意义就在于：象征性以其双重意义结构，揭示了存在本身的模棱两可性、含糊性、歧义性、不确定性及暧昧性（l'équivocité de l'être）。

利科深刻地指出："存在是以多种方式自言自语（l'être se dit de multiple façons）。正因为这样，象征性敞开了存在的含糊性和歧义性。"①

就词汇语义学和结构语义学的层面而言，双重意义还包含更丰富和更具体的内容及形式。利科顺着索绪尔及当代语义学家的不同观点和方法，对这一问题进行了多方面的探讨，使诠释学的内容和方法有新的发展。

利科认为，双重意义、象征性及无意识的问题是相互联系的；而且，从根本上说，三者实际上构成一个不可分割的论述体系，构成为诠释学理论和方法所要解决的首要问题。

简单地说，所谓"象征"，从语义学的角度来说，就是通过一个"意义"，即以一个"意义"作中介，向人们提供另一个意义；换句话说，通过第一个字面上的、物质内容上的"意义"，隐喻着第二个较为形象化的、精神内容上的"意义"。因此，第二个意义往往包含形而上的、生存论方面的内容。正因为这样，利科反复地说："象征促使人思索"，也因此寻求进行"诠释"，并提供无止境地创新的可能性。

利科在论证"意义的时间性"时，集中考虑了语义学分析的时间性意义。在这个问题上，利科又紧紧抓住"意义的增值"（le surcroit de sens）与"时间上的负载"（la charge temporelle）之间的基本关系。

正是在这一点上，利科把自己的现象学的诠释学同列维·施特劳斯的结构主义区别开来。利科所说的基于对象征和双重意义的语义学的诠释学，乃是对自身的理解（la comprehension de soi-même）和对"存在"的理解的一个环节。正

---

① Ricoeur, Conflits des interpretations. *Essais d'herméneutique*, Paris: Seuil, 1969, p. 68.

因为这样，对于“时间的意义”的探索远远超出了结构主义的“共时性”(la synchronie)和“贯时性”(la diachronie)的概念。

在利科看来，问题恰巧不局限于语言的单纯结构分析，而是要从人类文化及其发展的整体，探索语言之“装载”和“运载”文化中的“意义”的神秘机制，探索人之生存时间形式在语言对文化之储存化和丰富化的功能中的具体延续方式。在这方面，利科关于意义的时间的探索及其与列维・施特劳斯的理论争执，在当代人类思想史上写下了光辉的一页。

创新与传统的悖论，不仅不能在一次诠释中解决，而且也不会在连续的诠释游戏中消失；它们必将伴随人生与人类文化的所有的和漫长的诠释游戏而不断更新。这种奇妙的悖论，反而使人生和文化创造活动本身，展现出游戏的乐趣和审美性。

伽达默尔深刻地揭示了传统与创新之间的反复循环的“游戏”关系。艺术，甚至是任何创造活动，在本质上，是一种‘游戏’。“一切游戏都是一种被游戏过程(alles Spielen ist ein Gespieltwerden)。游戏的魅力，游戏所表现的诱惑力，就在于游戏超越游戏者而成为主宰。”①

伽达默尔的游戏理论天才地解决了游戏中的主动与被动、主体与客体的复杂关系。实际上，传统与创新之间的紧张关系，并不是创造者本身可以掌握或控制的，正如游戏并不是游戏者可以作为“主体”而控制游戏那样。一切作为创造活动的游戏，都是由其自身所隐含的内在精神而自我决定的。这里所指的“内在精神”，绝不是从事游戏的游戏者的主观精神，而是指游戏活动开展以后由游戏自身的自然运动所产生的“自由自在性”。“游戏本身是通过它们的内在精神而彼此相区别，这种差异性并不依赖其他外在的任何东西，而只依据游戏赖以实施的反复运动所预定的不同规定和安排。预先规定游戏空间界限的规则和秩序，构成这种游戏的本质。……游戏活动的游戏空间不单纯是自我游戏的自由空间，而且还是特意为游戏活动所界定和保留的空间。人类游戏需要一种场所。正如惠津卡所指出的，游戏场所的界定，完全像神圣区域的界定那样，把作为一种封闭世界的游戏场所与没有过渡和中介的‘目的世界’对立起来。……尽管游戏的本质在于使游戏者脱离他在追求目标中所表现的紧张状态，但游戏者本身仍然在游戏中表现为采取某种行动的人。……游戏者好像只有通

---

① Gadamer, *Wahrheit und Methode*, I. 112.

过把自己行为中的目的转化为单纯的游戏任务中才能使自己进入表现自身的自由之中。①

这样一来，游戏就从游戏者的游戏转化成为游戏自身的自我表演，而游戏者主体就在无意识中、在游戏自身的自我表演中消失无遗；游戏也就成为主动与被动的混合游戏。既然游戏包含了主动和被动、主体和客体的相互转化，创造与传统的矛盾，顿时就消失在这种转化中。

这样一来，游戏中的传统与创新的紧张关系，在游戏的展开中，转化成和谐的形态。有趣的是，转化的中介，恰恰就是创造活动向“创造物”(作品)的转化本身。伽达默尔深刻地指出：“我把促使人类游戏活动真正完成其作为艺术的转化，称之为‘向创造成果的转化’(Verwandlung ins Gebilde)。只有通过这种转化，游戏才赢得它的理想性，以致游戏有可能被当成和被理解成游戏本身。……如此一来，游戏具有了作品的特质和功能的特质，而不只是具备动能(Energeia)的特质。”②

五、诗性的诠释游戏的审美意义

诠释的游戏是诗性的；它不应该有固定的模式，也不应该顺从于权力，才具有永恒进行的动力。法国著名诗人勒内·沙尔(René Char，1907—1988)敏感地揭示了诗性人生的自由本质。

且听勒内·沙尔的《诗歌》(La poésie)向我们倾诉：

诗么？它是所有清流之中
最不流连于其桥影的
它是在那重获价值的人内部
滋生的未来生命。

(La poèsie est de toutes les eaux claires celle qui s'attarde le moins aux reflets de ses ponts. Poèsie, la vie futureà l'intérieur de l'homme requalifié.)③

---

① Huizinga, *Homo ludens*, Amsterdam, 1939.

② Huizinga, *Homo ludens*, Amsterdam, 1939, I. 116.

③ René Char, Fureur et mystère. In *Ouvres poétiques complètes*, Paris: Gallimard, 2002, p. 267.

诗歌通过它的神奇的语言道出了人的生命的奥秘。因此，真正的生命历程，只有在诗的语言的展现中，才能实现其真理的呈现。人生在世，如果试图达到审美的最高境界，就只有在诗歌般的生存方式中寻求自身的希望。

海德格尔指出："语言就其本质而言并不是一个有机体的表示，也不是一个生命体的表达(Die Sprache ist in ihrem Wesen nicht Äusserung eines Organismus, auch nicht Ausdruck eines Lebens wesens)。语言也不能从它的符号性质来理解它自身，甚至也不能从其意义特征去正确地考量它的本质。语言是存在自身的既澄明又掩蔽的到达(Sprache ist lichtend—verbergende Ankunft des Seins selbst)。""存在"在语言中的"敞亮"，是通过诗的语言的创作过程实现的。

在海德格尔看来，艺术是某一个艺术品公开敞开、揭示出一个"此在"的生活世界的力量。而"此在"所经历的这个生活世界，被处于无蔽的公开状态的结果，就使得我们把握了这个以艺术品的形式而表现出来的存在者的"存在"的真理。一个艺术品之所以能产生强大的感人力量，就在于这个艺术品在展示过程中所显示的那种"存在的在世过程"。这个艺术品所经历的生活世界，正是同我们生活在其中的生活世界息息相通的，因而也才使我们产生了共鸣。

早在1935—1936年所写的《艺术作品的起源》一文中，海德格尔便把艺术作品中所包含的世界和大地、无蔽和遮蔽、真理与非真理的争斗，看作是艺术之生命，并把这种争斗的真理的勾划或谋划(entwerfen)，称为"诗作"(dichten)。因此，在海德格尔看来，艺术作品在本质上就是诗。

既然诗是以语言为基础，所以，语言本身就是本质意义上的"诗"；只是，这里所说的语言，是指"纯粹的诗的语言"。正是在诗的语言的上述"勾划"着的"说"中，无蔽与遮蔽都被一起保留着，才产生了世界的历史。海德格尔在这里深刻地描述了真理、语言、存在与作品，如何在存在者的"在世"中的"自我显现"及其"抽身"的过程交织在一起。海德格尔指出："所有艺术，作为存在者的真理亲临地发生，从本质上看，就都是诗(Alle Kunst ist als Geschehenlassen der Ankunft der Wahrheit des Seienden als eines solchen im Wesen Dichtung)。"在1946年发表的《诗人为何?》(Wozu Dichter?)一文中，海德格尔在探讨荷尔德林的哀歌《面包与酒》(Brod und Wein，1801)时，进一步分析了作为艺术的本质的诗及其与时代、与世界历史的关系。

与此同时，海德格尔在他的《关于人道主义的信》中进一步从语言的本质谈到诗的本质，又从诗的本质谈到语言的本质；但无论是对于诗的探讨，还是对于语言的探讨，海德格尔始终抓住“人的存在”这个中心论题。

也就是说，海德格尔只有在诗的语言及其呈现的过程中，才真正接触到人的存在的本质问题。通过诗的语言及其呈现，他深入地讨论了与人的生存密切相关的“存在”、“思”、及“语言”的问题。海德格尔指出：“‘存在’在思想中形诸言语。语言是‘存在’的家。人居住在语言之家中。思想者和作诗者乃是这个家的看守者。他们的守卫，就其通过他们的言说将存在之敞开导向语言并在语言中保存(ufbewahren)言，乃是存在之敞开之实现。”在这里，海德格尔显然从《存在与时间》中那种追问“此在”的方式，转变为探讨语言与思同存在的关系，转变为对“思在”的追问，试图从思与作诗的关系中，探索作为“存在”之真理的寓所的“语言”。

海德格尔关于诗、语言、思与存在的关系的上述思想，是同荷尔德林的诗作和他的诗中的语言的高度纯熟的运用，有密切关系的。在这以前，即在1944《荷尔德林诗歌诠释》(*Erläterungen zu Hölderlins Dichtung*; *Fuenfte durchgesehene Auflage*, 1981)一书中，海德格尔深受荷尔德林的启发，强调“人出于表达各种经验、决断和情绪的目的，而占有语言”。因此，语言不只是一种理解和沟通的工具，也不只是一种与其他工具相等同的手段，而是“从根本上提供了置身于存在者的敞开状态中的可能性。因此，只有语言所在之处才是世界”。

所以，海德格尔高度重视荷尔德林诗作中的“神”的概念，强调诗人通过其创作的诗的词语去召唤神和称谓神，并称谓世界上的“物”，从而才使我们通过诗作中的“谈话”而开创了“此在”的历史。在《荷尔德林与诗歌的本质》一文中，海德格尔借用荷尔德林的“谈话”(Gespraech)这一概念，强调“谈话”并非指日常闲谈，而是真正的语言本身之“说道”；通过谈话，人在为“神”和“世界”进行命名的过程中，实现着自己的“此在”。但是，只有诗人才能在飞逝着的时间中，捕捉“留存者”，使它们显现在词语中。荷尔德林的诗中有这么一句话：“而留存下来的，是诗人的馈赠(Stiften)。”诗人的诗词，之所以能为世人留存某种捐赠物，作为“存在者”而留在世界上，是因为诗人所使用的，是纯粹的语言。这种纯粹的语言，在其“说”出时，使某个相应的“存在者”得到了恰如其分的“命名”，得到了“召唤”，因而成其所是，在其所在，并从而成为某个“在世”的一个构成部分。

海德格尔在《诗人为何?》一文中，深刻地指出了诗人的职责在于以其纯粹的语言，去“命名”世界上的“存在者”，使它们以其“存在”各得其所，各成其所是，从而形成我们寓于其中的“世界”，因而也使这个“世界”能在“贫乏的时代中”留存下来，使我们有一个立身之所。

海德格尔还在《诗人为何？》一文中说：荷尔德林所说的“时代”一词“意味着我们现在还隶属于其中的这个人世岁月”。接着，海德格尔指出：“人世年代的转变，并不是在任何时候，只要有一个新的神涌出，或旧有的神重新从其潜伏处冒出，就可以发生的。……‘已经在那里’的神，只有‘在恰当的时代里’才‘转’回来(Die Goetter, die sonst da gewesen, kehren nur in richtiger Zeit)。这也就是说，只有当人以正确的方式转向正确的处所的时候。”

海德格尔在这里所说的，正是诗人“说”出本质性词语，而恰当地“召唤神”并为世界万物“命名”的时候。正如海德格尔所说：“诗捐赠出‘存在’的词语。……因为‘存在’和物的本质绝不能加以计算，不能从现存的东西中推导出来，所以，它们必须被自由地创造、设定和赠予。这种自由的赠予，就是馈赠。”

诗的神圣功能，诗人的职责，就是捐赠出“存在”的词语，在诗作中为存在和一切物的本质赠名，从而使我们以后在日常用语中谈论的一切，能顺着诗人的命名而在“存在的真理”中“敞开”，真正达到“自然地显示其本质”。

海德格尔在赞颂荷尔德林的同时，也赞扬了19世纪末20世纪初的著名奥地利诗人里尔克。海德格尔大段地引述了里尔克的《杜伊诺哀歌》(*Duineser Elegien*, 1923)的第十九首的第一部分及其他诗歌。在海德格尔看来，里尔克称之为“自然”的东西，并不是与历史对立的沉积物。自然是历史与艺术的基础，并且是严格意义上的自然。就是在这里，海德格尔探究了“自然”的希腊文原本意义，强调诗歌的艺术本质正在于赋予事物(或“存在物”)以其本真面目，使其是其所是，重返自然；而所谓“自然”，不是生物学意义上的生长，而是“油然而生者”(Aufgehende)，即“生命的本质”。

同时，在海德格尔看来，真正的诗，应该能够展示出作为生命的“死”，及作为“存在”的“死”的本质。里尔克的诗就是达到了这个境界。

里尔克说过：

> 我们应该以一生之久，尽可能那样久去等待，采集真意与精华，最后或许能够写出十行好诗。因为诗并不像一般人所说的是情感，……诗是经验。为了一首诗，我们必须观看许多城市，观看人和物，我们必须认识动物，我们必须去感觉鸟怎样飞翔，知道小小的花朵在早晨开放时的姿态。

> 我们必须能够回想：异乡的路途，不期的相遇，逐渐临近的别离；回想那还不清楚的童年的岁月；想到父母，如果他们给我们一种快乐，而我们并不理解他们，致使他们不得不产生苦恼；想到儿童的疾病，病状离奇地发作，这么多深沉的变化；想到寂静，沉闷的小屋内的白昼和海滨的早晨；想到海的一般，想到许多的海；想到旅途之夜，在这些夜里万籁齐鸣，群星飞舞——可是这还不够，如果这一切都能想得到。我们必须回忆许多爱情的夜，一夜与一夜不同，要记住分娩者痛苦的呼喊和轻轻睡眠着、翕止了的白衣产妇。但是我们还要陪伴临死的人，坐在死者的身边，在窗子开着的小屋里有那么一些突如其来的声息。我们有回忆，也还不够。如果回忆很多，我们必须能够忘记，我们要有大的忍耐力等着它们再来。因为只是回忆还不算数。等到它们成为我们身内的血、我们的目光和姿态，无名地和我们自己再也不能区分，那才能得以实现，在一个很稀有的时刻有一行诗的第一个字在它们的中心形成，脱颖而出。

里尔克在上述随笔中，生动地说明了诗作为生命的存在的真实表现，如何构成诗人的“身内的血、我们的目光和姿态，无名地和我们自己再也不能区分！”里尔克袒露的上述创作体验，可以说，揭示了海德格尔关于诗人“为世界命名”的那种思想的奥秘所在。

根据胡塞尔与海德格尔等人所理解的诠释学，法国思想家利科强调：作为此在本体论意义上的诠释学，远未能构成个人与整个人类生存创新的复杂过程的本体论基础，因为海德格尔所理解的此在诠释学，充其量也不过是个别的和个体的个人生存的有限创造性生命的基础。利科指出：单纯在个体性此在的范围内进行各种诠释，只能是一种个体性生存创造的短程循环，既没有彻底跳出传统的个人主体中心论，未能顾及到比主体自身更具有优越的本体论地位的他人的存在及其创造性，而且，也未能从整体人类历史以及人文社会科学的无限超越和创造性力量的角度，把诠释提升到人类及其文化总体进行不断超越的创造活动的本体论条件的高度。①

法国另一位思想家福柯，尽管并不完全赞同现象学的方法，但同样强调诠释对于改变主体地位以及不断进行创造性的逾越活动的重要意义。福柯在

---

① Ricoeur, *Du texte à l'action*, Paris, 1986.

1982年春的法兰西学院讲演录中强调主体的诠释学的生存革新与审美意义。福柯把这一年的演讲主题定为“主体的诠释学”，并不是因为诠释学是主体形成的基本条件，而是因为诠释恰恰成为自身彻底解脱主体性约束，并实现审美生存的本体论基本活动。

福柯把主体的诠释学首先理解成为一种“关于我们自身的历史本体论”。福柯由此将当代哲学对于传统诠释学的批判提升到新的高度，不但为解构主体性，而且也为不断创造具有审美意义的主体生存自由游戏，提供了强大的力量。

由此可见，诠释绝不是可以脱离人生其他实践的孤立的智力活动。诠释把人生与他人和整个世界联系在一起，而且，还为人生历程本身增添可能的创造乐趣。

创造性的生活历程离不开诠释，而诠释又使人生的创造活动同传统联系在一起，以致使生命历程的任何创造性实践，都无可避免地面临着正确处理与传统的关系问题。

所以，问题不在于要不要传统，而是如何对待传统，如何使传统的因素在创造中发挥它们的合理力量，促使人生进一步变成为现实与历史相互重叠的无限时空场景，成为从过去的宝贵经验延伸出来的广阔视域，开创出不断创造的可能前景。

六、全球化时代的传统与创新的悖论

创新所遭遇的传统悖论，在全球化的时代，当然越出本民族传统的范围，不可避免地面对与各国、各民族及各共同体的多元化传统的冲突、沟通、协调和相互尊重的问题。而各民族、各共同体的传统，不分大小，不分历史长短，也不分其所处的世界位置，一律都有其自我保留、自我生存和自我发展的权利。在此情况下，每个民族和共同体，都应该采取开放和创新的态度，使本民族、本地区的传统与“他人”的传统发生积极的交流，既为本民族和本地区的创新，也为全球人类文化的创新作出贡献。

从诠释学的观点来看，在全球化中的创新与传统的悖论关系是正常的，它不仅不妨碍文化的创新，也不会导致文化的冲突，反倒使创新本身永远内含动力，充满生机，频受启发，拓新不止。

七、创新伦理与和谐

创新的过程始终需要伴随着“创新伦理”的更新。“创新伦理”既包含创新本身的人文主义原则，又包含改革整个社会伦理原则的规范。在这方面，法国的列维纳斯①和保罗·利科②，德国的哈贝马斯③和汉斯·约纳斯④以及埃尔朗根学派的洛朗琛⑤等，都深刻地考虑过有利于全球人类现代文化创新的伦理原则。遵循这些"创新伦理"，就有利于调整创新与传统的悖论。

德国现象学家汉斯·约纳斯(Hans Jonas, 1903—1993)在晚期所创建的"生命现象学"⑥以及他所提出的"责任原则"(Das Prinzip der Hoffnung)中，表明他已经看到了人类面临着技术发展的威胁。因此，他认为，必须针对科学技术的新发展趋势，建构一个新型的"未来伦理"(Zukunftsethik)。约纳斯在布洛赫的希望哲学中找到了建构这种未来伦理的基本原则，这就是"希望原则"(Das Prinzip der Hoffnung)。

所以，从20世纪70年代开始，约纳斯连续发表一系列有关"未来伦理"的著作:《责任原则:技术文明时代的伦理学的探索》(*Das Prinzip Verantwortung: Versuch einer Ethik für die technologische Zivilisation*, 1979)、《主体性的强权还是无能:在责任原则的视野中的肉体与精神的关系问题》(*Macht oder Ohnmacht der Subjektivität? Das Leib-Seele-Problem im Vorfeld des Prinzips Verantwortung*, 1981)及《论技术、医学与伦理:关于责任原则的实践》(*Technik, Medizin und Ethik: Zur Praxis des Prinzips Verantwortung*, 1985)等。

约纳斯认为，当科学技术发展到足以威胁人类生存条件的时候，必须承担起重建伦理的责任，以便协调文化和技术的发展与人类生存条件的新矛盾。

在这方面，约纳斯的思路是与同时代的列维纳斯、保罗·利科、哈贝马斯等人的创新伦理思想相一致的。哈贝马斯早在20世纪50年代就发扬法兰克福学派的社会批判理论的基本精神，试图针对现代科学和实证主义的泛滥而引起的科学伦理的沦落趋势，提出一种以"沟通合理性"(kommunikative

---

① Levinas, Totalité et infini, in *Essai sur l'extériorité*, Paris, 1971.

② Ricoeur, *La mémoire, l'Histoire, l'Oubli*. Paris: Le Seuil, 2003; *Sur la traduction*. Paris: Bayard, 2004.

③ Habermas, *Erläuterungen zur Diskursethik*, Frankfurt am Main: Suhrkamp, 1991; *Die Einbeziehung des Anderen*, Fangkfurt am Main: Suhrkamp, 1999.

④ Jonas, H, *Das Prinzip Verantwortung. Versuch einer Ethik für die technologische Zivilisation*. Frankfurt am Main: Suhrkamp, 1985; *Technik, Medizin und Ethik: Praxis des Prinzips Veranwortung*, Frankfurt am Main: Suhrkamp, 1989.

⑤ Lorezen, P. *Konstruktive Logik, Ethik und Wissenschaftstheorie*, 1973.

⑥ Jonas, *The Phenomenology of Life*, 1966.

Rationalität)为基础的创新伦理。[①] 哈贝马斯认为,真正符合沟通理性的伦理,只能是建立在讨论和协商基础上的"论谈式的伦理"(Diskursive Ethik)。[②]

在列维纳斯那里,关于创新伦理的形成是同建构一个"作为第一哲学的伦理学"的宏伟工程联系在一起的。把伦理学提升到哲学的首位,并不仅仅是克服当前社会文化危机的权宜之计,而是由于西方哲学的根基已经随着两千年历史的发展,受到致命的冲击,越来越陷入功利主义、工具主义和唯科学主义的陷阱,显示了它的人文伦理基础的薄弱性,以致导致第二次世界大战以来整个西方社会和文化的全面动摇。

列维纳斯尖锐地指出:如果哲学的宗旨是解决人生的根本问题,那么,哲学的首要任务,就是探索最基本的伦理原则。哲学的灵魂和精华,归根结底,就是、也只能是伦理学;而这样一来,伦理学就是"第一哲学"(la philosophie première),是哲学的核心和基础;而环绕人的生命的最重要和最关键的问题,就是正确处理人与人之间的关系,即"他者"(Autres)的问题。这就是列维纳斯在其生命的后 50 多年中坚持从事伦理重建的基本纲领。

列维纳斯认为,探讨和解决个人生命的伦理价值,不仅要重新思考西方传统伦理学的基本原则和主要范畴,以"他者"取代传统的个人"主体性",而且还要从本体论上论证"他者"的无限本质,把整个世界当成无所不在的"他者"的总和,深入探索"他者"存在的形而上学基础及其本体论和认识论性质。正是从这个意义上说,对于"他者"的哲学探讨,成为重建形而上学的基本问题,伦理学本身也由于将"他者"列为其基本论题而具有形而上学的性质。

列维纳斯把伦理学当成"第一哲学",但不是传统本体论意义上的"第一哲学"。这正是列维纳斯发展胡塞尔现象学的一个重要特色,他强调现象学必须靠对于"他人"的"脸"(le visage de l'autre)的显现的观察,探索人的本体论基础以及揭示世界的本真结构。列维纳斯认为,他人的"脸",以其赤裸裸的纯真本性,向我们本真地呈现人和世界的本质所在。当他人的脸呈现于我面前时,就是最本真地向我们显示生命的原本性质,呈现其未经修饰的自然特征,因而就有力地转换成"对我来说是一种无可抗拒的命令"。

---

① Habermas, *Theorie der kommunikativen Handelns*, 2 Bde, Frankfurt am Main: Suhrkamp, 1983.

② Habermas, *Moralbewußtsein und kommunikatives Handeln*, 1983; *Erläuterungen zur Diskursethik*, 1991.

在他那里，伦理原则不再是由上帝强加于所有的人的抽象的理性规范总体，而是可以在每个人的心灵深处“涌现”，并在每个人眼前呈现为具有道德价值震慑性力量的“他人的脸”。列维纳斯根据现象学原理和方法，强调“他人的脸”的显现过程是一个“事件”，甚至是一场戏剧性的表演（La morale est unévénement et même un coup de thêatre）。①

列维纳斯反复强调指出：“最重要的论题，我的主要定义，就是，其他的人，作为最优先的本体，构成给予我的这一切整体，即所有一切事物和整个世界以及呈现于我们面前的一切景观的一部分；而他人，在一定程度上，正是以‘脸’的方式，渗透到这个整体之中。”②

全球化时代的创新，不应该单纯成为市场经济发展的动力，而是应该首先从全人类的整体利益出发，从宇宙的和谐整体原则出发，使任何创新都能够一方面发挥历史优秀的传统力量，另一方面又维护和巩固自然和宇宙的和谐秩序及其正常运作。

---

① Finkielkraut, Lévinas: le souci de l'autre, In *Rue Descartes*, Collège international de philosophie, Paris, 2006.

② Finkielkraut, Lévinas: le souci de l'autre, In *Rue Descartes*, Collège international de philosophie, Paris, 2006.

公民权与正义社会:罗尔斯公民观念的当代意涵

张福建[*]

一、前 言

“人生而自由,却无处不在枷锁之中。”卢梭的名言历经两百多年,依然在世界回荡着。“人生而自由”可以说是当时的改革者、革命者、激进主义者曾豪迈地许下的宣言;但“无处不在枷锁之中”,却是道尽了现实世界的残酷与不幸。公民权(civil rights)或公民身份(citizenship)都曾是早期自由主义者或民主主义者(democrats)所曾应许的诺言,他们宣称要创造一个无等差的公民社会,然而性别、种族、宗教、肤色、语言以及市场经济无远弗届所造成的贫富不均,使公民权及平等公民身份的诺言迟迟无法兑现。这个问题持续地困扰着西方世界,19世纪的托克维尔(Tocqueville)及密尔(J. S. Mill)就深怕商业文明的发展(commercialism)会斲丧公民精神,因此在他们的著作中对于地方自治与公民参与就十分地强调,希望借此可以落实公民自治的精神。第二次世界大战后,英国著名社会学家马歇尔(T. H. Marshall)在一篇广为引用的《公民权与社会阶级》(Citizenship and Social Class, 1950)一文中,说明公民权的内涵不断地有所调整,从18世纪强调公民权利(civil rights),19世纪着重政治权利(political

* 作者单位:中国台湾“中央研究院”人文社会科学研究中心。

rights),到20世纪关切社会权利(social rights)。马歇尔的观察由于未尽符合世界各国公民权发展的实况,因此在20世纪60年代后引起广泛的讨论与批评,但是该文中有两个非常关键性的论点却常常为后人所忽略:第一,他认为20世纪公民权的发展最关键的问题,在于资本主义对公民权的对抗,由于公民权寓涵的平等精神与资本主义所造成的贫富差距格格不入,如何让贫富差距不至于使公民权流于形式,将是公民权最重要的课题;其次,马歇尔也特别强调除了着重公民权利以外,对于公民的义务与责任也不应该有所偏废。以上这两点观察,个人以为对当今的世界仍然富有启发性,从着重公民权利,到强调公民义务与责任,以及对公民精神的呼吁,这当中除了说明了公民概念的转折以外,毋宁看成是西方民主社会在历经各种抗议、示威运动之后,对于马歇尔理论的一种省思。而在当代思想家中最能对以上这些问题作出响应的,莫过于罗尔斯(Rawls),从1970年出版的《正义论》(*A Theory of Justice*),到后期的《政治自由主义》(*Political Liberalism*),其理论所关切的主要课题就在于如何使社会中的弱势者不至于因为性别、种族、肤色、贫富等所造成的不平等,妨害了其平等自由权利的落实。罗尔斯究竟如何去响应这些问题?这当中又存在着什么样的难题?

罗尔斯的理论之所以值得我们重视,除了其扣紧当代最重要的课题之外,其理论在当代亦引起广泛的争鸣,从20世纪80年代的社群主义(communitarianism)、公民共和主义(civic republicanism)到女性主义(feminism),都曾对其理论提出诸多的批评,因此其理论是一个考察各种理论角力的最佳平台。本文尝试从公民权的视角切入,深入探索其所向往的正义社会(just society)——所谓"良序社会"(well-ordered society),究竟蕴含或要求什么样的公民权?又如何在政治实践上去具体落实这些权利?对于这些问题,罗尔斯在《论各项基本自由权及其优先性》(The Basic Liberties and Their Priority)①一文中,作了最完整的响应,本文主要论点即依据此文。而在正式进入本文之前,拟就公民权的历史演进以及罗尔斯公民权观念的重要性稍加说明。

第一,就公民权的历史演进而言,自18世纪下半叶开始,英国争取扩大选举权的运动就不曾间断过,往后随着美、法大革命,对于公民权的争取可以说日趋普遍,从选举权、参政权、思想言论及著作出版自由(从Milton到J. S. Mill),

① 此文后收录于《政治自由主义》一书第八章。

这些权利逐渐地受到正式的肯认。从 19 世纪下半叶开始，由于工业革命所带来的社会经济问题日益严重，各式各样的社会主义应运而生，而自由主义也不得不有所修正，是有所谓格林(T. H. Green，1836—1882)等的新自由主义(new liberalism)。紧接着 20 世纪 30 年代的经济大恐慌，政府的角色也由消极而积极，最小政府的理念也逐渐势微。在第二次世界大战后，整个欧洲几成废墟。20 世纪 60 年代风起云涌的学生运动，更使得战后的西方世界再起硝烟，特别是在美国、欧洲种族之间的不平等，以及文化的多元与差异，都再次冲击旧有的体制。罗尔斯的著作开始于 20 世纪 50 年代，到《正义论》一书出版，都可以看到种族隔离政策以及 60 年代末的学生运动烙印于罗尔斯的思想中。因此，罗尔斯有关公民权的理念，一方面可以说继承了西方自由主义的传统，另一方面也为了响应自由主义所饱受的各种责难与批评而起。

第二，罗尔斯自陈其理论是从传统民主公共文化中化裁而来，因此考察其理论就可以知道公民观念从传统到现代，其演变的蛛丝马迹。从 19 世纪中叶到 20 世纪中叶，可以说是自由主义公民权改弦更张的重要时刻，罗尔斯的理论以正义社会为鹄的，提出了两项正义原则——平等自由权原则以及差异原则，可以说是同时包括了公民权、政治权以及社会权。不宁唯是，罗尔斯的平等自由权原则，特别是其对于政治自由权的强调，其中所蕴含的平等精神常易为人所忽略。此外，在本文中也尝试将其论证两项正义原则的理论预设——原初情境(original position)及无知之幕(veil of ignorance)等所可能蕴含的公民权以及公民德性加以阐释。

第三，在历史上，自由主义、公民共和主义以及社群主义，原是并存于西方政治文化的传统，即使自由主义的传统也存在相当大的分歧，从放任自由主义到自由社会主义，其中所蕴含的公民权以及公民德性也有相当的出入。罗尔斯的自由主义在 20 世纪 70 年代以后的西方思想界具有相当的重要性，但也因此引起社群主义、公民共和主义及女性主义等的批判。规范理论的针锋相对，对于实证研究产生一定的影响，例如实证研究的问卷设计多少是在一个典范下的常规运作，因此该典范的局限性也常常有意或无意地显现在问卷的设计上。因此，借由典范之间的交互攻错，对于问卷设计应该有所补益。罗尔斯的理论是当代政治思想中重要的典范，其理论所引发的争论，对于实证研究，特别是问卷设计应该十分具有参考价值。

第四，自由、民主、公民权与公民德性，对我们而言，毕竟是一个外来的制度与文化,经由资本主义、全球化以及民主化的浪潮,这些思想概念对于跨文化研究而言应该具有一定的共性,但是我们似乎也不应该忽视各个文化的特异性。若以这些概念作为实证研究的基础,其内容或许与每个国家的国情多少会有枘凿不合之处,因此如果能够通过理论的检视,对其概念酌加调整修正,将更能作出符合特殊国情的研究,这当中规范理论的检视常有补偏救弊之功。本人曾参与一项以"公民权"为主题的跨国比较研究①,该项研究在公民权的经验测量上,侧重于一般人民对"好公民"(good citizen)的看法,亦即:在现实生活中,好公民享有怎样的权利,尽怎样的义务,以及彼此应如何相待相处等态度。这项研究就像20世纪80年代西方公民权的研究再度受到重视一样,其侧重不是成为一个公民的法律要件,换言之,其在乎的不是谁可以成为公民的问题,而是关切一个更深层的伦理问题——作为一个公民配享哪些法律权利,更重要的是他应该承担哪些社会责任,又必须具备什么样的公民德性。总之,有关公民权的研究,从早期强调公民权利,到晚近对公民的责任、义务以及德性的强调,都可以看到公民权意涵在当代的再度转换。罗尔斯是当代自由主义最重要的理论家,其理论曾引发社群主义、共和主义及女性主义等的批评,其中对 citizenship 的不同认知与诠释是彼此争讼的主要焦点。罗尔斯的理论是否可以有效地响应这些批评?以下,是个人的一个初步考察。

二、原初情境

在《政治自由主义》一书中,罗尔斯声称其政治正义观的建构,其思想资源是取诸西方民主社会中的公共文化,在此一公共文化中潜藏着某些基本直觉理念,即视社会为一个互惠与互利所形成的公平合作体系(fair system of cooperation),而从事合作的主体则为自由及平等的道德人。此道德人具有两项道德能力,分别是追求正义感的能力,及追求、修正理性人生计划的能力。依照此一特定的政治正义观,该社会中的人们为了实现上述两项道德能力,必须依恃于"社会的基本善"。这些社会基本善包括各项基本权利与自由,例如思想与良心自由以及其他自由权,都是运用上述两项能力所必须具备的制度性条件;为了实现人生计划所必须保有的迁徙及择业的自由、担任各项权威职位所享有的权利

① 参见章英华、傅仰止主编:《台湾社会变迁基本调查第四期第五次调查执行报告》,"中央研究院"社会学研究所,2005年7月。

以及特许权(prerogatives)、收入与财富以及作为人所保有的自尊与追寻人生目的所具有的自信。① 换言之,所谓社会基本善就是我们在政治学中所习用的价值的权威性分配中的"价值",这些价值的分配关系到一个社会是否公正,更关系到此一政治制度能否妥善地确保其成员的各项自由权利,其中包括我们熟知的人身自由、言论著作出版讲学的自由以及选举投票示威抗议、甚至采取和平抗拒(civil disobedience)的行为。② 此外,为了实现自己的人生计划,在教育、就业、医疗等必须确保给予每个人公平的机会平等;而且,社会既然是一个公平的合作体系,那么对于社会中处境最不利的成员,必须持续地改善其生活境况,这些概属于一个"良序社会"即罗尔斯的公正社会所悬的理想。

罗尔斯《正义论》之后的著作中,明白地宣称其理论乃是植根于民主的公共文化中。在此一传统中,把人视为自由平等的道德人,而言论自由,特别是政治言论自由,乃是公民发挥其正义感(sense of justice),针对社会基本结构及其社会政策有所针砭的言路,政治自由及思想自由概属于此一范畴。政治言论自由对罗尔斯而言,乃是属于思想自由的一个次范畴。其在自由民主社会中的重要性,不仅作为诸基本自由权的成员之一(family),而被赋予优先性;即使在与诸多其他自由权相互抵牾之际,由于此一政治言论自由的重要性,也应该获得更周全合理的保障。

为了便于说明起见,拟先将罗尔斯的政治正义观说明如下,该正义观的主要内涵即以两项正义原则作为社会基本结构——主要的政治、经济及社会制度的根本规范,此两项原则③为:

第一,每个人都有平等的权利主张,享有一完备体系下(a fully adequate scheme)的各项平等自由权;而且其所享有的自由与其他人在同体系下所享有的各项自由权兼容,即这个体系中的平等政治自由权,唯此项权利的公平价值

---

① Rawls, *Political Liberalism*, New York: Columbia University press, 1993, pp. 13—14.(下文中引自此书的,均以 PL 表示,并只注明页码。)

② Rawls, *A Theory of Justice*, Cambridge: Havard university press, 1971, pp. 363—367, 371—376.(下文中引自此书的,均以 T. L. 表示,并只注明页码。)

③ 从《正义理论》到《政治自由主义》出版期间,两项正义中的第一项原则,无论在文字或内涵上都有很大的变动;而且这两项正义原则在《政治自由主义》一书中,前后的文字叙述也不尽相同(请比较参考 PL, pp. 5—6, 219),本文的二项正义原则是摘自该书中第 5—6 页。此外,尚须附带说明的是,除此两项正义原则之外,罗尔斯的正义原则,还应包括应用两项原则的先后次序规则,即第一项原则具有优先性,而这点与"宪政根本和基本正义"的论述,也有些许的出入,限于篇幅不在此作进一步的说明。

(fair value)必须获得确保(简称为平等自由权原则)。

第二,社会及经济的不平等须满足下列两项条件:

(1)各项职位(offices)及地位(positions),必须在公平的机会平等下,对所有人开放(简称为公平机会平等原则)。

(2)使社会中处境最不利的成员获得最大的利益[即为差异原则(difference principle)]。

从《正义论》到《政治自由主义》,正义原则的文字虽略有出入,但是罗尔斯在论证其所提出的正义原则之际,一直援用社会契约论的传统。相较于传统契约论的自然状态,罗尔斯虚拟了一原初情境,在此一情境中,人们由于受无知之幕的遮蔽,将会理性地选择以上的正义原则作为社会基本结构的规范,用我们当今比较熟悉的政治学术语来说,就是价值的权威性分配是依照以上两个正义原则作为准绳,这样的一个社会就是罗尔斯心目中的"良序社会"。

所谓无知之幕意指在原初情景中订约的各方不知道自己的性别、肤色、种族、年龄、阶层等。罗尔斯为什么要在原初情景中虚拟一个无知之幕呢?最主要是为了确保订约的公平性,而其论据是罗尔斯认为个人从出生开始,即深深受社会基本结构的影响。由于人生而即落于社会之中,随着每个人际遇不同,有人生而即既富且贵,有人则一贫如洗,至于智愚强弱更是千殊万别。个人所出生的世代、社会、阶级、家庭、种族及肤色等,均对个人一生的发展,特别是早期的发展有相当深远的影响,甚至影响了其性格、能力、意志力及对自我的期许等。其次,由于出生及自然禀赋等所造成的不平等都是"不应得的"(undeserved),因此对此种不平等多少要给予适当的补偿(T. J. , p. 100);更何况各项才能及能力之所以能一展所长,离不开社会的各项条件。换言之,没有社会的鼓励与支持以及制度所提供的训练及磨炼,个人的才能便无从发展,因此,罗尔斯认为我们理当将"才能"视为社会的"共同资产"(T. J. , pp. 101,179)。总之,由于以上因素所造成的不平等,是不能以"功绩"或"应得"等观念来正当化的(T. J. pp. 7, 54),由此所衍生的不平等也是不符合正义的,必须借由上述两项正义原则来给予适当的矫正。

罗尔斯常以正义寓于公平(justice as fairness)来概括其理论,其主要的立意就是认为一个合乎正义的社会,必须借由适当的原则来规范其社会基本结构——即宪政基本架构及主要社会经济制度等。在此一正义社会中,依照第一项原则,每个人保有各项基本自由权以及平等的政治自由权;依照第二项原则,则确保社会中的每个人教育、就业的机会平等，进而依照差异原则来逐渐地改善社会中处境最不利的人。

三、平等自由权原则与公民权

每个人都有平等的权利主张，享有一完备体系下的各项平等自由权；而且其所享有的自由与其他人在同体系下所享有的各项自由权兼容，即这个体系中的平等政治自由权，唯此项权利的公平价值(fair value)必须获得确保(简称为平等自由权原则)。

在一个正义的社会中，为了有利于人们的两项道德能力得以展现，首先必须确保每个公民在该体制下能平等地享有各项自由权，这些自由权包括我们所熟知的人身自由、言论讲学著作出版的自由、选举权和参政权以及确保每个人对政治的过程有平等的影响力，必须尽可能做到确保政治的公平价值。换言之，罗尔斯在第一项原则所列举的自由权，可以说是当今民主国家宪法中所列举的各项自由权利，例如为了确保人身自由，经由长期的历史演进，从信仰自由到各种保障人身自由的法令，如英国的"人身保护令状"(habeas corpus)；为了个人思想观念得以自由表达的言论讲学著作出版的自由；数百年长期抗争所争取到的平等的参政权及妇女参政权；以及 19 世纪为了抗议资本家的剥削所衍生的示威抗议罢市罢工等各项权利，这些都是一个社会中的公民为了实现自己的人生计划以及针对社会基本结构的不公必须保有的基本权利。

关于罗尔斯对于各项基本自由权的说明，罗尔斯在《正义论》之后，1981 年为了响应当代著名的法学家哈特(H. L. Hart)而发表的《论各项基本自由权及其优先性》一文特别重要。在此文中，罗尔斯不仅对于各项基本自由权的论证基础作了更详尽的说明，而更重要的是为了厘清自由权的意义及重要性提出了各项自由权的"核心应用范围"(central range of application)。以政治言论自由为例，所谓政治言论自由的"核心应用范围"即包含：(1)不存在所谓"诽谤政府罪"；(2)除非特殊状况，对于出版自由不得予以事先限制；(3)鼓吹革命及颠覆的学说(subversive doctrines)受到充分的保障。从长期的历史经验观察，以上三个问题确是言论自由中最具争议的话题，即使到今日，这些言论是否得到充分的保障，在"9・11"事件之后可以说是备受考验。但是，从另一个角度来观察，这三项政治言论自由的充分保障对任何一个文明国家来说，又是揭弊防腐所不可或缺的。从罗尔斯的角度来说，这些言论自由则是人们评量社会是否公正的必要性制度保障,因此,应予充分的尊重。①

为了响应激进自由主义者与社会主义者对于自由主义的自由只是徒具形式的批评,罗尔斯特别着重强调平等政治自由权,并且区分自由权与自由的价值,进而主张确保这些自由权具有"公平的价值"。总之,为了避免立法为少数权贵所垄断,因此必须确保每位公民的政治自由权具有"公平的价值"。意即所有公民,不管其社会经济地位为何,对他们而言,各项政治自由权的价值(作用)必须大致平等,或者至少是相当平等的;此即确保每个人均有"公平的机会"担任公职,以及影响政治决策的结果(T. J., p. 224)。他认为除非政治自由权能保有"公平的价值",否则正义的制度也无从确保,至于在实际政治上究竟如何实现此项目,罗尔斯认为并没有具体可行的方案,他只是作了如下例示:公费选举以及竞选经费的从严限制,并且确保每个候选人都有大致相同的机会去使用大众媒介。更具体地说,为了达成上述的目的,罗尔斯反对个人或公司对政治候选人从事大笔的捐献,以及反对用立法来限制某些政治候选人的造势活动,因为对于弱势者而言,街头演讲可能是其宣达政治理念最可行而且有效的方式。

由于罗尔斯十分在意如何确保政治自由权的"公平价值",而提出以下的方针,如:在一个私产的民主制中,应避免政党受私人经济及社会力的操控;对于一个自由的社会主义体制,则主要是避免政府的过度管制及官僚体系权力过度膨胀。此外,为了确保各项政治自由权的"公平价值",罗尔斯还主张实行下列措施:(1)财产及财富的分配不宜过于集中(T. J., p. 225);(2)课征各种遗产税及赠与税,并且对遗赠的权利设限(T. J., pp. 227-228);(3)必要时可实行所得累进税制,以及调整法定的财产权(T. J., pp. 277-279);(4)土地及资本的持有不宜过度集中,以免少数人垄断了生产资源(T. J., pp. 280-281)。从上可知,对于会影响政治公平价值实现的种种窒碍,罗尔斯十分注意并尝试防患于未然。

四、第二项正义原则与公民权

罗尔斯所提出的第二项原则事实上包含两个正义原则:一是"公平的"机会平等原则,主要是用来与"形式的"机会平等原则区分(T. J., p. 73);二是差异原则,主要是用来使社会中处境最不利的人境况得以逐渐改善。所以公平的机

---

① 更详尽的说明请参考张福建:《政治言论自由与社会正义——罗尔斯的观点》,载《政治与社会哲学评论》第九期,2004年6月,第39—77页。

会平等原则，其主要是为了保障具有相等才能及企图心的人，不管其出身背景为何，应该有同样成功的机会，亦即不管一个人的出身、肤色、种族、阶级、阶层，只要具有相等的才能以及企图心，那么社会的基本结构必须提供相等的机会给每位公民。为了达成此项目标，罗尔斯主张采取以下的措施：(1)避免财产及财富的过量累积，并确保每个人都有同样受教育的机会，以及获取知识和学习技能的机会。这些都不应该受到一个人出身、阶级等的影响，如义务教育的实行等，无论公私立学校，应该摒除阶级、种族等的障碍(T. J.，p. 73)，因此类似于美国及南非种族隔离的政策，都可以说是明显违反这项原则的。(2)必须实行各种适当的税制，以确保财富及收入分配的普及，而且要确保每位公民具有合理社会生活所需的起码条件(T. J.，p. 87)。此外，罗尔斯还郑重地指出所有的职位和地位必须对所有人公平地开放，而且不得以那些被排拒在门外者将获得利益为由，而阻断被排除者自我实现及承担责任的机会(T. J.，p. 84)，亦即不得以某些人或某个性别、阶级较胜任某一项工作，且将有利于其他人或团体来作为排斥他们的理由，在罗尔斯看来此一做法明显的妨碍了某些人或团体自我实现及平等共同参与社会的机会。依据以上主张，罗尔斯显然不希望社会贫富的差距过大，而为了达成此项目的，可以采取各种适当的税制，如所得税及遗产税采取累进税制等。(3)各种求才的广告，在其文字部分，不得有性别或种族歧视的字眼，由于这类广告有违公平的机会平等原则，因此严予禁止。依据以上各点，不难发现，罗尔斯的各项提议，其立论是希望社会中的每个公民都有平等的立足点，特别是在教育及就业方面都不应该由于性别、种族、阶级等的差异而受到歧视或排斥。

所谓差异原则，罗尔斯指的是该社会经济上的不平等必须使得处境最不利的成员能获得最大的利益，依照此一原则，罗尔斯所构想的正义社会虽然容许收入及财务分配上的不平等，但是要求这种不平等必须能使社会上处境最不利的成员获得最大利益。

罗尔斯的理论与公民权的关系有以下几点值得我们进一步思考：

第一，根据上面的分析，可以清楚地看到，罗尔斯的思想具有相当平等的倾向，但是，令我们疑惑的是，罗尔斯的思想究竟与现代的福利国家有何差异？依照罗尔斯的正义原则，国家为了确保政治的公平价值以及落实第二项正义原则，显然需要扮演相当积极的角色。但是，这样会不会遭遇到类似现代福利国家所面临的困境——一方面福利措施造成很多依赖者以及怠惰者，另一方面国家官僚体系也顺势大幅地膨胀甚至腐化？若是如此，将会严重弱化公民的自主性与独立性，对于公民意识的培养反而是一种伤害，这样岂不是与罗尔斯的立意背道而驰？

第二，罗尔斯在第一项正义原则中，特别着重政治自由权的公平价值，其主要目的在于避免自由流于形式的问题，亦即透过很多措施以避免政治被少数人或某些特定团体所把持，就像19世纪的密尔所担心的"阶级立法"一样。20世纪民主政治的发展，更令人担忧的是政治疏离与冷漠，从欧美国家投票率的节节下降，就可以知道20世纪80年代公民权研究的复苏，主要着眼的问题就在于公民意识的薄弱。依照罗尔斯的理论，其所设想的公民理应是一个自由平等的道德人，除了理性的追求自己的人生计划以外，也不忘关怀他人的福祉以及社会基本结构是否合乎正义等问题，这些似乎都有待于强烈的公民意识。但这样强烈的公民意识绝对不是以权利为主的自由主义所能唤发，是以罗尔斯的自由主义，是否也应如Galston以及Macedo所强调的——加强公民德性的培养以及公共精神的唤发①，换言之，其是否多少该乞灵于社群主义以及公民共和主义？

五、结　语

综合以上的分析，可以看出罗尔斯的自由主义一方面固守着传统自由主义的某些基本信念，但是这些信念在长期的历史演进中，由于不断受到各种运动的冲击，其内涵也起了极大的变化。罗尔斯的思想在政治思想的光谱分类上，很明显是属于中间偏左的，相对于诺齐克(R. Nozick)、哈耶克(F. A. Hayek)等，其显然对于社会中的弱势族群有较大的同情，虽然他的思想在当今世界吵得沸沸扬扬，但显然并不是美国实际政治中的思想主流。其次，随着资本主义的发展、全球化的浪潮以及跨国资金的快速流动，都将使得罗尔斯的思想更形孤绝。但是如果我们肯把眼光放远，像罗尔斯一样把社会视为自由平等道德人一个长久合作互助的体系，则罗尔斯所提出的思想还是具有十分重要的指导意义的。

---

① Galston, William A., *Liberal Purposes: Goods, Virtues, and Diversity in the Liberal State*, Cambridge: Cambridge University Press, 1991, pp. 217, 244; Macedo, S., "The Politicsim of Justifiction", in *Political Theory*, 18, 1990.

一种与全球化相呼应的政治哲学

——赫费政治伦理学的主要理论贡献

庞学铨 *

当今世界，经济、科技和文化领域的交流合作已是众所周知的事实。这种合作关系，既是全球化的重要表现，又是推进全球化的基本动力，也是全球化进行的主要维度。自 2001 年“9·11”恐怖主义袭击以来，人们清醒地看到，全球化远非仅仅是合作，同时也正在全球权力关系的维度进行。在权力关系和合作关系这两个全球化维度的推动下，也出现了饥饿、贫穷、战争以及政治、文化或宗教的殖民压迫，形成了受压迫受苦难者所组成的人群关系，这可以称为全球化的第三个维度。相应地，形成了三个全球共同体：合作共同体、权力共同体和命运共同体。

由上述三种关系和三个共同体构成的全球文明框架和态势，向人们发问：在这样的情形下，各种文化、经济和政治形态，彼此如何对待和选择？是否应以某些准则来约束政治行为？法和国家是否必须遵循某种作为普适观念的“正义”？从政治伦理学和其标准的方式来提问就是：“人类共同生活的何种形式是

* 作者单位：浙江大学哲学系。

正当的?"[①]赫费[②]的政治伦理学正是试图回答这一全球化时代提出的重大问题。其主要理论贡献有三个:一是重新恢复了法、国家和伦理学三者的密切关系,二是论述了交换正义性理论,三是提出了世界共和国理想。

一、法、国家和伦理学:三者重新结合

法、国家和伦理学的结合,或者说,从伦理道德角度探讨法和国家,是一门法学、国家理论和伦理学相互渗透、融合的交叉学科和研究领域。它经历了一个素朴结合、缺失分离和重新结合的过程。

从柏拉图、亚里士多德到康德、黑格尔乃至马克思的西方思想中,法学、国家学说和哲学三者具有密切的联系,法和国家伦理学是哲学也是法和国家科学共同的理所当然的研究任务。所有伟大的哲学家,往往都是重要的法和国家思想家。法和国家理论中的道德观点,即政治的正义性,起到了核心作用。即使是在所谓黑暗的中世纪,思想家们也未停止对法律和国家的道德思考,这可以从托马斯·阿奎那的著作中看到;而到了中世纪后期,随着商品经济的萌芽与发展,罗马法的复兴,对法律的道德思考已从思想家的内心激动转到实践的应用。正如赫费所说,在近代以前,"所有伟大的哲学家,往往都是重要的法和国家思想家。反过来说,法和国家理论主要是由哲学家们写成的,……政治讨论亦主要是从哲学角度进行的,而且成了道德的统治的决定性部分,并以这种形式建立了哲学的法和国家伦理学"[③]。从外在形式上看,法哲学及法的研究者以该时代的方式参与或主要从事哲学研究,从内在特征上看,批判和认识的道德理论受到法和哲学的深刻影响。

但是,大约从19世纪中叶起,哲学与法和国家理论便逐渐分离了。在大学

---

① Otfried Höffe, "Aufbruch zur politischen Globalisierung: Westliche oder universale Werte?"赫费寄赠笔者的论文打印稿。

② 特弗利德·赫费(Otfried Höffe)生于1943年,曾任瑞士弗赖堡大学哲学教授,该校国际社会哲学和伦理学研究所所长,现任德国蒂宾根大学哲学教授,并担任德国海德堡大学、斯图加特大学及美国哈佛大学、圣路易大学等许多著名大学的兼职(或客座)教授,海德堡科学院院士,日本科学基金会、美国阿奎那基金会客座研究员,以及德国许多重要杂志的编委和基金会的评委。由于其在法哲学、法伦理学领域的突出成就,在德国乃至整个西方哲学界获得了很高评价。1980年以来,德国、瑞士及法国的一些权威杂志、报纸、电视台、电台对其理论和思想作了大量报道与评论。他近年来活跃在各国政治哲学研究的舞台上,也多次来中国访问讲学。

③ 赫费:《政治的正义性》,庞学铨、李张林译,上海译文出版社2005年版,第2页(以下引自该书的,只在正文中注出页码)。

里，法哲学则成了附属于法学的边缘学科，哲学也渐渐远离了法、政治及社会公正性、合法性的理论。这是因为，一方面，现实社会的治理更注重法律的确定性要求，随着出现了职业法学家。他们受实证主义哲学的启发，开始从纯粹法学的视角，关注法律的内部构成和实际效用，摒弃对法律的道德与价值思考，以保证对法的所谓客观分析。另一方面，哲学家们也由于把法理论研究的任务让给了法学家而如释重负，从而将研究兴趣转移到诠释学、现象学和科学哲学等领域。法学家们在研究法律时抑制了道德冲动，哲学家们则把道德的冲动转向了法和国家以外的领域。在奥斯丁、萨维尼、凯尔森、哈特等人的著作中，对法与伦理关系的思考被淡化和遗忘了，形成了法和国家理论的实证主义流派。赫费认为，这段时期"在法和国家科学中盛行的是历史主义和实证主义，而这两者对道德观持不信任态度，在有些地方甚至明确地拒绝道德观。随着哲学与法的国家科学的分离，也出现了法和国家科学与伦理学的分离，从而使法和国家伦理学也消失了。"(第 3 页)

两次世界大战给人类造成巨大灾难，尤其是这种灾难又是在国家利益和法律权威的幌子下发生的，这使一些哲学家、思想家又重新思考和关注国家、法律与道德的关系问题，重新燃起了对政治和国家的合理性、正当性问题的兴趣，由此推动了对法、国家和伦理学的重新结合。其中罗尔斯的《正义论》发挥了重要影响，引发了活跃的对法律正义的伦理学讨论，许多著名的伦理学家、政治学家甚至经济学家，如德沃金、富勒、哈贝马斯、布坎南等，相继发表了大量论著。《正义论》一书引发的关于正义问题的讨论，是跨学科的，由于其采用了诸如决策和博弈理论的现代论证方法，使得关于法正义的讨论消除了道德说教的味道，达到了一定的历史深度。但是，在赫费看来，罗尔斯没有充分注意引起上述双重分离的原因：排斥道德价值的法实证主义与否定法和国家必要性的无政府主义这两种极端倾向。罗尔斯论证了不可侵犯的个人权利，提出了不同于传统功利主义的正义观点，但基本上是探寻一种经验的规范的正义理论，而没有去解决这种理论的根据，即探讨作为规范的基础概念的正义，因而没有实现对功利主义的彻底批判。同时，他关于个人权利的原则涉及社会基本财富的分配，也不是作为基础层次的人权，与传统功利主义有着共同的目的，即追求人的幸福，又可以说是没有完全摆脱功利主义。

赫费从哲学和人类学的角度研究法和国家理论，致力于消除哲学与法和国家理论以及法和国家理论与伦理学这种双重的分离，以恢复哲学的法和国家伦理学本身的名誉。他认为，法和国家伦理学研究是优先于法和国家制度具体形态的前问题，即道德上是否允许有法和国家制度的强制权力。道德并不只是属于私人生活，还可以理解为评价人类实践的一种形式，道德评价涉及的是对实践最高的而不只是技术层次的评价。实践本质上具有制度特征，在制度范围内，具有特别重要意义的是法和国家制度。“与法和国家有关的道德，我们称为法和国家道德，从哲学上对它进行的研究，称为法和国家伦理学。”①这是一种政治的基础哲学，其核心思想是政治的正义性。

我们知道，任何法和国家制度都建立有强制机构，因而都具有强制权力。但是，人类社会为什么需要这样的强制权力，强制权力与道德上正义、公正的关系应是什么样的关系？具有强制权力的法和国家制度在道德上是否合法、正当的准则又是什么？这就是政治的正义性所要讨论的问题。政治的正义性是法和国家道德批判的基本概念，体现了法、国家理论和伦理学三者的结合。回答了前一个问题，就肯定了三者重新结合的必要与可能；论证了后一个问题，也就阐明了三者重新结合的恰当途径。

赫费对前一个问题的回答是从批判法和国家的实证主义及无政府主义观点入手的。这是两种怀疑法和国家伦理学之意义与可能的原则性观点。

法和国家的实证主义主张法和道德的分离，认为道德是私人的事情，因而对法和国家制度的道德评价是多余的，甚至是无意义的；严格的法和国家实证主义论点则无限制地肯定法和国家的绝对权力，这实际上是取消了对法和国家合法性即正义问题的讨论。无政府主义则反对任何法和国家，主张以无统治而不是正义统治作为社会原则。如果说实证主义把道德问题排除在法和国家讨论之外，那么无政府主义连法和国家本身也抛弃了。赫费称前者为政治教条主义，后者为政治怀疑主义。两者虽然处于对立的两个极端，但共同结果是从根本上怀疑法和国家伦理学之意义与可能。

批判这两个极端，并且要在二者之间找到一个可调和的点，“在这个可调和的点上，对法和国家权力采取既非绝对承认同时又相对拒绝的做法”（参见第7页）。一方面，针对无政府主义，要论证法和国家关系存在的理由；另一方面，针对法和国家的实证主义，则要论证道德观点，并借助道德观点来论证对这种关系的限制。概括地说，就是要对法和国家合法性的范围和界限作出新评估。这

① 见赫费为《政治的正义性》中译本写的序。

种新评估，也就是基础哲学意义上的法和国家批判，它要追问一般的社会强制是否合法，再进一步论述法和国家的强制是否可能优越于其他强制形式，以及按照哪些原则来组织一个更为优越的法和国家的强制(参见第 43 页)。

按照近代社会契约论的观点，原初自然状态下，人人都享有自然权利，但因为没有任何约束与限制，便会产生暴力，各人的权利也就不能得到保障，因而彼此签订契约，自愿放弃暴力和某些权利，以保障各人相应的自由与权利。这是一种交换，在其中每个人有得有失、有取有给，社会也就有了对自由与权利的限制。“这种来自外部各个主体的相互限制具有强制的特征。”(第 270 页)所以，一定的社会强制只要是为相应的契约共同体的利益服务，就是合法的。

然而，在这样的原始契约中，如何保证各个放弃了自己自由与权利的人，又都能获得相应的自由与权利呢？也许有人在别人都放弃了他们的自由与权利而自己享有了权利时，却不想去保障别人的权利。对于这种“政治逃票者”就得有公共权力去约束他，使他也得放弃自己的权利，公正地实现交换。这样的公共权力，逐步演变成后来的统治，即“法和国家权力的总和”(第 41 页)。因而，法和国家的强制也是保障人们的自由与权利的需要。

但是，法和国家的强制权力，不能是无限制的，而应该是合法、正当的，必须有其合法性的准则和基础，这就是“在道德上是正当的……表现为一种道德的强制权限及道德的拥有权”(第 285－286 页)。所谓道德上是正当的，即是说，强制权力应当是正义的。在赫费看来，基础哲学意义上的法和国家批判理论，必须涉及三个概念：法、国家和正义。三者是内在联系而不是外部并列的：一方面，只有把正义理解成法概念而不是个人道德的范畴时，正义能自然地在一个国家中实现时，才能排除将法和国家制度与道德评价分离开来，进而取消对法和国家合法性即正义问题讨论的实证主义观点。另一方面，只有当国家原初性地、自然地对正义负起责任时，政治的正义性构成法的规范批判的尺度时，法和国家形式才是人类共同生活的合法形式，才能清除那种否认任何法和国家的强制形式，认为在没有任何强制和国家的情况下人类才能找到共同生活的合法形态的无政府主义幻想(参见第 11 页)。“可以说正义性是适合于各种具有强制权力之社会境况的绝对命令，政治的正义性是适合于各种法和国家制度的绝对

命令，简言之，是绝对的法和国家命令。”（第 49 页）①

赫费就这样把法、国家和道德三者内在密切地结合起来，建立起法和国家道德批判的理论。有些评论因此称他是德语世界里是“最先使法学、国家理论和哲学三者重新结盟的哲学家，也是一位最富有成果的开拓者”。②

二、交换正义性：一种论证的新范式

政治的正义性所要讨论的后一个问题，即具有强制权力的法和国家制度在道德上是否合法，正义的准则又是什么。通过对这一问题的论证，提出交换正义性理论，是赫费政治哲学的另一个主要贡献。

讨论正义问题必须立足于人的存在，总是涉及人的自由、权力，特别是利益问题。迄今为止，几乎所有的正义讨论都是如此。近现代政治哲学关于（强制权力的）合法性、正义性的论证，主要有三种。

一是实用主义的论证。这种论证的策略是以个人自由的得失均衡为依据。强制有限制个人自由的一面，也有赋予个人自由的一面，当个人达到肯定的自由均衡即得到的自由多于失去的自由时，就证明这种强制是合法的；而达到否定的均衡时，则证明强制是不合法的。但人是组成群体和社会的，对个人来说是合法的强制，并不能保证对社会共同体也是合法的。因而实用主义的合法化基础上又有了社会实用主义的论证：用社会的得失均衡来代替个人的得失均衡。就是说，一种强制权力只要为相应共同体的利益服务，使公共利益达到均衡，它就是合法的。可是，一个群体或共同体是由许多分群体和个人组成的，并非在需要和利益上是协调一致的同质意义上的构成物；相反，他们有着各自的需要和利益，存在着竞争和冲突的可能。因而，达到了公共利益上的均衡也不能表明同时达到了个人利益上的均衡。社会实用主义的论证同样缺乏说服力。

二是功利主义的论证。与实用主义相联系，这种论证同样根据是否达到利益得失的均衡来判定强制权力的合法性、正当性。只是这里分析的得失，不是指同一个体的得失，而是要考虑一个人的得对另一个人造成的失，因为在群体或社会中，每个人都是独立的，而且每个人都可以同样的方式拥有独立性。假如，一种强制权力能使人们的利益达到肯定的均衡，那它就是合法、正当的；否

① 参见赫费：《作为规范的法和国家哲学基础概念之绝对命令》，载 L. 勒编：《罗伯特·施班曼纪念文集》，韦尔海姆，1987，第 87—100 页。

② 见《法兰克福汇报》，1990 年 7 月 25 日。

则，就是不合法、不正当的。同时，要用确定个人利益得失均衡的方式来确定公共利益的得失均衡，那种能带来相对来说是最大的社会及公共利益的强制权力，就可以认为是合法、正当的。

二是分配性利益的论证。利益分配的正义与否，以及如何达到利益分配的正义性，是人们最为关心的问题。分配性正义在亚里士多德那里就已提出了。他说，正义事情"有一类表现在荣誉、财物以及合法公民人人有份的东西的分配中（因为在这些东西中，人们相互间存在着不均和均等的问题）"①。从分配性利益角度论证正义问题成为现代正义讨论中最常用最受重视的论证策略。

在讨论分配正义问题的古典思想家们那里，"分配"范畴含义广泛，包括各种经济、社会价值在不同个体之间各种形式的分配，他们一般认为，人与人之间存在着天赋能力的差别，所以分配应该因人而异。这意味着，具有不同天赋能力的人所分配到的份额是不一样的，这虽然是不平等，但它与个人的天赋能力相一致，因而又是正义的。是正义，而又建立于"不平等"的基础上，这样的正义观在逻辑上是矛盾的、混乱的。现代一些思想家则明确地把可分配物指向利益而不是如意义、价值之类无形的东西，提出了种种分配原则作为正义的准则，经济自由主义者说要"据劳分配"，社会主义者则要"据需分配"，贵族制则坚持"据祖先功劳分配"，等等，莫衷一是。

在当代，罗尔斯可以说是以分配性利益论证正义的主要代表。他恢复了古典正义思想，在《正义论》中提出了"正义的两个原则"：一是每个人都拥有平等的基本自由权利；二是收入和财富的分配可以是有差别的不平等的，但必须适合于所有人，给每个人带来利益。这两个原则概括成更一般的正义观就是："所有社会价值——自由和机会、收入和财富、自尊的基础——都要平等地分配，除非对其中的一种价值或所有价值的一种不平等分配合乎每一个人的利益。"②因而他也把正义看作"作为公平的正义"。罗尔斯的正义理论引起了广泛而持久的争论。有的人称：罗尔斯已几乎穷尽了对最平等的分配正义所能够作出的理性辩护，如德沃金；有的人则认为，罗尔斯的正义观承认不平等的正当性，是不能容忍的，并进而提出极端的平等理论即平均主义，如尼尔森。此外还有其他一批理论家及其相关理论。赫费有些鄙视地感叹道："正义性讨论竟进展到

---

① 亚里士多德：《尼各马科伦理学》卷5，1130b 31—33，苗力田译，中国社会科学出版社1990年版，第92页。

② 罗尔斯：《正义论》，何怀宏等译，中国社会科学出版社1988年版，第62页。

这样的程度，使得人们对分配正义都不愿进行讨论了。”①

赫费对罗尔斯的批评，涉及许多方面。就对其所说正义的两个原则而言，他认为，首先，仍属于功利主义的论证。罗尔斯的主张意味着正义就是分配性地为所有人带来利益，是一种受到每个人拥护的原则。在为法和国家形式作合法化辩护时，那种“均等地为每个人带来利益”的功利主义原则和罗尔斯说的“为每个人带来利益”的正义原则之间的差别，是微不足道的；而且，所谓“所有人的利益，即公共利益，被理解为集体的不能分割的”（第 48 页），这也就是以集体利益为衡量正义的准则。所以，罗尔斯的正义原则仍属于功利主义的，因为功利主义在“合法性讨论中，最终期望的不是分配性利益，而是集体利益”（第 282 页）。

其次，仍不能解决强制权力的合法化问题。因为，罗尔斯提出的分配性正义主张符合公正观念，或者说，是以公正性为前提的。这里就产生两个问题：一是公正意味着将所有个人的、不同于他人的嗜好、价值观和理念都排除在外，要实现作为分配性利益的正义，便必须遵循公正性的最严格要求，也就是说，一种强制权力只有在对每个人都有好处、能保障每个人利益的条件下，才是合法的、正义（正当）的。然而，没有一种强制权力和国家制度会认为自己对每个人都有好处、能保障每个人的利益，而那些按照这种办法解决利益的过程中受到亏待的人则自然会认为，强制的合法化要求并没有得到满足（参见第 52 页）。二是在法和国家的强制形式中，什么是公正、正义，立法者即强制权力的行为能否如亚里士多德所断定的那样，做到“每一规定都是公正的。所以，法律是以合乎德性的以及其他类似方式表现了全体的共同利益，而不只是统治者的利益”②。这些本身都是需要论证的问题，这涉及（实际上回到）对法和国家本身的合法性论证。同时，可分配的东西从何而来？如果它们是自然的馈赠，是自然之物，那是可以用来分配的。但是，必须得对材料进行加工才能分配。加工就涉及劳动中人们之间的关系，这同样又涉及（实际上又回到）人的自由与权利的得失问题，这恰恰是政治的正义性要处理的问题。因此，分配性正义的论证“基本上是在探寻一种经验的正义理论”（第 26 页），没有解决正义性的根据和基础，还缺乏基础哲学层次的深度（参见第 308 页）。

---

① O. Höffe, *Vernunft und Recht. Bausteine zu einem interkulturellen Rechtsdiskurs*, Frankfurt/M., 1996, S. 202.

② 亚里士多德：《尼各马科伦理学》卷 5，1129b 14—15，苗力田译，中国社会科学出版社 1990 年版，第 90 页。

第三，在自然状态下，人们是不能信赖契约的约定的，因为，根据分配性利益原则，参与约定者只注意到自己的利益，于是会觉得不遵守约定会更对自己有利。罗尔斯提出的第二个正义原则表明，作为分配性正义，为了实施对相关群体利益的分配，同时，又能给每个人带来利益，相应地就需要设立具有强制权力的法和国家。这实际上又是实用主义的、而且是社会实用主义的政治合法性观点。

赫费认为，文明和社会进程的大部分并不是伸手拿来可以分配的自然馈赠物，而是在于改变自然。在这里，就取决于交换正义性。基本的合法化任务所表达的恰好不是分配问题，而是交换问题（参见第 55 页）。所以，从基础哲学层次上来讨论正义问题，就要用交换正义性（Tauschgerechtigkeit）来代替分配正义："代替分配出现的乃是作为基本模式的交互性，或者说，交换。"①"政治合法性中至关重要的正义不是分配性正义，而是交换性正义。"（第 272 页）

这里所说的交换，当然不只是指物品、财富等经济学意义的交换，而是包括思想、权利、责任、荣誉和利益等在内的十分广泛意义的交换，也包括否定、消极意义的交换，即彼此放弃某种拥有的东西，如自由、暴力等。交换正义性的基本原则"在于取给的等价性"②。

为了达到交换正义性，必须要有某些预设条件，其中两个最重要的条件是：从主观上说，交换必须是自由赞同的；从客观上看，所交换的内容价值应大致相当，至少价值差别不能太大。比如，在利用他人困境，或在给他人施加压力，或在重要内容上对他人进行欺骗等情况下进行的交换，就是非正义的；用整片土地来换取一些酒精饮料的交换、出卖自己的甚至子孙的自由来换取一点"烈性酒水"，也无疑是非正义的。因此，并非任何交换都是正义的，而只是那些在交换过程中任何人都不是得到超份额利益的交换，才是正义的（第 42，54 页）。

赫费认为，西方近代契约论所说的人人享有天赋人权的原初自然状态，可以叫做第一级的自然状态。这种自然状态下实际难以保障各人享有的自由和权利的，因此人们订立契约，彼此放弃和限制自己的部分自由，如不再要求去残杀、侮辱和掠夺别人，从而保障个人相应的不被别人残杀、侮辱和掠夺的自由，进入"第二级的自然状态"。在这种状态下，"自由的限制换得了自由的保障，对

---

① O. Höffe, "Gerechtigkeit als Tausch?", in *Zum politischen Projekt der Moderne*, Baden—Baden, 1991, S. 11.

② O. Höffe, "Den Staat braucht selbst ein Volk von Teufeln", In *Philosophische Versuche zur Rechts-und Staatsphilosophie*, Stuttgart, 1988, S. 23.

自由的放弃回报以对自由的权利要求”(第 272 页)。这是一种(自由的)交换，在这种交换中，每个人同时有取有给，这虽然只是一种消极的交换，却根本上是正义的。但是，这种正义是在“第二级的自然状态”，即在“一种前政治和前制度的法社会，即自然的法社会”中发生的(第 287 页)，它还只是“中间的正义原则”，只能称之为自然的正义性(参见第 275 页)。

自然的正义性建立在自然的法社会的契约性强制基础上。假如订立契约者不诚实或担心自己的利益受损而不遵守约定，那么人们又回到了那种自然状态。“这种困境说明，正义若没有一种共同的强制权限是不会成为现实的；在无共同强制的情况下，正义就根本不具有生存能力。”(第 297 页)因此，需要有一种制度化的公共权力，即实证的法制度和国家来界定彼此交换自由的界限，并保障自由的交换即正义的实现，从而代替自然的正义性。不过，这里说的实证的法和国家制度并不是指近代特殊意义上的，也不需接受现代国家的特征，比如国家权力的集中化和官僚化，它应该拥有调节人们自由共处的能力，同时又与形式强制和处罚强制相结合。

现在可以看到，在自然状态中，人们通过彼此间放弃自由而获得自己的基本自由，这样由交换而来的正义，是原初的正义；要保证原初正义的实现，就需要法和国家制度，但法和国家“只能保障但不能给予基本自由”(第 308 页)，只能帮助(原初的)正义成为现实，因而其合法性也只具有辅助的性质。

按照赫费的观点，上面所说的那种交换，不但在同一时代即共时地发生，也可能在下一代人和上一代人之间即历时地发生。换言之，共时性的交换正义在非共时性的视野中，更多地表现为“代际正义”。①

以环境保护的正义为例。自然环境可以说是自然给予的，它应是人类的共同财产，属于每一代人。但是，由于自然资源在很大程度上是不可再生的，每一代人应该在何种程度上使用他自己的份额又是难以确定的，很可能上一代人会过度使用了后代应得的份额。人们对自然资源的使用必须以保持其总量不变为原则，而不能过度使用导致资源的匮乏甚至枯竭，影响下一代对自然资源的拥有和使用。因此，不管是个人、群体还是一代人，从这一人类共同财产中拿走了多少东西，就有责任放回同等价值的东西。这里便出现了代际正义问题。当然，慷慨的一代人自然会留给下一代更多的自然资源。这就是交换正义性在环

---

① Höffe, *Gerechtigkeit. Eine philosophische Einführung*, München, 2001, S. 89.

境保护领域的应用。

交换正义性理论的应用所及“不止于自然环境，还涉及文化、社会和技术方面”①。就人类自身来说，如父母抚育子女和子女以赡养方式的回报，便是交换正义性的体现。在所有文化、社会和科学技术等各个领域，也都有交换正义性问题，每一代人都必须注意三个方面的事情，以保持它们在代际间的平衡、实现交换的正义性：一是保护现有的资源，二是增生新的资源，三是预防对资源的各种破坏。

而在今天全球化时代，在经济、文化、教育和环境等各方面，当代人的生存以未来为代价的现象十分普遍。可见，赫费的交换正义性理论对于人类自身及其社会和环境如何可持续发展的问题，具有极其重要的现实意义，这也更显示出其呼应全球化时代的价值。

三、政治正义性的应用：世界共和国

赫费哲学的第三个主要理论贡献在于将其政治正义性扩展为全球正义思想，试图以实现政治正义性为目标，建立全球的法秩序与和平秩序，引发出世界共和国的理想。②

赫费断言，20 世纪一些法哲学理论家没有重视全球和平问题，也缺乏对全球法和国家理论的讨论，必要时也只是参与讨论一下国际法讨论而已，比如拉布鲁赫、凯尔森、哈特等，甚至布洛赫、马尔库塞，或霍克海默、阿多诺，以及哈贝马斯的法理论，虽然也要求释放出明显的乌托邦能量，但却缺乏全球和平这一论题。罗尔斯的《正义论》也缺乏同样的论题。

前面已指出过，当今的全球文明框架由三种关系和三个共同体建构而成，这一背景下的全球化产生了许多全球性的重大问题和任务，如国际和平秩序，与国际犯罪包括恐怖主义的斗争，国际环境保护特别是气候保护，还有某些国际危机的应对等；同时，国际化运作的企业、国际型和外向型的机构及非政府组

---

① O. Höffe, *Moral als Preis der Moderne*, *Frankfurt/M*, 1993, *S.* 173.

② 赫费专门写了《全球化时代的民主》和《经济公民、政治公民和世界公民》等著作及一系列论文论述这一构想。前一部著作出版后即在欧洲学术界及更大的范围内引起广泛注意和评论，发表后不久，就有专门的讨论文章结集出版：Stefan Gosepath und Jean-Christophe Merle(eds.), *Weltrepublik Globalisierung und Demokratie*, C. H. Beck, München, 2002。其中，有的评论者认为：这部著作在今天关于全球正义性的讨论中是独一无二的：“迄今为止，只有赫费这部《全球化时代的民主》是研究全球正义性问题的著作。”(见该书第 12 页)

织等新的势力，正在不断赢得权力和影响力。这些新势力虽然没有将自由的民主制度也没有将其社会责任排挤到一边，但它们却达到了足以深刻改变现实政治和政治理论的程度。所以，无论内部安全还是外部安全，或是生存预防措施、国民经济发展和环境保护，这些任务，大部分超越了单个国家的界限和能力，由此出现了一种国际合作和区域性政治统一体如欧盟的方式，真正属于全球性的任务是不能从区域范围内得到解决的。全球化时代，单个国家依然存在，其作用仍极其明显，但它的权力实际上在削弱。这一事实，是对现实的法和国家理论的挑战，对政治哲学的挑战，它促使人们思考一种政治的新形态，采取一种全球性行动，以解决跨国的和国家之间的事务，承担起全球法共同体的责任：克服全球性强制权力共同体，建立起一个全球性的法与和平的秩序。第二，全球合作共同体需要有一个公平的行为框架，包括从反对国家之间畸形竞争的措施到保护这些国家的社会和生态的起码标准。第三，关注全球正义问题。（第 14 页）

要完成这些责任，需要有一个以实现正义为目标而建立起来的民主组织，要求以单个国家的民主制度扩展为世界的民主制度来回应全球化的上述挑战，以某种全球法治国家和全球民主制的标准，建立世界共和国。

对于这种世界共和国的设想，自然会有种种指责和批评，归结起来有两种对立的观点：一是把世界共和国理解成全球统一的政治形式，取消所有的单个国家状态，这是“无差别的世界主义”或全球主义；二是主张差异性要求，反对全球性的国家状态，这是坚持差异性的社群主义。其中还有一个具有决定性意义的反对论点认为，第二次世界大战后建立的一些国际组织如联合国、经济合作与发展组织或北约等，都仅仅是某些国家的外交工具，而且在目前世界的强权政治中实际上并不能发挥其所声称的作用。所谓世界秩序的国际舞台，实际上要么是为少数国家服务的，要么成为一种集权的世界国家。

针对诸如此类的指责和批评，赫费论述了世界共和国的一些主要特征：首先，世界共和国不同于国家理论的全球主义，不主张简单化的或无差别的“世界主义”，它不是要解散、取代单个国家，“不是作为国家上同质的机构，也不是统一的和中心化的国家，而是作为国家的联盟，在这个意义上它具有国家的特征，所以它是联邦国家”（第 262 页）。组成这个世界联邦国家的成员国，虽然由于全球化而使权力有所削弱，但在国际事务中依然是起决定作用的主体，它们具有法伦理上的优先地位，即具有自己独立存在的合法性。

其次，世界共和国的建立遵从“过渡原则”，并且把国际组织和国际规则作为必要的准备阶段。它要求一种分层次的世界秩序，由诸如单个国家、国际组织、中间层次的区域国家联盟、世界联邦等多层次构成的、与联邦制相一致的世界国家。在一定意义和条件下，“世界国家是解决区域内部争端的辅助机构”（第 277 页）。

第三，世界共和国坚持并实行联邦制辅助性原则。单个民主国家有着双重权利：根据联邦制的原则，它具有继续存在的合法权利；根据辅助性原则，它具有自我负责的权利。因此，它们仍然是独立的国家主体，仍然保有其特有价值和生活方式，完成一个独立国家应做的事情，虽然国家间的界限可能变小了，但并未消失。世界共和国只留下一些剩余任务，就是单个国家及其区域联盟所不能完全或几乎不能承担的事情：“世界国家不能在单个国家和大区域联合体所已达到的事情上发挥作用。”（第 287 页）它只是一个补充性的国家，一个辅助性的国家。联邦制辅助性原则可以称为普遍辅助性命令，既是世界共和国能够存在的合法性基础，也是它实施统治的正义性原则。

赫费同时着重指出，世界共和国的建立和实际发挥作用，不仅要遵循辅助性原则，还需要世界公民道德意识的提高和支撑。

赫费认为，公民范畴包含四个维度：作为处于合理的同时又不断发展的制度和法律范围的一般法伙伴维度上的公民，生活在多元主义占主导地位的全球化时代的公民，生活在特定国家和社会内的公民，处于高度复杂和动态的世界共同体中的公民。相应地，对公民的道德意识也提出了更高的要求：

第一，作为法伙伴维度上的公民，需要一种正义意识。这主要是指：通过原初的自我和他人承认，所有具有责任能力的生命个体都承认自己和他人是法伙伴；肯定法作为严格的各方面适用的规则之总和，反对个人任意性和个人强制权力，这是处理人们相互关系的支配性原则。

第二，适应今天的多元化社会，需要一种宽容意识。多元化能够扩大人类发展可能性的更广阔领域，但今天在西方占主导的多元主义强调没有限制的自由，没有多方面合作的竞争，因而是一个片面的和非辩证的概念，只能有限制地适用。法伦理学主张的多元主义并不是相对主义，它主张保护个人自由，又认为要把这种自由与正义性结合起来，即限制自由。公民不但能容忍别种文化，承认他人权利，还要用法律来要求这种宽容，这是一种真实的宽容。当然，宽容的合法性基础在于人的自由和尊严不受伤害。

第三，作为共同体成员的公民，需要有与共同体相关联的公民意识。没有人能够解除所有人的困苦，每个人又必须为减轻困苦作出贡献。所以，承担某些责任和帮助他人就是共同体中人们的义务。与此同时，又不能以各种名义损害他人的法义务，得尊重他人的道德义务。

第四，作为国家公民，需要公共的公民意识，也称共同意识。这是指公民自愿承担和献身于社会和国家的公共利益，而不是出于法律义务。这种公民意识反对国家和社会的分离、限制官僚化，会有助于国家把力量集中到它本来的任务上来。共同意识中有一种文化的共同意识，这集中于如语言、文学、音乐和建筑等共同要素，并将丰富的文化遗产留给后代。

第五，作为世界公民，面对现代社会的困难，需要审慎、冷静、智慧意识。现代社会出现了许多具有现代特征和形态的困难，如贪婪威胁着所有的生活领域，造成生态破坏；科学技术高度发展、经济巨大驱动力和人口的爆炸性增长使得对大自然的掠夺在某种程度上达到了系统化，甚至全球化。要遏制人类这种不知足的欲望，不能抱有绝对否定的幻想性态度，也不能采用专制方式，更不能怀着恐惧感，而是需要公民有一种审慎、冷静的态度。这种态度应从日常消费开始开始，贯彻在所有生活领域中。当然，解决此类问题和困难，立法者负有重大责任。

赫费认为，联合国已接近于这样的世界共和国了。联合国由主权国家组成，它们在《联合国宪章》范围内放弃了部分权利而走向联邦制的世界共和国。例如，由于承认人权，使它们对内部统治权实行某些自我限制，在国内要求高度的合法化民主；由于放弃暴力甚至禁止暴力威胁，对其外部统治权也进行了限制。《联合国宪章》第七章甚至授予安理会以全权来反对威胁和平，并可以采取政治、经济与军事措施。在联合国，也不会出现权力垄断，联合国的全体大会在某种程度上相应于立法机构，安理会是唯一拥有完全的公共权力特征的机构。当然，安理会有可能服务于常任理事国的特殊利益，五个常任理事国的特权也与世界民主的基本思想存在剧烈冲突。因而，他对联合国提出八点改革建议（第293—301页）。

因此，世界共和国是完全可能的，它不是空洞的乌托邦，它是一个尚未到来的乌托邦，它是一个理想，这个理想是为了建立世界法秩序，我们“必须承认它是人类久已为之努力的一个目标”（第294页）。现实的人类以法伦理形式关注着它的实现，并且也许它已在途中了。

全球社会中的公民教育

Arthur K. Ellis*

在做某件事之前首先要学会它，我们要从做中学。

——亚里士多德《伦理学》第二卷第一章

君子不重，则不威。

——孔子《论语》

一、公民的形象

“你能体验到事物的一方面，但它的另一面也许就超出了你的知识范围。你(经历)并了解作为奴隶的一生，但是，你从没有体验过自由，你不知道自由的滋味是不是甜的。哈！如果你知道自由的滋味，你就会加入到我们中间来和我们一起为之战斗，带着你的矛和战斧来一起战斗。”根据希罗多德记载，这些话是斯巴达先驱在雅典战争中对他们的波斯指挥官所说的。

公民身份在历史上常常是很荣耀的，在古希腊城邦，在古罗马共和国和帝国，在俄国古老的诺沃格罗德镇①，在直接民主制的瑞士，在公元930年建立的

---

* 作者单位：美国西雅图太平洋大学。本文由浙江大学舒也文译，张文军校。

① 在1019年，王子雅罗斯拉夫一世授予诺沃格罗德镇一个自治的特许状。这个镇的议会或市民会议，选出了自己的王子。在1270年以后，市民会议选出一个市长，主权还是属于小镇。这个镇分为五个地区，每个地区都有自己的议会。

古冰岛的议会，在新英格兰殖民者的议政厅中都是如此。当然，类似的例子不胜枚举。公民具有独特的身份和地位，他们享有高于奴隶和一般臣民的权利和特权，他们在历史上比奴隶和一般臣民更普遍地体会到了人的作用和尊严。而到了今天，遗憾的是，公民只用来表示和那些生活在需要孩子似的臣服的绝对规则的专制政体或集权主义政体中的人的区别。公民身份既不是财产也不是所有权。公民是有知觉的道德主体，他们的权利和特权是通过义务和责任的砝码而得到平衡的。公民这个词从任何意义角度来看都是稀有的和宝贵的。

有关公民和公民身份的描述有各种不同的说法。在一些国家的宪法中，这是一个非限定的状态，作为必要的前提条件去获得更多的特权地位。亚里士多德这位人类思想的智库曾经提到："因为有许多形式的政府，就必须要有许多种的公民……"换句话说，在美国、俄罗斯和中国，"公民"和"公民身份"意味着一些不同的东西。对于公民的意思并不存在某一种权威的解释，这是很正常的。

在我们的时代，直接参与民主的公民相对较少，更多的公民是间接参与或者作为代表参与。无论如何，公民的理念意味着政治权力掌握在人民手中。在不同的情况下，公民的权力从几乎完全掌握权力到几乎没有权力不等。古雅典、瑞士或新英格兰镇厅的直接民主，在实践中是很罕见的，其原因主要在于大多数现代政府的规模庞大并且非常复杂。在今日世界的大多数国家里，议员是公民选举产生的，他们基于人们的意愿或他们自己对问题的判断来作决策。在美国，议员的总数半个世纪以来都没有改变过，参议院是100名，众议院是435名，但是这半个世纪以来人口却翻了不止一倍。这意味着，每个公民当选议员的机会都比以前美国历史上任何时期少。

从事教育工作的我们总是希望公民的教与学成为课程的一部分。几乎每个社会都要求有公民教育。例如在美国，公民教育是被认为目标结构四大支柱里的一个，其他三个支柱是学术成就、自我实现和事业准备。美国学校和其他国家的许多学校一样，开设公民教育和政府管理课程；但我们也受到进步运动的很大影响，例如强调学生合作学习、学生参与式管理、课外活动和其他体验的方式，确保学校公民教育的目标得以实现。

二、道德教育与公民

哲学家阿德勒写道："在对公民的教育中，道德训练涉及一个问题……一个好人与一个好公民在美德方面是不是相同的？"他总结到，尽管它们并不对等

(他告诉我们可能一个好的人比一个好公民的要求更多),但同大于异。亚里士多德指出,在公民的多种道德中,最重要的是如何以自由人的身份去管理和服从。这些观点对于广泛的社会意义上的教育和正式学校教育来说都富有启发性。这个论断表明,道德训练包括管理和服从的知识,这知识是必须学的,因而是要教的。

我写这篇文章的目的在于论证公民的品德就是道德品质的假设,我进一步假设道德的功能比其他社会性的手段更有用。哲学家孟德斯鸠在考虑问题时首次提到了这些假设,他提到:“在共和国中,美德就意味着爱国家,也就是说,爱平等。这不是一个道德品质,也不是基督教的品质,而是一个公共品德。”一方面,我并不赞同将公共品德与道德和宗教割裂开来的观点,应该像学生们觉得非常难学的学术性学科一样对他们开展品德教育。另一方面,这种割裂又有一定的价值,学校关注将公共品德教育与宗教教育分开,将前者在学校中进行,后者在家庭和教堂中进行,这使得多元化的社会中的宽容性得到了保障。最近出现的一场关于学校中带头巾和穿宗教性服饰的文章的争论提醒我们,一个民主国家是允许在宗教和学校分离的程度上的观点有所不同的。

对任何公民来说,在存在、行为和目的上都有三方面的维度。第一方面包括基本的道德品质如关心他人、责任和义务的意识,对人类权力的尊重、公正和仁慈的评价,以及文明和宽容。第二方面包括诸如此类的行动:日常事物中正确的言行,参与公益性活动,遵守法律,以及平和地面对错与对。第三方面包括更好的自我的愿景、有所进步的社会、为未来作贡献等人生目的。

三、全球公民

在传统上,公民是在对国家效忠的背景下被定义的。我们每个人都有护照证明我们作为一个公民或者一个特殊国家的居民的身份。对于公民的条件,每个国家都有它自己的要求。所以,今天在座的每一个人都是公民,我们有某些共同的地方。但是,我们是不同国家的公民,每个国家都有自己特殊的管理形式。因此,全球公民是我们在这些日子里经常听见的一个术语,那么什么是全球公民呢?如果说中国公民对中国效忠,美国公民对美国效忠,那么一个全球公民应该效忠谁呢?效忠什么呢?我们有联合国,但是联合国这个词本身就意味着我们不是来自一个国家而是来自很多国家。本文不打算探究这个重要的问题。但是我认为我们在对全球公民这个概念下定义的时候要严肃认真地进行周密思考。无论答案如何，如果我们试图形成某种意义上的全球公民，教育的作用都应该是至关重要的。

四、公民教育

假如我们认同在公共美德形式中我们应该在学校中教公民身份，那么怎样才能更好地完成任务？这种通过学生学习公民身份或者其他方面的东西的方式是重要的。这不是把他们学的内容放一边，而是假定一个课程的理智选择，经验本身变得重要了。对学生来说，适当的实践要求教与学的三个方面，它们是说教、经验、反思。

说教的方法是最熟悉的。学生学习公民身份的历史、理念是怎样产生的，民主主义和其他统治的教学方式是在哪里怎样实践的，不同的公民身份形式，公民身份和公民的关键属性，有价值的积极的公民身份的故事情节，民主制度怎样发挥功能，以及公民的责任、义务、权利和特权。这主要是一个学术的方法，通过演讲、讨论、阅读、写作和相关任务去完成。课程材料需求是历史、原始文件、故事、传记、散文、电影等。这是知识的接受。

经验的方法，是被大多数进步分子赞颂的，它涉及从做中学。学生一起工作，通过做项目学习，试图去解决现实世界的问题，通过学生自治实践民主，以及参与到社团生活中去。而说教的方法体现的学习是第二或第三手来源的，也就是间接的，经验的方法通过在他们学习过程中直接的遭遇而进行学习。经验学习暗示了以知识发现和建构为主的教学观。

反思的方法，挑战着学生让他们寻找学习中的意义。如果民主的公民身份教育要发生，学生们必须是允许给予说话权以及邀请进入权威和责任的身份的。他们必须以他们自己的学习来思考这个术语，摆正姿态并回答关于它的真实性、有效性和完整性的问题。这涉及思想理论，或者一个人自己的想法和感觉的意识，和其他人一样。对课堂来说，这种暗示是明显的。意识体包括语言、自我认识和隐藏在活动中的其他意识。反射在我们所做的事情中的所有太常见的失败，就像诗人托马斯·艾略特悲痛地写的这句话："我们获得了经验，但我们失去了其中的意义。"反思实际上是知识的重建。

不平等地或非此即彼地对待这三种方法是错误的。它们是互利的、互惠的、必需的。在最好的情况下，三种方法互相影响。从某种意义上说，它们可以分别地被看作信息、实践和见识——真实知识的组成部分。

在这篇文章中，我试图强调公民教育和与其相关的道德元素的重要性。我也试图概括一个为改进我们在学校中教育公民身份的尝试的结果的过程策略。当然，教与学的过程仅仅和他们自己的内容和经验一样，但这是另外一回事了。

我们已经进入了一个新时代，全球公民理念的产生有紧迫感。假如全球公民不仅仅是一个术语，我们就必须扩展一些理念，包括责任和义务、自由、机会，接纳会员和承担义务。为了使全球公民成为现实，我们将需要有合作和相互依存的心态，超越国家界限和传统的束缚。这未来的一代需要在共享的命运下共同着手和行动，以一种过去的一代甚至当前的一代不敢想象的方式进行。

附　录

全球公民教育中相关概念的列表

实质性概念	过程性概念	结果
尊重权利	参与与合作	个体
文明和文明社会	主动性和动机	集体
责任和义务	领导力和团队建立	环境
乐观主义和视野	目标设立和组织	和平
信任和诚实	自律和持久性	繁荣
慷慨和同情	反思和批判性思维	精神
容忍和移情		
正义和仁慈		

普遍领域和个体领域的必要结合：权力和感觉

Jacinto Rivera de Rosales *

一、引　言

本次研讨会的主题是文明间的和谐与创造。因此，我们所面对的任务是思考使非冲突性共存如何可能的条件，以及能够包容各自创造力的相互关系。理论方面要反思的是：人类关系中存在的普遍要素和特定要素的认同与互融，它包括个体与社会群体之间的关系，以及由此构建的整个人类结构本身。我将集中精力予以讨论的正是这一特定领域。

我们必须谨记以下一系列因素：首先是普遍性的因素，人与人之间的关系必须遵循一定的基本规则，在行为者的基本自由得到认可的地方，在恣意对待和伤害他人的方式被终结的地方，这些规则实际上应当被公开确定为法律，也就是说，确立人道对待的基础。其次，在处理他者的问题上，尽管是在一定的普遍性框架之内，世界各处不同的生活方式必须得到尊重，差异必须予以促进。对此，我诉诸对人类历史上已经形成的生活方式的客观理解，也就是说，诉诸文化和文明的多元性。这些文化和文明构成了不会被耗尽的理解可能性的财富，对这种财富的尊重和促进是创造的可能性的基础。对这一问题，我诉诸新文化

---

* 作者单位：西班牙国家远程学习大学。本文由浙江大学李建平译，王蓉校。

的可能性和配置，它也将结束由千篇一律和同一性停滞所导致的压制。

二、行为领域

当我们谈论人际关系领域的话题时，我们必须问问自己，究竟我们确切所指的是什么。在此，我们不能论述所有的方面。鉴于本次研讨会是针对文明多元化的实际情况，我不打算专注于讨论个人在他们自身中分享的爱情和友谊关系，即使这对他们的生活和生命的意义有着重大的价值。我将从根本上集中讨论文明的四个领域，当然，它们在保持一定程度独立性的同时，彼此之间也有着紧密的关系。这四个领域包括政治、经济、道德和宗教现象。

首先，宗教向来是文明和文化内容的强有力载体，但它们也一直被不正当地作为不和、欺骗、战争、酷刑、镇压和消灭敌人的工具。宗教往往能够形成具有强烈同一性的社会，因此它能够为它的信徒提供完整的生命意义。但也由于这一原因，在其一直生存的固定环境中，宗教信徒很难接受多元性，因此他们往往局限于自身。宗教多元化遵循的首先是实证或实际的原则，而不仅仅是理性与信仰的原则——这是建构它们并且不能被无视的原则。例如，基督教不可能不认为基督是他们的救世主，同样，其他宗教中的某些信念也不愿意接受与其他宗教的对话和共存。只有一个渐进的宗教净化过程——其中包括他们超越了历史的罗网走向彼此了解、接受生活的神圣性、接受象征阐释的多元化——能够使他们走到一起。尽管在某些情况下，这也可能意味着它们逐步的历史消解进程。

除了当前宗教负面经验导致的偏见(因为他们往往把神看作一个实体或人格化的神，它是一个不同于一般物体和人的存在)，对神从情感和理性方面的理解构成了这一实体的一部分，这并不令人难以接受，它是人生存的条件和生活的意义，以及与他者形成富有成效的关系而作出的巨大贡献。这实际上在很多场合已经发生。但是对宗教的历史主义理解方式已经被采纳，也就是说，各个宗教本身必须意识到他们不能把自己强加给对方，并且没有理由指导先前提到的其他领域的行动，他们必须遵循不会产生内部和外部暴力的宗教原则，因为暴力不仅违背了自由、伤害了其他人的权利，而且也违背了理解宗教的理性原则。否则，不同文化间的和谐与创造性共存的局面变得几乎不可能了。

因此，没有任何政治、经济或者道德的力量可以或应该去干涉宗教现象或其自身的多元性。在我们这个时代，宗教多元化现象越来越多。这是一个新的宗教形式正在不断诞生的时代,最重要的是,这个时代也提出了很多新的与宗教有关的生活方式。否认这些宗教就像消除了人类的个性和社会生活的方式,这犹如夺走了他对环境理解的一个核心部件。一般而言,作为内部创造力的力量来源之一,宗教无疑是人类社会的基本法则之一,因此任何国家都不应该对其进行压制。不过,一个历史性的宗教无论如何都不应该被允许获得对政治、经济或道德的独断性控制,因为任何把特殊性转化成普遍因素的企图都将会导致暴政。不过,只要他们尊重多元共存和他人的权利——其中的很多权利也是他们自己所需要的——这些特殊性就必须予以保留。

其次,就经济领域而言,思考多元化、普遍性甚至其极限性都是至关重要的。在经济领域,依据被提供的服务方式和交换方式,多元性甚至是具有强制性力量的。无论是公有或私有部门都不应该掌控需求的全部方面,即使是为了经济领域存在的理由也不允许。如果财产和私人的主动性得不到保障,对个人来说就没有自由可言,因为自由是在自身之内进行转化的行动,它不是一种如果没有社会也会自身存在的东西,相反,它需要积极的表现。同样,依据多元性,私人的主动性和创造性必须得到认可和促进,从大公司到家族企业,从自由的个体到企业都一样。几个月前,我们经由媒体得知,中国政府已经进一步完善了私有财产保护制度,我认为这是一项明智的决定。没有私有财产,个人就不可能行使他的自由。因为实际情况是,我们并不仅仅要满足作为动物的身体的需要,而且也应该被承认为自由的存在。

不过,对我们大多数人来说,在一个依据纯粹个人主义却没有公共干预和调节的基础上建立起来的经济制度中,仍然不会有人身自由甚至也不会有社会的存在,因为个体和私有公司只注重自己的需求和实现自己利润的最大化,而不会去理会其他人。由于没有无对象的自由,确切地说任何人都不应该被剥夺生命的物质基础。对个体的承认必然导致对所有个体的承认,因此这是一种普遍的承认;它与抽象的普遍性概念无关,而是受到所有社会成员影响的具体的普遍性。世界性的饥饿和饮用水短缺是一个严重的问题,让我们在常规的政治、经济和道德的方面来说说这一问题吧。在此,这将是一个普遍性的原则。财产,和塑造人类的自由一样,具有道德和法律的双重面:即个体的一面与社会或集体的一面(并且不应该践踏其他人)。因为商品的社会功能从本质上来说是涉及每个人的一项任务,并且不应当不顾私有(慈善性质的)机构的主动性,所以其功能的实现从根本上来说与政治权力有关(一般通过对个人财产征收税款的方式获得资金)。政治的选择一定是根据分配给一种或另一种财产的功能所占的百分比而决定的。这将在很大程度上依赖于当前多样化的社会和文化提供的价值等级体系,多元化提供了可选择的途径(很明显,美国人认为财产的私有功能更为重要,而欧洲人则倾向于认为财产的社会功能更为重要)。然而,对于经济的公共职能,人们应当谨记,每个人必须在各自的可能性之内保持经济的活跃性,这不仅仅是辅助性的——首先是因为几乎所有俗世的商品必须得以生产,其次是因为这是我们实现自由和创造力的方式。

经济的这种双重功能和意义(社会的和个人的)不只是在国家之内有效,也不仅仅只对该国的成员有效,而且,在与其他国家的关系之中也同样有效。当与欠发达国家进行贸易和签订协议的时候,富有国家不能忘记这一点。当大国与小国形成关系的时候,前者也应该记得这一点。在19世纪和20世纪,发生了政治的非殖民化,经济非殖民化应该紧随其后,它应该在跨国公司的经常性无节制行为中被提上日程。我们必须谨记,除了目前正沉浸在全球化进程中的国家之外,哪些国家的政治和经济的重要性正在遭到削弱,尤其是那些不那么强大的国家。我们还必须谨记,私有公司的逻辑正在被引导到包括社会和文化的各个层面,从而使利润最大化成了评价事物的唯一标准。在这一点上,指出经济的局限性并对急剧发展的帝国主义进行限制是十分有益的。并非所有为公民和其他国家的服务,以及所有的人与人之间的关系——包括政治关系,可以通过私有公司的专属经济参数进行估量。对于文化的支持也不仅仅是一个经济事务。经济是必要的物质生活,但它不是整个生活,也不是生活的目标,而是一种手段。这就是它的局限性。

全球一体化带来的利益和开辟的巨大可能性是显而易见的。例如,互联网已经带来了信息革命,它跨越了国界,可以将任何电话插座变成一个可能的世界中心。这一革命的重要性,甚至超越了活字印刷术的发明在其时代的地位。它加强了个人自由和团体的行动,革命性地变革了我们的工作方式、教育方式,并且能够及时地把发达国家的最新生活方式介绍给我们。经济移民和公司扩张已经导致了国家经济的增长,即使是在更为贫穷的国家也是如此,财富也因此得到了增加。不过风险也是相当大的。世界范围的全球化资本迫使各国加强国际公约的相关政策和条约的签署,甚至到了结成政治联盟或跨国经济共同体的程度,这就为全球市场施加了社会规则。这些规则旨在使公共部门得以运转,并使援助行动得以实施,比如,它要求有关国家自己能够组织教育、卫生,禁止劳动生产中的剥削或雇用童工的做法以及危及当地居民和国家公民的对自然资源的过度开发。为了确保可持续性增长,关于共同贸易的国际规则是必需的。我们应当时刻谨记,自然资源是有限的,而环境正在退化。所有这些挑战,靠单一国家的能力都是无法应对的。

再次,为了给基本的人类共存确立最低限度的基础,道德应当以理性、哲学和法律为根本立足点,为人的行为确立至关重要的普遍性准则。毫无疑问,这一任务需要所有党派进行对话和讨论,并且我们不能把某一种特定的文化强加于人。然而,我确实认为,我们思考的中心点应该是人类的尊严,这种尊严涉及每一个人、每一个主体以及人类群体。这一思考的成果体现在各项人权声明中——从《法国人权和公民权利宣言》(1789 年)到《非洲人权和人民权利宪章》(1981 年)——安全的权利、正当法律程序的权利、人身自由、政治和社会权利、平等权和群体权益在此都得到了表达。最近,我们从报纸上得知,厄立特里亚政府(在伊萨亚斯·阿费沃基领导之下)已经颁布法令,禁止在这个非洲国家对女性施行割礼,"因为这种行为对妇女构成了巨大的伤害"。这是一个好消息,表明我们正在朝着正确的方向前进;一种具有自身限制性的文化本身应该支持基本的妇女权利,尽管这一理论基础仍然显得相当薄弱。任何宗教、经济或政治行为都不应该违背这些基本权利。这将是最大的普遍性。

但是,世界上没有任何道德制度、生活方式以及思想应当把自己无限地泛化。有些人会选择一夫一妻制的终身婚姻,有些人则会选择独身生活,而另一些人则喜欢多重的性与感情关系。有些人将把他们的生命献给艺术、科学或他们的家庭,而其他人则将把自己的时间用来为非政府组织提供服务。有些人会因为道德或宗教的原因成为素食主义者,而其他人将继续食用肉类,等等。

最后,就政治领域而言,我们还必须考虑特殊性和普遍性,以及行动的界限,因为并不是任何事情都可以被纳入政治范围。

我们可以看到,民主的原则已经日益成为政治的普遍因素,换句话说,民主作为政权制度是适应思想自由和人类尊严的最佳方式。在民主制度下,组织原则既不是依据宗教和种族的区分,甚至也不是依据语言或任何其他的绝对因素,取而代之,它依据的是公民的自由意志。我们看到,在 1900 年,仅仅有 6 个民主国家(全民或男性具有普选权),而现在,自由国家的数量已经达到了 89 个。同时,民主国家也展示了它的经济活力,在面对腐败时的道德力量以及社会性的组织宗教的能力。尽管在很大程度上,这在所谓的民主国家还没有成为完全的现实,但它是我们努力为之奋斗的理想。我们也因此越来越意识到,民主可以有不同的表现形式,而且,为了实现民主,不同的途径也是必需的,但是没有哪一种方式可以拥有强加于人的外在暴力。那就是这些国家自身的多重性以及范围广泛的创造和发明之所在。

避免战争应该成为支配政治关系的原则,而所有上述的关系必须依据公正的国际法,并经由一致同意的方式得以实施。鉴于现代武器的毁灭性力量,和平主义者的合作在今天显得尤为必要。由于不断发展的全球一体化——诸如国际公司的无节制行为、国际层面的投机买卖、有组织犯罪、毒品交易、卖淫、贩卖军火、恐怖主义活动等——合作显得更为紧迫,对于涉及环境退化的行为更是如此。我们承担着共同的风险;我们都在同一条船上,整个人类都生活在一个大约四千米深的狭窄生物圈之内,这个生物圈完全能够被我们毁灭。本来,我们以为自然是取之不尽、用之不竭的。由于原子弹的存在,人类已经意识到,我们完全可以毁灭我们的栖息地。气候变化和对这个星球的过度开发,使我们的脚步离生态灾难越来越近。另一个危险的利刃则是基因技术。所有这些共同风险的现实化,促使人们意识到必须进行相互合作和制定一致同意的世界政策。因为没有孤立的民族或国家可以凭一己之力解决这些问题。

政治必须使其他领域的行动成为可能,而不能侵犯其他领域。政治同样有它的局限性。错误的做法将会把一切转化成权力斗争,转化成限制自由、限制创造力以及其他领域自主性的意识形态灌输。并非每一样事情都应当由政治主导;相反,必须有隐私或私人领域的存在,以及私人的主动权和行动都必须既是个人的,也是集体的,它不应该由政治权力来操纵或管理。

三、文化多样性

在本次研讨会上,我们需要反思文明间的和谐共处思想。先前,我们已经描述过了与人类的四个互动领域有关的普遍性和多元性,并对其局限性也作出了说明,无论是在国家之内还是在国际层面上,我们都能够设想一个自由和富有创造性的共存局面。

就文化多元性而言,可以从三个视角来说明这一现象。首先可以借助于全球化的多样进程加以说明。如今正在逐步形成更加具有互动性的世界意识,甚至正在形成一定的文化衔接,特别是相关文明的趋同。当我们对科学/技术方面进行考察时,这种情况更为明显,在其自身的多样性中,在无休止的讨论和研究中,科学技术使整个世界加入了一场共同的奔跑或冒险,这得到了全球技术器械商品化的支持,同样也得到了大学教育、科学杂志、会议和奖励、媒体等的支持。但是,媒体的全球化和广泛的文化成分,如艺术(音乐、电影等),甚至思想,更不必说竞技性运动项目了,它们都是为了同样的理由而成为一个事实;2008年的北京奥林匹克运动会还把"同一个世界,同一个梦想"确定为主题口号。不断增长的游客和移民的流量也有助于促进这一现象,因为他们偶尔或日常性地把全球各地的不同国家连接在一起。

第二个视角不仅仅与文明的渗透性有关,而且与文明界限的含糊性以及我们在当前文明中发现的丰富多样性有关。至于完全同质和确定的文明和文化,我们只能在某些亚马逊流域的印第安人中看到,而这些文明与我们的文明根本没有接触,或者仅仅有最低限度的接触。犹如不同国家之间的区别一样,在依然得以保持的文明中,我们能看到同样的多样性,与食物有关的生活习惯、精神问题、风俗等都是如此。不仅仅在伊斯兰教中有宗教激进主义分子,在其他所有宗教中同样也有。与持有男性至上观念的邻居相比,一个西班牙女性主义者可能和一个伊朗女性主义者有更多的共同点。一个素食主义者、一个左派支持者、一个艺术爱好者、或者是一个宗教人士,等等,可能会发现一个远离自己国家的社会能够更好地适应他们的需求,而与自己的同胞相处,他们可能感到相当不适。在同一个大城市中,众多家庭的生活方式各不相同,甚至完全相反。文化上的差异变得几乎难以估量。

第三个理念概述了在文化间发现人类学的常量则是相当容易的。总体而言,在个体多元化的领域之内,人类的需要和兴趣在各个地方却都是相同的,或至少十分相似。身处不同文明中的人们都期望着相似的东西——这并没有忽略这些东西所显示的个体差异性:舒适的生活,拥有友谊,受到赞赏,某些人希望与神有更紧密的关系,某些人则希望有更多的性生活,等等。身体的需要是普遍的,甚至人们对彼此的消费品种类与烹饪方法也变得越发熟悉。在各个地方,兴趣大致是相同的。有几样东西驱使着我们所有人。每一个人都会因为自己的创造性得到认可而感觉喜悦。我甚至敢说,正是这些东西最大程度地把人们联系起来,而不是使我们彼此分离。正是出于这一原因,我们都能够彼此理解,懂得他人的欢乐和悲伤,懂得他们的艺术和思想,也正因为这样,我们才不会觉得我们或其他人根本是疯了。

但是集体多样性存在于如下诸多方面:服饰的风格、烹饪方法、手势、感情、互动的反应、社会组织、口味、友谊礼仪、职业或家庭关系以及我们对待自然或都市空间的方式等。而这种多样性则服从最低限度的普遍性——之前我们已经作出了概述，它们代表了人类理应得到尊重和维护的权利与财富。由于人类学界和旅游者的注意，它们甚至常常在经济上得到加强，结果这不仅仅吸引了偶尔路过的旅游者和旁观者，而且也使其他文化的成员带着热望把他们自己融入这种生活方式中，就如他们在这个国家中发现了一个文化和情感的归宿。

进一步说，无论是个人还是团体都需要一个象征的中心，一种文化，一个友好和被认可的环境，一种母语，一种通过辨认能深化我们在理智和情感方面理解的历史，一种情感的纽带，一个社区——个人在其中能够感到自己被完全接纳，得到抚养，被命名(家族的姓氏)，价值得到承认，那里存在着意义，有着生命的根基，简言之，一种现实感。当我在此谈到"感觉"的时候，我指的是一种对所栖居的世界的理解，在这个世界中，人类被赋予了个性，并得到了生存的定位；我指的是一种在我们的情感和道德教育中得到的定位。对于人类来说，以下情况是必须的：这个他所居住的世界要有足够的政治力量来组织它的社会，并从内部得到创造性的发展和变革，因为个体只有在社会中受到教育才能成长为一个人。不过，我们不能出于这一原因而把社区看作是一个封闭的世界。因为教育必须容纳普遍性和批评性的因素，这些因素对其他生活方式和创造性本身来说是完全开放的，换句话说，一种对其他文化的理解和亲近必须被包含于其中(共存，沟通，往来，相互理解，认知和情感意蕴)。教育也是对普遍性的理解，改变是合理的人类生活方式之必不可少的部分，以这种方式理解，我们就能取得一些成就，并着手去行动。关于教育，甚至应该这样认为，它本身就是一种延伸我们生命的互动性共同教育，并且应当使个体找到意义的中心，他们在自己的精神之中行动，可以因此在各种环境和情况下创造性地互动。

我们必须问问自己，究竟是什么能够阻碍或破坏文明。毫无疑问，这些破坏性的力量正是那些被认为是文明之间的侵略性力量或者是对良好观念的攻击，即使这些冲突发生在文明自身之内也是如此。

在最容易被看作具有攻击性的各种因素中，尤以性别和宗教为甚。无论是理论上还是实践上，对女性和同性恋者的歧视往往都是导致冲突的根源，这导致那些奉行自由性行为的人心中藏着隐私、带着强烈的羞耻感反主流社会行事，给社会带来不安定因素。因此，前面提到的最低限度的普遍性教育是必要的，特别是这些教育与以下问题有关时：女性的平等地位，非欺骗性的多样化性权利,以及信仰改变或特别是当我们面对少数人的自我表现之时。

在宗教情感方面,同样的情况也是存在的。这些宗教情感有存在的权力,它们不应该被不礼貌地嘲弄(当然,并没有精确的界限),但不同的宗教有必要接受批评,接受信仰的多元化,它们不仅仅要尊重其他宗教,而且也应该尊重不信仰任何宗教的社会成员。这是唯一消除虚伪、促进信任增长的方法。在这两种情况下,鉴于性别和宗教情感根深蒂固的性质,教育还需要时间、节奏和连贯性。当然,媒体的全球化也将在其中发挥作用。

在进取行为方面,应该在政治经济和文化领域内采取保护性行动,应该强调的是这种行为是基于一个群体的实践性力量加在另一个群体之上的。我们可以谈论族群、国民或民族主义者、语言上的差异、选择性群体等。过于强调与群体自身的同一性,导致了个体在面对其他人群时对自己的身份产生不正当的极端优越感,把处于不同领域,即政治、经济或社会领域内的其他人看成是地位更为低下的人。这种情况会发生在一国之内或与其他国家的关系中,甚至达到对其他国家发动军事或经济打击的程度,为了维护自己的意识形态和利益而播下恐怖主义的种子。比如,当一个国家根据一种具体的宗教神学思想来组织它自身时,或者利用得到权力支持的语言来压制同一个国家中另一种语言的使用时,或者一个种族主义国家得以建立时,或者一个犹如国中之国的权力集团出现时,它们都是通过对某些特定团体同一性的过分要求来证明自身的。由于害怕失业以及对谁将占据支配地位的关注,激烈的移民潮也导致了种族和文化的张力。而这种情况已经在德国的土耳其移民事件中发生,甚至发生在美国的西班牙移民事件中。这反过来又滋生了不信任、相互的嫉妒、对影响力的争夺、对被降低地位和在自己的国家沦为二等公民的恐惧。这种情况在北爱尔兰已经出现,在由什叶派和逊尼派组成的伊拉克也已经发生,尽管二者同属于伊斯兰文明。

如果一个多元化的社会得到了建立,在那里没有腐败,价值和努力、个人的创造性、涵盖个人和团体的合法竞争得到确立,避免这些冲突是可能的。

但是,对问题的注意总是比提供有效的解决方式更为容易,而更难的则是将其付诸实践。

试论章太炎对现代性的反思

周凤五　王远义*

中国现代性的问题(problematic),可由多方面来设定与探讨,众说纷纭,各有持理。拙文基本上将中国现代性的问题分为两部分来处理:首先说明西方现代性问题的性质,然后将中国现代性的问题(problematic)视为中国人对西方现代性的屈服、反应、理解、接受、承受、排斥、克服与超越。从思想史的层面言之,历经西方现代性风雨而出现、建立的中国现代性内涵与特征,自然交互牵动着下列几个基本因素:(1)中国知识分子的思想与行动;(2)中国历史的遗产与社会的形态;(3)帝国主义的力量与扩张性的世界资本主义。拙文试图从理论上来说明上列三者牵引互动下所产生的中国现代性问题。

现代性意识的核心,透露与弥漫着西方的理性主义,而人们不论对西方理性主义抱持何种态度,每每将现代性同西方理性主义与启蒙运动思想联系或等同起来,或同赞三者,或齐判三者。拙文由于着眼于对中国现代性问题的探讨,所以,在此不拟讨论西方内部两路对现代性批判的大思潮:此一路是来自尼采、海德格尔、巴塔耶、福柯、德里达、罗蒂等人对西方理性的彻底质疑和批判;另一路则从理性的异化与启蒙的辩证的角度,批判西方理性的工具化和自毁性,法兰克福学派的批判理论允为此路先锋。此外,针对这两路的批判而作出卓越响

---

* 作者单位:周凤五,台湾大学中文系;王远义,台湾大学历史系。

应的哈贝马斯，亦不在拙文中讨论。拙文所欲探讨的中国现代性问题，可说是近现代中国因遭逢西方力量全球性的扩张、侵略与征服，终而促成它的源起，推动着它的发展。拙文考虑中国现代性的问题时，面对着千汇万状般的西方现代性问题，自然地选取与集中在下列三大议题上：一个是现代性的具体的出现与进展的形式，另外两个是就历史的形式与内容而言，现代性从出现起，便是欧洲历史危机的结果与世界历史的问题。换言之，拙文试图寻找恰当的现代性概念，可以用来说明西方力量全球扩张、推进与宰制的背后原因；同时，也以此现代性概念为标杆，观察非西方国家，特别是中国，在西方力量的挑战、征服中，是如何地自构与他构成中国现代性问题。

关于现代性的诞生与进展，根据沃格林与列奥·施特劳斯两位哲学家的见解，可由两个相互影响、依赖的观念的发展而获得例证：一个是作为追求俗世拯救而新出现的政治观，另一个是由此而相随失去的超越标准与目标（transcendent standards and goals）。照沃格林的说法，约雅敬（Joachim of Flora）首先清楚又广泛地改造基督教末世论，约雅敬的方法是将人的拯救追求，由来世的、精神的世界，转换到此世的、物质的世界。此一转换，实际上已拒斥了上帝所具有的超历史的、超自然的与神秘的性格以及基督教的人的拯救观。换言之，约雅敬式的转换，已将对人有建出人间天堂的信心，取代了对上帝的信心。此一对人有自建人间天堂的信心，主要依恃这样的观念：历史自身有一个目的——人（类）完善的获得。

沃格林相信，霍布斯首先以物质的语言来说明、辩护这种人间天堂（the earthly paradise）。霍布斯的方法是以寻求有用的、科学上可验明的名义，取代了对真理的追寻。在此以物质进步之标准建构起来的人间天堂中，有用之人被封圣，有用之物为圣典，而追求上帝者被谴责。对沃格林言之，由此而兴起的西方文明，令人眩惑；而此进步的代价，即是精神的死亡。

施特劳斯基本上同意沃格林对霍布斯的见解。施特劳斯指出霍布斯主要的成就，在于他将快乐与善良、科学上可验证者与真实，皆等同起来。霍布斯运用科学的方法，说明德行的标准是无法用之衡量，因而是无效、不重要的；而功利（utility）与物质进步（material progress）可以用科学方法量之。如此一来，科学遂强化了将功用、快乐等同于善良。此外，霍布斯认为，由于所有人的基本目标在于自我保存，因此，自我保存可谓是一种经验上的自然法则，是所有其他行动、行为的依据与准则。如是一来，个人成为什么是有利于他自身自保的唯一判断，任何超越性的知识与行为的标准，不复有效与存在。自我保存既成为众生的基本目标，霍布斯进一步推论出，和平与快乐遂成为唯一普世性的必要，顺之为智，逆之愚劣。施特劳斯认为，这种霍布斯式的政治上的快乐主义，势必与政治上无神论结盟起来，使得人们无论在狂热追求物质上的享乐中，或是在实行实践一种普及化的“仁德”(benevolence)上，皆能感到空前的骄傲，不仅尝试去理解宇宙的全体，也由之而完成自我的神性化。换言之，人抛弃了超越性的对错标准，由之获致了对自身理性、智能无比的信心，以及自身对无限制的满足(limitless satisfactions)的权利观。

如果说，霍布斯对现代性的人作了初步的描绘刻画，那么，在长篇诗歌《浮士德》中，歌德笔下的浮士德，一个永不餍足于知识的追求与快乐的满足的人，一个在追求这两个相互冲突目标而陷于永恒躁动不安的人，适足以将霍布斯的现代性人进一步地、生动地形象化出来。

另一个议题是作为危机的结果亦为原因的欧洲现代性，此与前一个议题有密切的关系。当人抛弃了超越性的对错标准，在自身肯定与寻获到内在性的力量(immanent forces)时，见诸欧洲13—16世纪的历史，人们宣告自己是历史与城市的建造者、它们自身生命与生活的掌控者、天国的发明者以及此世(this world)的统治者。换言之，当欧洲现代性出现之初时，人们不仅发现，自身在此世与对此世拥有权力，且将此种骄傲、尊严，融入成一种新的理性意识与潜能(potentiality)意识。此一新的理性意识与潜能意识，当由个人的、各种社会的内在性力量释放出来与发展起来时，亦即透露出此一新意识在现代性运转中所具有的激进性。欧洲历史上，自文艺复兴以来，此激进性可见于、反映在各种的内战、阶级争斗、社群冲突、文化危机、政治合法化问题等之中。到了17世纪斯宾诺莎有关人之内在性的哲学中，该激进性进一步得到体系化的说明与支持。斯宾诺莎赋予人解放的欲望与希望无比崇高的地位，用之睥睨、反抗国家与政权，肯定民众的民主是为绝对的政治形式，坚信人凭着主观的努力，可以改造自己与这个世界；简言之，他重整重理了文艺复兴以来欧洲革命的人本主义的传统与光辉。

然而此一激进性的力量出现，自然招致强烈的憎恶，引发了反革命的势力，无论在政治上或在宗教上，寻求建立起一个超越的自组力量(a transcendent constituted power)，用以宰制、对付此一激进性之内在性的力量(an immanent costituent power)，或说建立一种秩序来制服人欲。于是，我们见到，欧洲现代性包含着两种模式(modes),一种是激进性的模式,另一种是反革命式的模式。在长期争取现代性典范的霸权斗争中,两种模式残酷惨烈地争战,表现出一种对自由的渴盼与对秩序的需求间永恒的斗争。反革命的欧洲现代性,长时期占上风,现代性的革命也屡思屡见发作,桀骜不驯;面对此一不可逆转的危机与斗争,和平成为人们生存可怜可悲的条件与状况,成为逃离大规模死亡的紧急措施,没有较好的选择了!对此人们找出了对此现代性危机部分的、暂时的、权宜的解决方法:以现代国家的组成作为主权的所在根据,俾以超越、调节人的、社会的内在性力量(immanent forces)。自兹而往,欧洲现代性本身逐渐地无法与主权原则(the principle of sovereignty)分开而视而论。

欧洲现代性从一诞生起,便存在着上述起源性的紧张、对立与危机;然而,国家主权的确定,并未能根本地消解现代性的危机,只能够长期地承载、保存该危机。此外,欧洲现代性的内在冲突,同时亦以全球性的规模,反映在外在与对外的冲突上。根据埃及学者阿明(Samir Armin)的研究,文艺复兴以来的欧洲史进程,也是欧洲人发现美洲、征服全球的进程,欧洲人自此逐渐意识到,经由他们的文明来征服这个世界,是为一种可能的目标。此后,而非之前,欧洲中心主义(Eurocentrism)遂具体形成。而随着新的领土与非欧洲民族的发现,欧洲现代性内在的激进性力量与反革命力量,遂各自找到增强自身的新能量:前者扩大从全球性思考、观察,试图解决现代性内部的危机,以及欧洲内部反革命力量的统治;后者理解到,将非西方领地与民族宰制臣属于下,对于欧洲的霸权,是有可能且属必要的。可以如是说,欧洲中心主义从一诞生起,即成为深具全球性规模的反革命力量。换言之,随着西方势力向全球扩张、宰制,欧洲现代性的冲突与危机,亦相随相沿成全球现代性的危机。而非西方国家的现代性问题,无不得承受欧洲现代性危机的进入,并经由各自的、独特的文化与历史过程,以及政治—社会改革的各样性这两者的结合,三者相互作用后,然后表达与反映各国现代性的危机、问题。中国现代性的问题,亦当如是观之待之。

第三个议题是有关欧洲现代性本身的问题,以及它对世界史问题与发展的影响。18 世纪以来,对欧洲人普遍言之,由于历史是有目的、意义与法则的,因此面对西方现代性的发展时,欧洲人往往将各种形式的历史分期、分类:或历史进化的阶段的理论、或时间上暂时性的新概念(a new conception of temporality)、或各种目的论,用来界定、规范或合理化现代性的经验与期望。各种力量在追求、争夺其个别现代性理想的落实圆满时,理论上,其现代性有将完成之时;然而,由于嵌入现代性发展上的各种历史分期、类型,使得现代性的发展尽头,亦即是历史目的(telos)的到达,往前往下,更无超过越过现代性的可能替代。进而言之,从构成欧洲现代性的一个核心概念——历史进步的理念(idea of historical progress)来看,对于西方的终极目标(telos or historical goal),不论是唯心论者、唯物论者、保守主义者、放任的资本主义者和各种社会导进者(social engineer)诸方对历史进步概念的分歧有多大,此皆无损于存在他们之间的一个共同信念:随着科学的进步与知识的累积,世间的秩序与生活终将日增理性、益增伦理,而工业化、个人尊严、社会和谐亦相随相伴此一世间之秩序与生活。而非西方世界的历史,都将步趋亦趋地追效、模仿西方历史进步的经验与模式。在这种历史的形式或世界观中,西方宏观历史的叙述,大抵以两种结构示人,一是以一种乌托邦式的叙述,无止境地将历史的目标"注册"、"垄断",另一是以历史终结(end-of-history)式的叙述,把"未来"冻结起来,而将选择与颂扬的"现在"西方形式视为是历史的"完成"或"不可超越"者。在这种现代性的叙述结构中,不仅反映出西方中心的知识、权力霸权,以及西方作为世界史进步之引导者、领航人、主宰者的自视、自信、自任,也试图、预定将历史设为、视为是一个排他性的、封闭性的过程,一种预定真理的永恒复述。

由上述看来,可预见到,现代性的历史剧幕,无论是欧洲的或世界的,皆由国家的暴力不断地开场、收幕:现代性的危机,经由国家主权的暴力而暂告平息,霍布斯式的和平与正义,再次统治这个世界,直到下一个危机爆发。政体可以分成各种形式,例如民主的、君主的,民粹的、多元的,历史可分成各种阶段、目的,然而,现代国家主权仅有一种政治象征:一个单一的超越性权力(a transcendent power)。此单一的超越性权力,运用着一种超越性政治工具与组织(a transcendent political apparatus),长期地对付也长期地引发现代性危机。

现代国家主权的形式或原则,其所以能长存、主宰现代性历史,有恃于一个重要的因素:资本的力量。具体地讲,就是资本主义的发展,以及市场作为社会再生产之价值的基础,此两者支持着现代国家主权原则,三者相互依赖扶持,造成与出现所谓资本的力量。欧洲现代性或欧洲中心主义,其所以能称霸于全球之因,乃因获得资本力量的支持支撑之故。Arif Dirlik 很有洞见地指出,欧洲中心主义之有别于其他非西方的种族中心主义(ethnocentrisms),其秘诀与秘密皆在此。亚当·斯密曾充分地说明了该政治经济学的重要性与要义。亚当·斯密在面对私人福祉与公益(public interest)间的矛盾时,主张先以市场不可见之手来调节，再辅以一有限而有效的国家介入、干涉，使得私利与公益尽可能地获得协调、和谐。如此一来，斯密遂将现代国家的形式与原则，由属于政治上的超凡，界定成为属于经济上的超凡。自此而往，欧洲现代性与资本主义已无法分开而视而论了。

随着工业资本主义的发达发展，19 世纪下半叶，欧洲社会内部分工、分化、冲突加剧，许多社会思想家对现代性益见爱憎交加。涂尔干的社会迷乱(anomie)说；腾尼斯对人在资本主义社会中的个体化、原子化之说；卡莱尔(Thomas Carlyle)对人在现金交易关系中的沉沦与异化观；马克思对现代性普遍特征所作的描述：“生产的不断变革，一切社会状况不停的动荡，永远的不安定和变动，这就是资产阶级时代不同于过去一切时代的地方。一切固定的僵化的关系以及与之相适应的素被尊崇的观念和见解都被消除了，一切新形成的关系等不到固定下来就陈旧了。一切等级的和固定的东西都烟消云散了，一切神圣的东西都被亵渎了。”韦伯对疏离的个人必将为官僚秩序、制度所宰制之事，视为现代性所产生的一种灾难性后果。19 世纪下半叶起，各种社会主义的力量，逐渐兴起并汇聚起来，反抗资本主义。1917 年俄国大革命的爆发，为世界主义的实现，打开了希望的大门。从上述三个议题来观察，这段反抗资本主义的斗争史，亦正是欧洲现代性内在冲突与危机的炽热化、扩大化。社会主义与资本主义争斗着现代性典范的霸业霸权，用 M. Hardt 和 A. Negri 的话来说：“每样事物皆相异，却无一物似曾改变。”(Everything is different and nothing seems to have change.)

鸦片战争以来，西方的势力，主要以欧洲中心主义或帝国主义的力量，逐渐侵入中国的社会；同时，中国人也逐渐地去面对着、学习着、理解着和反思着西方现代性。西方现代性所创造出的“进步”、“革命”、“改革”、“进化”、“发展”、“平等”、“主权”种种概念与经验，以及所引发对立面的“保守”、“反革命”、“守旧”、“反平等”种种概念、经验，迄今为止，可谓以掀天揭地的姿态，先后或同时地在这 160 多年的中国历史中，出现了、变形了、消失了、折中了、重返了或残缺了。换言之，拙文前述欧洲现代性概念与经验，既随西方势力加诸中国，亦为中国人所诠释、运用、内化、外化或批判。由于此一历史的进程，中国的现代性及其问题得因西力的到来而起、而出现、而变化；而欧洲的现代性，也因中国现代性的经验，得以危机扩大化、内容丰富化、性质复杂化、论述多样化。

关于中国的现代性，有三个问题值得留意。第一个是中国现代性的复杂性。根据欧洲的历史，社会形态上，由封建社会到资本主义社会，再出现社会主义社会；发展上，由农业社会到工商社会；政治意识形态上，由各种资产阶级思想与主义，引发出对立面的各种社会主义思想。然而，一当中国现代性或现代化降生起，中国与中国人便没有西方较优容的时间来接受与发展西方现代性或现代化；各种政体、各种主义（特别是资本主义与社会主义）、各种发展计划与要求，不是先后紧随，便是共时一并提上历史议程，压迫着、困惑着中国人。

此处以太平天国为例。在太平天国的历史中，我们见到"万货列旗亭"的情景：追求建立人间天国、引进西方军事工业、对农民灌输政治教育、充满资产阶级发展的《资政新篇》、透露着共产主义心态的《天朝田亩制度》、简化文字的改革、初动的女权意识、不可逆转的文化冲突、族群的与种族的冲突、边缘的和异端的读书人向中心的和正统的士人的挑战、宗教性质与内战性质的战争，既象征着传统农民战争的终结，又预示着现代农民战争的开始。简而言之，由于西方势力的入侵，在全球现代性的压迫与压力下，中国开启了现代化运动，一路由下而上的是太平天国的反叛运动，另一路就是清朝由上而下的自强运动。洪秀全改造并混合儒家与基督教经典的思想，试图经由反对唯物主义者和享乐主义者的社会秩序、驱逐异族的政权、采取选择性的西方思想与科技，终而建立一个地上天国，表达出开创"新天新地新人新世界"的末世宏愿与神秘主义。

第二个问题是思想与意志的角色在现代性中的作用。在全球现代性的压力下，在国际体系（international system）的笼罩下，任何变动、思动的力量，自然会受到这种外在结构或时空条件的限制，以及中国历史结构（historical structure）内在的影响。

拙文中，我想就国际与内在历史结构的问题进一步讨论。当置于现代性全球的压力下，近现代中国的社会行动者（social actors），在实践实行所欲的目标时，非得具有或经由想象、发明与选择之能力与努力，才能够对行动所为给予相应的新形式、新理由。然而，西方的现代性，主要可由四个层面来区分：政治的、军事的、思想的（ideological）、经济的。现代性在西方的推进与扩展，是在不同的中心，以不同的速度，而在不同的层面起作用。在任何历史的当口、时刻，某些层面的形式（form）显得比其他形式更能改变或适应这个现代世界，近现代中国的社会行动者，每每所面临的自然不是一个现代性的模式（model）的问题，而是许多个模式供选取、供修正的问题。任何被选取或修正的形式，能否被证明或判断为"现代的"，都有待取决于国内外各种力量敌对与斗争的结果而定。因此，中国现代性的特征特色，本身是不能够、不应当被称作固定的、确定的，它们皆属于“未来”，而“未来”又常常被自身或它方改变、修正。

另一个问题是解决或超越现代性的问题。在近现代中国历史上，能够敏锐且深刻地理解到西方现代性的危机与问题，且在理论上试图超越它的知识分子，章太炎可谓个中典型。

关于章太炎对西方现代性的认识与超越，本文试就章氏“俱分进化论”与“齐物”思想两个概念予以说明，希望由此能揭露章氏思想的奥义深旨。章氏先就人类历史进化进步的问题提出了俱分进化的难题。章氏在1906年的《民报》上，发表了著名的《俱分进化论》，反对、非难西方进步、进化史观：

> 若云进化终极，必能达于尽每醇善之区，则随举一事，无不可以反唇相讥。彼不悟进化之所以为进化者，非由一方直进，而必由双方并进，专举一方，惟言智识进化可尔。若以道德言，则善亦进化，恶亦进化；若以生计言，则乐亦进化，苦亦进化。双方并进，如影之随行，如魍魅之逐影。

人类的社会历史何以会善恶并进呢？章氏以佛家语言指出：“一者由熏习性。……二者由我慢性。”章氏认为人类在漫长社会的进化过程中，这两种个性倾向，势必随诸进化而淀积与扩大。

从上述的社会历史观点，章氏总结人类社会演化史的特征：

> 苦乐相资，必不得有乐无苦，善恶并进，犹云泛指全体；苦乐并进，则非特遍于全体，而亦局于一人。其并进之功能，盖较善恶为甚矣。上来所述，善恶、苦乐二端，必有并进兼行之事。世之渴想于进化者，其亦可以少息与？

这里，章氏清楚表明，人类社会的进化史，乃是善恶并进同存：一方面，人类的科技与知识的累积，不容否定；另一方面，人类的善行与恶为，亦随诸相沿并进。至于个人存立于此善恶并进的历史场合上，个人身受苦乐并进共存的造化，就所承受的冲击力而言，实远轻于社会整体所受到的冲击力。显然地，在面对中外社会达尔文主义所见所称，西方文明为进步，而中国“野蛮”、“落后”的“客观”情状形势时，章氏以俱分进化史观，不仅抨击文明进化、进步所产生的善恶苦乐，不足在客观上证明文野差异分别有主客优劣的意义。而且，在理论上暗示或透露出，西方资本主义的道路，并不能走向一个世界大同的历史终点，因为它所产生的恶与苦的作用与问题，不能由它所产生相应的善与乐来抵消、解决。

另外，章氏在俱分进化论中还指出，人类历史的演进有时以进，有时以退，并无一超越的、巨大的历史力量或动力，主导主宰历史的进程。章氏每每强调，任何历史过程的重建，乃直接涉及伦理上的、道德上的判断，不容逃避。因此，任何历史事件的意义绝不能经由它在历史进化过程中所占据的位置，与历史过程的目标两者间之关系而得出。

章氏为应付解决历史进化、进步所带来的问题，从老子"道"的观念与庄子"齐物"观念获得启发，提出他的齐物思想。章氏认为，人类现代文明、文化冲突的根源，主要在于人们主观地、武断地划出文明与野蛮的界别出来，然后依此、持此标准，衡量决定万事万物的是非、善恶、美丑、成毁、高下，充满着理性的与抽象的暴力。同样地，人们对于社会形态与政治形式，在思想上亦偏执迷妄于某一个学说，无视、无助于人类多样多面多别的历史真实面。解决之道，在于抛弃任何文野之别的人为区别：国际上，以文化多元主义相互看待对待；一国内，在政治社会上，尊重各地民俗民情与文明现状。章氏相信，他在对老庄思想的重释中，寻觅到了解决现代文明、文化冲突的秘密。

从上述来看，章氏的思想，主要是针对资本主义问题、历史进化、进步问题而起而发。章氏反对这些问题所牵涉到如下西方中心论的观点：将立基于文化上、历史上独特的或特殊的西方政治制度（或总称为社会形态），视为普世的政治制度（或社会形态）；然后，宣称由其经验与现实所构成的理论学说，既是有效的，复为普世的！在章氏看来，这一套所谓现代性叙述（the narrative of modernity），于是由西方的逻辑，被普世化为世界的逻辑。许多中外持历史进化、进步观的人，不论是自由主义者、社会主义者或无政府主义者，大抵皆自觉或不自觉反映出这种西方中心论的偏颇史观。深伏在这西方中心论的核心，主要是这些思想家们对人类整个历史的过程，采取了目的论观点（teleological view），将历史视为单一进步、向前的过程。而章氏的俱分进化论与齐物思想，正是反抗反对此般的史观或世界观：人类社会的发展，是以一种直线型的、目的论式的方向方式，朝着某个预定的历史终点而行。

此外，章氏在其他的著作中，亦敏锐地观察到，晚起步的发展中国家，不论就道德上、社会形态上、国际关系上来说，皆不必要、不适合、不可能追随西方发展模式。为此，章氏提出与试图回答了下列重大问题：是否资本主义是人类历史的目的(telos)？资本主义是否各民族各国家必经之途？落后的国家是否将循仿着先进国家的历史道路而前行？

总之，章太炎是20世纪中国思想界第一个对历史进化、进步问题与资本主义问题，严肃深刻地提出质疑、批判的思想家，也是位极富原创性思想的学者。章氏不仅深识西方现代性的危机与性质，且试图寻求超越之道，在求索求解的努力中，章式的思想与用心，亦反映出现代性危机的一种形式、一个例证。

20世纪西方两位学者欧克肖特与伯林，从不同的角度质疑西方知识传统中的核心思想：理性(rationalism)，并循此由不同的论理共达同反西方近代启蒙大业(the Enlightenment project)。简言之，欧克肖特主张任何理性、理论自有其时空限制，其底蕴也是某种实践罢了，因而政治经验、秩序和生活诸问题，几乎不能由自称有普遍性质的理性、理论获得解决问题的方法与技术。相照下，伯林认为，由于人类的文化与生活中，常存在着多样性的、相异的、冲突的各种终极价值，彼此间是不能用同一标准计算、衡量与判断；所以，启蒙大业申张的各种人类社会可完美性、恒常进步性的论说，皆是乌托邦的呓语，如果强行实践，不仅事实上不可能，也必将摧毁各种相随实践中的文化。

我们相信，如就章太炎论述与欧克肖特、伯林有关反理性、反启蒙大业思想相较，不仅可以丰富我们对中国启蒙思潮性质、中国现代性问题的研究与了解，同时，也在比较中西思想的取径下，增加我们对欧克肖特与伯林两人相关思想的长处、不足、限制甚或新的见解的评价。

现代社会宗教和谐模式的个案：香港宗教界之动态与关系

陈剑光*

在亨廷顿的文明冲突论题、“9·11”事件的激化及全球化的背景中，宗教冲突成为21世纪最重要的主题之一。国际社会着手寻求如何在一个多元宗教环境中建构和谐社会，进而刺激学术界展开对这一主题的探讨。本文试图以香港为一个案。香港近700万人口中包括至少50万来自一百多个国家的外籍人士。每个主要的宗教流派，从东方文化背景到西方文化背景，从传统宗教到最近发展的新兴宗教运动，从圣公宗到火祆教，都能在这个国际大都会找到其踪影。香港可能是目前包含宗教团体种类最多的国际城市之一。香港社会虽然同时存在着多种宗教现象，但是却没有发生过任何的主要宗教之间的冲突。人们可以看到，在各宗教传统支持着社会的繁荣和发展下，形成了某种宗教间的和谐关系。本文主要描述影响香港目前宗教关系的动态因素，并且从这种独特模式中有所借鉴。文章将首先给出一个对香港宗教概貌性的描述，包括宗教对话关系的发展，进而从社会和谐的视角分析当前宗教界之动态。

一、香港当前的宗教概貌

香港特别行政区政府宗教政策是宗教自由，并没有宗教法规或政府部门监

---

* 本文为浙江大学基督教与跨文化研究中心国际合作课题“宗教与文化”论文类成果。原稿为英文，蒙陕西师范大学田巧运同学协助译初稿，特此致谢。后由作者参照英文原稿修订。

督宗教团体的活动。故宗教团体就像一般民间社团向政府登记(以公司注册、立法团体或社团登记形式)即可,并没有特定的宗教类别与定义。若是非营利组织,就能申请豁免税项。现时香港有数百万注册公司,超过两万个非营利团体组织。因政府没有宗教团体的分类与定义管理的规定,故没有官方对宗教组织数量的统计及对"邪教"等的法律定义与相关规定。下列是笔者个人观察到的关于香港不同类型的宗教组织和他们的独特特征的一些记录。

(一)传统的中国宗教:佛教、道教、民间信仰和孔教

香港现有的佛教分支有:中国的大乘佛教,日本的大乘佛教,韩国的大乘佛教,小乘佛教和藏传密宗。他们兴建庙宇,成立研究机构,设立医院、学校、慈善组织和佛学院。近几年来,藏传密宗越来越兴盛,主要派别都在香港有所流传。近年兴起的台湾地区的佛光山,也在香港有广泛的流行。香港宝莲禅寺更有现在世界上最大的铜佛像。自 1998 年后,佛诞更成为政府法定的公众假日。

道教主要有以下几个主要派别:全真派,先天派,重阳派和正一派。每个派别都有几个到数十个道观或道坛。也有如茅山和青龙等独立的道教派别。更有各种神打,上僮的神坛。

然而,香港数百所寺庙中大部分既不属于佛教也不属于道教。它们大都体现的是中国的民间信仰——道教、佛教、祖先崇拜和民间传说的融合。其中最流行的恐怕是黄大仙,每年春节期间大概有 50 万人以上的善信上香求签。而观音菩萨的诞辰(每年四次),多所观音庙中都挤满了信众,包括一字不识的老太太到年轻教授和社会达贤人氏。关公(战神和正义的化身)的神像和神台也可在每个警察局中和店铺里看见。其他民间信仰诸如北帝、车公(宋朝的一位将军)、猴皇(猴王)同样都较为盛行。

同时也有些源于道教的组织如天德圣教,也拥有数十个道坛和过万信众,另外还有弥勒大道等组织。

孔教在港是一个非营利社团——孔教学院,发起人通过这个学院传播儒学,并同时承办一些公立学校。该组织没有设立特定的宗教场所,也无规定的宗教活动,然而声称在香港有过 600 万信众(包括所有接受儒家思想的香港华人)。

(二)基督宗教及有关流派

新教从 1841 年开始在香港传播,并已经发展了大约 30 多万名信徒。新教中有数十个宗派,1450 多个堂会和最少 36 所神学院或圣经学校,以及至少 300

个基督教机构。国际基督教主要的宗派大都在这里有它们的分支，像浸信会、圣公会、循道卫理会、信义会、长老会、救世军和五旬节会。香港更有很多本土宗派，如中华基督教会(代表长老宗以及公理宗传统)、真耶稣会和地方教会(一般当作小群)。基督新教团体举办有630多所学校(包括幼儿园、小学和中学)，三所大专院校，五家医院，超过50家出版社，100多个社会服务机构和覆盖面广泛的慈善组织与活动。有两个主要的联合组织——香港基督教协进会和香港华人基督教联会。安息日会有其自己系统的教堂、圣经学校和医院。

1841年起，罗马天主教会开始在香港成立了传教区，并于1946年设立了教区。现由陈日君枢机并汤汉主教带领，并有过千名圣职及修道人员(约300名神甫)，牧养香港59个堂区和30个弥撒中心的23万名天主教徒。除此之外还有10万名在港工作的菲律宾天主教徒。教区下有320多所学校(包括幼儿园、小学和中学)，六家医院，一所修院和一个覆盖面广泛的社会服务体系。香港天主教会与圣座一直保持着共融联系。

从20世纪30年代起俄罗斯正教会也在香港成立了牧区，属莫斯科宗主教管理，自20世纪70年代曾一度沉寂约30年之久。在莫斯科宗主教支持下，于2004年重新恢复其教区。希腊正教会也在1997年设立正教会普世宗主教圣统香港和东南亚都主教教区，总部设于香港，并另有香港座堂。科普特正教会于2006年在港成立了香港及中华教区。

耶稣基督后期圣徒教会(LDS，亦称摩门教)从20世纪50年代初开始在香港传播，至今已拥有超过两万名成员和自己的宗教场所，同时也在香港建有该会东南亚唯一的圣殿。该会的亚洲总部定在香港。

圣诞节、受苦节及复活节等均为法定公众假日。

(三)其他主要的宗教组织

在香港有五个主要的穆斯林组织——香港穆斯林联盟、中华回教博爱社、巴基斯坦协会、印度穆斯林协会和 The Dawoodi Bohra Association。这些穆斯林社团拥有四个清真寺，大约八万名信徒，以及一些慈善组织和六所学校。

印度教在香港有自己的寺庙和12000多名信徒，同时成立了很多研究中心以鼓励发展印度教中多种教义体系。

锡克教庙下的锡克团体在香港已活跃了一个多世纪。

19世纪40年代开始，犹太教就在香港建立了犹太会堂，现共有三派及其活动场所(一个保守派和两个改革派)，还有社区中心和一所犹太教的学校。

耆那教(Jainism)在香港有数百信众及其寺庙。

巴哈伊教从1923年起开始在香港传播,最先被称为大同教,1974年正式登记;该教追随者来自多个国籍/种族,并有自己的宗教机构。

火袄教从19世纪20年代起在香港传播,现今成立了一个机构负责香港和澳门地区的宗教事务,下有一位祭司和大约200名追随者。

神道教为在香港的数万日本人家庭中所供奉,但尚未有神道教的神社。

(四)新兴宗教运动

新兴宗教运动,如创价学会已有两个较大的场所和数以千计的信众。

国际奎师那知学学协会(The International Society for Krishna Consciousness,ISKCON)从20世纪70年代起成立了自己的机构。

比较小的团体,诸如爱肯卡(ECKANKAR,上帝之光与音教)、内仙修炼会(Maum,来自韩国)、奥修全然静心舍(Osho)和生长之家香港圣使会(Seicho—no—ie)等近年也开始流行。

各种形式的新纪元运动如母神教(Modern Goddess)、宇宙线(Cosmic Ray)、臼井灵气(Reiki)和印第安萨满教,在年轻人和知识分子中间也逐渐流行开来。

二、宗教之间对话关系的发展

由于在香港没有政府对宗教组织的行政上的管理,因而并不存在一种官方的定义或对什么是宗教或宗教组织的判定,也从不存在任何固定的组织管理这些宗教团体。因此宗教组织多是香港两万多个税务豁免慈善组织之一份子。

香港每个社团独立存在,或是依赖于更高的权威机构(如罗马天主教)。由于不存在关于宗教的详细标准和任何官方权威力量,因而也没有出现把不同的宗教实体统一管理的企图。故一直以来并无统一性或联络性的泛宗教权威组织。直到1978年香港天主教胡振中枢机,在梵蒂冈二世关于宗教对话精神的倡导下,邀请六个主要宗教(天主教、基督新教、佛教、伊斯兰教、孔教、道教)的领袖们举行香港六宗教领袖座谈会(简称CSRLHK)。此座谈会是非正式的,只提供了一个平台,因为他们分别从各主要宗教团体中建一个相应的机构的代表,即香港佛教联会、香港道教联会、香港基督教协进会、孔教学院、中华回教博爱会和香港天主教教区。这些机构的代表们面临着是否对于其信众拥有代表性的疑问(罗马天主教除外),而这些联合机构的各成员都是出于自愿参与的。

更有不少宗教团体在这些联合机构之外。然而至今尚未有一个组织有像这个座谈会那样，能有如此广泛的宗教代表性。

CSRLHK 的最初想法是促进各宗教信仰之间的对话，为宗教团体在宗教性的话题上提供一次对话的机会。它包括宗教之间的研讨会和宗教之间的各类促进宗教社团从宗教领袖到一般信徒之间的相互理解的活动。为了达到以上目标，CSRLHK 还组织了年度公开研讨会，邀请各个不同宗教社团的专家，研讨的话题也扩展到各个宗教传统背景下普遍感兴趣的话题。诸如祈祷、崇拜、不同宗教的信仰、灵性生命、永生、命运、宽容、上帝和偶像、21 世纪的宗教等这些宗教话题都曾成为这些研讨会的研讨主题。2008 年是 CSRLHK 成立三十周年纪念，其主题是关于生态环保与全球变暖的议题，也正是全球所关注的话题。

这些宗教学术研讨会已经激起了十分活跃的讨论，并促进了各宗教社团对其他信仰传统的理解。如今，每年一次的研讨会成为宗教领域的学者们关注的事件。更有各宗教青年的露营、植树节、家庭郊游、展板巡展、互相参观等，这些活动也为来自不同宗教背景的人们提供一起工作和彼此认识的机会。近年来，一些宗教团体还在高校中设立研究中心，鼓励对其宗教的学术研究，同时在学术界发挥他们的影响力。

除了举办这些有关宗教学术以及信仰之间的活动以外，CSRLHK 还意识到需要通过一些举措加强香港社会的宗教认同意识，这些途径包括参与社会、对社会事件的反馈和广泛提供社会服务。从 1979 年起，六个主要宗教领袖每年都献上他们的共同新春贺文，表达他们对香港民众的祝福，祝愿民众在新的一年中精神上、物质上以及身体上的进步和安康。他们同时也对香港和全世界所面临的问题进行普遍的呼吁，像“非典”危机、香港回归祖国、呼唤伊拉克和平、庆祝行政长官的当选等。CSRLHK 还为香港和内地的扶贫筹措资金。这些都表明了这些宗教团体对香港和全球事业的深切关注。因而他们在香港受到公众的普遍接纳。

此外，香港机场管理局(负责香港国际机场)为旅客们开设两个祈祷室，自 1998 年至今，一直由 CSRLHK 义务负责管理两个祈祷室。其他的国际机场礼拜堂通常都由基督教、伊斯兰教或佛教负责。然而，香港的这个祈祷室也许是世界上极少数的几个真正容纳不同宗教信仰的机场祈祷室之一，它由六个主要的世界宗教团体共同合作，并作为一项社会公共服务事业，体现出香港各种信仰之间的伙伴关系。

自20世纪90年代中叶以来,CSRLHK开始在两个主要的事件中把它的影响力扩展到政治界内,即举办国庆酒会和支持香港行政长官的选举。由于选举委员会为宗教界留有40个席位(共800席位),而且再也没有其他的组织能像CSRLHK已有现成的六个成员宗教组织可安排这事项,1997年7月1日香港回归祖国的移交日期之前,各社会团体开始安排国庆酒会表示对中国政府的拥护。除各个传统的宗教代表外,近年还有如摩门教、巴哈伊教、天德圣教和火袄教等的代表也私下被邀请参加。

由于CSRLHK通过被分派给六个成员组织的40位投票委员的选举权,从而赢得政治界更多的注意力,委员们与政府高级官员候选人举行会晤,表达宗教界对政府制定的社会策略和政治策略的关注。故在过去的30多年之中,CSRLHK从一个自发成立的言论组织发展为具有宗教价值、社会影响力和政治影响力的社会实体,并为香港社会广泛接纳。同时它因参与政治,接受政治利益,因而带来新的宗教界间之动态与张力。

在这30多年期间,香港不断有新的宗教团体、流派和组织出现,但是这些新成立的宗教团体并没有机会加入CSRLHK,因为该组织是小范围内私人的活动,成员多愿维持现有的局面,保持既有的政治权利(例如有权委任代表参加行政长官的选举委员会)。还需要注意的是,CSRLHK尚未注册成为一个法律有效的实体,也没有组织机构或章程制度。时至今天,它仍然是一个非正式的聚会组织。因此没有任何机制安置新的成员,尽管在过去的30多年中,宗教界在港已有很大的变化,CSRLHK的组织依然是30多年不变。与此同时,这些新出现的宗教团体在希望赢得更多的社会影响的努力过程中,彼此之间日渐呈现出种种紧张关系,比如,一些新的佛教组织,像佛光山,并不属于佛教联会。同样,一些非CSRLHK会员的宗教团体虽在社会上的影响及贡献不亚于一些CSRLHK会员,但却无法参与香港的政治事务。CSRLHK和其他的宗教组织之间也存在着矛盾。这些组织中间,有些是带有种族认同多于宗教认同,像来自南亚或中东的非回民的穆斯林,以及其他的像巴哈伊这样的少数群体。还有些被CSRLHK内一些宗教视为异端的团体,如基督新教视摩门教,道教视天德圣教,伊斯兰视巴哈伊教,多多少少带敌视或歧视的态度,视之为左道旁门、异端邪说。不过,这些团体的声音毕竟还是十分微弱,因而CSRLHK目前还是维持着宗教社团间的联络者的角色。

三、香港宗教界之间的动态与反省

香港已成为东西方交汇之汇点及一个容纳多元文化和多民族的国际都会。因此香港社会长期以来形成了一股宽容和尊重不同形式的文化的精神。正是这种传统精神，能够让社会容纳多种不同的宗教信仰，更不用政府刻意保护，也不用立法加以干涉。并且，香港这商业城市的市民习惯以实用主义为主，不时可见同时接纳多个宗教的情形。例如，基督徒中有看风水求占卜的，而孔教学院中一些理事是天主教徒。往往一个家庭中成员间信奉不同的宗教而不会出现家庭冲突，甚至仍能互相尊重，彼此理解，这也是很普遍的现象。多元文化的长期共存，多民族聚居，香港社会对宗教采取较务实的态度，这些都为文化多元主义提供了良好土壤，也是香港各宗教之间和谐相处的重要前提。

香港没有任何政治规范用以定义、操纵和管理宗教，这一事实体现了香港式的宗教自由，宗教团体全是自发、自愿、自治、自由，并能够让各种宗教不断地为社会提供丰富的精神食粮及实质的贡献。由于不存在一个从整体上对宗教组织的管理部门，宗教组织也就没有任何外在的压力迫使他们支持或跟随政府的政治取向，至少在过去，无论是支持、执行还是服从，都是出于他们的自愿心意，没有政治或社会的利益上的考虑。所以，各宗教团体因没有官方宗教制度或政府的管制，故没有了政治利益的考虑，彼此之间的对立和冲突就相应减少，从而达成某种高度的和谐，并在社会贡献上出现良性的竞争。

人们常常发现宗教团体积极参与到社会中，并且对社会作出许多贡献：在香港，半数以上的学校和社会服务机构，以及至少四分之一的医疗机构都是由宗教组织兴办的。事实上，主要的宗教组织绝大多数都建有学校、养老院和社区中心。香港的宗教团体的社会关怀远非用语言能够表达的。社会服务方面如此之高的资源配置，使宗教团体通过这种渠道把他们的精力投入社会的建设和发展中，而不是用在教义的互相纠缠上。事实上，宗教社团之间甚至在谁为社会贡献更多上互相竞争，像这样的友好竞争是很受欢迎的，因为它将不是靠政府的干预而达到资源的自愿平均分配，因而带出一个更和谐的社会。

一旦政治利益施加于宗教组织，宗教冲突就可能发生，正比如 CSRLHK 会员被委任向选举委员会选派 40 位选举委员。CSRLHK 最初只是没有权力及宪章的非正式的自由联谊，现在却成为各种具有政治雄心的政界人物和特定利益集团的说客们争先联络的政治舞台。公平问题（各个团体分别得到多少席位）、方法问题（如何选出选举委员）和代表权问题（这个联合的组织又能否代表每个特定宗教团体个体、六个宗教团体之外的那些宗教团体又如何）这些问题在香港正式开始通过基本法普选行政长官之前，可能会不断出现。这表明一个起先是出于自愿的联盟，一旦被来自世俗的政治力量介入后，将不可避免地导致矛盾和冲突。这是因为一个再简单不过的道理，一旦有利益分配，每个团体理所当然希望尽可能得到及保持更多的权力。宗教团体看来有时也难放下这些俗世凡尘所带来的烦恼！

迄今为止，香港仍然是一个甚为宽容的社会，一个也许拥有高度宗教自由的国际性都会。各种不同文化背景的宗教团体都能在此找到他们的落脚点，而不会遭受任何的逼迫和歧视。香港作为各宗教和谐相处的成功典型，主要在于香港地区政府的宗教自由政策，并允许各宗教团体共同参与社会，尤其是社会服务，以及实用主义为市民们的其中一个核心精神价值。然而，当香港在未来的发展中愈来愈政治化，届时有更多新的宗教团体和教派在香港发展，因此它们将可能对当前实际上正独享政治利益的现有六个宗教团体提出挑战。而这六个宗教团体又是否愿意和其他宗教团体分享手中现享有的利益和权力？如果愿意的话，又将怎样分配呢？并且每个宗教内部又该如何重新分配代表席位及政治利益和权力？比如，当前香港的基督新教中占主导地位的是灵恩派和福音派，而基督新教的代表席位以往一直主要掌握在以主流宗派为主的代表组织手中。所有的这些问题将有待解决，并且这些问题的解决将决定日后香港的宗教之间的和谐关系。不过，伴随着长期的开放性社会和容纳多元文化的传统，盼望香港的宗教界将会迎来一个更加多元而又和谐的明天。

图书在版编目(CIP)数据

文明和谐与创新/庞学铨,陈村富主编. —杭州:浙江大学出版社,2009.3
ISBN 978-7-308-06632-7

Ⅰ.文… Ⅱ.①庞…②陈… Ⅲ.世界史:文化史—文集 Ⅳ.K103-53

中国版本图书馆 CIP 数据核字(2009)第 028953 号

文明和谐与创新
庞学铨　陈村富主编

责任编辑　王长刚
封面设计　俞亚彤
出版发行　浙江大学出版社
(杭州天目山路 148 号　邮政编码 310028)
(E-mail:zupress@mail.hz.zj.cn)
(网址:http://www.zjupress.com)
排　　版　杭州天一图文制作有限公司
印　　刷　杭州浙大同力教育彩印有限公司
开　　本　710mm×1000mm　1/16
印　　张　20.25
字　　数　341 千
版 印 次　2009 年 3 月第 1 版　2009 年 3 月第 1 次印刷
书　　号　ISBN 978-7-308-06632-7
定　　价　39.00 元

浙江大学出版社发行部邮购电话　(0571)88925591